让我们 甲骨文 一起追寻

［美］迈克尔·多布斯　著　**Michael Dobbs**

董旻杰　王小伟　译

1945年的六个月

从盟友到对抗

SIX MONTHS IN 1945

FDR, STALIN, CHURCHILL, AND TRUMAN, FROM WORLD WAR TO COLD WAR

社会科学文献出版社
SOCIAL SCIENCES ACADEMIC PRESS (CHINA)

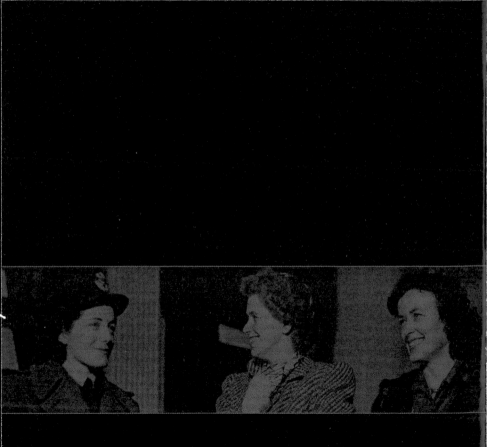

本书获誉

此书重现了这段非凡且有翔实文献记录的短暂历史，描述了在封闭的房间里寥寥数人如何通过一种不朽的，有时甚至是毁灭性的方式影响历史。《1945 年的六个月》是一本重要的书籍，阅读此书可以更好地理解这场谈判是如何影响我们数十年的。它表明，在世界舞台上发生的事件和作出的决定影响着我们所有人，而我们大多数人对这样的决定却毫不知情。

——《自由兰斯星报》

（弗吉尼亚州，弗雷德里克斯堡）

文笔优美……多布斯对国家领导人的描写引人入胜……它是对 20 世纪历史转折点的一次充满自信且有所获益的纵览。

——《科克斯书评》

多布斯比之前的任何人都更生动地再现了 1945 年的这六个月。在轻快的引人入胜的章节中，他穿梭于三巨头之间，勾勒出他们的战略、幻想、优势和劣势。

——军事读书俱乐部

多布斯是一位天才作家。他对当权者的刻画很有判断力，也很全面，他对他们面临的命运抉择的评价亦是如此。

——《外交事务》

多布斯赋予这个主题直观性，会吸引爱好历史的读者……对冷战开端的描述通俗易懂。

——《图书书目》

这是关于改变世界的六个月的精彩故事。

——《出版人周刊》

引　子

历史上的转折点，很少有像1945年2月到8月这么有戏剧色彩的，雅尔塔“三巨头”会议召开和广岛原子弹爆炸，成了它独特的标识。美国和苏联崛起为世界超级大国；纳粹德国和日本帝国土崩瓦解；大英帝国被经济崩溃折磨得痛苦不堪。总统去世，元首自杀，召集自己人民力量度过历史上最黑暗时期的首相则在自由选举中败下阵来。政变和革命之火，在各处开始蔓延；几百万生灵，埋骨于无名的墓碑；古老的城市，化为荒芜的废墟。红色政权重新划定了欧洲的版图，一道“铁幕”在东欧和西欧之间缓缓落下。在战败的德意志帝国首都召开的会议上，胜利者为战利品争论不休。第二次世界大战的结束无情地导致了“冷战”的开端。

6个月，从雅尔塔到广岛，连接着两场不同的战争，以及两个不同的世界。那是大炮年代到核武器年代的更迭；那是在帝国灭亡的哀伤之后，超级大国出生的阵痛。这6个月，也为两个大国军队在欧洲心脏地带宿命般的对峙打下印记；它们表面结成同盟，实际却为不同的意识形态指引。一个多世纪以前，亚历克西·德·托克维尔（Alexis De Tocqueville）曾预言美国和俄国将会把世界所有国家甩在身后。“主导前者的，是自由；主导后者的，是奴役。”这位法国预言家在1835年写道，“他们的起点不同，又走上了不同的道路。但似乎是得到上天的指示一般，他们要撼动半个地球的命运。”

这是一个关于不同人的故事：总统和人民委员，将军和士兵，胜利者和失败者——他们共同演绎了“上天的意志”。

目　录

下篇　“没有和平的和平”

图　录

大事记

2 月 4 日　雅尔塔会议召开（2 月 11 日结束）。

2 月 13～15 日　轰炸德累斯顿。

2 月 27 日　维辛斯基组织共产党在罗马尼亚的行动。

3 月 7 日　美军从雷马根大桥跨过莱茵河。

4 月 12 日　罗斯福去世，杜鲁门继任。

4 月 23 日　杜鲁门警告莫洛托夫遵守关于波兰的承诺。

4 月 25 日　联合国成立大会；美军和苏联红军在易北河会师。

4 月 30 日　希特勒自杀。

5 月 2 日　红军攻陷柏林。

5 月 8 日　德国投降。

5 月 26 日　杜鲁门的全权公使与丘吉尔和斯大林会面。

6 月 1 日　杜鲁门决定对日本使用原子弹。

6 月 18 日　波兰反对派领导人在莫斯科受审。

6 月 24 日　莫斯科举行胜利游行。

7 月 4 日　美军占领西柏林。

7 月 16 日　波茨坦会议开幕（8 月 2 日结束）；第一次原子弹试爆。

7 月 26 日　丘吉尔辞职。

8 月 6 日　原子弹在广岛上空爆炸。

关于名称的说明

第二次世界大战结束导致欧洲和亚洲的大量国界线变更，以及相应的地名变更。冷战结束以及苏联解体，导致更多名称发生改变。使用最新的、在政治上来说正确的名字（或是不正确的名字，根据各人观点的不同），会产生迷惑和误解。

化繁为简，对于城市和村镇，我都使用英语读者更熟悉的英文名称。我用 Moscow（莫斯科）和 Warsaw（华沙），而不是 Moskva 和 Warszawa。如果由于政治原因和边界改变，导致名字变更，我将使用罗斯福、杜鲁门和丘吉尔在 1945 年时使用的名字，如 Breslau（布雷斯劳）而不是 Wroclaw（弗罗茨瓦夫），Stalingrad（斯大林格勒）而不是 Volgorad（伏尔加格勒）等。

为方便读者阅读，下方是书中地名和它们现在名字的对比。

Baerwalde（贝尔瓦尔德）	Mieszkowice（梅什科维采）
Breslau（布雷斯劳）	Wroclaw（弗罗茨瓦夫）
Dairen（大连）	Dalian（大连）
Danzig（但泽）	Gdansk（格但斯克）
Eastern Neisse（东尼斯河）	Glatzer Neisse（尼斯克沃兹卡河）
Leningrad（列宁格勒）	St. Petersburg（圣彼得堡）
Lwow（利沃夫）	Lviv（利沃夫）
Oppeln（奥珀伦）	Opole（奥波莱）
Port Arthur（阿瑟港）	Lushun（旅顺）

Stalingrad（斯大林格勒）	Volgorad（伏尔加格勒）
Stettin（斯德丁）	Szczecin（什切青）
Western Neisse（西尼斯河）	Lusatian Nesse（尼萨河）
Wilna（维尔纳）	Vilnius（维尔纽斯）

将俄文人名翻译成英文人名是另一个问题。学院系统对人名的音译往往包含复杂的重音符号，会让现在的读者感到困惑。所以我使用了另一套简单的系统，避免使用重音符号和撇号。我用字母“y”来表示俄语里经常用在人名末尾的 ий 字母，比如在 Georgy（格奥尔吉）和 Vyshinsky（维辛斯基）中就是这样。

在尽量保持一致的同时，我还使用了国会图书馆系统的音译方式来翻译文献资料（不包括重音符号），这样做是为了帮助读者更方便地找到参考资料。所以参考资料中用到的名字有时会和正文不同。

上　篇

“尽我所能”

——富兰克林·D. 罗斯福

1945 年 2 月

1

罗斯福

2 月 3 日

巨大的四引擎运输机停在马耳他的小机场上，机身上的白 3
星闪闪发光。它整装待发，准备搭载富兰克林·德拉诺·罗斯福完成他最后的使命。这架经过特别改装的新型道格拉斯 C-54“空中霸王”运输机，装备了所有最先进的方便设施，包括一部电梯，用来把总统连同他的轮椅运离地面直达飞机的腹部。特勤局的官员推着轮椅送罗斯福到狭小的电梯厢，同时倾听罗斯福表达自己的不满。“我让你们这么做了吗?”他发牢骚说，“这毫无必要。”[1] 窘迫的官员只好解释说，这些设施，是出于安全考虑才安装的。要是不装这个，就得装一个长坡道，这样的话敌方间谍很容易就能看出患脊髓灰质炎的总统就要起飞或降落了。向来不喜欢小题大做和无谓花费的罗斯福，显然并不认同这个解释。

起飞过程排演得极为精确。30 架军用飞机在指挥塔旁一字排开，等待起飞指令。每隔 10 分钟，排在最前面的飞机就来到黑暗的跑道起点，拉下遮光板且关闭外部灯光。前一架飞机呼啸着飞入地中海的天空，后一架飞机随后进入位置准备起飞。
夜色中，“空中霸王”的咆哮声，“约克”运输机预热引擎的嗡 4
嗡声，以及在机场上空盘旋的战斗机高亢的呼啸声交织在一起。

几乎没有人知道总统的飞机会在这里。建造这架飞机的代号为“51 号项目”。在极端的保密措施下，就连那些知道它存在的人，也都称这架飞机为“圣牛”（Sacred Cow）号。两年前，也就是 1943 年 2 月，罗斯福成为有史以来第一位乘坐飞机的总统。当时他乘坐一架泛美航空公司的“飞船”号去卡萨布兰卡（Casablanca）同温斯顿·丘吉尔会晤。但在战争年代，商业飞机显然就不适合总统了，特别是一位腰部以下没有知觉的总统。这座“空中白宫”已经准备好它的处女航了。

1945 年 2 月 2 日 23 点 15 分，罗斯福登上了“圣牛”号。[2] 原本，飞机并没有计划在凌晨 3 点 30 分起飞，可是罗斯福的医生却坚持说这是他获得充足睡眠的最好方式。总统被直接送往位于机翼后方的包厢内；他的黑人侍从阿瑟·普雷蒂曼（Arthur Prettyman）帮他更衣，并确保总统舒服地躺在镶嵌着总统纹章的三座豪华座椅上。包厢内的设施还包括一把旋转座椅、一张会议桌、几个立橱、一间私人厕所和一扇挂着蓝色窗帘的全景舷窗。这扇装有防弹玻璃的舷窗有普通舷窗的两倍大，窗边有控制台，用来和驾驶室及飞机其他部分联络。窗对面的内舱壁上挂着几幅带卷轴的地图，飞行过程中可以拉下来进行作战指示。沙发上方的舱壁上挂着一幅油画，画面是一艘 19 世纪的帆船乘风破浪，表达了罗斯福对海洋的热爱。

总统已长期处于疲惫状态中。搭乘美军巡洋舰穿越大西洋的航程花费了他 12 天时间，其间他只能通过无休止的打牌、甲板游戏和晚间电影来消磨时光。他晚上经常要休息 12 个小时，但不管休息多长时间，似乎总是不够。在他最后一次选举中，为拼命证明自己还能第四次胜任总统职位，他乘敞篷汽车在纽约的倾盆暴雨中穿梭，但这终于耗尽了他剩余生命的大部分精力。选举中营造的形象，是用来唤起选民心中罗斯福总统的形象——强壮、不屈、乐观，但隐瞒了他每况愈下的身体状况。在最近的几个月里，他体重减轻了40磅，已经瘦骨嶙峋。他的血压失控，有时会达到260/150mmHg。他任命的副总统哈里·S. 杜鲁门，与他在白宫一次象征性的拍照活动中相见时大吃一惊。“没想到他的身体已经衰弱到这种地步，”他向助手坦言，5
“向茶里加奶油的时候，洒在碟子上的比倒进去的还要多。他精神上还好，但身体正走向崩溃。”[3]

罗斯福的心脏病专家是霍华德·杰拉尔德·布鲁恩（Howard Gerald Bruenn），他在起飞前不久也溜进了包厢。这时总统已经入睡，年轻的海军少校需要确认飞机在跑道上加速的时候，他的病人不会从沙发上滚下来，布鲁恩知晓罗斯福已经没有力气来防止自己滚落到地上。布鲁恩坐在旋转椅上，用椅背顶着沙发，就这样坐着入睡，随时对身后的状况保持警觉。

布鲁恩很担心罗斯福。1944年3月，在贝塞斯达（Bethesda）海军医院，他第一次给总统做检查，那时他就意识到“情况危急”[4]，知道总统的寿命已经不足一年。罗斯福当时已经呼吸困难，而且患有支气管炎；他的心脏严重肥大，已经无法把血液输送到身体各处。为了改善心脏状况，这位心脏病专家给总统开了洋地黄来调养，并提出给总统安排容易消化的饮食，大量延长休息时间，显著减少官方访问及工作负担。罗斯福的主治医师罗斯·麦金太尔（Ross McIntire）海军中将拒绝了布鲁恩的建议，因为他不想打乱总统的常规生活，但他最终还是同意在一定程度上采纳这个建议。在麦金太尔的坚持下，除去白宫少数受信任的医生外，总统的身体状况对其他人一概保密，甚至罗斯福本人都不知道。他不喜欢听不好的消息，也就没有兴趣在这方面刨根问底了。

“圣牛”号起飞了，引擎声和机身震动打断了总统短浅的睡眠。总统的鼻子和嗓子透不过气，布鲁恩能听到罗斯福在身后沙发上动来动去，他的医疗日志上记载罗斯福由于“噪音和震动”，在飞机上“睡眠很不好”[5]，并且频繁地因“阵发性的剧烈咳嗽”而惊醒。除去这些，“病人”的表现已超出预期。他“非常享受”这趟美国之外的旅程，“搭乘火车、轮船、飞机和汽车”，并且在穿越大西洋的旅程中“休息得很好”，“尽管海上环境恶劣，（总统）早上起得很晚，下午休息一段时间，晚上也很早就寝”。

6 从马耳他起飞后，“圣牛”号从地中海中部向正东方向，以时速 200 英里的速度航行。医生执意主张这架不带增压系统的飞机应保持在 6000 英尺左右的高度上飞行，以减轻总统的呼吸困难。飞机在云中穿梭，从马耳他出发一个小时后，天气状况开始变得不稳定。特勤局小队队长听到总统的包厢里发出了什么声响，过去查看了一下，发现那只是一扇门在来回摆动。后来飞行员改变方向朝东北方向飞行，以避开德国掌控下的克里特岛。

当“圣牛”号飞经雅典上空时，天空开始破晓，从飞机的左舷可以清楚地看到外面的景象。6 架 P-38 型战斗机从云中飞出给总统护航，护送飞机穿过爱琴海，越过白雪覆盖的希腊北部和土耳其，最后到达黑海上空。罗斯福的女儿安娜已经起来观看“美丽的日出”[6]和荒芜的希腊群岛上“零星的小村落”。所有人都已接到通知把自己的手表调快两个小时。总统也已经穿好衣服，并且在飞机着陆前一个小时享用了早餐——鸡蛋和火腿。

这架盟军飞机先前接到通知，在进入苏联领空的时候做一个直角转弯，表明自己是友军飞机，以防被防空武器攻击。“圣牛”号遵照预定航线，沿着连接坐落于克里米亚半岛西部边缘的叶夫帕托里亚（Yevpatoriya）和萨基（Saki）机场的铁路线航行。地面景色平坦单调，一眼望去尽是茫茫白雪。总统的专机由5架战斗机护航（1架飞机因为发动机故障返航），在机场上盘旋一周后于莫斯科时间12点10分降落，“在短小的混凝土跑道上一路颠簸着停了下来”。[7]

富兰克林·罗斯福担任总统的12年间，在大衰退中力挽狂澜，在英国最需要的时刻劝说不情愿的美国人民伸出援手，并集结有史以来最强大的联军对抗纳粹德国和日本帝国，这两场战争的胜利现在都已指日可待。盟军部队已经到达德国边境，并逐步夺回日军在亚洲的占领区。这位即将踏进鬼门关的领导人，在第四次就职演说两天后，就开始了这趟危险又颇具自杀性质的跨大洋旅程。他心中只被两个终极目标驱使着。他只想确保战争的胜利和美军付出最小的伤亡代价。对已经被3年多的战争折磨得精疲力竭的美国，他许下诺言说将给他们“持久的和平”。

*　*　*

1945年2月3日，星期六，罗斯福抵达克里米亚。在此之 7
前，没有任何一位美国在任总统曾踏足俄国领土，更不用说苏联了。而此后近30年时间内，也没人能重复他的旅程。

自1917年布尔什维克革命以来，美国对俄国的态度经历了过山车式的改变。俄国内战期间，美军曾协助白军对抗红军，在付出了两千余人伤亡的代价后，不得不从俄国北方阿尔汉格尔斯克（Arkhangelsk）的冰天雪地中狼狈撤退。1939 年，斯大林和希特勒签订了互不侵犯条约让美国深感震惊。但 1941 年 6 月 22 日，德军入侵苏联，几个月内即兵临列宁格勒和莫斯科城下，使命运的钟摆再次开始急剧摆动。同年 12 月 7 日，日军偷袭珍珠港，美国参战，苏联顿时成为它最重要的军事伙伴。好莱坞电影中，苏联的形象也摇身一变，成为勇敢战士、幸福工人和亲密同志的故乡；这与 1939 年的流行影片《尼诺奇卡》（*Ninotchka*）中描述的小丑形象相比已是 180 度的大转变。伴随着红军的节节胜利，加上罗斯福政府的积极宣传，苏联领导人坚定仁慈、国家强大可靠的形象在人们心中扎了根。

但也有些许反对声音，特别是在那些曾于苏联生活过的美国外交官员中间。美国驻莫斯科大使威廉·埃夫里尔·哈里曼（William Averell Harriman）抱怨说苏联正在成为“世界霸王”[8]，他担心斯大林会采取“铁腕政策”，将东欧划归自己的“势力范围”，并置于自己一手掌握之中。哈里曼的助手乔治·凯南（George Kennan）也认同欧洲的分裂不可避免。除了一个共同的敌人，美国和苏联几乎没有共同点。在雅尔塔会议召开前夕，凯南在给好友查尔斯·E. 波伦（Charles E. Bohlen）的信中，督促美国政府认真考虑地缘政治学方面的现实问题：“我们为什么不（和莫斯科）签订合理明确的协议，在欧洲划分势力范围，同时也和苏联划清界限？”[9]

在二战即将结束的日子里，罗斯福冒着生命危险与约瑟夫·斯大林和温斯顿·丘吉尔会面，他的脑海中丝毫没有和苏联瓜分欧洲的想法。与大多数美国人一样，一听到“帝国”、“军事平衡”和“势力范围”等字眼，他就心生厌恶。在罗斯福宏大的计划里，一个新的世界性组织将会在战胜国的合理督导下，承担起维持“持久和平”的责任。总统想让美国士兵们尽快从欧洲和亚洲回到自己家中。

*　*　*

在萨基机场迎接罗斯福的并没有斯大林，而是受斯大林委托的外交人民委员维亚切斯拉夫·米哈伊洛维奇·莫洛托夫（Vyacheslav Mikhailovich Molotov）。他身穿厚大衣，头戴皮帽，正在被盟军官员环绕着在停机坪上来回踱步。从包厢的窗户向外望去，罗斯福和安娜看到几个苏联妇女正在用桦木条扫帚清扫地上的积雪。他们一直在温暖的机舱内，直到20分钟以后，丘吉尔乘坐的C－54“空中霸王”运输机降落在跑道上，他们才出来。这架飞机是美国送给后吉尔的礼物，护航的是英国皇家空军的6架P－38战斗机。

一开始，罗斯福和丘吉尔都只计划带最合适数量的随从到雅尔塔，这样差不多30～35个关键人员就足够了。但由于不断有官员确定自己是总统或首相身边“不可或缺”的人物，整个代表团人数不断膨胀。最后，包含辅助人员在内，两个代表团人数达到700人。苏联人支起了巨大的军用帐篷，在里面用柴炉点火取暖，来容纳这一窝蜂的陆军元帅、大臣、将军、大使以及各种各样的助手。新抵达这里的人被邀请进帐篷享用在苏联的第一顿早餐，早餐有大块鱼子酱、大蒜冷切肉、熏鲑鱼、鸡蛋、涂着酸奶油酱的乳酪面包、甜香槟、格鲁吉亚白葡萄酒、伏特加、克里米亚白兰地，以及滚烫的热茶。

终于，所有人都为欢迎典礼做好了准备。特勤局官员用电梯将总统送至地面，接着借来一辆铺着地毯的敞篷吉普供总统搭乘。一支红军乐队奏响了《星条旗之歌》《天佑吾王》，以及苏联新国歌（“伟大的列宁，指明了前程；斯大林教导，要忠于人民”）。罗斯福身披深色海军斗篷，检阅了迈着正步的仪仗队。在他身边是步行前进的丘吉尔和莫洛托夫。首相说罗斯福看上去“虚弱病态”[10]，“让人感到悲伤”。他脸色蜡黄，毫无
9 血色，没有生机，右胳膊放在吉普车一侧，手无力地垂在下面。丘吉尔的私人医生莫兰男爵查尔斯·麦克莫兰·威尔逊（Charles McMoran Wilson）记述道：

> 首相走在总统的车旁边，就像一位印度随从走在年迈的维多利亚女王座驾边一样，他们面前是一群一边拍照一边后退的摄影记者。总统看上去衰老、瘦弱、憔悴；他披着一件披风，显得很瘦；他嘴巴张开，眼睛注视着前方，却好像对外界情况一无所知。所有人都被他的样子吓坏了，这也成为大家谈论的话题。[11]

知道父亲“昨天操劳了一天，在飞机上又只休息了很短的时间”，安娜·罗斯福对父亲的身体状况“有点担心”[12]。她决定陪父亲一起到雅尔塔，因为这样“他就可以想睡多久就睡多久，而且不用非得说什么话”。如果他们想在日落前到达雅尔塔，现在马上就要动身。拒绝了休息的请求，他们坐进斯大林的一辆帕卡德（Packard）豪华轿车，在仅有的一名美国保镖和苏联司机陪同下，穿越了一片“荒芜的草原”[13]。前面有搭载特勤局官员和“俄国军人”的一辆辆汽车开道，身后长长的车队则是其余的美国和英国随行人员。

在穿越大西洋的过程中，关于克里米亚的情况，罗斯福曾

得到令人揪心的消息。他的助手哈里·劳埃德·霍普金斯（Harry Lloyd Hopkins）记录道，丘吉尔的态度非常不乐观。“他（丘吉尔）说就算我们再找 10 年也找不到一个比雅尔塔更糟糕的地方了，但他觉得只要带足威士忌，他还是可以渡过难关的。他说威士忌可以抵御伤寒，还可以消灭遍地的虱子。[14]” 两天之后，首相发来一封电报说从萨基通往雅尔塔的道路被暴风雪封住了。英国和美国的先遣队则声称在到达目的地的过程中，要征服一段“山路”，而这是他们“遭受的最可怕的经历”。

所有闲杂车辆都不允许从这条路上经过。在 80 英里长的道路上，每隔 200 码驻扎着一队内务人民委员部（NKVD）的士兵，一共有几千名。许多是女兵，穿着和男兵相仿，长厚大衣、皮带，斜挎着冲锋枪，肩章看上去和“美国海军上将戴的那种”[15]差不多。丘吉尔的一名女助手对自己看到的景象惊讶不已，在给家里的信中说苏联女人“魁梧、强壮，长着一双我见 10
过的最粗壮的腿”[16]，“你立刻就能明白为什么德国人也没有放过她们”。当总统的汽车经过时，士兵们举枪致敬，同时直勾勾地盯着总统的眼睛，其他车辆经过时他们也都会重复同样的动作。

一路上到处都是德军占领克里米亚 30 个月期间留下的残骸：废弃的建筑，烧毁的坦克，翻倒的货运车厢，无人的村庄，还有受伤的士兵——特别是在城镇里。罗斯福先前读到过关于考文垂和鹿特丹遭到轰炸，华沙和利迪策（Lidice）被夷为平地的报告，但这是他第一次近距离目睹纳粹造成的破坏，给他留下了深刻印象。他告诉安娜，这一路上看到的可怕景象，让他比以前更想找德国人“算账”[17]。

在罗斯福后面，隔着几辆车里的就是丘吉尔。他正在大声抱怨行程“长而无聊”，他想知道“我们已经走了多长时间了”。[18]

“走了差不多1个小时了。”他的女儿莎拉回答说。

“天啊！还要走5个小时！”

莎拉在第二天给母亲的信中描述了父亲的情况。“前进，从居住着一些表情冷漠的农民的荒凉土地上穿过……前进，前进，用坚毅、耐心和一瓶上好的白兰地来忍受这些吧！”为了给自己解闷，丘吉尔给同伴背诵拜伦的史诗《唐璜》。

盟军车队驶过辛菲罗波尔（Simferopol），这“又是一个死气沉沉的城镇；城镇里有笔直宽阔的街道”[19]，然后就开始进入山区。乡间景色变得更加有生机，但依然贫瘠。在瞌睡之间，罗斯福从窗户向外望去，看到了几棵低矮的橡树，但“基本没有常绿树”。他的思绪飘回自己在纽约北部富饶的哈德逊河谷的老家海德公园镇，想到自己在那里种的30万棵树，他默默地在脑子里记下，要告诉斯大林“这片地区需要绿化”[20]。

15点以后，天空开始飘雪，罗斯福父女的肚子开始饿了。他们停下来，拿出隔夜的三明治津津有味地吃了起来。这些三明治是在搭载他们穿过大西洋，抵达马耳他的“昆西”号上做的。驻苏联大使哈里曼驾车过来，告诉他们莫洛托夫邀请所有人去午餐，地点在海滨小镇阿卢什塔（Alushta）附近的一栋房子里，45分钟后就能抵达。那里桌上“摆满了食物和美酒”；苏联人还特意架了一条坡道，在上面铺上豪华地毯
11 供总统的轮椅经过。罗斯福一心想在天黑前赶到雅尔塔，可不想浪费两个小时在这里吃吃喝喝。丘吉尔（安娜叫他“顽

固的老鸟”）则以他常见的拉伯雷式的粗犷风格开始享用午餐。

经过阿卢什塔之后，车队进入内陆，行驶在最后一任沙皇修筑的“罗曼诺夫之路”上。这条路连接沙皇在雅尔塔的避暑行宫和狩猎场，在决定他命运的第一次世界大战爆发前一年完工。只见景色开始变得生动，甚至有点浪漫气息；海拔达到5000英尺的高山，俯瞰着峭壁和激流；山毛榉树林和松林茂盛，无数盘山公路仿佛雕刻在峭壁上。幸亏公路对非官方车辆关闭了——这就是先遣队提及并发出警告的狭窄“山路”。总统的海军副官小威尔逊·布朗（Wilson Brown, Jr）中将注意到“弯道又短又急，没有设置挡墙，旁边是无尽的峭壁。车辆不停地转弯，乘客也跟着不停地晃来晃去；刚转过一个弯，前面接着就是又一个更急的弯道；路面不平，车辆颠簸不止”[21]。

突然，峰回路转，总统一行的眼前出现了“另一个国 12
家”[22]：松柏林，葡萄园，红色的砖瓦屋顶与深蓝色的大海相映成趣。气候温和怡人，颇有地中海的感觉。空气中弥漫着橄榄树和橘子林的香气。山脉阻挡了从苏联内陆吹来的凛冽北风，孕育了这一小片海岸线。仿佛冬去春来，冰雪全都消失不见，人们的心情也跟着好转起来。

18点左右，夜幕开始降临。罗斯福乘坐的汽车依然行驶在公路上，公路两旁是一排排松树、棕榈和翠柏。在成片的玫瑰和夹竹桃的掩映下，在离海面200英尺高的峭壁上，一座文艺复兴风格的宫殿出现在人们眼前。终于，他们来到了里瓦几亚宫（Livadia Palace），沙皇尼古拉二世最钟爱的度假胜地。

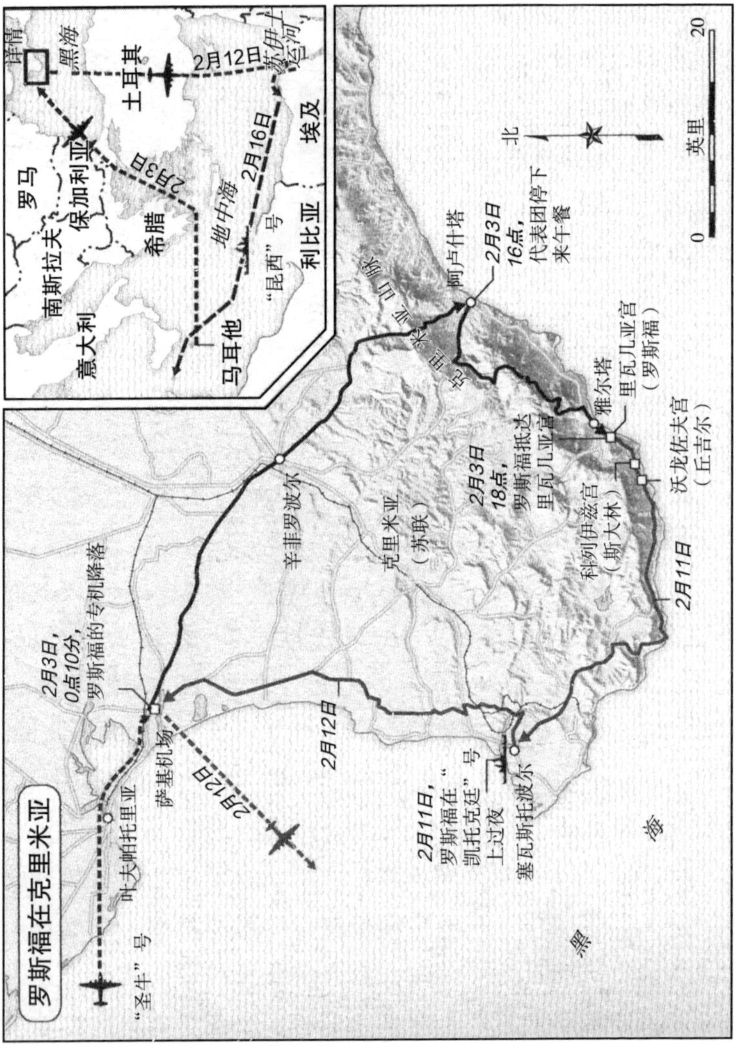

罗斯福在克里米亚
"圣牛"号
叶夫帕托里亚
萨基机场
2月12日
2月3日，0点10分，罗斯福的专机降落
2月12日
辛菲罗波尔
克里米亚（苏联）
克里米亚山脉
阿卢什塔
2月3日 16点，代表团停下来午餐
2月3日 18点，罗斯福抵达里瓦几亚宫
雅尔塔
里瓦几亚宫（罗斯福）
沃龙佐夫宫（丘吉尔）
科列伊兹宫（斯大林）
2月11日
2月11日，罗斯福在"凯托克廷"号上过夜
塞瓦斯托波尔
黑 海
北
0 20
英里
意大利
南斯拉夫
罗马
保加利亚
希腊
土耳其
黑海
详情
马耳他
地中海
"昆西"号
利比亚
埃及
2月3日
2月12日
2月16日
苏伊士运河

*　*　*

“真不知道温斯顿担心什么。”[23]罗斯福一边嘟囔，一边坐在轮椅上被人推进这座有116间客房的行宫内。“这地方舒服得就像在家里一样。”

苏联人竭尽所能地为总统提供舒适的环境，楼下大部分房间里都放置了填满木柴的火炉，炉火熊熊燃烧。一位男管家认出了他就是那位“阁下”，“多次弯腰鞠躬”[24]迎接罗斯福。这座宫殿曾经被德国人洗劫一空，后来又花了几个月时间匆忙翻修一新。其间，几百火车皮货物从莫斯科运至克里米亚，几千名苏联内务人民委员部[25]的秘密警察和红军士兵被动员起来粉刷墙壁、修理管道，罗马尼亚战俘将地面整修得如同沙皇时代般气派辉煌。室内的家具和主要陈设，包括盘子、瓷器、床上用品，以及女仆、侍者和厨师，都来自莫斯科的一流酒店。就算是现在，苏联人依然在雅尔塔和周边城镇到处搜罗其他用品，比如“刮脸镜、衣架和脸盆”。

罗斯福被带至一座大厅，就在门厅旁边，里面有白色大理石柱，以及一张供他和斯大林、丘吉尔会面用的圆桌。罗斯福居住的房间是和建筑主体相连的私人套房，也是离入口大厅最近的房间，旁边是一个摩尔风格的花园。卧室和餐厅的家具布置，用美国先遣队的话说就是“早期的铂尔曼汽车”[26]风格。“红木装饰的墙壁上挂着笨重、巨大的油画；黄铜灯具上是橙色的丝质灯罩，桌子旁边垂着长长的流苏；布哈拉地毯和翠绿色细绒坐垫散落在地板上。四周不时能发现沙俄帝国时期的珍玩， 13
在单调的橱柜、沙发、桌子和椅子的映衬下显得格外醒目；这些珍玩都是苏联为了这个场合特意从各处搜集来的。”

最后的几天，主人一直在不停地把罗斯福卧室里的地毯铺上又揭掉，油画挂上又拿下，无法确定“哪种颜色基调看上去最好”。他们布置好餐厅桌子，又恢复原样，不停地尝试各种布局。而罗斯福更关心的是自己晚上例行的马提尼酒，这在白宫已经成为一项神圣的习惯。结束了一天的工作后，总统喜欢和朋友们一起享受“孩子们的时间”，把杜松子酒、苦艾酒和橄榄汁放进银质的鸡尾酒调酒器里，再配上大量冰块一起饮用。安娜去取必要的原料，却沮丧地发现没有冰块。没有马提尼，总管建议他们来点“甜调和酒”，那东西喝起来就像是“把所有东西胡乱混合在一起”。

总统一行人很快就放弃了对马提尼的期待，转而在沙皇的桌球房里坐下吃晚餐。“我们的小酒杯里立刻被斟满了伏特加，”安娜晚上在日记中写道，“我们吃到了美味鱼子酱，然后是鱼块。鱼块没有经过烹煮，而是不知道怎么熏制的（连我这么强健的胃都觉得有点难以消化）；然后是（与鱼块）博弈的过程，接着是烤肉和烤土豆串；最后是两种甜点、咖啡，以及白酒、红酒、香槟配甜点和烈酒配咖啡。一旦你拒绝了什么，总管要么看上去面布阴云，要么看上去像受到了伤害。”

晚饭后，罗斯福就上床休息了。其他人则继续讨论明天的会议安排。哈里曼被派去距此地 20 分钟路程的斯大林指挥部，安排一次和这位苏联领袖的会面。哈里·霍普金斯强烈感觉到总统应该先和丘吉尔会面，讨论一下全体会议时的策略，尽管飞往克里米亚之前，他们已经在马耳他度过一天。霍普金斯是一个飘忽不定的人，他精力充沛，战争期间大部分时间都来往于华盛顿和伦敦，成为总统和首相共同的常客。罗斯福和这位“特别顾问”之间的关系已经不如以前亲密了：霍普金斯在 1943

年底第三次婚姻后搬离白宫。尽管如此，这位前社会工作者还 14
掌握着巨大权力，是助手中少有几个敢于公开批评总统的人之一。

所有非必需的会面，安娜都不希望父亲参与，即便对方是英国首相。在和罗斯福相隔两个门的房间里，她看到霍普金斯躺在床上，房间只有储物室那么大。他苍白憔悴，“忧心忡忡”，霍普金斯不仅有胃癌，还饱受“严重痢疾”的折磨；这些都是吃了太多油腻食物和不断熬夜导致的——当然罪魁祸首还是酗酒。几天前的一个晚上，他们还在“昆西”号上时，霍普金斯就已经喝了最后一瓶威士忌。他“出状况”的次数太多，就连止泻药也起不了任何作用了。根据哈里曼的女儿凯瑟琳的说法，医生“嘱咐他只能吃麦片粥，但那个老糊涂先吞下两大份鱼子酱，喝了酸奶油卷心菜汤，最后才吃了麦片粥”。[27]

安娜认为在开会之前英国和美国提前会面，会伤害“我们的苏联同胞”的信任，但霍普金斯没有理会安娜的话。总统和首相第二天早上必须先见一面，“势在必行”。

这是罗斯福“分内的事”，霍普金斯厉声说道：“不管他喜不喜欢，都得完成自己的工作。”

* * *

星期天早上，罗斯福醒来，发现阳光已经从房间东面的窗户照射进来。他睡得很好，睡前用了一剂可待因和祛痰剂，这能缓解他的咳嗽和鼻塞。一位菲律宾侍者给罗斯福端上早餐，在罗斯福隔壁书房的行军床上睡了一晚的随从普雷蒂曼帮他穿上衣服，给他萎缩的双腿提上裤子。他现在已经不用那套笨重的铁制脊柱支架了；这套装备曾帮助他对抗脊髓灰质炎的侵蚀，或者至少让他在大众眼中看上去如此。“穿上去很疼。”[28]他对身边的人解释说。他最后一次穿戴这套支架是在 1 月 20 日的就职典礼上。当时，他在长子詹姆斯的帮助下，朝设在白宫东门廊下的讲台象征性地移动了几步。他再也无法靠自己的双腿站起来了；那个强壮自信的他已经一去不复返。

天亮以后，人们更能理解末代沙皇和皇后为何会选择这个偏远地区作为消暑地。高低起伏的海岸线，让人想起同样是位于宏伟山脉和璀璨大海之间的法国里维埃拉（Riviera）。自 1860 年以来，这片黑海沿岸特别延伸出来的一部分就成为俄国统治者的消遣胜地。当时亚历山大二世在雅尔塔度假村高处的山上建了几处避暑行宫，还有一座拜占庭风格的小教堂。马克·吐温是较早到达这里的游客之一，当时他被当作帝国贵宾。眼前的景象，让罗斯福想起了这位自己最喜欢的作家关于加利福尼亚内华达山脉的描写：“高大、灰色的山脉……松林茂密，山涧幽深，不时能看到灰白的岩石高耸在眼前。”当时沙皇不起眼的形象令作家印象深刻，就像在他的游记《傻子出国记》中写的那样：

> 这看上去太奇怪了，弄得我都不知道该怎么说才好。那个在一群男女中间像大多数普通人一样在树下聊天的人，只要张一张嘴，轮船就得乘风破浪，火车就得穿过平原，信使要匆匆来往于村镇间，上百封电报一瞬间把他的话传到帝国各处。而他的帝国，大小为地球上人类可居住地区的七分之一，无数人争先恐后听其差遣。我心里有种隐约的欲望，想去检查一下他的手，看看是不是像其他人一样是由血肉生成的。

沙皇皇后亚历山德拉·费奥多罗芙娜（Alexandra Fyodorovna），确信是那座潮湿、阴暗的木制房屋让自己的儿子染上了伤寒，并劝说丈夫在 1909 年拆除旧宫殿，新建一座佛罗伦萨风格的别墅。建造只用了 16 个月即告完工。1911 年 9 月，沙皇一家已经可以到他们的新度假地享受假期了。受一次意大利之行的启发，亚历山德拉命令建筑师尼古拉·克拉斯诺夫（Nicholas Krasnov）在设计中融合多种意大利建筑风格，包括罗马美第奇家族建筑风格。[29]同时，她还坚持把其他各种建筑风格融入其中。宫殿的客厅是土耳其式的，庭院是阿拉伯式的，而中间的喷泉，又令人想起了克里米亚东部的风格。旁边的意大利庭院取材于佛罗伦萨一所教堂庭院，一些房间的设计和风格来自维多利亚女王在怀特岛的住所，亚历山德拉曾经在那里度过许多个夏天。那间给罗斯福当餐厅的桌球室是都铎风格的。最后，克拉斯诺夫被他的皇室顾客搞得非常恼火，于是偷偷在主入口外的大理石凳扶手中，藏了一幅关于沙皇的讽刺画。环绕着白色宫殿的公园和热带花园里，一条专供沙皇家人使用的 15 英里长的私人 16
便道从中穿过，道路两旁是柏树、雪松和月桂树。

尼古拉和亚历山德拉在里瓦几亚宫的日子很开心，这也许是他们被历史的车轮碾碎之前最后的快乐时光。“拥有这样一所房子，完全按照我们的意愿建造，我已经不知如何表达喜悦和欢欣之情。”沙皇在给母亲的信中曾这样写道。沙皇一家每年都会到里瓦几亚宫来度假，直到 1914 年 8 月战争爆发，这座白色宫殿让他们远离了圣彼得堡令人窒息的繁文缛节。“在圣彼得堡我们是在工作，而在里瓦几亚才是生活。”[30]这是沙皇的一位女儿说的。尼古拉在这里打网球，清理宫殿下面的乱石海滩，骑马在附近的山间散步。亚历山德拉喜欢给自己患血友病的儿子阿列克谢穿上水手服，让他主持年度慈善募捐活动，身穿白色长裙的女大公们（沙皇的女儿）在她的带领下从雅尔塔的街道上走过。晚上，一家人还可以在意大利风格的庭院里听管弦乐团演奏音乐。1917 年 2 月，尼古拉被迫退位时，向临时政府请求允许他到里瓦几亚宫了却余生，但这个请求被拒绝，因为宫殿已被改造成“沙皇制度受害者”的疗养院。

沙皇在建造宫殿时，还没有预见到将会出现的现代卫生设施；这对罗斯福和他的随从可以说是一种不幸。当沙皇想方便的时候，就让侍从拿一只夜壶过来，当俄国沙皇下台时，夜壶也就用不着了，里面的“玉液”都被倾倒在花园里的某处。这座白色宫殿在设计的时候，容纳人员最多不超过 100 人，在宫殿一楼只有 3 个洗手间，其中一个已经被总统预订。美国国务卿和他最亲近的 7 个助理，包括苏联间谍阿尔杰·希斯（Alger Hiss），共用一个洗手间。在宫殿的最上面两层，80 多位将军、海军上将和高级官员共用 6 个洗手间。

尽管海军医疗先遣队已经提前在这里洒了大量杀虫剂，臭虫和跳蚤依然是个让人头疼的问题，特别是在那些从苏联旅馆和其他机构“借来”的床铺上。“早上听到有人抱怨说床上有虫子，”安娜晚上给丈夫写信说，“幸好我这里没有——但杀虫工作依然在继续！”

除了最高级官员，如霍普金斯和海军上将兼白宫幕僚长威廉·莱希（William Leahy），其他人都和别人共用一个卧室。作为军队最高官员，乔治·卡特利特·马歇尔（George Catlett Marshall）五星上将和海军总司令欧内斯特·约瑟夫·金
17 （Ernest Joseph King）海军五星上将同在皇后的寓所下榻，马歇尔住在亚历山德拉的房间；易怒的、缺少幽默感的金则被安排

在化妆室里。他们的房间可通往室外楼梯，相传“癫僧”拉斯普京（Rasputin）就是从这里进来和皇后幽会。军衔更低的二十多个上校被“安排在两个大房间里，床铺挨着床铺，就像军营里的美国大兵一样”。[31]

语言沟通也成了问题。一个“不会说任何已知语言”的侍者在海军上将莱希穿衣服的时候走了进来，让他非常生气。海军上将又是大声叫喊又是打手势，对侍者说他通常的早餐是“鸡蛋、面包和咖啡”。侍者使劲点了点头跑出去，回来时手上的托盘里装的却是鱼子酱、火腿、熏鱼和一瓶伏特加。侍者被骂了一通海军特有的脏话，最后是一声怒吼：“老天，来个会说英语的人吧——还有，让这个家伙带着他的东西赶紧滚蛋！”[32]

* * *

从美国到雅尔塔，跨越三分之一个地球。罗斯福身为总统，处理事务的能力也达到了战时总统的极限。根据美国宪法的规定，他应在最多10日之内回应国会通过的法案。但信使从华盛顿到雅尔塔需要5天时间，回去也要5天时间。所以为了遵守宪法规定，总统必须立刻签署法案。为了随时维持和华盛顿的交流，他们建立起一套精密系统。总统在海上的时候，邮件被装在一个鱼雷形状的罐子里，丢到“昆西”号的船尾，然后由一艘随行的驱逐舰打捞上船。安娜曾推着坐在无扶手轮椅里的罗斯福去观看了一次运输行动，当时罗斯福“死死抓住”[33]栏杆，看着水兵们努力用绳子和钩子把那个在巨浪中上下翻滚的罐子捞上来。尝试了七八次以后，他们才终于成功。后来的文件袋也都通过海运、空运和陆运曲曲折折地送达他手中。更简短、紧急的信息则通过通信指挥舰“凯托克廷”号（USS

Catoctin）来传达，这艘船停泊在塞瓦斯托波尔港。

三巨头会议计划在罗斯福到达的第二天下午 17 点开始。处理完日常事务以后，罗斯福于上午 10 点 30 分将代表团的高级
18 官员召集到一处，讨论他和斯大林、丘吉尔会谈的要点。他把讨论地点选在“阳光室”，这个房间先前是为沙皇患血友病的皇太子准备的，让他拥有一个充满阳光又可以欣赏大海景色的卧室。总统面前一开始有一大摞黑色封面的资料，他看到后很不耐烦地让人把它们搬走了。对于阅读国务院那些冗长的报告，他毫无兴趣，他现在关心的是处理好和苏联领导人的个人关系。回忆起他们第一次见面的场景，1943 年在德黑兰，他们互相举杯庆祝，一起谈论关于丘吉尔花钱的笑话，在政治上也相互信任。在罗斯福看来，他觉得自己做的已经足以保证斯大林同意建立起一个联合国组织，尽管这意味着要同意苏联对于波兰东部的领土主权。他把斯大林当成一个和自己类似的政治家，一个可以讨价还价的人。

当然，对于苏联政权的本质，他也没有心存幻想。1939 年希特勒和斯大林签订的瓜分波兰的条约曾让他勃然大怒。几个月以后，苏联入侵芬兰，他说苏联“独裁就是独裁，无可救药”[34]，但这些都没有阻止他在珍珠港事件之后同斯大林结成同盟。“我知道你不介意我的冒失，”罗斯福在 1942 年给丘吉尔的电报中说，“我想说如果我一个人去和斯大林打交道的话，会比你的外交部和我的国务院干得更好。斯大林讨厌你手下的人，他觉得他更喜欢我，我希望他能一直这样。”[35]

罗斯福和斯大林的友谊，完全是出于冷酷的政治考量：罗斯福必须让自己和其他人联盟，才能打倒独裁者。在白宫的文件中有一份日期为 1943 年 8 月的“军事策略评估”，上面说就

算美国和英国在法国开辟期待已久的“第二战场”，苏联依然会在对抗希特勒的联盟中“起决定性作用”，评估报告坦言，“苏联不参战，就不可能在欧洲击败轴心国”。报告还预期苏联会成为战后欧洲的主导力量，“德国垮掉后，在欧洲就没有能和它的强大军事力量抗衡的国家了”，最后得出不可避免的结论就是，对苏联“必须给予一切帮助，并尽一切力量来和它结成同盟”。

从数字上来看，1943 年到 1944 年，希特勒在东线的苏联部署了 180～190 个师，剩下的与盟军在法国对峙的师为 40～50 个，在意大利则为 15～20 个。[36] 1944 年诺曼底登陆后，平衡并没有发生明显改变。至雅尔塔会议召开时，也就是 1945 年 2 19
月，在德法比荷边境的战线上共有 68 个德军师与英美联军对抗，另外还有 27 个德军师驻扎在意大利，而在东线则部署有 173 个德军师。简单地说就是，“在西线每英里和英美联军对战的德军数量，乘以 3 或 4 就是在东线部署的德军数量”。[37]

伤亡数量上也有很大差异。[38] 战后进行了一次详细统计，东线到 1944 年底死亡的德军数量为 2742909 人。这个数字比德军在法国、意大利和非洲阵亡人数总和的 5 倍还多。到战争结束时，报告说有 800 万苏联红军官兵在战争中阵亡或失踪，而美国为 416000 人，英国为 383000 人。丘吉尔说得很对，是苏联，而不是美国或英国，“在击溃德军方面起了关键作用”。[39]

在罗斯福看来，苏联伤亡人数和美国伤亡人数成反比。这个政治上的考量既无情又现实：苏联人死得越多，美国人就死得越少。打败纳粹德国后，对日作战也是一样。按照军事计划制定者在 1943 年的说法，“在对日作战中与苏联结盟，结束战争所需的时间、付出的人员牺牲和资源消耗的代价，要比没有这个盟友少得多。如果在太平洋的战斗中苏联采取不友好或负面的态度，那么困难将会陡然增加”。问题在于，斯大林会为同意对日开战开出什么样的价码。

在皇太子的卧室进行讨论时，哈里曼罗列出斯大林可能会提出的要求。他解释说这位苏联领袖想要重新夺回尼古拉二世在 1904 年日俄战争中丢失的领土，这意味着要把萨哈林（Sakhalin）岛（库页岛）南部划归苏联，并恢复苏联对满洲（中国东北）的统治权，这部分中国领土当时正处于日本人的统治之下。苏联还希望能重新获得沙皇时期租借的大连港和阿瑟港（旅顺港）的铁路控制权，其他还有位于日本北部的千岛群岛。

关于和斯大林的会面，罗斯福并没有什么详细的计划，他倾向于临场发挥，尝试各种可能有用的方法。他是一位极端的
20 临场政治家，一位审时度势的超级战术家。他在对外事务方面的作风和他把美国从大衰退中拯救出来的方法类似：“提出一种方法，试一下。如果不行就老实地承认不行，然后再换一种方法。不过首先，一定要做点什么。”[40] 听哈里曼讲解的同时，罗斯福暂且点头同意苏联可能会提出的领土要求。

* * *

在出发前往雅尔塔之前，罗斯福阅读了一份关于克里米亚政治形势的 6 页私人备忘录，作者是战地记者埃德加·帕克斯·斯诺（Edgar Parks Snow）。备忘录的内容来自斯诺和苏联前外交人民委员马克西姆·马克西莫维奇·李维诺夫（Maksim Maximovich Litvinov）在莫斯科进行的一次长达 3 个小时的谈话；里面都是关于斯大林的秘闻，让总统“非常感兴趣”[41]。

按照李维诺夫的说法，苏联领导人对西方各国越来越不信任，并打算背弃联盟，各走各的路。为了扭转局势，斯诺说唯一的办法就是让罗斯福和“老大”直接协商。

总统相信自己知道如何对付这位苏联领袖，他将依靠自己的个人魅力，以及在不凡人生中积累的精湛政治技巧。“斯大林？”在雅尔塔会议召开几个星期前，他用嘲笑的语气说，“我能搞定那个老滑头。”[42]身边的人总是对他表示同情，觉得他要和那个被大家称为“乔大叔”的人谈判是件很艰难的事情，对此罗斯福很反感。“所有人都同情我非得和丘吉尔、斯大林这样的人合作，”他开玩笑说，“希望有人也能把同情心分给丘吉尔和斯大林一点儿。”按照哈里·霍普金斯的说法，罗斯福“一辈子都在和人打交道，而斯大林说到底也是人，没什么大不同”[43]。尽管疾病缠身、精力衰退，他依然有信心可以完成那些平庸政治家认为不可能完成的任务。他最突出的天赋就是让人喜欢并信任他，这在一次次的选举中已经得到了证实，他也打算对斯大林采用同样的方法。

罗斯福的乐观想法，让那些更了解苏联并对其持怀疑态度的助手们不知所措，焦虑重重。罗斯福总是喜欢“做美梦”，有时候对自己的说服能力有着不切实际的想法，这让哈里曼很担心。1944年9月，结束了在白宫冗长的讨论后，这位大使在自己的私人日记中说总统“对于苏联还丝毫没有概念，不知道他们在利益攸关的事情上是异常独断的，他们不会让总统，或是 21
其他任何人替他们做决定。总统还以为自己可以劝说斯大林在很多事情上改变看法，我敢保证，斯大林肯定不会照办的”[44]。

早上剩下的时间里，总统就坐在皇太子卧室外面的门廊上，眺望外面的景色。他和安娜及几个助手一起吃了午饭，看上去并不想讨论任何严肃的话题。斯大林通过莫洛托夫和哈里曼向总统传话，说在 17 点的会议开始前，他想和总统在 16 点先见上一面。

15 点 30 分，里瓦几亚宫的走廊上传来一阵骚动。停车场的官员接到斯大林指挥部的电话，称“所有的道路已经封锁”[45]。在接到进一步通知以前，没有人能离开或进入宫殿。

“乔大叔”已经出发了。

2

斯大林

2 月 4 日

3 天前，也就是 2 月 1 日星期三，约瑟夫·维萨里奥诺维 22
奇·斯大林乘坐专列，从莫斯科抵达克里米亚。[1]他很少在莫斯科以外的地区活动，出门则偏爱火车。他第一次也是唯一一次乘坐飞机的经历，给他留下的心理阴影到现在还挥之不去。那是一次从巴库（Baku）飞越里海前往德黑兰，去和罗斯福、丘吉尔会面的旅程。途中，他乘坐的那架根据《租借法案》获得的美国 C-47 运输机遭遇了猛烈的气流，坠进山上的气涡中，飞机上的斯大林死命抓住扶手。有传言说斯大林鼻血流个不停[2]，耳朵也疼了好几天。后来政治局提出了一项建议，禁止他在战争期间再次乘坐飞机。

坐在编号 FD3878 的防弹车厢里，从挂着深棕色天鹅绒窗帘的窗户向外望去，这位苏联统治者能看到一片被摧毁的荒芜土地。在莫斯科西南方的这片土地上，沿着通往克里米亚的 800 英里长的铁路线，图拉（Tula）、奥廖尔（Orël）和哈尔科夫（Khar’kov）等城市曾发生过最惨烈的战斗。“沿线所有的车站都是临时木屋；城镇和村庄都被夷为平地；至于森林，则像是被炮火打秃的”[3]，坐在绿色车厢里的斯大林享受着安全空 23
间，火车上镶嵌着印有“苏维埃社会主义共和国联盟”几个大字的纹章，大字上面是锤子和镰刀图案。他的小包厢里有一个沙发、一张会议桌、一个厚红木酒柜。热茶在茶壶里沸腾，上茶时还配上了切薄的柠檬片。火车和沿途主要车站都安装了高频无线电设备，保证最高统帅与莫斯科以及将军们之间的联络畅通。

作为在克里米亚的指挥部，斯大林选择了原属于异装癖亲王费利克斯·尤苏波夫（Felix Yusupov）的宫殿。这位王子也就是谋杀“癫僧”拉斯普京的人。尤苏波夫宫和里瓦几亚宫出于同一名建筑师之手，坐落于里瓦几亚宫 5 英里以外，建筑风格是当时贵族中流行的摩尔复兴风格。一对石狮守护着通往白色宫殿的石阶，石阶周围还环绕着一排排棕榈树和翠柏。在宫殿的一楼，总参谋部建了一个指挥室。在这里，斯大林和他的将军们得以在苏联红军从波兰深入德国的时候，掌控军队的动向。地下室设有通信中心，可以通过电话和电报立刻与莫斯科及前线部队取得联系。10 架飞机随时待命，用来在雅尔塔和莫斯科之间传递信息；另外有两架属于斯大林的私人飞机，配有专职机组人员。

安全保卫方面的工作可以说是不遗余力。萨基通往雅尔塔道路的两旁都可以看到警戒的士兵，这只是长达 12 英里道路两旁大规模警卫部队的一小部分。1 月，共有 4 个团的苏联内务人民委员部的内卫部队被派往克里米亚，肃清区域内的“不安定因素”[4]。斯大林、罗斯福和丘吉尔下榻的宫殿外，都设置了三道环形警戒圈，里面的两层警戒圈有内卫部队来回巡逻，随时向秘密警察头子拉夫连季·帕夫洛维奇·贝利亚（Lzvrenty Pavlovich Beria）报告；最外圈则由红军士兵牵着警犬巡逻。在 1 月 27 日的一份备忘录上记载了贝利亚向斯大林的承诺：除了贴身警卫，还会有额外的“100 名军人和 500 名内务人民委员部特别部队”保障他的安全。克里米亚范围内的防空系统都得到加强，160架飞机随时待命拦截敌方飞机。贝利亚命令在尤苏波夫宫地下修建了一个“第一类”地下工事，即后来被称为“1号目标”的工事，以防止德国轰炸机的破坏——如果他们能奇迹般地突破这道钢铁防线的话。这座共有3个房间的地下工 24
事用6英尺厚的混凝土浇筑而成，能抵挡住500千克的炸弹的直接打击。里瓦几亚宫地下还建有一个小规模的“第二类”工事（“2号目标”）。

在外宾看来，克里米亚安静得如墓地一样，但在斯大林和贝利亚眼中，这块和西西里岛差不多大的半岛下面却暗藏危机。内务人民委员部怀疑，头年春天德国人从这里撤退前，暗中留下了一批训练有素的间谍和破坏分子。克里米亚刚解放，贝利亚就以“勾结”纳粹之名，下令将全部鞑靼人驱逐出境。那是在1944年5月17～18日，贝利亚的部队包围了鞑靼人的村庄，下令所有人从家里出来。“叫喊声凄惨无比，”当时的目击者回忆说，“村里到处都是哭喊声。有的人没了女儿，有的人死了儿子，有的人失去了丈夫。”[5]人们被集中起来，塞进货运车厢，沿着和斯大林到克里米亚相同的铁路线，运往乌兹别克斯坦的沙漠中。在火车上，无数人因缺水而死亡，鞑靼人后来称之为“车轮墓葬”[6]。根据内务人民委员部官方统计，至少有17%的克里米亚鞑靼人在被驱逐后的18个月内死亡。一切都平复以后，贝利亚向斯大林报告说，他的手下“没有发生任何过激行为”，几乎没有遭遇任何抵抗。

指控鞑靼人勾结德军，这显然是过分了。的确有一些鞑靼人站在侵略者一边，但其他人却都在红军服役。不过对于斯大林和贝利亚来说，这种区别不重要，因为他们是以集体有罪和先发制人为基本原则行事的。被控告的人是否真的犯下了罪行，他们几乎毫不关心，他们关心的只是可能的动机。如果一个人有不忠的理由，那就足以证明他的不忠，在一些人的词典里，这叫作“客观有罪”。20 世纪 30 年代开始的“大清洗”运动，正是基于这个原则，从那以后为了完成强制配额，找到可疑的叛徒，整个国家都在进行一场竞赛。同样，也正是基于这个原则，他们消灭俄国的富农阶级，又在全国进行民族迁徙。自 13 世纪以来就生活在克里米亚的鞑靼人并不是唯一一个被波及的民
25 族，其他的还有车臣人、卡尔梅克人和伏尔加德意志人等。

看上去，那些路上让罗斯福感到不快的破败景象，至少有一部分不是纳粹而是苏联自己造成的。在从萨基驱车前往雅尔塔的途中，就经过曾经繁荣、如今已经荒芜的鞑靼村落。这荒凉的景象有不少是某种社会试验造成的恶果，农村地区先是搞集体农庄，然后又被迫进行工业化改造，最后则是民族迁徙。乡村渺无人烟；农田杂草丛生；教堂、清真寺和墓地被逐一摧毁。这些罪过全都归结到德国人身上，但说辞并不可信。一位苏联向导指着几处房屋废墟说，这就是纳粹肆意破坏的证据，但丘吉尔的警卫却忍不住说，“乱石堆里的树已经长得很茂盛了”[7]。

在雅尔塔会议期间，搜索破坏分子和叛徒的工作一直在紧锣密鼓地进行着。截至 1 月底，贝利亚向斯大林报告说，“7.4 万人接受了安全检查，其中 835 人被逮捕”[8]。苏联国防人民委员会反间谍总局（SMERSH）① 的特工们一直在不停地搜寻德国间谍

① SMERSH，英文缩写的音译是施密尔舒，过去这个机构曾翻译成锄奸局。在当时的苏联，叫施密尔舒的反间谍机构有三个，分别隶属国防人民委员会、苏联红海军和内务人员委员部，贝利亚只掌管其中规模较小的一个，隶属国防人民委员会的反间谍总局直接向斯大林负责。——译者注

和内部奸细，SMERSH 这个名字来自一句口号“Smert'Shpionam”，意即“间谍之死”。将鞑靼人驱逐出境后，其他被波及的民族还有保加利亚人、亚美尼亚人和希腊人。

斯大林被罗斯福当作同苏联建立建设性长期合作关系的关键人物，但疑心颇重是这位关键人物的性格特点之一。这位曾经的格鲁吉亚神学院学生觉得身边到处都是敌人，在他眼里， 26
世界由两部分组成：一部分是朋友，即听他指挥的人；另一部分是敌人，即不完全听他指挥的人，中间没有任何过渡。“显而易见，我们已经被敌人包围了，”1923 年他在党代会上发言说，“我们的敌人无时无刻不在寻找破绽，以便对我们造成损害。”[9]

此外他还具有冷酷的实用主义思想。他的女儿斯韦特兰娜·约瑟夫芙娜·阿利卢耶娃（Svetlana Iosifovna Alliluyeva）观察到他“既不暴躁，也不直率，不情绪化，也不感性，也就是说，他缺少格鲁吉亚人的典型性格特征。格鲁吉亚人都冲动、善良，容易被悲伤、快乐和美好的事物感动……但在他身上，情况则完全相反。随着岁月的流逝，冷酷的算计、伪装、冷静，以及愤世嫉俗的现实主义变得更加强烈”。他出生时被叫作约瑟夫·朱加什维利（Iosif Dzhugashvili），讲话带有浓重的格鲁吉亚口音，但如果有人提起他的格鲁吉亚出身，他会非常生气。“蠢货！”他会突然爆发说，“格鲁吉亚人都是蠢货！”[10]他的世界里已经没有感情这个词。他后来的名字——“斯大林”，意思就是“钢铁般的人”，正寓意他不同于普通人的感情。“你得学会控制情绪，”在雅尔塔会议召开前，他向一位来访的南斯拉夫共产党员建议，“如果被感情控制了，你就输定了。”[11]在斯韦特兰娜看来，感情已经完全被政治考量替代。他了解并能敏锐地把握政治游戏的阴暗和微妙。

* * *

到了周日，也就是 2 月 4 日，在尤苏波夫宫的生活已经进入正轨。主宫有 20 个房间，斯大林、莫洛托夫和贝利亚毗邻而居；偏殿则是将军和外交官团队的住所。就像在莫斯科时一样，斯大林工作到很晚，起床也很晚。他仔细研读苏联外交人民委员会撰写的关于战后欧洲局势的备忘录，以及内务人民委员部编写的关于罗斯福和丘吉尔的心理特征。[12] 他每天在苏联红军最高统帅部大本营（*Stavka*）与总参谋部人员召开两次会议，地点在宫殿的一楼。第一次会议通常在上午 11 点，即斯大林起床后不久，向他汇报晚间形势的进展。第二次更重要的会议是
27 在 21 点，发布第二天的行动命令。斯大林有个特点，喜欢在午夜时分和几个高级助手一起消夜，早上 5 点才上床睡觉。

现在斯大林正处于权力和声望的巅峰。战争伊始，他被纳粹的突然入侵和猛烈攻击打得措手不及，狼狈地逃往自己的郊外别墅，不过现在这些记忆都已经远去。当时德军只用了 4 个月就攻打到了莫斯科郊外，造成苏联伤亡 200 多万人。在最危急的时刻，首都眼看着就要沦陷之际，斯大林下令枪毙逃兵，并在前线后方增设“督战队”，恢复了苏联抵抗的士气。“不许后退一步”成为那时的格言。苏联士兵很快就发现，撤退比前进还要危险。恰如斯大林在德黑兰餐桌上告诉罗斯福和丘吉尔的那样，他的部队中不需要懦夫。[13]

红军守住了莫斯科、列宁格勒和斯大林格勒，然后发动反击，将德军赶回自己老家。仅仅在 1 月 12 日以来的最近 3 周，苏联军队就推进了 300 英里，从维斯瓦河打到奥得河。他们解放了被纳粹炸成废墟的华沙，占领了德国最重要的煤矿基地西

里西亚（Silesia）。德国的53个师[14]被困在东普鲁士和波罗的海诸国的战线中。1月29日，格奥尔吉·康斯坦丁诺维奇·朱可夫（Georgy Konstantinovich Zhukov）元帅向斯大林报告说，在过去的5年零6个月中一直被纳粹占领的波兰西部现已彻底解放。“您下达的粉碎敌人反抗，并火速向德波边境推进的命令现已经完成。”[15]

来到克里米亚后的这三天，斯大林已经发布了一系列胜利公告，看上去似乎已经将德军逼入绝境。红军部队正在匈牙利首都布达佩斯的街道上与“希特勒匪徒们”作战，他们已经到达了但泽近郊。1939年9月1日，就是在这里打响了第二次世界大战的第一枪。他们在冰封的奥得河西岸建立了4个桥头堡。最后，2月4日，一则苏联的胜利通报称，朱可夫的部队已经到达巴尔瓦尔德（Baerwalde）火车站，该处距离柏林东部仅39英里。[16]朱可夫已经初步拟定了作战计划，[17]打算在2月中旬攻占德国首都。

“前线有什么新消息？”15点，丘吉尔接到斯大林打来的电 29
话，这是他问的第一句话。当时会议还未开始，斯大林正在去里瓦几亚宫的路上。

“非常不错。”对方满意地回答。[18]

斯大林解释说，德军已经弹尽粮绝，石油、煤炭和面包都已耗尽，已无法继续维持战争。希特勒原来是个蹩脚的战略家，他没有将自己最有战斗力的部队从东普鲁士召回，导致部队悉数被包围，仅留下领导无力、训练不佳的人民冲锋队守卫柏林。如果在西里西亚之后鲁尔区也沦陷的话，他就全完了。首相想知道，如果希特勒决定抛弃首都“逃亡南方”——比如说去德累斯顿（Dresden）的话，红军会怎么做。

攻入德国
1945年1月–2月
瑞典
丹麦
波罗的海
立陶宛
❺1月25日
柯尼斯堡
被包围
北方集团
军群
柯尼斯堡
白俄罗斯
第3方面军
但泽
东普鲁士
（德国）
波美拉尼亚
维斯瓦
集团军群
（希姆莱）
❽2月4日
朱可夫的部队
占领贝瓦尔德
斯德丁
奥得河
贝瓦尔德
柏林
基尼茨
❼1月31日
朱可夫的部队
渡过奥得河
白俄罗斯
第2方面军
（罗科索夫斯基）
维斯瓦河
❷1月17日朱可夫
的部队占领华沙
华沙
波森
❹1月25日
朱可夫的部队
绕过波森
白俄罗斯
第1方面军
（朱可夫）
卢布林
易北河
德国
尼斯河
中央集团
军群
布雷斯劳
奥得河
西里西亚
波兰
维斯瓦河
❶1月12日
苏军发起维斯
瓦河—奥得河
攻势
❸1月22日
科涅夫的部队
渡过奥得河
奥珀伦
克拉科夫
奥斯维辛
乌克兰
第1方面军
（科涅夫）
布拉格
❻1月27日
科涅夫的部队
解放奥斯维辛
集中营
捷克斯洛伐克
乌克兰
第4方面军
南方集团
军群
多瑙河
维也纳
奥地利
乌克兰
第2方面军
前线
1月12日
2月4日
布达佩斯
匈牙利
北
巴拉顿湖
多瑙河
乌克兰
第3方面军
意大利
南斯拉夫
0
英里
100
Gene Thorp

“我们会穷追不舍。”[19]

丘吉尔邀请斯大林参观他的地图室，地点在首相下榻的沃龙佐夫宫（Vorontsov Palace）一楼，一个舒适的小房间里。英国人对自己的发明非常自豪，这可以让他随时掌握战争的进展，仅靠一个总指挥部收集所有主要战线的信息。墙上挂满了主要战场的地图，上面盖着透明塑料布，地图上用油性笔标出盟军和敌军部队的动向，不同大小和形状的彩色图钉镶嵌在大洋上。

从图钉和油彩笔的标记可以清楚地看出，战争的结果是由东线决定的。在西线，英美军队在法国以东的比利时阿登地区遭到德军猛烈反攻，经历了突出部战役之后盟军依然继续前进。2月初又开始发动进攻，但行动迟缓，和东线红军的那种横扫千军如卷席却又全然不顾人员伤亡的做法不可同日而语。同一时期内，红军在1月12日至2月4日阵亡30万人，这个数字接近美军在战争中阵亡的人员总数。

对苏联最高领导人，也就是被苏联人民称为“领袖”（*vozhd*）的斯大林来说，伤亡数字并不重要。“对他来说，只有最终目标才是重要的。面对巨大的损失，他很少会被同情或悲伤等情绪所烦扰。”[20]苏联传记作家德米特里·沃尔科戈诺夫（Dmitry Volkogonov）如是写道。接着他又说：“他认为不管最终是胜利还是失败，结果都是苦涩的，这是现代战争中不可回避的事实。”最主要的问题是长期的政治考虑：哪部分领土会归于谁，一旦战争结束，欧洲的版图会是什么样子，谁能掌握什 30
么。他曾尖锐地批评西方盟军由于害怕过多的伤亡，从而将诺曼底登陆拖后了两年。1942年8月，丘吉尔在访问莫斯科时曾提及如果进行跨英吉利海峡的作战，英军可能会遭受的损失，斯大林挖苦他，说红军每天都损失1万名士兵，“不敢冒风险，就别打仗”。[21]

在接下来的几个小时里，斯大林必须要做出的决定，将是战争中最重要的决定之一。现在最后一个主要的天然障碍已经被消除，应该授意朱可夫的部队继续全力以赴地向柏林进军，还是应该放慢进程，巩固战线，为最终的进攻做准备，同时肃清前线后方几百英里处，即波兰和东普鲁士包围圈内仍在抵抗的德军？继续前进的成果诱人——是苏联快速结束了战争——但垂死挣扎的敌人可能会亡命地反击，所以风险也很大。

当丘吉尔让英国陆军元帅哈罗德·亚历山大（Harold Alexander）描述意大利的战况时，斯大林一副漠不关心的样子。英军和美军部队正在亚平宁半岛上缓慢推进，遭到德军的顽强抵抗。斯大林坚持说意大利只是个小插曲，最好让英国留下几个师防守，然后将其余部队从亚得里亚海转移到南斯拉夫和匈牙利，协助苏军对维也纳的进攻。但是，丘吉尔说现在做这样的战略调整为时已晚，他在早些时候也曾这么提议，但遭到苏联和美国的反对。现在，看上去斯大林是在用一个明知不可能的建议来嘲弄他。

“红军，”首相打着官腔回答说，“可能不会给我们时间来完成行动。”

星期天下午，快到16点的时候，斯大林乘坐自己崭新的黑色“帕卡德12”汽车前往里瓦几亚宫，一路上似乎“每棵树和每个灌木丛”[22]后面都有红军士兵在警戒。莫洛托夫和他并排坐在装饰奢华的汽车后座上，这辆汽车还额外使用了总共4吨重的钢板进行加固。车窗至少有3英寸厚，能够抵挡重机枪的扫射，车窗上反射着周围正凝神警戒的士兵的身影。发动机盖上，一面红色的苏联国旗迎风飘扬。在驾驶员身边坐着身材矮

胖的内务人民委员部少将尼古拉·西多罗维奇·弗拉西克
(Nikolai Sidorovic Vlasik)，他自1931年起就担任斯大林的侍卫
长，现在比任何人都亲近斯大林。警卫们在帕卡德汽车周围严 31
密防守，并在宫殿屋顶上密切监视四周。住在宫内的美国人都
获得了多个通行证，任何时候外出都要经过多重检查。一位美
军上校看到这番景象后觉得，恐怕是对斯大林“做个鬼脸也会
被警卫射杀”。

“帕卡德12”汽车刚停在皇宫前面的车道上，弗拉西克立刻跳下车给领袖开门。斯大林出现了，他身穿厚重的元帅大衣，与仪仗队互相敬礼，然后迈步走进宫殿，紧随其后的是莫洛托夫、弗拉西克和一群苏联将军。原先的沙皇接待室现在被罗斯福用作书房，罗斯福在这里等待着斯大林的到来。房间用深色红木嵌板，室内装饰着笨重的意大利家具和厚重的布哈拉地毯。两位领导人像老朋友一般互相问候，美方担任翻译的奇普·波伦（Chip Bohlen）注意到斯大林在手被罗斯福紧紧握住的时候，“罕见地露出笑容，尽管是微笑”[23]。哈里·霍普金斯的儿子罗伯特是美军陆军通信部队的一名摄影师，他被允许进入室内记录这个场景。总统和最高统帅坐在长椅上，椅子上方是一幅画，画中是苏联冰封的大地。穿着军装的斯大林身体前倾，双手放在膝盖上。罗斯福身穿浅灰色西装，打着色彩鲜艳的领带，脸色看上去苍白憔悴。

罗斯福先打开了话匣子，他向领袖祝贺最近取得的军事胜利。还在“昆西”号上的时候，他就告诉斯大林，他打了个赌，看看是红军先到达柏林，还是美军先到达马尼拉。接下来斯大林首先对称赞做了回应，接着说当然是马尼拉先解放了，因为奥得河流域的战况还很激烈，他小心翼翼地避免透露他对

德国首都发动进攻时机的看法。

罗斯福觉得赢得斯大林信任的最好方法，就是阿谀奉承，他决定要消除那种英美会联合对付苏联的观念，他想和斯大林搞好关系，让他们能像“男人和兄弟”[24]那样对话。罗斯福提醒斯大林发生在德黑兰的一件事，让他意识到他们是可以找到共同语言的——如果需要，可以不顾丘吉尔的反对。在当时的某次晚宴上，斯大林要求战后处决 5 万名德国军官，以保证他们不会再挑起战争。这让人搞不清楚究竟是威胁还是玩笑，正
32 如斯大林常搞的口头攻击那样，是两者皆有的恶作剧。由于知道斯大林有能力实施更多的暴行，丘吉尔很生气地表示“英国国会和民众，绝对不会容忍此类事件”。罗斯福却选择让谈话的气氛更轻松一点，建议说“作为妥协”，那就只处决 4.9 万名德国军官好了。

这时候，罗斯福告诉斯大林，昨天一路上看到战争造成的毁灭景象，他现在比在德黑兰时更想让“德国人血债血偿”，他希望大元帅①“重新提议处决 5 万名德国军官的事情”[25]。

“我们都变得更嗜血了，”斯大林回答说，“德国人都是野蛮人。”

然后总统将话题转移到盟军指挥官直接联络的事情上来，也就是让西线的艾森豪威尔五星上将和东线的朱可夫元帅建立直接通信。如果让他们直接联络，相比现在拐着弯通过华盛顿、莫斯科和伦敦进行对话的方式，战争的协调工作会简单很多。这触碰了斯大林的敏感话题。在法国，苏联军官隶属于艾森豪威尔参谋部，但他不想让英国和美国军官在红军战线的后方自

① 斯大林虽然拒绝接受苏联大元帅的军衔，但苏联国内及很多外国人仍旧喜欢叫他大元帅，以便和其他苏联元帅区分开来。——译者注

由出入，也不会允许自己的将军直接和西方盟友联络，否则他将无法完全掌控政治局势。斯大林并不想立刻回绝，只是给出一个模棱两可的回答，说让军人“制定详细方案”。

罗斯福抓住机会，表示美国要和传统的欧洲盟友，也就是英国和法国撇清关系。他开始说“自由法国”领导人夏尔·戴高乐将军的坏话，说他自以为是个圣女贞德一样的人物，以为是自己拯救了法国。总统用一种秘密的口吻，说他打算“向大元帅表达一点自己轻率的看法”。英国想向法国增派20万人的军队，“人为地”加强法国势力，使其成为“一股强大的力量”。他们希望法国能在战后和德国“守住战线”，直到精疲力竭的英国人从和希特勒的漫长战争中恢复元气。罗斯福还说他和英国之间，在德国占领区的划分上存在“不少麻烦”。

“英国人都是奇怪的家伙。他们吃着碗里的还看着锅 33
里的。”

面对总统的魅力攻势，斯大林也不是完全无动于衷。从个人角度来说，他还是喜欢罗斯福的，一方面同情他身体上的不足，另一方面也尊敬他坚韧不拔的责任心。他觉得罗斯福是一个更务实的政治家，所以理所当然比英国哥们更顺从苏联的利益。另外，在斯大林的世界观中，留给个人想法的空间其实极小，他的世界观是建立在国家和阶级利益层面的冷静考量，以及势力平衡的基础之上的。按照马克思和列宁的教导，为了巩固社会主义取得的成果，暂时和一个或另一个帝国主义政府结盟是可以接受甚至必要的。尝试分裂敌对势力，并和对方最理性的人合作，是符合苏联利益的。归根结底，帝国主义者就是帝国主义者，进步的力量和反动的力量不可能在本质上相互调和。所以斯大林对罗斯福的示好感到愉快，但没有顺着反对丘吉尔的诱惑深入聊下去，相反他问道，法国是不是应该在德国有自己的占领区。他现在已经开始思考，为了能够在东欧为所欲为，可以向西方盟友“让步”了。

“这个主意不坏，”罗斯福回答，“但我们给他们一个占领区，只能是出于好心。”

“这是唯一的原因。”斯大林和莫洛托夫几乎同时回答。

领袖还提供了另一个让步。他拒绝了在中立国举行三巨头会议的提议，借口说医生不允许他在本国之外活动，甚至反对“所处环境的改变”[26]。在参加德黑兰会议时遭遇的事故，让他的耳朵疼了整整两个星期。斯大林提议，考虑到罗斯福身体状况不稳定，所有集体出席的会议都在里瓦几亚宫举行。为了配合自己的苏联盟友，罗斯福同意从华盛顿来到克里米亚，来回路程“约 13842 英里，坐火车、轮船、飞机和汽车”[27]。斯大林每天只要车行 12 英里就能见到这位濒死的总统。

* * *

时间已经接近 17 点，到了离开总统书房，前往位于宫殿一角的巨大白色舞厅的时候了，第一次全体会议即将开始。首先
34 进场的是坐轮椅的罗斯福，他花了一些时间坐进圆桌前的座椅，桌面铺着白色桌布。斯大林用枯槁的左手夹着香烟，在宫殿入口和其他几位代表谈了几分钟。当丘吉尔掏出自己的鳄鱼牌雪茄盒时，斯大林露出了笑容。首相身穿英国上校制服，头戴毛皮高帽，遮住了自己的秃头。像他惯常的做法一样，他是“微服”出行，化名“肯特上校”。他这样做根本骗不了任何人，只能满足自己对于秘密行动的爱好。

会议桌摆在舞厅的最里面。这张桌子于 1911 年 9 月第一次

在正式场合派上用场，那是在沙皇为自己的大女儿举行的初次进入社交界的晚会上。“那是完美的一夜，”一位宾客回忆说，“全身珠光宝气的贵妇，身穿豪华套装的男人，在灯光的照耀下熠熠生辉。”[28]现在，这座大房间看上去空空荡荡，冷冷清清。罗斯福背后是没有点火的火炉，斯大林在他右手边，丘吉尔在他左手边。每位领导人身边都有四位高级助手，左右各两人，翻译以及其他几位官员拖过椅子坐在领导人身后。窗外一边是摩尔风格的花园，一边是雄伟的山脉，但都被拉上的窗帘挡住了。皮面软座椅是专门为三位领导人准备的，其他人坐的都是不舒服的木椅子，每位代表都拿到一个同样大小的笔记本和一个烟灰缸。先前已经达成一致意见，第一次会议上只讨论军事问题。除了罗斯福和三位外交部长，其他人几乎都身穿军装。

门外有几个人想要闯进来，其中包括罗斯福的主治医师麦金太尔海军中将，罗斯福挥了挥手让他们退下。根据他女儿安娜的记载，这些人除了“干坐在那里打牌”[29]，基本上没什么用。英国皇家空军参谋长被罗斯福憔悴的外表吓了一跳，“他身材枯瘦，面容憔悴，布满深深的皱纹，似乎无时无刻不在受病痛的折磨，看上去一直心神不宁。同样，他的心智也大不如以前。总的来说，看来杜鲁门是时候接手他的工作了”。[30]

正如在德黑兰时一样，斯大林邀请罗斯福总统担任会议主持，因为他是出席会议的唯一一个国家元首（斯大林的官方头衔是人民委员会主席，也就是苏联总理，同时还是国防委员会
主席）。斯大林对手下人冷酷，对国外领导人却非常礼貌，在自 35
己发言前都会先询问他们的意见。他说话清晰、短促，声调平稳。这次他竟然不同寻常地好好做了准备，会议中靠自己的博

闻强识和对于话题的了解发言，而不是靠笔记。他喜欢和丘吉尔争论，但对罗斯福马上就变得毕恭毕敬。英国首相也许在战争中可以做朋友，但他依然是个意识形态上的敌人，是帝国主义的典型代表。但对罗斯福，斯大林就不太确定是不是这样了。美军在战场上的表现他不怎么放在心上，但对于美国军事工业的力量，以及美国短时间内为 3 个盟友提供大量军事装备的能力，让他深感震惊。他曾私下坦言，和资本主义大国进行谈判，白宫的罗斯福比其他任何总统都让他感到轻松。

关于丘吉尔，斯大林告诉身边的人，“他是那种你一不注意，就会从你口袋里拿走你身上每一个硬币的人”[31]，罗斯福“就不是这样，他只拿面值比较大的硬币。而丘吉尔呢？就算只有一分钱，他也会伸手去取！”

那些以前没见过斯大林的人，都吃惊地发现他的身材原来这么矮小。苏联摄影师都被要求从较低的角度给他拍照，这样让他显得高大一点。实际上，他最多 5 英尺 7 英寸（约 1.7 米）高，躯干粗短，双腿瘦长，左臂萎缩。他的头部动作僵硬，脖子伸出，以防人们注意到他的双下巴。他肤色蜡黄、苍白，头发像钢针一样直竖并梳到后面，一位英国代表说，这让他想起“一头不知所措的豪猪”[32]。西方客人看到他脸上由于小时候得天花留下的麻点，都吃了一惊，他只在脸上涂少许的粉来掩盖这些疤痕，八字胡遮住了他不整齐的发黑的牙齿。给人印象最深刻的是他那对黄色的眼珠，不停地扫视房间四周。这双眼睛明确地表现出他的情绪：一会儿闪动着活泼的光芒，一会儿盯着天花板听丘吉尔华丽的陈辞，听到什么让他生气的事情，眼睛会突然眯起来。

苏联工农红军总参谋部代理总参谋长阿列克谢·因诺肯季

耶维奇·安东诺夫（Alexei Innokentevich Antonov）大将①在舞厅桌子上铺开一张地图，解说东线的部队部署情况。他的美国同僚乔治·马歇尔五星上将对西线的战斗情况做了补充，确信到3月初能穿过莱茵河。一位美国来宾回忆，18点左右，进来“一长溜身穿燕尾服，双手将托盘高高举在头顶的服务员”[33]，
打断了会议进程。苏联人上茶的方式是“好莱坞公认的最华丽 36
的英国范儿”，几个“衣着挺括的英国外交官先生”负责指导整个过程。他们轻步走动着，将茶杯递给苏联服务员，服务员将茶按照严格的等级顺序发给各位代表，然后是点心和三明治。里瓦几亚宫的其他地方弥漫着一种“葬礼般的肃穆感，好像门后躺着个病入膏肓的人似的”[34]。

但这种沉寂很快就被打破了，打破它的是哈里曼所说的“会议狂热的极端情况——有人想参加所有会议，因为这让他感到自己受到重视”[35]。他说的是野心勃勃的詹姆斯·弗兰西斯·伯恩斯（James Francis Byrnes），南卡罗来纳州人，联邦最高法院前大法官，支持种族隔离政策，并觉得自己是后方的“助理总统”。副总统的位子被杜鲁门抢走，他心中已经不是滋味了，现在竟然连开幕会议都不让参加，更让他勃然大怒——尽管会议内容严格限制在军事范围内。他收到消息说18点在会议室门外等候，届时会邀请他进入会议室。如安娜·罗斯福在日记中记录的那样，这位战争动员办公室主任“在门外坐了45

① 原文此处写的是苏联武装力量总参谋部总参谋长，其实这是错误的。首先苏联工农红军总参谋部要到1946年6月才更名为苏联武装力量总参谋部；其次安东诺夫大将当时还是副总参谋长，由于时任总参谋长的华西列夫斯基元帅一直在前线督战，他其实是代行总参谋长职权，1945年2月19日华西列夫斯基调职白俄罗斯第3方面军司令员后，他才正式担任总参谋长的职务。——译者注

分钟冷板凳，连个去跟他打声招呼的人都没有，所以他只能想办法发泄积蓄的怒火”，任何愿意听他讲话的人都成了发泄对象。“发怒时他表面很温柔，不过眼睛里正射出火光”。

当时安娜正在安排当天晚些时候由他父亲主持的晚宴，用来招待斯大林和丘吉尔。沙皇桌球室的桌子能坐下 14 个人。美国宾客中包括伯恩斯，但他扬言要“预订飞机”自己回国，以此来抗议遭受的待遇。“我这辈子就求你这一件事，”他对安娜说，“告诉你父亲，我不参加宴会！”

一番争论和辩解之后，安娜告诉伯恩斯，如果他不在，“桌子上只有 13 个人，这个不吉利的数字会让迷信的罗斯福晕过去 10 次！”她终于成功地说服他回来，“靠愚蠢的迷信，詹姆斯说这是他唯一会妥协的理由”。

在第一次会议的结尾，苏联代表都吃了小小的一惊。从舞厅离开之后，斯大林竟然消失了，安保人员找遍了宫殿也没找到他，唯一没搜到的地方是罗斯福私人卧室的侧间，那是留给
37 美国特工人员使用的。不管怎么说，警卫们成功地把自己的领袖给弄丢了。弗拉西克在走廊上跑前跑后，嘴里喊着：“斯大林在哪儿？他去哪儿了？”[36] 最后，人们发现他只是去找洗手间了。离舞厅最近的洗手间现在是首相专用，所以一位美国外交官领着斯大林去了宫殿最里面，也是最近的可以使用的厕所。凯瑟琳·哈里曼在给英国友人的信中说，当时“一片混乱，流言满天飞。我想他们肯定认为是美国人实施了绑架或是什么。几分钟之后，‘乔大叔’完好无损地出现在众人面前，场面才又恢复平静”。

当天的晚宴上，三巨头坐在餐桌正中间，罗斯福居中，斯大林和丘吉尔分坐两边。晚餐是美国和苏联风味的结合，开胃

菜依然是装在大水晶碗里的鱼子酱。总统的菲律宾侍者准备了黑海鲟鱼配番茄酱，然后是牛肉和通心粉，这是美国风味。上的酒是几种斯大林惯喝的格鲁吉亚酒，包括作为开胃酒的茨南达利（Tsinandali）甜白葡萄酒，以及穆库扎尼（Mukuzani）干红葡萄酒。美国客人注意到斯大林劝其他人喝酒，自己却喝得很少，还在别人没注意他时偷偷往伏特加杯里加水。

三位领袖不一会儿就开始相互祝酒，庆祝几乎可以肯定的胜利。随着晚宴的进行，庆祝的气氛中开始出现不和谐的音符，斯大林拒绝“以共和主义者的名义”[37]祝英国国王健康长寿，他同时也无法接受小国也能在战后安排上发声；打赢了战争，三巨头当然就赢得了支配和平的权利。罗斯福和丘吉尔则表示，大国要起决定作用，但小国也应该有自己的声音。

“像南斯拉夫、阿尔巴尼亚这种小国家，没有坐在这张桌子前的权利，”斯大林坚持说，“你希望阿尔巴尼亚和美国具有相同的权威吗？”[38]

英国人引用莎士比亚戏剧《泰特斯·安德洛尼克斯》（*Titus Andronicus*）中的台词作为回答：“听闻燕雀的叫声，雄鹰不会烦扰，更不关心其中有何意义。”剧中后面的几句台词也许斯大林更喜欢：“因为他知道，凭借自己的铁翼，他可以随时让这叫声消失。”

话题转到发表异议和自由言论的权利。现任副外交人民委员，曾在斯大林30年代的“公审”中担任总检察长的安德烈· 38
亚努阿里耶维奇·维辛斯基（Andrei Yanuarevich Vyshinsky），对于波伦提出的在美国公众意见非常重要的观点反应迅速。维辛斯基表示，美国人“应该学会服从领导人”。

为了缓和气氛，丘吉尔举起酒杯为“全世界无产阶级”干杯，但随后又发表了一番关于议会民主制优越性的演说。他承认，自己通常被人叫作反动分子，但不可争辩的事实是，他是在场唯一一个需要承担被选举赶下台风险的领导人。战争一结束，英国就将通过选举成立新议会，他提醒斯大林和罗斯福，议会在任何时候都有权力通过不信任投票罢免首相。

“你好像挺害怕这种选举。”斯大林挖苦他说。

一点儿都没有，丘吉尔肯定地回答，“我不仅不害怕选举，还为英国人能按照自己的意愿在合适的时候更换政府感到骄傲。”

现在，甜美的苏联香槟已经倒进酒杯，罗斯福感到有足够的信心把和斯大林的关系推进一步。他告诉斯大林，在和丘吉尔的跨洋电报通信中，他和丘吉尔都称呼斯大林为“乔大叔”。对于这个称呼，斯大林好像不太开心，因为在俄语里，“大叔”的写法是 *dyadya*，含有容易被糊弄的、无用的老头子的意思。他要罗斯福详细解释这个昵称是什么意思。

“这是一种表示亲密关系的称呼，”总统向他保证，“意思就是把你当作家庭的一员一样。”

桌上一阵尴尬的沉默。“乔大叔”这个绰号，罗斯福以前在德黑兰和斯大林提起过，不过那是私下说的。领袖对于他尊严的任何损害都非常敏感，不管是真实的还是假想的，他不想在餐桌上当着自己手下的面被冒犯，更不要说还有侍者在旁边。莫洛托夫说斯大林没有真的发怒。“全苏联人都知道你叫他乔大叔。”他告诉罗斯福。

罗斯福又要了些香槟，斯大林看了看手表说他该走了。宴会的紧张气氛被伯恩斯缓解了一部分，他先前告诉安娜，他晚宴期间一句话都不会说，不过此时第十四位客人开玩笑地提醒苏联人，他们已经把美国权威的象征变成西方资本主义的讽刺画。

“既然讨论‘山姆大叔’不是问题，那为什么不能讨论 39
‘乔大叔’呢?”[39]

在丘吉尔的说服下，斯大林又多留了半个小时，到23点10分才离开。每个参加宴会的人都表现得很友好，但总的感觉第一次晚宴并不成功。在上床睡觉之前，英国外交大臣罗伯特·安东尼·艾登（Robert Anthony Eden）在日记中沮丧地写道：

> 和美国人一起吃了个饭，我觉得真是个糟糕的宴会。总统散漫、松懈又无力，丘吉尔知道宴会正在朝无意义的方向发展，拼命想把话题拉回正轨，但说得又太多了。斯大林对小国的态度，让我觉得如果不能用恶毒来形容的话，那也是冷酷的。我们人太多了，没有像在德黑兰时那样明确又敏锐的对话。最后宴会结束时，我终于长舒了一口气。[40]

罗斯福想表达的意思已经再明白不过。他想和斯大林建立起一种轻松友善的关系，就像与丘吉尔一样，让斯大林觉得和自己是一伙的，能够放心和他分享自己的小秘密和小习惯。但这些伎俩都失败了，因为斯大林的幽默感仅限于开别人的玩笑，这与丘吉尔不一样，他可不愿意自嘲。

无意间，罗斯福在斯大林厚厚的心理盔甲上发现了一个裂痕。在伪装方面他很有技巧，特别是在外国人面前，但他有时候也会暴露自己。虽然他的举止和习惯很低调，但在自我评价方面可一点都不低调，他对自己取得的成就和在历史中的重要性有很高的评价。苏联境内到处都有他的形象——报纸上、宣传栏上、雕塑中，以及“天才斯大林”的宣传册中。甚至在自己孩子面前，他也用第三人称来称呼自己，把自己作为苏联的象征，而不是一个普通人。“你不是斯大林，我也不是斯大林，”他对自己任性的儿子瓦西里训诫道，“斯大林存在于报纸和肖像画中，不是你，甚至不是我！”他把自己看成布尔什维克革命的化身和保护者，比他本身伟岸得多的历史大潮流的推动力。冒犯斯大林，就是冒犯整个苏联。

斯大林让自己周围弥漫着浓厚的个人崇拜的气氛，似乎不是为了满足现实政治的需求，而是为了满足他深层次的心理需
40 求。自 1929 年他 50 周岁生日庆典以来，官方的奉承便开始了。他变成了“领袖”，整个民族的领导人，“是列宁的事业最出色的继承者”。任何赞美之词用在他身上都不过分：国家最聪明的人、最出色的军事战略家、工人阶级最伟大的朋友，以及最杰出的马克思主义理论家。他自己也开始相信关于自己的宣传。

罗斯福的假设犯了个致命错误，即斯大林和典型的西方政客并无太大差别。这位领袖其实与帖木儿（Tamerlane）和伊凡雷帝（Ivan the Terrible，别名恐怖的伊凡）更像，而不是乔治·华盛顿。他对公众意见毫无兴趣，美国的政治多元化和宪法中的制衡观念对他没有任何意义。他的统治方式还是传统俄国沙皇的方法：保密、武力、权力集于政府手中。他最喜欢的沙皇不是西化的彼得大帝，而是伊凡之类的民族主义者，他曾私下表示伊凡雷帝是他的导师[41]。在战争初期，他曾命令谢尔盖·米哈伊洛维奇·艾森斯坦（Sergei Mikhailovich Eisenstein）制作一部描述这位 16 世纪暴君的影片，强调他在打倒俄国敌人、粉碎内部异议者上的重要作用。伊凡四世被描述为一位绝

对的统治者，通过他的秘密警察和特辖制（*oprichnina*）建立起一个庞大的国家，击败了讨厌的贵族。如果还有什么不满的话，斯大林只是觉得伊凡太手软了，他认为伊凡应该出手“更果断一点”[42]。在开始反对封建家庭之前，以及在向上帝忏悔自己的罪过方面，伊凡浪费了太多时间，而斯大林永远不会犯这个错误。

布尔什维克给了他一个历史性的正当理由，让他可以不断地、无限地积累个人权力。布尔什维克主义者相信自己是历史选出来的精英分子，以实现大众的意愿，只有那些有政治觉悟的先驱者才能意识到，究竟什么才是卡尔·马克思定义的人民神圣的真正利益：人们自己无法看清这些，因为他们的头脑中充满了“虚假意识”，包括宗教和民族主义。既然革命是历史的需要，那么任何能够促成革命成功的行为，就不仅仅是允许，而是必需的了。斯大林相信结果才能决定过程的意义。

与罗斯福类似，斯大林也有一个溺爱、专权的母亲，他们都是独子，被倾注了大量的关爱。从很小的时候，两个人都被鼓励，相信自己生来就是要成就大业的。他们都克服了肉体上的痛苦：罗斯福成年后大部分时间被疾病折磨；斯大林则不断地因政治原因被流放西伯利亚。但是，相似之处也仅限于此。罗斯福一直在友爱、安全的环境中长大，住的是森林和公园环绕的豪宅；斯大林则住在简陋的小木屋里，经常遭到醉酒父亲 41
的毒打。生在哈德逊河谷地主家庭的罗斯福是个乐天派，对世界充满了乐观的看法；身为补鞋匠儿子的斯大林则总是用最悲观的眼光去看世界。美国的罗斯福上的是格罗顿（Groton）中学和哈佛大学；格鲁吉亚的斯大林则因为政治激进主义被学校开除。白宫的主人靠魅力和家庭声望去收服对手；克里姆林宫的主人则是路霸出身，靠抢劫银行和勒索工厂主来资助布尔什维克革命。

命运将残疾的总统和一脸痘坑的革命者带到黑海边，让他们和一位英国贵族一起为新世界铺下基石。满目疮痍的城镇、破败不堪的宫殿、破落的乡村，还有遭种族清洗的村庄，这样的克里米亚恰好是匍匐于他们脚下的广阔大陆的缩影。

3

丘吉尔

2月5日

“缺少国内的消息，让丘吉尔非常不满，”首相的私人秘书前一天晚上给伦敦发电报说，“请全力改善状况。”[1] 42

俯瞰黑海的房间用胡桃木板装饰，宽大的双人床上撒满了烟灰和纸张。温斯顿·丘吉尔靠在枕头上，身穿破旧的丝质睡袍，正因为通信故障怒火中烧。甚至连正常的外交通信，都会送错地方或迟到。现在已经是2月5日，星期一，本应由伦敦出发的特殊快递送来的星期日的报纸还没有踪影，战时内阁每天关于各条战线战况的报告也未送达。火上浇油的是，斯大林抱怨说首相心爱的地图室的图表没能反映出苏联军队的最新进展。一位“浑身怪味的俄国上校”[2]来到沃龙佐夫宫，更正了不准确的地方。

丘吉尔对信息的渴望就像人需要氧气一样。在伦敦，每天他都会收到一叠简报，其中包括间谍头子“C.”发来的德国和日本的解密电报。情况好的时候，他就像站在阿道夫·希特勒
身后看他写东西一样。他在解密文件上用红墨水笔做标注，用 43
他特有的调侃语调评论道：“我相信这则信息仅限于大人您和最少数量的其他人知道。”出于安全原因，他已决定在克里米亚不接收“超级机密”（ULTRA）解密文件的副本。最好的信息来

源被掐断，令丘吉尔怅然若失。

地图室的负责人，理查德·皮姆（Richard Pim）终于抱着一个压瘪的红色盒子露面了。文件盒中的文件排放顺序是最紧急的位于最上面，例行文件放在最下面。这次会议的行动代号是“阿耳戈英雄”（Argonaut），所以传来的信息被命名为“金羊毛”（Fleece），发出的信息代号为“伊阿宋”（Jason）①。丘吉尔的注意力正集中于面前的一份“金羊毛”电报上，内容是关于当前处在内战边缘的希腊政治局势。针对这次危机，他曾在 1944 年 12 月进行了一次卓有成效的个人干预，他在圣诞节那天早上飞到希腊，为的是阻止共产主义者起义。当时秩序已经恢复，但现在共产党要求进行大赦，并意图在联合政府中占有一席之地。首相口述了一份“伊阿宋”电报发往希腊，指示他的代表坚决反对共产主义者的要求。[3]

不管到哪里，丘吉尔都会遵循一些固定的仪式。列在他的需求清单第一位的是一张大床，这张床不是为了睡觉，而是用来工作。1942 年 12 月他第一次造访白宫时，就非常明确地表达了这个需求，当时他拒绝入住林肯套房。“我不住，”他抱怨说，“床不行。”[4]搬到另一间有大床的房间之后，他又向白宫人员明确提出了他的其他需求：“第一，我不喜欢在自己房间以外的地方讲话；第二，我讨厌有人在走廊上吹口哨；第三，早餐前，我要在房间里喝一杯雪利酒，午餐前要喝几杯加苏打水的苏格兰威士忌，晚上睡觉前，我要喝法国香槟和上好的白兰地。”

---

① 希腊神话中，阿耳戈是随伊阿宋乘“阿耳戈”号快船去科尔喀斯觅取金羊毛的英雄，后世将其名字指代淘金者和冒险家，英国人则用这个典故来作为参加雅尔塔会议的代号。——译者注

整个上午，首相都会待在床上，阅读文件盒里的文件，不时在页边空白处记笔记。他的先遣队在说服苏联人关于大床的重要性方面遇到了些许困难，最终在礼节方面找到了突破口：美国总统睡的是双人床，绝不能接受英国首相要睡比他小的床。然后一张大小合适的床从莫斯科运来，刚好赶上使用，避免了一场外交危机。丘吉尔摇响床边的铃铛，召唤他的手下。

“索耶斯，索耶斯，我的眼镜呢？”[5]

侍者脸上带着轻松又无奈的表情，指着他的睡袍口袋说： 44
“在那里呢，先生。”

又响起了一阵铃声，那是首相的自来水笔需要灌红墨水了。他最喜爱的秘书之一玛丽安·霍姆斯（Marian Holmes）出现在他面前，丘吉尔穿各种衣服以及不穿衣服的样子，她都已经见怪不怪了，也熟悉了首相让人捉摸不透的脾气。他的要求可能让人生气，甚至会让人觉得幼稚，但同时又非常有趣。他会突然吼叫道：“逮住那只凶残的苍蝇，拧下它的脑袋！”他用非同一般的方式对待自己的手下，但又让他们感到自己属于一个既特别又疯狂的家庭。有时，他也会变得非常体贴，关心手下的福祉。“我把你也拉下水了！”[6]结束了从伦敦到克里米亚的漫长旅程后，他对霍姆斯这样说道。

一扇不好使的拉门隔开了丘吉尔的卧室和秘书工作的房间，霍姆斯只能把它拉开一条缝。看到这位打扮得整整齐齐的23岁的修女院毕业生从窄窄的门缝里挤进来，年届七旬的首相哈哈大笑。

“你看上去像一条蜥蜴。”

对不了解他的人来说，他的工作习惯看上去毫无规律，甚至是混乱。但是，混乱中也有头绪，他清晨在床上的时间是为了下午的“亮相”做准备。他在自己头脑中准备好那些令人印象深刻的话，在给总统和大元帅做演讲之前，先在自己的“秘密圈子”中测试效果如何。他有一项特殊技能，能把重要的意思和琐碎的意思同时表达出来：在英国，他能一边演练对下议院的重要演讲，一边很自然地和自己心爱的橘猫对话。这位年长的演员知道如何合理利用自己的精力来应付那些大场面。

13 点 30 分，午饭端上来了，[7]他就在床上用餐，然后和外交大臣进行谈话。午餐结束后丘吉尔要小憩一个小时，他通常凌晨 3 点才睡觉，8 点起床。午睡让他可以“把一天半的工作在一天内干完”，[8]并且让他每天只睡 5 个小时依然可以正常生活。但是，他首先得确认所有东西都已就位，又弄出一阵让人不快的铃声。

“索耶斯，我的热水罐呢？”

“先生，它就在您屁股底下。您这主意可不太好。”

45 “这不是主意，是意外。”首相被索耶斯机智的回答逗乐了。不一会儿，他就打起了呼噜。

* * *

从小憩中醒来的首相“精神一振”[9]。洗完澡，他让索耶斯给自己更衣，侍者熟练地用一块大浴巾把他擦干，再帮他穿上军装。这位年轻的中尉，参加过英国最后一次大规模骑兵冲锋——1898 年的恩图曼战役（Battle of Omdurman）。这位女王辖属的第 4 轻骑兵团上校团长①面色红润，精神焕发，终于整

① 1895 年年初，丘吉尔以少尉军衔进入该团服役，并在 1941 年成为该团的荣誉上校团长，直到去世。——译者注

装待发，要开始和斯大林与罗斯福进行斗争了。

丘吉尔在沃龙佐夫宫除了有一间卧室和浴室，还有一个给秘书准备的房间和一个小餐厅，外加他的地图室。地图室旁边有一间温室、一间台球室，还有一个豪华宴会厅。整个宫殿是各种建筑风格的杂糅，宫殿最初的拥有者米哈伊尔·谢苗诺维奇·沃龙佐夫（Mikhail Semyonovich Vorontsov）亲王在阿拉伯传说和浪漫的苏格兰小说中长大，所以在他的宫殿里能看到雉堞装饰的塔楼和城垛、尖塔状的都铎烟囱帽、阿拉伯风格的喷泉、各种姿势的雕刻精美的狮子雕塑，以及高高的镶嵌着马赛克的波斯拱门。

“这样的宫殿真是前所未见，”[10]一位资深的英国外交官，英国外交部常务次官亚历山大·乔治·贾德干（Alexander George Cadogan）爵士对他的妻子说，“房子很大，奇丑无比，像是一座哥特式的巴尔莫勒尔堡，里面的所有装饰也都丑得可怕。”[11]莎拉·丘吉尔的表述相对比较温和，说这座宫殿“非常奇特……就像一座瑞士小木屋里面有一间苏格兰礼堂，外面看起来却是清真寺！”罗斯福和斯大林下榻的住所与之类似。位于阿卢普卡（Alupka）的沃龙佐夫宫得以幸存是由于纳粹的贪婪，作为战利品，它被当作德军指挥官埃里希·冯·曼施泰因（Erich von Manstein）元帅的指挥部。1944年春天德国人从克里米亚撤退的时候，没来得及将其炸毁。

丘吉尔很激动，因为他发现自己的远房亲戚赫伯特（Herbert）一家的画像就挂在餐厅壁炉两侧。原来19世纪初，沃龙佐夫亲王的父亲在英国宫廷担任俄国大使，亲王的妹妹嫁给了赫伯特家的人。[12]

到了15点30分，该出发去开会了，在罗斯福的坚持下，会

46 议时间从 17 点改到 16 点。从阿卢普卡到里瓦几亚的山路在海边的山上蜿蜒，丘吉尔先乘车从阿卢普卡向斯大林下榻的科列伊兹（Koreiz）行驶 3 英里，然后再行驶 5 英里到里瓦几亚。一路上能看到海豚在浅海捕食鱼类，还有海鸥和鸬鹚。雅尔塔小镇曾经的肺结核疗养院已经不复存在，但关于曾住在这里的最有名的病人安东·契诃夫的故事却依然流传，这些地方就在 4 英里以外的前方。

对于已经颇具传奇色彩的英国首相来说，三巨头会议是他人生中的又一个辉煌时刻。战争已经打了 5 年半，其中有 18 个月是他的国家在与纳粹孤军奋战。终于，胜利已经近在眼前，但疾病、疲惫，以及对伴随和平而来的事情的担忧，让他无法尽情享受其中的乐趣。他得了伤寒，发高烧，尽管在上周看上去已经痊愈，但医生却注意到，他并非“只是肉体上变得更脆弱”[13]，他的精神也在低落，开始受到阵发性抑郁的折磨。在马耳他岛，丘吉尔的私人医生麦克莫兰·威尔逊在他身上发现了抑郁症症状。当时他面朝墙壁，呼唤与他们相隔整个大陆、身在英格兰的妻子克莱门蒂娜（Clementine）。

丘吉尔是在逆境中成长起来的，当他处于事件的中心，全凭自己的意志力创造历史的时候，他婉称的“黑狗”① 就处于压抑状态。他“最美好的时光”是在 1940 年，激励英国以及整个世界起来反抗纳粹霸权的时候，当时他“觉得自己正和命运之神走在一起”。他在自己国家最绝望的时刻成为领导人，却给不了自己的人民任何承诺，除了“鲜血、苦难、眼泪和汗水”，还要克服似乎不可能克服的困难。相比之下，任何之后的

---

① 丘吉尔将自己的抑郁症婉称为“黑狗”。——译者注

事情都平淡无奇。像通常一样，丘吉尔对当前新的无趣的战争阶段做了完美表述：“我们必须永不懈怠（KBO，Keep Buggering On）。”[14]当苏联和美国在1941年参战，历史便不再以这个抽雪茄的男人为中心旋转时，“永不懈怠”则成为他的工作状态。

丘吉尔比他的大多数助手都清楚，军事权力和战略决定权已经到了斯大林和罗斯福手中，他不禁觉得自己成为同盟中的小伙伴。在1944年6月的诺曼底登陆后，对战争贡献的差异愈加明显。丘吉尔不得不提醒他的将军们，英国投入的兵力只占诺曼底登陆兵力的四分之一，所以不能指望在军事战略制定中起决定性作用。这种对比在东线表现得更加直白，说得简单一 47
些，在和希特勒的战争中，是美国人出了钱，苏联人出了力。

首相把自己看作“一只小狮子……走在苏联巨熊和美国大象中间”[15]，但是，他仍然暗自期待，“终将证明只有狮子才知道路在何方”。

* * *

第二天，在里瓦几亚宫的舞厅里继续召开会议，聚集在会议桌四周的人有了些许不同，先前全被将军和元帅们占据的椅子上，现在也坐上身穿深色西装的外交官。在罗斯福和丘吉尔之间，易怒的詹姆斯·伯恩斯终于有了自己的位子。每个代表面前都放了一个珐琅质的香烟盒和火柴盒，旁边是烟灰缸。

总统出人意料地发表了一项声明，让丘吉尔吃了一惊。总统说美国有意维护和平，但并不想付出在离自己国家3000英里外无限期维持一支大规模军队的代价，美军不会在欧洲停留“超过两年”，国会不会同意无限期驻军。

在消化这项“重大声明”时，“艰难的问题”[16]浮现在丘吉尔的脑海中。如果美国撤退，“英国就必须凭借一己之力占领德国西部地区，这完全是我们能力范围之外的事情”，红军几乎可以毫无阻力地从东欧进入西欧。推动法国在战后占领德国之中承担重要角色的想法，在他心中愈加坚定了。为了克制复兴的德国或扩张的苏联，法国是欧洲唯一有能力组建足够规模军队的国家。

丘吉尔觉得在和斯大林打交道方面，他比罗斯福要有经验。这是对的，在雅尔塔会议之前，罗斯福只在 1943 年 11 月的德黑兰和斯大林见过一面。而丘吉尔又去了莫斯科两次，一次是在 1942 年 8 月，那时他给自己安排了一项艰难的工作，即告知对方在 1944 年年中之前不会开辟“第二战场”。斯大林指责英国人被德国人“吓破了胆”，但随后又邀请丘吉尔在克里姆林宫的私人寓所内共进晚餐来表达歉意。这次晚餐一直持续到凌晨 3 点。1944 年 10 月，首相又一次来到莫斯科，和斯大林商讨
48 他臭名昭著的“百分比协定”。为了赶快阻止苏联取得希腊、地中海东部地区和通往印度商路的控制权，丘吉尔在一张纸上写下了巴尔干地区的势力范围划分。

后来丘吉尔讲述了他如何把这张纸递给桌子对面的斯大林；看了几秒钟后，斯大林在上面打了一个大大的蓝色对号，以示同意。这张纸放在桌子正中间，经历了一段尴尬的沉默后，英国人建议烧掉这张纸，以免让人以为“我们用这种随意的形式，就做出了决定几百万人命运的决策”。斯大林完全不理会他的担忧。

“不，你留着这张纸。”[17]

“百分比协定”更强化了斯大林在丘吉尔心中务实领导者
49 的形象，他觉得两人可以越过意识形态的鸿沟打交道。先前他

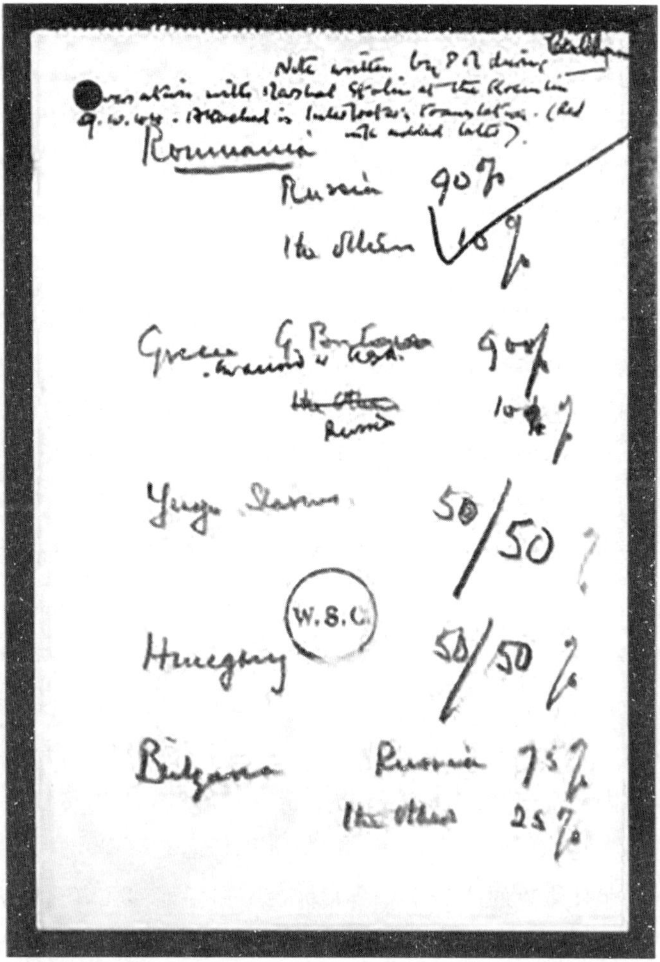

“百分比协定”

纸上写着罗马尼亚：苏联 90%，其他 10%；希腊：英国 90%，苏联 10%；南斯拉夫：各 50%；匈牙利：各 50%；保加利亚：苏联 75%，其他 25%。

认为布尔什维克主义是“无比邪恶”，堪比纳粹主义，俄罗斯人是一群“数量众多的蠢人……被恐怖、狂热和秘密警察所统治”。1941 年 6 月，德国入侵苏联，丘吉尔的原则成了“敌人的敌人就是朋友”。当时，就在突然之间，俄罗斯母亲（Mother Russia）也成了“纳粹战争机器”[18]的受害者，那些骄横不可一世的普鲁士军官“全副戎装，军刀马靴叮当作响”，统领着“凶狠残暴的德国士兵，像一群蝗虫蠕蠕而动”。他用特有的玩笑口气来解释其态度的 180 度大转变：“如果希特勒入侵地狱，我至少会在下议院对恶魔发表一点赞赏性的评论。”丘吉尔对斯大林的态度在敬畏和厌恶之间摇摆不定。丘吉尔告诉自己的助手，要和共产主义者维持好关系，就像“讨好一条鳄鱼，你不知道是要挠它的下巴还是敲它的脑袋。当它张开嘴的时候，你也不知道它是想笑，还是想吃掉你”[19]。

在斯大林最早的传记作者艾萨克·多伊彻（Isaac Deutscher）看来，他们是奇怪的一对，“一个是马尔博罗（Marlborough）公爵的后裔[20]，一个是农奴的孩子；一个出生在布伦海姆（Blenheim）宫，一个出生在只有一个房间的破屋里”。丘吉尔容易激动，“充满了古怪的特质”，是英格兰维多利亚时代的遗老，“用他那充满活力的浪漫气质全身心地捍卫帝国传统”。斯大林对于自己的每一次行动，都思考得长远又深刻，并“集沙皇和布尔什维克的严酷于一身，冰冷、镇定地驾驭着这两者带来的风暴”。他们的不同经历让他们成为绝佳的辩论对手，他们在相互对抗中成长，对彼此的怪癖产生了好感。斯大林对于那些敢于反抗自己的人，像丘吉尔和戴高乐将军，都怀有一种不情愿的尊敬，有他们在身边的时候会更具活力。丘吉尔开始喜欢甚至信任这个冷酷的领袖。“我和这头老狗熊谈得非常开心”[21]，这是 1944 年 10 月在克里姆林宫斯大林的晚宴结束之后，他在给克莱门蒂娜的信中写的话。“越见他，我就越喜欢。

现在他们很尊敬我们，而且我确信他们想与我们合作”，丘吉尔觉得“和斯大林一星期聚一次餐，一点问题都没有，我们的关系正如日中天”。[22]

丘吉尔最大的担心是斯大林被克里姆林宫的阴暗、邪恶势力包围，这些势力对于和西方搞好关系毫无兴趣。关于斯大林在自己的小圈子内没有绝对控制权的想法是完全错误的，但很多西方外交官都认同这个看法。就连乔治·凯南这位最冷静的 50
苏联问题专家，也认为斯大林被“对自己的朋友和顾问的强烈依赖”[23]所限制，而他们却给他提供“误导信息”，并利用了“他的无知和极端闭塞，以及多疑的格鲁吉亚人性格”。而事实是西方政治家和外交官对于丘吉尔描述的苏联政治内部运行方式所知甚少，丘吉尔在战争初期的一次演讲中称其为“神秘的谜中之谜”。[24]

斯大林让自己的前驻伦敦大使伊万·米哈伊洛维奇·迈斯基（Ivan Mikhailovich Maisky）简要说明，基于比例补偿原则，苏联会提出对德国战后赔偿的要求。既然苏联在战争中损失最大，也对战争的胜利做出了最大贡献，理所当然应该分得最大的利益。迈斯基提议的数字是200亿美元，其中100亿给苏联，这个数字对于丘吉尔来说是个天价，他怀疑德国可能永远都付不起这么大额的赔款。在迈斯基的计划中，德国将只保留20%的重工业，这意味着德国要被迫从美国获得大量贷款，就和第一次世界大战结束时一样，不然就会发生大饥荒。

“要让马拉车，就得给它喂料。”

斯大林不情愿地同意了这个观点，但又加了一句典型的个人风格的回应：“是的，但你得小心这匹马会不会回头踢你一脚。”

丘吉尔又换了一个不用担心被马踢的比喻：“如果你有一辆汽车的话，想让汽车跑就得先给车加油。”[25]

大家轮流发言讨论，在 20 点讨论结束之前，还没有做出任何决定。“这种会议都是这样：要花好几天时间才能回到正事上。”[26]贾德干在给家里的信中这样抱怨道，“老大们都不知道自己在讨论什么，得教教他们，讨论方式要更简洁。我想我们已经在进步了，但这个地方还是乱得像精神病院。”

* * *

首相回到沃龙佐夫宫，同艾登和女儿莎拉一起用餐。从国内传来的消息依然少得可怜。他的私人秘书约翰·马丁（John Martin）忧心忡忡地“听肯特上校不停地打电话探听新消息，却只得到了鱼子酱”。[27]

51 享用完俄式风味的 5 道菜的正餐，丘吉尔恢复了精力。餐厅里专门为他点起了熊熊火焰，他躺在一把柔软的扶手椅里，一边品着白兰地，一边不时吐出一两口雪茄烟雾，他的四周是俄国和英国贵族的肖像。如果不是外面有山峦，他就像回到了查特韦尔（Chartwell）或契克斯（Chequers）①。食物、美酒，还有熟悉的氛围，让他忘记了自己早先曾警告说，如果三巨头在克里米亚会面，一定会发生灾难。“我不知道为什么人们会抱怨雅尔塔，”他告诉助手，“我在这里觉得很舒服，我认为这是个很好的地方。”[28]

---

① 查特韦尔庄园位于英国肯特郡，是丘吉尔夫妇于 1922 年购买的地产，庄园内湖光山色、草木葱茏，占地数十公顷，是丘吉尔成年后最主要的住所之一，也是他生前最喜爱的住所之一；而位于英格兰白金汉郡艾尔斯伯里镇东南方奇尔顿山脚下的契克斯庄园，距离伦敦约 60 公里，这里从 1921 年起就成为英国首相的官方别墅。——译者注

丘吉尔的言论不禁让参谋团的人苦笑，他们都在其他房间里挤成一团。侍女们身穿笔挺的白色围裙，脚蹬崭新的高筒靴，端上“奢华甚至富丽堂皇”[29]的大餐，但与之形成强烈对比的是住宿条件的“不便和脏乱”。英国的参谋长们“挤在另一间餐厅里”吃饭，为了“不打扰首相，他们得踩着泥巴穿过花园绕道至卧室”。许多英国人都尝到了跳蚤的苦头，在美国卫生队对房屋进行彻底除虫之前，就连丘吉尔也在首日晚上遭到跳蚤袭咬。

在沃龙佐夫宫，洗手间问题甚至比在里瓦几亚宫更加严重，在主楼内，24个人要共用一个卫生间。“按花名册的努力成果被个人的激进行为挫败了，为了抢在别人前面用洗手间，每个大人物都起得越来越早。”陆军元帅们派勤务兵给自己排队。皇家空军参谋长查尔斯·弗雷德里克·波特尔（Charles Frederick Portal）元帅用木片撬开门锁，赶走了“没意识到在洗手间里待半个小时是不友善行为的反社会分子”[30]。一天早晨他冲进洗手间，一位面红耳赤的陆军元帅一边踉踉跄跄跑出来，一边“抓着晨袍盖住自己的身体”。又一天早上，他让丘吉尔的侍从索耶斯吓了一跳，“他跳出浴缸，身上没擦干就穿上睡衣。但我终于弄到刮胡水了！”

在花园里搭个茅舍作为公共浴室，有一个“可爱的农村女孩卖力地帮你搓背，不管你是什么性别……你得穿着大衣穿过
花园，希望回去后不会得肺炎”。花园也被当成公共厕所，一惯 52
彬彬有礼的英国人“变得不知廉耻，公开讨论哪棵灌木”可以逃过无处不在的卫兵的眼睛，列宁雕像后面是最受青睐的地方。代表们后来一致同意在雅尔塔会议期间，浴室和厕所设施问题是除去战争以外被“最广泛讨论的话题”[31]。

到处都能看到文化差异，苏联人不能理解为什么英国女秘书们不愿意和男人们一起“裸体洗澡和游泳”，而这在红军部队中很常见。浴缸塞子怎么都找不到，这让英国人很抓狂。他们还吃惊地发现苏联人为了满足他们的需求所要付出的极端努力，比如说从黑海对岸运来柠檬树，以便让丘吉尔享用杜松子酒和补品，让罗斯福在马提尼酒里加柠檬。另一个让人费解之处是俄国人铺床的“特殊方式”，他们把床单和毯子叠成“一个信封形状”，上床之前要把它们分开再重新铺好。

苏联人在待客方面的奢华与丘吉尔在克里米亚亲眼看到的贫困和破败形成了对比。他也在报纸上读到，在苏联军队到达之前，德国妇女和儿童的逃亡队伍有 40 英里长。“我知道他们是罪有应得，”他在给克里门蒂娜的信中写道，“但是这不能不引起人们的注意。整个世界遭受的不幸让我惊骇，想到新的苦难可能会从我们已经成功结束的苦难中产生，我越来越感到害怕。”[32]那一晚，在入睡前他和莎拉聊起自己的担忧，“我想历史上的任何时刻，苦难都没有像现在这样沉重或普遍。今晚落下的太阳看到世界遭受了更多苦难”。[33]

* * *

丘吉尔是位不知疲倦的旅行者和探索者，战争期间他已经奔走了几万英里：6 次穿越大西洋和罗斯福会面；2 次前往莫斯科会见斯大林。他劝说罗斯福跨过大西洋，到卡萨布兰卡、开罗和德黑兰开会。还是他，数次单独横渡英吉利海峡，为了激励 1940 年春天处于崩溃边缘的法国人，或是鼓舞诺曼底登陆后进入欧洲纳粹占领区的英军部队。在他的建议下，雅尔塔会议的代号定为“阿耳戈英雄”，让人不禁想起古希腊英勇的航海

者。他是面对面外交的坚定拥护者，嘲笑电报和其他现代通信 53
手段“和真人间交流相比，就像隔着一堵无趣、空洞的墙”[34]。

他所有的行程都冒着很大风险，而且危险不仅仅是来自敌人的战火。有一次从英国到马耳他的行程中，与首相同行的两架飞机中有一架失事。那架皇家空军的约克运输机冲出了跑道，坠毁在海里，造成机上大部分人员死亡，其中包括丘吉尔和艾登的私人助手。丘吉尔抱怨这起事故是“命运的吊诡”[35]，他明白自己能活下来，除了其他因素还应该感谢幸运。自 1895 年在古巴独立战争中第一次遭到枪击后，他一生中又遭遇数次枪击。“子弹没啥好担心的，”第一次经历战火之后，他在 21 岁生日那天给母亲的信中写道，“况且我也自负地认为，上帝不会创造出我这么一个有前途的人物，又让他这么平凡地结束自己的生命。”[36]明白自己可能会在某次战时旅途中牺牲，他给乔治六世国王写了一封信，指定艾登为自己的继任者。

随着战时高级会议规模变大，档次提高，他们也失去了田园般的闲情逸致。1941 年 9 月他第一次去白宫，直接住了进去，和罗斯福一起生活、饮食、工作，待了整整三个星期。在德黑兰，罗斯福和斯大林一起住进苏联大使馆，避免从城市另一边的美国大使馆赶过来时可能会有的风险。在雅尔塔，三位领导人住的地方相隔数英里，但他们的一些传统保留了下来。代表们像许久没见面的老朋友般互相打着招呼，分享趣事和见闻，甚至本地官员也成为三巨头大家庭中的一员。在里瓦几亚宫的第一天上午早餐时，一个苏联服务员跑进来拥抱奇普·波伦，原来战前他曾在莫斯科美国大使馆工作。老仆人对得起自己“可靠仆人”（“*Verny Slug*”）[37]的称号，保证波伦的房间里有足量的鱼子酱和伏特加。

这次高端会议中最奇特的仪式当属“纸币证书游戏”（short-snorter game）。这个游戏是由阿拉斯加无人区飞行员发明的，然后总统、首相、大使和将军们等都喜欢上了这个游戏。规则很简单：一群在同一趟旅程中的人在一张钞票上写下自己的名字，记录下在场的人。在后来相聚的时候，在要求出示这张钞票时，任何无法拿出钞票的人都要请其他人喝杯酒（short snort 在英语中是一饮而尽的意思）。先前的几次会议已经产生了无数签下各种名字的钞票，从丘吉尔到乔治·C. 巴顿的都
54 有。在第二次雅尔塔全体会议上，哈里·霍普金斯给自己安排了一个任务，找斯大林在钞票上签名，送给自己做摄影师的儿子罗伯特。罗斯福和丘吉尔都毫不犹豫地在印有神圣的弗拉基米尔·列宁头像的 10 卢布钞票上签了名，但斯大林却犹豫不决，满是疑惑。罗斯福解释了规则，补充说在被至少两个现有成员邀请的情况下，任何飞越过大西洋的人都可以加入游戏。这让斯大林找到了借口，他说他从来没有飞越过大西洋，因此没有资格。

“针对现在的情况，我特别免除这项要求。”[38] 总统宽宏大量地回答，领袖签了名，但没有被逗乐。

从军事战略到战后目标，战时的友情掩盖了美国和英国之间越来越大的不同，在马耳他，英国和美国指挥官就进攻德国的计划起了争执。英国人不断要求对地中海等地区的德军进行牵制性轰炸，而美国人拒绝这样做，因为他们觉得这与总攻目标不相关，是毫无必要的分散精力。美国的高级官员包括总统在内都把丘吉尔看成一个想牢牢把握每一块殖民地的顽固帝国主义者。首相怀疑罗斯福把注意力——如果不是感情的话——转移到了斯大林身上。他有一种被抛弃的感觉，看到美国人和苏联人

不经过他而直接和对方商谈，他感到伤心。总的来说，相比英国人，对苏联人持怀疑态度的美国人不多，并且没有把红军当作直接的威胁。

尽管英美两国领导人的关系还算密切，但战时同盟初期的那种亲密、热情洋溢和庄重已经不复存在了。没有什么比得上他们第一次见面时的感情，那是1941年8月，在英国“威尔士亲王”（Prince of Wales）号战列舰上。他们在甲板上坐在一起，高唱“前进，耶稣的士兵们”，他们被相同的信仰、事业和语言连接在一起。“每一个字都激动人心，”丘吉尔回忆说，“那真是伟大的时刻。”[39]他们见证了《大西洋宪章》签署的那一刻，确定了他们共同的战争目标：

- 不寻求任何领土或其他方面的扩张；
- 不发生任何与自由表达的意志不相符合的领土变更；
- 所有人都有权选择他们愿意生活于其下的政府形式； 55
- 所有的国家，不分大小，战胜者或战败者，都能自由贸易和获得原材料；
- 免于恐惧，不虞匮乏；
- 在公海上不受阻碍地自由航行；
- 永远放弃在国际关系中使用武力。

翌年12月，他们在白宫第二次会面。有一次总统进入首相房间的时候，发现刚从浴室出来的首相正浑身滴水，“一丝不挂”[40]地站在他面前。罗斯福刚打算道歉退出，裸露的丘吉尔阻止了他，“您看，亲爱的总统，我对您没什么可隐瞒的”。罗斯福开怀大笑，后来在给丘吉尔的电报中说：“和你生在同一个时代是一件开心的事情。”到 1943 年 1 月他们在摩洛哥会面的时候，首相眼含泪光地告诉自己的助手：“我爱那个人。”战后，他坦白地说：“没有哪位情人能像我对罗斯福总统那样，仔细研究他的一颦一笑。”[41]这句话很好地体现在表象之下，两位西方领导人之间的不平等关系。作为一位冲动的浪漫主义者，英国人把自己放在求爱者的位置，而美国人作为狠心肠的现实主义者，是被求爱的一方。作为一位贪婪的读者和军事战役的记录者，丘吉尔即使在工作之外也喜欢谈论国家大事；罗斯福则通过闲谈，处理与官方并不关切和与职责无关的琐碎小事来放松自己。丘吉尔喜欢发表华丽的长篇演说，罗斯福则喜欢一家人围着火炉聊天的非正式气氛。

一直到会议的第三天，也就是 2 月 6 日，星期二，丘吉尔才找到机会和罗斯福单独会面，他们在里瓦几亚宫沙皇桌球室里的拱形都铎式壁炉前共进午餐。这次午餐会是哈里·霍普金斯安排的，因为他觉得需要和英国进行更多的协调。但与平时一样，罗斯福并不想讨论什么实质性内容，只想开开玩笑，因此掩盖自己的真实意图。“很愉快，挺开心，但一点用都没有，”另一位唯一参加午餐会的英国人贾德干写道，“总统明显老了。”[42]

为了不给罗斯福造成太大压力，霍普金斯答应安娜 14 点
56 45 分就结束午餐。这可以让两位领导人都有时间在 16 点的全体会议开始前打个盹。在桌球室旁边的转角处是沙皇长子的房间，能够俯瞰黑海，霍普金斯把它提供给丘吉尔使用，但不幸的是里面已经有人了。罗斯福的军事顾问——“老爹”埃德温·马丁·沃森（Edwin Martin “pa” Watson）少将正在里面睡

午觉，海军顾问小威尔逊·布朗（Wilson Brown，Jr.）中将则躺在旁边的一张行军床上休息。由于没有壁橱，他们的行李都堆在墙边，霍普金斯派出一位海军中尉去让两位将军给首相腾个地方。受人爱戴的“老爹”是白宫人人皆知的人物，在罗斯福身着支架、蹒跚着走上演讲台的时候，就是他用手臂扶着罗斯福。他的任务就是让所有人放松、开心：在开罗的时候为了弥补女性工作人员的不足，他和丘吉尔一起跳起了狐步舞。但这位心宽体胖、心态乐观、声音洪亮的将军几个月前刚经历了几次心脏病发作，正病得厉害，他拒不听从医生的建议，执意来到雅尔塔，而且不愿意把自己的床让给任何人。

“你去告诉霍普金斯，如果他想给丘吉尔找个地方睡午觉，去他自己的房间。我和海军中将都不会走的。”[43]

中尉畏畏缩缩地回到走廊上，把消息告诉同样病得厉害的霍普金斯，而霍普金斯已经躺在床上午休了。他是个无情的人，只是把“老爹”看作一个大部分时间都病恹恹的没用的顽固老头子。他抬起杠来，威胁两位顾问，如果“不立刻离开”的话，他就把正在午睡的总统叫醒。这下争端解决了，这位生命垂危的将军不停地大声抱怨，把自己的床让给了前舞伴。

4

波兰

2月6日

57 2月6日，星期二，三巨头会议已经进行了两天。经过前两天的争论，第三天的全体会议终于到了丘吉尔所说的“会议关键时刻”，他们必须解决波兰的问题。波兰横亘于苏联和德国之间的广阔原野，可以作为发起进攻的双向通道，拿破仑、希特勒、沙皇亚历山大和蒙古军队都曾从这片土地上驰骋而过。斯大林很清楚自己的要求，他想要的是通过变更国境线把这个麻烦的国家向西移动约200英里。他下定决心，不能再让波兰对俄罗斯母亲造成军事和政治方面的威胁。

对罗斯福和丘吉尔来说，波兰是揣测斯大林意图的试金石。几乎可以确定，战争将会让红军控制欧洲中部和东部的广大地区，以及德国的大部分地区。作为苏联体系内最大也是最重要的国家，波兰是决定整个区域未来走向的关键。现在存在两个波兰政府，每个都有自己的军队，都声称自己是3000万波兰人民的代表。其中一个政府在战争开始后由于纳粹和苏联分裂波
58 兰被迫流亡伦敦；第二个政府由红军设立，总部在卢布林（Lubin），现在实际控制了波兰的大部分地区。就美国和英国了解到的情况，伦敦政府是波兰的合法政府；而苏联承认的是卢布林政府。

罗斯福作为主席开启了讨论，使用的是安抚口气，他表示美国“比在场任何国家离波兰都远”，这个定位能让他提供公平的意见。在德黑兰，他曾有力地响应了苏联的许多领土请求。他同意波兰应当放弃大部分都是乌克兰人和白俄罗斯人的东部诸省，将相应领土划归苏联，通过获得其西部的德国领土作为补偿。罗斯福劝斯大林把利沃夫①作为例外，因为那里的大部分居民都是波兰人，但他也没有太过坚持。相反，他强调的是赶紧建立一个基础广泛的临时政府，为自由选举做准备。美国的公众舆论不会接受共产党统治的卢布林政府，觉得它只代表“一小部分”波兰人，罗斯福倾向于建立一个民族团结的新政府，能代表所有的主流政治派别。

接着是丘吉尔发言，与罗斯福一样，他也没有急于讨论领土议题。在德黑兰，他曾经支持把波兰西移的想法，让苏联重新获得根据1939年《苏德互不侵犯条约》得到的领土。为了形象地说明，他在桌子上摆了三根火柴，分别代表苏联、波兰和德国。接着把火柴从东边向西移动，像是“正在操练‘向左两步走’的士兵”[1]。首相又声称“一个自由、强大和独立的波兰”比确定特定的边界线重要得多，他提醒斯大林，英国在1939年9月加入战争对抗德国，就是为了维护波兰的独立性，这事关大不列颠帝国的“荣誉”问题，“几乎让我们失去了我们自己的生命”[2]。他同意波兰不能“密谋”反对苏联，但也坚持她必须“是自己房子的女主人，自己灵魂的主宰”。

斯大林要求短暂休息，他想整理一下自己的思路，以便冷静、有力地表达自己的想法。他比任何人都清楚，自己正处于

---

① 利沃夫也属于波兰东部诸城之一，后归属乌克兰直至今天。——译者注

危机之中。在自由和独立等冠冕堂皇的辞藻之下，实际上是一
个政治实力问题：谁控制谁？波兰向西移动 200 英里是能一举
59 两得的事情：第一，苏联将一举夺回 1918 年为了退出第一次世
界大战时付出的代价——列宁被迫同德国签订的《布列斯特－立托夫斯克和约》所割让的领土；第二，同样重要的是，波兰将成为一个在苏联庇护下的独立国家，并吞并德国的大量领土。

这位从神学院学生成长起来的核心领导人是位辩论专家，擅长使用不屈不挠的逻辑来拖垮自己的敌人，他知道怎样抓住对手论点的漏洞迎头棒喝。会议重新开始以后，他复述了丘吉尔对“荣誉”一词的用法，对于苏联来说，波兰的未来不仅仅是个“荣誉”问题，还是个“安全”问题。波兰位于从西部进攻苏联的必经之路上，苏联需要一个“自由、独立而且强大”的波兰，从而彻底关闭这条通路。

会议接下来的时间，斯大林拒绝了任何在领土方面的妥协。他提议的苏联和波兰之间的新边界与 1919 年英国和法国在凡尔赛会议上提议的“寇松线”颇为相似。当年，英国外交大臣乔治·纳撒尼尔·寇松（George Nathaniel Curzon）伯爵将利沃夫及其周边地区划归苏俄，要是让人觉得苏联领导人“还不如寇松像苏联人”，是件“没面子”的事情。斯大林一边发表长篇大论，一边从椅子上站起身来，挥舞着自己健全的右臂，那些了解他的人都明确地感受到，这是他内心激动和决心的表现。伊万·迈斯基以为他又要像在克里姆林宫里那样，离开会议桌在房间里快速地来回走动，但他克制住了自己，只是往后推了下椅子，然后带着“不寻常的热情”[3]继续讲话。

时间渐晚。和国务院官员阿尔杰·希斯一起坐在罗斯福身后的霍普金斯开始担心自己老大的身体情况，因为他看上去比

平时更加虚弱。他写了张便条传到前面："总统先生：要不等斯大林讲完话后就结束今天的会议吧，就说我们明天继续。"[4]

但是斯大林还意犹未尽，人们叫他"独裁者"，但他"却在不咨询波兰人就不建立波兰政府方面，有相当的民主精神"[5]。现在的问题是两个有着竞争关系的政府拒不讲和：他们互相指责对方为"罪犯和强盗"，伦敦流亡政府的支持者袭
击了苏联红军的武器库，已经造成212名红军官兵死亡。在斯 60
大林看来，卢布林政府是"正派"的，因为他们在红军后方维持和平，伦敦流亡政府是"反派"，因为他们阻碍军事行动。

"后方不安全，红军就不可能取得进一步胜利。每个军人甚至平民，都应该知道这个情况。"

罗斯福想尽快结束会议，但是，在会议茶歇期间"小酌"[6]一杯之后，恢复了精神的丘吉尔却坚持最后要说句话。他同意惩罚袭击红军的人，但又说卢布林政府缺少公众合法性，需要进行某种妥协。

"波兰作为麻烦的根源，已经有500多年的历史了。"在罗斯福疲惫的声音中，讨论终于落下了帷幕。

* * *

身体的虚弱，让罗斯福更加无法忍受丘吉尔的某些特有风格，特别是他的口若悬河。他有一次开玩笑说："温斯顿一天能有50个主意，其中只有三四个是好的。"在关于波兰的会议结束后，罗斯福和伯恩斯单独待在一起，发牢骚说冗长的会议"都是丘吉尔的错，因为他的发言太多"[7]。

"没错，"这位"助理总统"同意他的看法，他现在恢复了亲和的状态，"但他的讲话都很棒。"

罗斯福笑了："温斯顿什么也没做。"

在会议的幕后，大家都竭尽全力来维系总统不断衰竭的精力。安娜和心脏病专家霍华德·布鲁恩结成了同盟。布鲁恩最终决定相信安娜，而不是听从他的上级——海军中将麦金太尔的决定。她尽力不让"无关人员"[8]去打扰父亲，"把必要的人员在最合适的时间放进去"。罗斯福自己也是问题的一部分，"他精神亢奋，看上去非常享受此刻，想要太多人围在他身边，而且不按时上床睡觉。这些都导致他休息不好"。安娜在写给丈夫约翰·罗斯福·伯蒂格（John Roosevelt Boettiger）的信中说：

> 布鲁恩（我知道他不会让我向罗斯①讲的）告诉我，现在"心脏"问题比我以前知道的要严重得多。而且，毫无疑问现在要控制局面，最大的困难是不能让任何人知道
> 61 这个"心脏"问题。这真让人担心，没有人能够做点什么有用的。（最好销毁这段文字。）

波兰问题上的僵局给罗斯福带来了更大压力，他知道现在是斯大林说了算，因为斯大林的部队占领了这个国家的绝大部分领土。现在到了他打出自己构想中的王牌的时候了：他将以个人身份向苏联领袖提出请求，劝说他做出妥协。他向波伦口述了自己的想法，强调如在波兰问题上出现嫌隙将会导致的危险。"如果我们在面对共同敌人的时候，尚不能达成共识，那么我们怎么在将来面对更严重的问题时互相理解呢？"罗斯福建议召集波兰领导人代表团到雅尔塔，在三巨头面前敲定一个未来

---

① 即罗斯·麦金太尔。——译者注

临时政府的协议。

睡觉之前，总统在信件上签了名，让人送到尤苏波夫宫。

* * *

5英里以外的科列伊兹，灰色外墙的宫殿一楼是苏联红军最高统帅部大本营，斯大林正在和他的军事顾问会谈。最近几周，他一直都在考虑是否授权对柏林发动总攻，他的前线指挥官们，特别是斯大林格勒的英雄瓦西里·伊万诺维奇·崔可夫想要发起攻击。现在红军部队已经渡过了奥得河，崔可夫认定，在希特勒集结起足够的抵抗兵力之前，可以在10天内拿下敌军首都。总参谋部反对发动强攻，他们担心德军在波兰和东普鲁士发起反攻，在红军战线中打开缺口，在中部朱可夫的白俄罗斯第1方面军和北部的康斯坦丁·康斯坦丁诺维奇·罗科索夫斯基元帅的白俄罗斯第2方面军之间插入楔子。

形势在过去的几天内变得更加明朗，奥得河突然解冻，给苏联军队过河巩固西岸的桥头堡带来了很大困难。朱可夫的部队迅猛前进，不到20天就前进了300英里，但已经过于分散，而且出现供给不足的情况。在最近的几次进攻中，部分部队的伤亡率达到35%～45%，[9]坦克部队的战力也遭受了几乎同样的严重损失。同时，斯大林从罗斯福和丘吉尔那里得知，盟军 62
不会早于3月中旬跨过莱茵河，对艾森豪威尔来说，在朱可夫之前到达柏林不需要冒任何风险。苏联在这个节骨眼上发动总攻，不仅非常冒险，而且毫无必要。

斯大林一直考虑的另一件事情是要努力在波兰获得权力，正如他在下午会议中提及的，红军遭到了效忠于流亡政府的地下组织波兰国内军（Polish Home Army）的猛烈抵抗。去年夏天，国内军在华沙发动为期两个月的起义，最终损失 2 万余名官兵，遭到了重创，但依然具有广泛的公众支持。起义遭到德军残酷镇压的时候，苏联军队却在维斯瓦河对岸袖手旁观①。国内军的领导人因此对苏联积怨很深。他们怀疑斯大林图谋在苏联红军解放华沙之前，让纳粹尽可能多地杀戮支持伦敦流亡政府的波兰人。斯大林责备起义军的领导人是政治投机者，甚至拒绝允许给华沙投放补给品的盟军飞机在苏联境内降落。国内军领导人现在视苏联为首要敌人，而非德国。在过去的几周里，他们发动了一系列袭击，攻击红军补给线和卢布林政府设立的警察局。为了应付国内军的威胁，斯大林不得不从本来可以用来对抗德军的部队中，抽调 3 个师的内卫军部队（NKVD）部署在波兰。

在军事方面，如同在政治方面一样，斯大林更倾向于谨慎行动，而不是盲目冒进，布哈林曾称呼他为“尺度天才”[10]。他知道何时该进攻，何时又该撤退，何时应该巩固自己的战果。他喜欢尽可能长时间地让自己拥有选择权，消耗对手精力，找寻对方弱点，然后再发动致命一击。向柏林发动突然袭击结束战争的想法固然诱人，这样就可以让红军深入德军腹地。但是，最好是在了结希特勒的性命之前，全权控制波兰和东普鲁士。

领袖拿起设在尤苏波夫宫用来直接和前线将领联络的高频
63 电话，朱可夫接了电话。他正在和崔可夫以及其他前线将领开会，桌面上摆着柏林和奥得河地区的地图。

“你现在在做什么？”[11]斯大林问道。

---

① 这种说法并非完全正确，当时苏联红军在维斯瓦河东岸遭遇德军装甲部队的顽强抵抗，在经历了夏季的白俄罗斯战役后，损失很大的红军其实已经失去了继续强攻的势头。只能派出部分波兰军队渡河支援起义的波兰国内军，最终被德军击败。——译者注

“我们正在计划对柏林的行动。”

“你们这是浪费时间。”领袖说。他命令朱可夫向北方进军，保护其右翼，封闭和罗科索夫斯基部队之间的空隙，必须不惜一切代价阻止德军从波美拉尼亚和波兰北部形成突破，崔可夫“明白对柏林的攻势已经被无限期推迟了”。

*　*　*

自会议开始以来，气温显著上升，现在已经一反常态地在2月初就达到了40华氏度。2月7日，星期三，阳光明媚，微风从东面吹来。丘吉尔和女儿乘车前往里瓦几亚宫，在经过斯大林的官邸时，他们都注视着前方朴素的花岗岩屋顶。遍布四周的苏联卫兵，每隔约100码就能看到几个，除了这些，鲜有其他现代文明的迹象。阳光“照在海面上，光线强烈得让人目眩”，莎拉在笔记中这样写道。这番景象让首相想起了什么。最后他终于不经意地说出口。

“冥界的里维埃拉①。”[12]

16点，会议再度开始，这已经是第四次会议。斯大林抱怨说他刚收到总统昨晚送来的信件，现在无法对他关于波兰的建议做出回应。他尝试给卢布林政府领导人打电话，但他们不在，他也不知道反对派领导人的地址，“没有足够的时间”将他们带到雅尔塔。

斯大林让莫洛托夫讲话，宣读妥协方案。苏联仍坚持将“寇松线”作为波兰的东部边界，但愿意“在某些地区做出5～8公里有利于波兰”的调整，波兰的西部边界将沿着奥得河和

① 里维埃拉是法国著名的地中海度假胜地。——译者注

西尼斯河沿线，深入德国。他们“认为需要”从“波兰流亡政府中选出一些民主派领导人”，增加到卢布林政府中；“扩大政府”将得到华盛顿、伦敦和莫斯科的正式认可。组建新议会的选举将尽快举行。

苏联外交人民委员在描述波兰新边界时手边并没有相关的
64 地图佐证，后来丘吉尔发现他没有意识到西尼斯河（尼萨河）和东尼斯河（尼斯克沃兹卡河）之间的区别，它们是奥得河的两条支流，罗斯福同样也没有意识到这一点。虽然国务院调研报告中已经提及两条河流之间的区域面积大约和马萨诸塞州相当，居住了 270 万德意志人，但是罗斯福没有阅读那份报告。另外，根据先前丘吉尔和罗斯福已经原则性同意的方案，需要迁移 700 万德国人和 200 万波兰人，其结果是，斯大林正强迫居住在面积和意大利或亚利桑那州相当的地区内的约 1200 万人口进行迁移。美国国务院的简报进一步预言，如此大规模的人口迁移将会把波兰变成“彻底的苏联卫星国[13]”，需要完全依靠莫斯科的保护。

这次人口迁徙是有史以来最大规模的一次有组织的民族迁移事件。尽管丘吉尔还没有完全领会这场人口剧变的意义，但已经感到震惊，他告知斯大林“很多英国人会对迫使几百万人进行迁移感到吃惊”。他自己本身并没有如此多愁善感，但他怀疑波兰是否能消化西部如此广大的领土。

“如果给波兰鹅填喂德国饲料，让它们死于消化不良，这会令人非常惋惜。”丘吉尔说。

斯大林相信问题会自然消失，那片地区很快就“不会再有德国人”了，一般来说“我们的部队一进驻，德国人就逃跑了”。

白色的舞厅内升起一阵寒意，德国在战争初期施加于苏联人身上的可怕暴行，现在终于在杀戮、强暴和抢劫的行动中得以偿还。尽管西方领导人没有从波兰和东普鲁士得到直接消息，他们也能猜到正在发生的事情。广受欢迎的宣传家伊利亚·格里戈里耶维奇·爱伦堡（Ilya Grigoryevich Ehrenburg）早就开始鼓动苏联红军尽可能多地杀死德国人，不论平民还是士兵。“德国人不属于人类”[14]，这样的宣言于1943年出现在他的一本广泛流传的宣传册中，标题只有一个字：“杀”。“一天没有杀死一个德国人，你就是荒废了一天……如果已经杀死了一个德国人，那就再杀一个，没有比看到成堆的德国人尸体更让我们感到愉悦的事情了。”由于现在苏联士兵已经在德国领土上战斗，65
他又对复仇提出了更高要求，“德国城镇陷入火海，我倍感欣慰。德国人，你们现在要在火焰中抱头鼠窜，在死神面前发出哀号。复仇的时刻已然降临。”

罗斯福和丘吉尔也没有立即领会莫洛托夫所说的“扩大”波兰政府，并不是新政府的意思。形容词的选择极为重要，“新”政府，正如罗斯福在昨晚的信件中所说，将代表共产主义者和非共产主义者的真正妥协。而莫洛托夫口中的“扩大”政府，将会建立在现有的共产主义者主导的卢布林政府之上，只是在其中象征性地加入几个外人，其基本权力架构不会受到影响。这本应通过耗时几个月的外交争论来决定，但它的重要性却没有在当时立即显现。

“我觉得我们走出了关键的一步。”罗斯福说。

在贾德干看来，斯大林是三巨头会议中“最让人印象深刻”[15]的谈判高手。“乔大叔兴致高昂，”这位伊顿公学毕业的外交官在给妻子的信中说，“总统不得要领，首相长篇大论，但乔大叔却听得仔细，而且听得开心。当他插话时，从来不用多

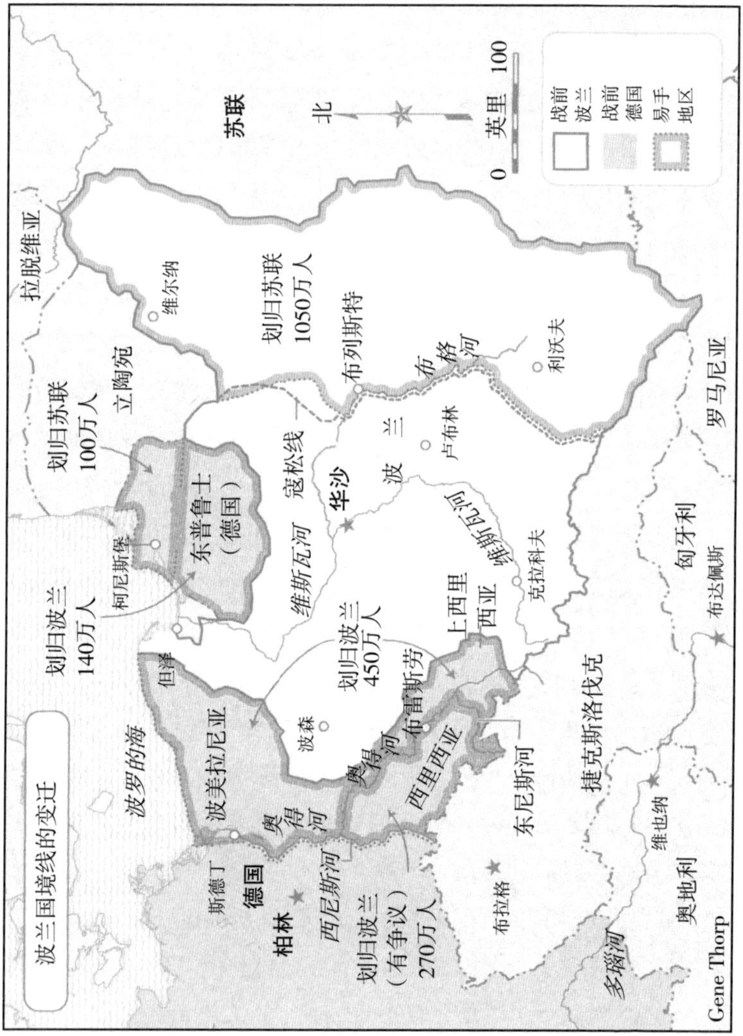
波兰国境线的变迁
苏联
北
0 英里 100
战前波兰
战前德国
易手地区
拉脱维亚
立陶宛
维尔纳
划归苏联
1050万人
布列斯特
布格河
利沃夫
罗马尼亚
划归苏联
100万人
东普鲁士
（德国）
寇松线
华沙
波兰
卢布林
维斯瓦河
克拉科夫
匈牙利
布达佩斯
划归波兰
140万人
柯尼斯堡
但泽
波罗的海
波美拉尼亚
波森
划归波兰
450万人
布雷斯劳
奥得河
上西里西亚
西里西亚
东尼斯河
捷克斯洛伐克
维也纳
奥地利
斯德丁
德国
柏林
西尼斯河
划归波兰
（有争议）
270万人
布拉格
多瑙河
Gene Thorp

余的言语，总是正中要害。很显然，他很有幽默感，还有一副 66
暴脾气！”

* * *

斯大林看待波兰，就像当年沙皇看待波兰的态度一样，把它作为一个一直对苏联图谋不轨的阴谋家。它不仅为进攻苏联提供了跳板，还为不受欢迎的西方（思想）的影响提供了渠道。在《鲍里斯·戈东诺夫》（*Boris Godunov*）之类的俄国歌剧中，波兰统治者总是在一群狡猾的天主教神父的包围中，想方设法将影响力扩大到东方。波兰宫廷的礼仪，以及玛祖卡舞和波洛内兹舞的优雅精致，似乎都与简单粗暴实在的俄罗斯人格格不入。波兰永远是俄罗斯的麻烦来源，用莫洛托夫的话说就是，“波兰人永远不冷静，永远不会处于和平状态。他们没有理性，他们总爱骑在别人脖子上”。[16]

斯大林最喜爱的歌剧之一是《伊万·苏萨宁》（*Ivan Susanin*）。在革命前，米哈伊尔·伊万诺维奇·格林卡（Mikhail Ivanovich Glinka）的这部作品叫作《为沙皇献身》（*A Life for the Tsar*）。但是，斯大林改编了剧本，去除了沙皇角色，强调了一个平凡的俄国农民的英雄事迹。故事设定在1613年，在一次波兰对俄国的入侵中，苏萨宁主动给外国侵略者带路，把他们带进茂密丛林的死路中。当波兰人意识到自己被戏弄，就杀害了苏萨宁，但为时已晚，他们自己也已陷入绝境。斯大林喜欢坐在莫斯科大剧院的包厢中，偶尔吃着煮熟的鸡蛋，眼睛则盯着舞台上在冰天雪地中冻死的波兰士兵。他总是在看完这个场景后立刻离开剧院，而不是等到最后俄国欢庆胜利的典礼结束。他的女儿斯维特兰娜经常陪他看戏，女儿无法理解父亲为何会对“在密林中消灭波兰人”[17]如此着迷，后来她推测，这可能是让父亲想起了最近在卡廷森林中对波兰军官的屠杀。

卡廷惨案是斯大林在困境——甚至绝境——中化被动为主动天赋的早期案例。1940 年 5 月，领袖签署了一份由贝利亚起草的密令，对拒绝承认苏联权威的波兰战俘“处以极刑，即枪决”。总共 21857 名波兰人因此项命令被处决，其中大部分是在苏联入侵波兰时抓获的军官，他们中部分人员的尸体被埋葬在卡廷森林巨大的墓穴中，直到三年后的 1943 年 4 月被德国人发
67 现。纳粹抓住机会，在苏联和其西方盟国间制造裂痕。他们公布了犯罪证据，包括后脑中枪死亡的波兰军官照片，以及在 1940 年 3 月戛然而止的日记。对波兰流亡政府来说，德国人的声明似乎非常可信，他们先前一直在探寻已经被关押三年多的波兰俘虏的命运，但得到的都是站不住脚的谎言。

斯大林没有对失踪的波兰人承担责任，而是上纲上线，指责流亡政府站在纳粹一边。“希特勒的波兰伙伴！”成为 1943 年 4 月 19 日《真理报》的头条。一周后，莫斯科断绝了和伦敦波兰流亡政府的联系，因其没有“拒绝法西斯主义的恶意诽谤”[18]。苏联指责纳粹谋杀波兰俘虏，并捏造证据嫁祸苏联，苏联的回应中矛盾的地方比比皆是，但这并不重要。在斯大林心中，任何质疑他过往的人，都是在破坏对抗纳粹的战力。苏联政府坚守斯大林关于该事件的表述近半个世纪之久，直到 1991 年苏联解体，处决命令最终被公布于世。

斯大林设计将伦敦的波兰人以及他们的西方支持者引入一个精巧又完美的陷阱，正如苏萨宁曾经做的一样，他现在有了完美的理由，拒绝和他认为的力行反苏的政府打交道。波兰人陷入绝望，他们要么相信谎言，要么就会被打上叛徒的标签。

英国和美国政府也面临相似的困境，苏联是现在与德国进行实际战斗中出力最多的国家，为了不与其搞僵关系，他们被迫陷入尴尬的沉默。罗斯福和丘吉尔都极力反对探求卡廷事件的真相，斯大林成功地化劣势为优势。

相对于波兰未来政府的问题，苏联领导人更关心个人的忠诚度。维持表面上的民主很重要，被红军解放的国家可以保留他们的议会、政治体系，甚至国王和王后，但实际掌权者将从幕后操作，通过“权力部门”控制警察和军队。斯大林建议在意识形态上比较僵化的南斯拉夫共产党不要做任何会导致和西方盟友敌对的事情，“你就是在帽子上别个红星有什么用?”他 68
生气地质问南斯拉夫代表，“形式并不重要，重要的是得到了什么。你们呢？只要红星！天呐，根本不需要红星！”[19]

斯大林愿意在波兰临时政府中给外来者留 2～3 个席位，这个政府是他扶持起来以替代伦敦流亡政府的，但是，对于政治掌控方面的核心原则，他不会动摇。他所处的立场，实际和亚历山大沙皇一致，后者曾在 1815 年告知英国外交大臣：波兰问题“只能通过一种方式解决，那就是占领它”[20]。

* * *

作为第二次世界大战胜利者的战利品，东欧不是斯大林唯一垂涎的目标。他还想从相反的方向拓展领土：通过从日本和中国获得领土让步，来挽回在沙皇时期失败的耻辱。尽管苏联和日本签订了互不侵犯条约，但斯大林现在看到机遇，可以以胜利者的姿态进入太平洋战场。

2 月 8 日星期四下午，斯大林和罗斯福进行了 30 分钟的密会，达成了一项秘密协议，领袖同意在德国投降“2～3 个月”

内对日本宣战。作为回报，苏联将从日本手中得到萨哈林岛（库页岛）南部和千岛群岛。此外，其在中国东北的利益也将得到恢复，包括租借温水海军基地旅顺港的权利。[21]。

斯大林精心准备了和总统的会面，贝利亚给他提供了窃听到的日常谈话的文本记录，其中包括罗斯福、丘吉尔及其助手的谈话。内务人民委员部使用长距离定向麦克风听取户外谈话，还在他们的办公室和私人房间里安装了窃听装置。监视行动由贝利亚的儿子塞尔戈负责。在 14 个月前的德黑兰会议中，他也负责类似事务。苏联人一直对美国人几乎不在意电子虫①感到
69 特别吃惊，尽管美国人每天都要在里瓦几亚宫清除真正的虫子。“这太不寻常了，”斯大林在德黑兰一边翻阅罗斯福的谈话记录，一边若有所思地说，“他们把一切都和盘托出。”[22]美国人怀疑里瓦几亚宫的每个房间都设置了“传声线路”[23]，所以避免谈论一些最敏感的话题，比如说最高机密的原子弹项目。但在其他事情上，他们放松了警惕，给窃听者提供了大量宝贵信息。

除了窃听报告，斯大林还有间谍送来的美国简报。苏联解体后，他的私人文件中有一份 1944 年 12 月美国国务院内部备忘录的副本，涉及反对将千岛群岛划归苏联的内容。罗斯福没有精力阅读自己的专家对于此类事情的报告，斯大林却帮他代劳了这些琐事。

斯大林很高兴罗斯福没有听取国务院的建议。千岛群岛上除了几个日本渔民，大部分地区都无人居住，但这个长 800 英里，位于堪察加半岛和日本本土之间的链式群岛，控制了通往当时日本管辖的鄂霍次克海的通路，面积同墨西哥湾差不多的

---

① 指电子窃听器。——译者注

鄂霍次克海现在已经是苏联的一个湖了。千岛群岛最南端的岛屿是国后岛，距离日本北海道仅10英里，能够清楚地隔海相望。后来，在和参谋人员讨论美国的让步时，斯大林在科列伊兹山庄的书房中来回走动，嘴里不停地念叨："好，很好。"[24]

为了让自己对远东的领土需求合法化，领袖选用了一个典型的罗斯福式的议题：公众意见。对于罗斯福和丘吉尔无休止地声称自己在议会将面临很大困难的发言，他已经感到厌烦，认为这只是他们避免谈判的"借口"。如果他们可以使用如此无耻的"资本主义把戏"[25]，那他也会。他告知罗斯福：对他来说，在苏联民众面前证明自己与日本开战的合理性是很困难的，除非能让他们看到直接利益。这与对德国的战争不一样，那是对苏联存在的直接威胁。斯大林这次讲的确实在理，尽管他极力夸大他在政治方面所受的限制，他甚至暗示最高苏维埃可能会出现问题，除非他能如愿以偿。这让长期在莫斯科工作的波伦皱起了眉头，他当时正担任罗斯福的翻译，知道那个橡皮图章式的立法机构"没有任何权力"[26]。

总统不打算吹毛求疵，他的首要目标是减少美军伤亡，能够一劳永逸地结束远东战争的"神秘武器"还没有完成和测试，现在还只存在于新墨西哥州几个物理学家的梦想中。参谋 70
长联席会议提出了对日进行逐岛作战的方案，认为战争在击败德国后可能还会持续18个月。如果苏联在对日本本土进行两栖登陆作战之前进入亚洲战场，大概能挽救20万美军官兵的生命。波伦后来承认，如果"总统做好功课，或是我们中任何一个人了解远东历史的话"，美国也不会这么轻易地就把千岛群岛划给苏联，但是，这种想法和苏联参战会带来的利益相比，是那么微不足道。

在斯大林的坚持下，这项协议将对中国保密，尽管苏联要求控制的是中国东北的铁路，以及拥有两座中国港口——旅顺和大连的“显著”特权。罗斯福同意“和中国人打交道的一个困难在于，和他们说的任何事情都会在 24 小时之内传得满天下都知道”，他承诺会以个人名义和中国国民党总裁蒋介石进行联络。

已近 16 点，每天的会议又要开始了。当丘吉尔到达里瓦几亚宫吃惊地发现罗斯福正在和斯大林私下会面，连高大、浮夸和无用的国务卿小爱德华·赖利·斯退丁纽斯（Edward Reilly Stettinius, Jr）也没有被允许参加会议。丘吉尔让助手通知总统，首相到了。罗斯福刚对斯大林说英国应当归还香港给中国，他甚至还提及美国、苏联和中国共同托管朝鲜的可能性，而没有把英国包括在内。斯大林开玩笑说丘吉尔要是知道他们在讨论什么，一定会“宰了我们”。

罗斯福不想让和自己说相同语言的朋友介入这场政治上非常敏感的谈话，他让斯退丁纽斯传话。

“让他等着。”[27]

推迟了 15 分钟后，第五次全体会议最终在 16 点 15 分开始。当轮椅上的罗斯福在斯大林之后被推进里瓦几亚宫的舞厅时，他看上去比平时更加衰老。一位美国军事策划人员对他的外表感到“震惊”，总统“看上去很憔悴，皱纹纵横的脸上眼窝深陷；他看上去非常疲劳和病态，像是单单凭借着要看到战争结束的那股钢铁意志力在支撑自己”[28]。

波兰连续三天成为会议讨论的主要问题，对于临时政府的
71 组成这个关键问题，几乎依然没有进展。丘吉尔抱怨缺少来自与外部世界隔绝的波兰的信息，他警告说如果伦敦的波兰流亡

政府被排除在外，可能会引发抗议行动。斯大林坚持自己的波兰傀儡政府至少拥有和戴高乐将军相同的公众合法性，而后者从来就没有通过选举担任任何职务。没有人讨论关于戴高乐和法国共产党的权力分配问题，所以“对波兰的要求比对法国的要求更多”是不合理的，一个“扩大的”卢布林政府将会带领这个国家进行民主选举。

“你需要多长时间来进行自由选举？”[29]罗斯福想知道。

“大约一个月吧，”斯大林确定地回答，“除非前线发生了什么灾难，且德国人打败了我们。”

他被自己的话逗乐了：“我认为这不可能发生。”

* * *

斯大林邀请罗斯福和丘吉尔参加在科列伊兹举行的正式晚宴，他声称自己将会带上最亲密的助手，包括三个最高级将领。罗斯福想让这次晚宴不那么官方，且更为放松，他把陆海军的高级将领都留在里瓦几亚宫，只带上自己的女儿安娜和埃夫里尔·哈里曼的女儿凯瑟琳。陪同丘吉尔的是他的女儿莎拉和一些高级军官。

客人们被领进尤苏波夫宫，宫殿内有两株巨大的热带植物作为装饰，还有一个摩尔风格的壁炉。人们坐在为30个人准备的长桌旁，几乎没有移动的空间。一个被安娜称为看上去像“最险恶的伪君子”[30]的人开始给女士们上伏特加，他又矮又胖，秃顶圆脸，无框眼镜后边的黑眼睛闪闪发光。这让总统想起了他认识的“商业巨头”朋友们，奇普·波伦觉得“他看上去像个校长”。这个人就是拉夫连季·贝利亚，苏联内务人民委员部部长。

当莎拉·丘吉尔对着可怕的秘密警察头子练习自己非常有限的俄语时，谈话产生了奇怪的转折，她脑子里突然出现了一句为去俄国旅行的英国人写的实用手册中的话："请问我能要瓶热水吗？"[31]

大使迈斯基帮忙翻译了贝利亚的回答："真不敢相信您需要这个，您身体里已经有足够的热量了！"这时晚餐上来了，莎拉
72 对坐在自己旁边的"眨眼睛"的安德烈·维辛斯基也练习了这句关于一瓶热水的话。这位斯大林大审判时期的总检察长一时语塞，"怎么了？"他关切地问道，"您不舒服吗？"作为一名心怀抱负的女演员，莎拉更习惯英国乡间小屋的生活，而不是沙皇宫殿，她连忙打手势，"让他知道自己是在开玩笑"。此后，他们相处得非常愉快。莎拉第二天在给母亲的信中说，那位把数以千计的斯大林的所谓敌人送进坟墓的人"非常不错，很好相处"，在他们"优雅地享用"烤乳猪的时候，维辛斯基帮她用带气泡的纳尔赞（Narzan）矿泉水稀释了伏特加，使她可以一直保持清醒。

更有经验的聚会参与者发现，这顿正餐包含 20 道菜的宴会简直是场折磨，其中包括 45 次起立祝酒。大英帝国军队总参谋长艾伦·布鲁克（Alan Brooke）陆军元帅在日志中写道："谈话的水平极低，大部分都是没有诚意的巴结和奉承！我觉得越来越无聊，越来越困，但宴会却总是结束不了。"[32]诚然，无聊的奉承是专制君主宫廷的标签。斯大林让自己身边环绕着那些可以奉承他的助手，在这方面没有人能够出贝利亚和维辛斯基之右。贝利亚是斯大林的格鲁吉亚老乡，维辛斯基则是位聪明的俄国人，由于这次邀请了外国人，领袖和他的奉承者们都拿出了自己的最好表现。但是，这场作秀本身已经有了一些改变。

冗长、嗜酒的晚宴，在斯大林的主导下已经变成克里姆林宫的例行宴会，粗放的交情之下其实暗藏杀机。领袖利用这种社交场合来检验其属下的忠诚度，让他们彼此对立，同时又保证他们都在自己牢牢的掌控之下。

对于斯大林内部圈子的人来说，这种晚宴是非常可怕的存在，一个可疑的眼神，一句讽刺的话语，都会瞬间把一个宠臣变成“人民的敌人”。斯大林经常会给助手们倒酒，直到他们自己出丑，通过这种方式羞辱他们。尼基塔·谢尔盖耶维奇·赫鲁晓夫回忆道：“这些宴会很可怕。”[33]作为斯大林最宠信的人之一，他曾被迫半蹲下踢着粗短的腿，为领袖表演乌克兰舞蹈。“当斯大林说跳舞，聪明人就会开始跳舞。”由于他们永远不知道什么时候会被邀请去参加这种持续整晚的宴会，苏联领导人都需要据此调整日程安排。赫鲁晓夫每天下午都会打个盹，以防晚上会被召集去参加宴会，“因为如果下午没有休息，那么在餐桌上就有犯困的风险；而那些在斯大林餐桌上打瞌睡的人，最后的结局都不好”。

贝利亚在莫斯科绯闻圈内早已因夜间猎艳而闻名，其中主 73
要是强奸由下属挑选后送到他在卡恰洛夫大街住所中的女孩，后来在住所地下室内还发现了大量人骨。斯大林对这些异常情况睁一只眼闭一只眼，只是暗暗收集起来，以备这位秘密警察头子哪天让他不高兴时再使用。善于阿谀奉承的贝利亚知道怎么让自己成为领袖身边不可或缺的人，强化他的偏执，打击他的敌人，高效地完成其他任何人都完成不了的任务。斯维特兰娜称，贝利亚对自己的父亲产生了不利影响，他奉承斯大林的方式会让老朋友也感到“羞愧难当”[34]。这位卡廷惨案的主导者也是宫廷恶作剧的主演，他会把番茄放在其他宴会来宾的椅子上，当被害人坐下去的时候，整个房间就会爆发出一阵狂笑。

可能贝利亚给斯维特兰娜的印象是“东方人背信弃义、阿谀奉承和虚伪的化身”，但斯大林知道怎么让他乖乖地待在自己该待的地方。当罗斯福指着桌子对面一个戴夹鼻眼镜的人，问他是谁时，斯大林冷笑着回答说：“哦，那是我们的希姆莱，他叫贝利亚。”[35]苏联驻华盛顿大使安德烈·安德烈耶维奇·葛罗米柯（Andrei Andreyevich Gromyko）报告说，罗斯福对这个比喻“明显感到不悦”，贝利亚也颜面尽失，至少在外国人在场的情况下，他还是渴望得到尊重的。他痛恨被人提醒自己只是一群官僚猛兽中的最后一个人，这些人包括尼古拉·伊万诺维奇·叶若夫（Nikolai Ivanovich Yezhov），还有根里赫·格里戈里耶维奇·雅戈达（Genrikh Grigoryevich Yagoda）。

宴会一开始上的菜是各种腌制和非腌制的鱼子酱、小馅饼，以及各种鱼，包括大西洋鲑鱼[36]、里海鲟鱼、熏鲱鱼和白鲱鱼、鲻鱼、香槟白鲑鱼，以及产自黑海的小鱼；然后是冷乳猪肉、野味汤和奶油鸡汤；接着是菲力牛排、羊羔肉串、小牛腰肉，还有和鹌鹑一起上的中亚菜肴手抓饭，以及小鹧鸪肉、黑尾羚羊肉。最后一道主菜是面包屑花椰菜，它从沙皇时期就是俄罗斯人的最爱，然后大家开始享用各种甜点和水果。晚宴最后上的是“丘切利”（Churchely），或被戏称为“丘吉尔”（Churchills），上来后才发现那是一种甜得发腻的格鲁吉亚坚果点心，样子像根长雪茄。这顿丰盛筵席的材料是普通苏联民众不敢想象的，菜肴的做法早就因为战争和革命而消失无踪。

74 祝酒马上随之开始了，莫洛托夫担任“祝酒主持人”，冗长的讲话不时被端上来的菜打断，很多菜上来的时候已经凉了。斯大林曾在会议开始的第一天冒犯了丘吉尔的君主主义，拒绝为国王敬酒。他现在解释说他一直都是“国王的对立面”[37]，因为他“站在人民一边”，但此时此刻，他要为国王举杯，原因无他，只是因为他对“崇拜和尊敬国王”的民众表示尊敬。然而祝酒词冗长迂回、拐弯抹角，结果又一次冒犯了丘吉尔。为了补偿自己的过失，斯大林称首相为“世界上最勇敢的政府的形象”，因为他在“欧洲其他国家面对希特勒德国的霸权毫无抵抗之力”的情况下，起来“孤军奋战”对抗。

听到这些称赞的话语，丘吉尔也为各位元帅祝酒，称他们为“强大国家的非凡将领，沉重打击了德国的战争机器，打垮了德军，并将暴徒从祖国的土地上赶了出去”。他毫不吝惜赞美的话语，以称赞“那个名声不仅响遍苏联，还响彻世界的伟人”。

罗斯福是下一个被祝酒的人，斯大林称赞罗斯福是在动员国际合作对抗希特勒方面出力最多的人，尽管美国“没有受到入侵的严重威胁”。过去，领袖不愿意承认苏联从西方盟国获得的帮助，在当下这样的场合，他一反常态主动表达对于《租借法案》的感激，称其帮助红军“在战场上与希特勒对抗”。罗斯福含糊地做了回应，赞扬宴会的“家庭氛围”，他还做了真诚的演讲，说要给“地球上的每个男人、女人和儿童”提供安全和幸福，但并没有打动其他宾客。英国皇家空军负责人在日记中抱怨罗斯福“比我以前听到的废话都多，瞎煽情，没有任何智慧火花”[38]。总统明显是精疲力竭了，此后几乎没有再说话。

这时，跳蚤已经开始咬客人们的脚踝。后面是新一轮祝酒，对象包括房间里的所有人，以及所有想得到可能会对战争胜利有所贡献的人。斯大林在每次祝酒之后都会走过来和每位被祝酒的人单独碰杯，以示尊敬，但斯大林拒绝直视任何人的眼睛“超过五分之一秒”（“永远不要相信一个握手时虚握且不直视

你眼睛的人。”[39]埃夫里尔·哈里曼曾粗鲁地表示）。紧随其后
75 的是丘吉尔和莫洛托夫，罗斯福在座位上注视着他们。一个永远陪伴在斯大林左右的警卫在身后游荡，打扮成一个很差劲的侍者，“我猜他是为了以防万一。”一位英国宾客评论道。

大多数宾客都没有喝多，因为他们或在香槟里掺了水，或把伏特加倒进花盆里。唯一一位喝得酩酊大醉的西方宾客是英国驻莫斯科大使——阿奇博尔德·克拉克·克尔（Archibald Clark Kerr）。斯大林给身材矮胖的他起了个“游击队员”的绰号，但他其实是个真正的英伦怪人。他每天要运动两个小时以保持身材，还养了一群鹅，保证自己有足够多的鹅毛笔用于写外交报告。在苏联国庆日那天，他在克里姆林宫的接待处当着莫洛托夫的面绊了一跤，摔了个狗啃屎，还打碎了一堆杯子和盘子。在接受新上任的土耳其大使穆斯塔法·昆特（Mustapha Kunt）的礼节性访问后，他给外交部的同事写了一封内容欢快的信：“雷吉，我们时不时都会有这种感觉，特别是当春天来到的时候，但我们几乎没有人会把它（指礼节性拜访）当正事干，倒是一个土耳其人这样做了。”在雅尔塔他不知为何，就鱼的性生活问题和贝利亚做了一番长时间的讨论。现在这位大使提议举起酒杯，为“照顾我们人身安全的人”[40]祝酒，他指的是负责会议安全部署的贝利亚。

这个不寻常的转折让凯瑟琳·哈里曼感到好笑，她在莫斯科的时候就与克拉克·克尔很熟，那时她是美国大使馆的女主人。“阿奇（Archie）① 的祝酒总是让人浮想联翩。”她在给妹妹的信中说。丘吉尔就没那么高兴了，他来到大使身边，不是

---

① 阿奇（Archie）是阿奇博尔德的昵称。——译者注

来碰杯的，而是对他摇了摇手指。

“不，阿奇，不要这样，”首相声音低沉地说，“小心点。”

斯大林又要求讲话，说自己是个“唠叨的老头子”，他希望祝“三巨头联盟”[41]健康长寿。他说在战争期间更容易维持统一，但在和平时期就非常艰难，到时同盟的各方就会追求“不同的利益”。但斯大林对同盟“能经受住考验”很有信心，说只要各方不要彼此欺骗、保持坦率和亲密就能做到。丘吉尔被感动了，他从来未期待领袖会“如此开明”，如果他知道1939年8月斯大林在克里姆林宫用同样的话语祝福他和德国人签订的互不侵犯条约的话，可能就不会如此感动了。当时他想要避免一场他私下以为已不可避免的战争，他在那个场合告诉德国外交部长乌利希·弗里德里希·约阿希姆·冯·里宾特洛甫（Ulrich Friedrich Wilhelm Joachim von Ribbentrop）：“我知道
德国人有多爱自己的元首。”对斯大林来说，没有永远的盟友， 76
不管对国家还是其他政客；有的，只是为一时方便的政治联姻。

侍者端上斯大林为这个场合精心选择的美国白兰地，后面还有更多的祝酒要进行，还要喝更多的酒。丘吉尔开始闲聊关于“山顶”风光和“代表胜利和平的灿烂阳光”的话题，斯大林赞美了这位军事领导人，又说了些消极的话，说他们的声望在战争结束后会“下降”，到时“女士们就会把他们拒之门外”。这提醒了莫洛托夫举杯为在座的女士们祝酒，凯瑟琳·哈里曼作为“三小巨头”（Little Three）的代表做了答谢，对会议的住宿条件做了一番赞美，吉米·伯恩斯①则提议为“平常人”喝一杯。最后，当一切都结束后，斯大林提议

---

① 吉米是詹姆斯的昵称。——译者注

为三位“没时间吃饭喝酒”的翻译敬一杯，这促使丘吉尔按照卡尔·马克思的名言杜撰了一句话。“全世界的翻译们，联合起来！”他开玩笑说，“除了听众，你们已没有什么可以失去。”[42]斯大林听到后笑得合不拢嘴，0 点 45 分，他的宾客陆续退场。

* * *

回到 3 英里以外的沃龙佐夫宫居所，丘吉尔的情绪依然高昂。他给伦敦的战时内阁写了一份备忘录，描述了苏联为了让所有人感觉舒适做出的“极端努力”，以及“难以置信的浪费”。玛丽安·霍姆斯听到他唱了一首流行的福音赞美诗《荣耀之歌》[43]，歌声从木制推拉门那边传过来。

回到里瓦几亚宫，罗斯福接受医生们的治疗，就像一位拳击手在冠军赛中打完一个回合后回到自己的角落一样。与斯大林和丘吉尔的争论，给他的身体造成了更大的持续压力。“脸色看上去很差，”布鲁恩在医疗日志中写道，“今晚，经过了异常艰难的一天和让人心烦意乱的会议（病人对会议讨论的走向感到担心和忧虑），他很明显地更加疲劳了。”[44]心脏病专家警觉地首次发现了心脏交替脉迹象——弱心跳和强心跳交替，这可能是心力衰竭的征兆。

除了劝说总统不要担心，布鲁恩基本上没什么其他事情可做，由于担心罗斯福可能会工作得太投入而错过午睡，他写下了自己的处方：“需要严格控制时间，让他得到充足的睡眠。比如，中午之前不允许接待访客，下午至少要休息一个小时。”

5

大规划

2 月 10 日

2 月 9 日，星期五的凌晨，总统入睡之前送走了最后一名访 77
客。当爱德华·斯退丁纽斯进入那间压抑的用深色镶木板装饰的
卧室时，总统已经躺在床上了。国务卿提议了几个召开联合国大
会的地点——纽约、费城、芝加哥及迈阿密，但罗斯福一个都不
满意。“回去继续找，爱德华，”他说，“我们还没定下来。”[1]

建立一个新的世界性组织，代替已失去公信力的国际联盟，
是罗斯福来雅尔塔最重要的战后目标。在不到 3 周前，他站在
白宫南廊发表第四次就职演说，承诺将带来“持续和平”。作
为一名核心政治家，他知道要么履行承诺，要么在历史上给自
己留下污点。单单打败美国的敌人还不够，他还必须让国民相
信牺牲是值得的。罗斯福还记得第一次世界大战结束时的总统
因缺少权威和政治技巧，没能说服国会和国家接受他的国际化
视野，结果导致了一场灾难：自顾自的美国，复仇的德国，“结 78
束所有战争的战争”再一次打响。

托马斯·伍德罗·威尔逊（Thomas Woodrow Wilson）犯下的
错误，罗斯福下决心绝不重蹈覆辙。当他还是一名年轻的海军助
理秘书时，他骗到了一张参加 1919 年巴黎和平会议的门票。他没
有在正式的外交谈判中担任任何职务，所以和其他代表一起待在

里兹酒店里，目睹了许多幕后手段。他认为威尔逊犯下的一个致命错误就是没能赢得中间派共和党议员的支持，而他们有能力阻止《凡尔赛和约》的批准。没有美国加盟的国际联盟，注定不会有好结果，罗斯福同意威尔逊关于集体安全的看法，但他不是个空想家。建立一个新世界体系不是像威尔逊以为的那样是最终目标，而只是通往最终目标的方式，它可以是一个向美国人民辩护战争合理性的手段，也可以是一个罗斯福承诺“持续和平”的象征。细节并不重要，重要的是它将在数百万人心中种下的希望。

前总统在生命的最后时期身体和精神衰弱的形象一直萦绕在罗斯福的脑海中。几个月之前，他观看了为他专场放映的电影《威尔逊》，其中呈现了一个严阵以待、自以为是的形象，在 1919 年 10 月遭受几乎致命的中风而倒下。这部电影是好莱坞拍摄的，描写的是威尔逊悲剧性任职的最后几个月。罗斯福在观看这部电影时自言自语道：“天呐，这可千万别发生在我身上。”[2] 和议员关于《凡尔赛和约》进行的斗争，从肉体和精神上摧毁了威尔逊，中风使他瘫痪，他连内阁会议都无法参加，只能把重要决定交给妻子和助手们进行。

罗斯福身体上的衰落显而易见，他现在成了一位兼职总统，每天只能工作 4 ~5 个小时。他的眼睛开始昏花，不得不以听人口述的方式获得大部分信息，他已经没有精力也没有意愿对政策进行历史性分析或详细讨论。幕僚们的不得力也使情况雪上加霜，他最亲密的助手哈里·霍普金斯病得几乎和总统一样重，故而缺席了许多重要会议。“哈里在自己的健康方面是个十足的傻瓜，”[3] 安娜·罗斯福在 2 月 9 日给丈夫的信件中抱怨说，“他身体不好的时候，脑子也变得不清醒，所以无法指望他。”斯退丁纽斯就是英国人口中说的无足轻重之人，他以前是美国钢铁公司的推销员，被国务院的下属们称为“埃德大哥”[4]①。他为人和蔼亲切，却几乎不是一个可以严肃思考对外政策的人。根据安娜的表述：“在这里，我们这边唯一靠得 79
住的精明政客是吉米·伯恩斯。但他不是百分之百地忠于自己的老板。”

罗斯福尽管身体状态每况愈下，但思维依然敏锐。这位政治大师在不同的层面运作，对敌人和朋友掩盖自己的真实意图，甚至有时对自己也是这样。“我是个杂技演员，”他对自己在海德公园的邻居小亨利·摩根索（Henry Morgenthau，Jr.）说，“我永远不会让自己的右手知道自己的左手在做什么。”[5]他同时在空中耍好几个球：国内政策、对外政策、战争进程、他对战后世界的期待、斯大林的要求、丘吉尔的心情、伤亡数字及公众意见等。在这些之外，他依然是他自己：一个自信又狡猾的理想主义者和犬儒主义者的完美结合，他的女劳工部长弗朗斯·珀金斯（France Perkins）恰如其分地称罗斯福为“我认识的最复杂的人”。很难分辨他真正认同的事情和为了达成战略目标假装认同的事情，有时他会被指责在斯大林面前过于天真，但他的天真是为更高的政治目的服务。和苏联的联盟，以及苏联数以百万计的人员伤亡，是让美国以可承受的代价赢得战争的关键，为了维持同盟，他必须加强美国最重要的盟友对他的信赖。如果他说出事实，说统治苏联的独裁者是个与希特勒一样的嗜血暴徒，那么大联盟将遭到致命的破坏。但这并没有对总统造成困扰，他向摩根索承认，“如果对战争胜利有利，我非常愿意说误导性的话和不真实的话”。

① 埃德（Ed）是爱德华的昵称。——译者注

有几位罗斯福的助手对罗斯福所谓的“全球胡侃”[6]①感到恼怒，他的思想充满了概念抽象和模糊的“一个世界”哲学的固执理念，付出的却是地缘政治现实的代价。他想把太平洋上几个小岛的管辖权交给联合国——这些岛是从日军手中夺来的，白宫幕僚长威廉·莱希海军五星上将反对这种做法。然而，总统知道抽象的概念对于维持美国的战争意志很有帮助。美国人不会为太平洋上几个不起眼的小岛去送命，他们需要一个正当的理由，一个总体的愿景。罗斯福响应了这个需求，他承诺建立一个“暴政和侵略[7]都不复存在的世界，一个建立在自由、平等和正义之上的世界”。这也许是个白日梦，但说到将美国人最深层次的渴望用文字表达出来，罗斯福可是个中高手。

对于罗斯福来说，贩卖和平与贩卖战争同等重要。大规划
80 的核心在于建立一个集体安全体系，代替欧洲对均势政治的传统依赖，他自诩联合国将演变为“阻止战争的最好方式”[8]。和威尔逊不同，罗斯福非常重视国会的意见，他和美国参议院外交委员会共和党参议员领导人阿瑟·亨德里克·范登堡（Arthur Hendrick Vandenberg）建立了非正式的合作关系，范登堡刚刚宣布自己的立场由孤立主义转变为国际主义。这位议员“身材高大、声音洪亮、爱慕虚荣、妄自尊大，即使坐在那里也显得趾高气扬”[9]，这是《纽约时报》专栏作家詹姆斯·赖斯顿（James Reston）对他的描述。不过范登堡在主流共和党人中有很大的影响力，有了他的支持，只要他再带着新世界组织的蓝图从雅尔塔返回，总统认为就能让孤立主义走投无路，他计划在联合国成立大会上将共和党领导人纳入代表团当中。

---

① “globaloney”，结合了 global（全球的）和 baloney（胡说）的生造词，意思是对全球性问题胡说八道。——译者注

罗斯福将自己衰退的精力用在那些对他来说最重要的事情上，而对其他事情就缺乏关注了。他来到克里米亚的大部分目标都已达成，斯大林同意在击败纳粹德国后的6个月之内加入对日战争。这位苏联领导人也在少量修改的基础上，赞同美国对于联合国的规划，他最恼人的要求是想让苏联在大会拥有2个额外席位，分别给予乌克兰和白俄罗斯；这两个苏联体系内的加盟共和国在纳粹入侵中遭受了最多的损失。罗斯福已经准备接受这个要求，尽管这有悖于大国和小国享有同等代表权利的原则。正如关于日本的协议一样，他和乔大叔之间的这部分协定将暂时保密，待时机恰当后再公布。总统采取了预防措施，也从斯大林那里得到让美国获得两个额外席位的承诺，以便回国后让这个特权更容易令人接受。

斯大林在波兰问题上表现得就没有这么灵活，这是事实，但对罗斯福来说，这个不幸的国家已经失去了，这属于他无论怎么努力都不可能再产生改变的一类事情。除了对苏联发动战争，几乎不能再做什么来改变一个现在已经被红军占领的国家的政治局势。在波兰问题上，罗斯福和丘吉尔的看法截然不同。对于丘吉尔来说，波兰的自由和独立是一个“荣誉”问题，这个词深深地根植于他维多利亚式的灵魂中。波兰，让他想起在平原上冲向德国坦克的骑兵军官，让他想起弗里德里克·弗朗 81
索瓦·肖邦（Fryderyk Franciszek Chopin）和约瑟夫·克莱门斯·毕苏斯基（Józef Klemens Piłsudski），还有卡西诺战役中在英军指挥下死去的波兰士兵。这是个勇敢、浪漫的国家，正是因为这个国家，英国才宣布开战。对于罗斯福来说，波兰的困境只是一个现实的政治问题，当他想起波兰时，他想到的是美国的600万波兰后裔。在解决波兰问题时，他想的是不能永久地失去这些选民，不能让他们与民主党对立或给孤立主义添砖加瓦。

* * *

睡了个好觉之后，总统精神焕发。星期五上午，他起床时感到精力充沛，已经准备好与斯大林和丘吉尔再来一轮磋商。他叫来整晚都在思考第一届联合国大会召开地点的国务卿。凌晨3点，最终的答案——旧金山——闯进了“埃德大哥”的脑海，一想到那里的诺布山（Nob Hill）、战争纪念歌剧院、退伍老兵馆、太平洋俱乐部，以及费尔蒙特大酒店，就觉得脑子里“充满了激情和生机”[10]，觉得“每样东西都是为这个目的准备的”。躺在黑海沿岸建筑物内的床上，这位前推销员仿佛已经看到那“金色的阳光”，而且“仿佛已经能感受到海风从太平洋上带来的新鲜和清爽的气息”。将第一次联合国大会的地点定在美国西海岸，也能提醒世界，战场已经从大西洋转到了太平洋。

一向节俭的总统并没有立刻被说服，他的第一反应是选择旧金山会不会导致不必要的花费和不便。“我们不能有任何不必要的劳民伤财、有悖于传统或其他行为。”他提醒斯退丁纽斯，但他保证会考虑一下。

16 点，三巨头在里瓦几亚宫意大利风格的庭院里齐聚，拍了一张正式照片，为此地上还铺了东方地毯。胸前挂着冲锋枪的苏联士兵在二楼露台警惕地注视着下面，穿着软皮靴的斯大林就在他们的注视下走进来坐在罗斯福旁边。总统骨瘦如柴，身披深蓝色海军斗篷，看上去比前几天和大元帅亲切交谈时要敏锐得多。丘吉尔最后一个入场，身穿上校军服，头戴奢华的皮帽，看到他的样子其他两位领导人都不由得笑了出来。将军和外交官们纷纷开始找自己拍照的位置，都想站在三巨头身后。参加昨晚斯大林宴会的客人们发现了一件有趣的事情：前一天晚上服侍他们的一名服务员现在摇身一变，身着内务人民委员部将军制服出现在他们面前①。

随后，第六次会议马上在白色舞厅内开始。斯退丁纽斯关 82
于联合国的演讲单调无趣，但不一会儿，丘吉尔情绪化的爆发给演讲增添了生气。周四那天被排除在罗斯福和斯大林的私人会谈之外，首相已经憋了一肚子火，联合国托管制度是一种介于殖民地和独立国家的中间状态，丘吉尔怀疑美国和苏联密谋假借这种方式抢夺大英帝国的大片领土。他宣称没有人咨询过他关于美国提出的托管制度的意见，而且他“绝对不会”甘愿让“40或50个国家对大英帝国的事务指指点点”。

“只要我还是首相，就不会放弃我们一丁点儿领土。”他咆哮着。

斯退丁纽斯尽力想让首相冷静下来，称美国的计划针对的是日本不是英国，可是不经意间，他又碰触了英国人的高压线。对于从小就听着约瑟夫·拉迪亚德·吉卜林（Joseph Rudyard Kipling）的故事和西北豪强传说长大的丘吉尔来说，印度一直被视作特殊的禁脔，他把它当成英国皇冠上的宝珠，是要传给后代的宝藏。印度独立的想法让他惊恐万分，他谴责印度人是“信仰野蛮宗教的野蛮民族”，一想到已经在战争中被削弱的英国，现在又要被迫放弃自己的殖民地，这就超出了马尔伯勒公爵所能忍受的极限。

① 此人应该是斯大林的侍卫长尼古拉·西多罗维奇·弗拉西克少将。——译者注

“绝不，绝不，绝不。”他坚决地说。

丘吉尔的爆发让斯大林感到开心，他“从椅子上站起来来回走动，眉开眼笑，不时还拍拍手”[11]。对于盟友的伪善，即独立和自治的原则只能用在别人身上，却不能用在自己身上的做法，让他感到很欣慰。根据 1941 年的《大西洋宪章》，他们保证“所有民族拥有选择他们愿意生活于其下的政府形式之权利”，但是，美国人用门罗主义把西半球从中摘了出来，英国也把自己的殖民地从中剔除。不管何时，只要丘吉尔或罗斯福想要给自己划分势力范围，他们都为斯大林在东欧替苏联划分势力范围增添了理由。

对战后世界具有深远意义的宣言和宏大愿景，斯大林并无太大兴趣，他称其为“代数”，与之相对的是达成实际协议的
83 “算术”。正如他在 1941 年告诉安东尼·艾登的那样：“我不是想诋毁代数，但我更喜欢算术。”[12]在算术的名义下，他将国家版图等事务置于自己的掌控之下，其他类似的还有军队数量、敌人军队数量、坦克、飞机和其他军事装备数量，工业产值数据和人口细分等。所有的因素加起来，构成了马列主义者所说的“力量对比”，即共产主义世界和现实及潜在敌人的相对力量比对，其他则都是斯大林算术公式中的“代数”，是虚夸的官样文章。他承认自己并没有研究过美国提交的联合国组建方案，尽管这个方案两个月前就已经送到他手上征求意见。他对未来世界组织的基本态度是防御性的，他可以顺从罗斯福的意愿，只要苏联能保留一票否决任何他不喜欢的决定的权利。

被斯大林认为是“代数”的典型产物就是罗斯福考虑到西方公众意见而起草的《欧洲解放宣言》[13]，该宣言以《大西洋宪章》为模板，内容包含建立“代理”过渡政府，进行“自由

选举”，以便“让自由的人民能够清除纳粹和法西斯主义的余孽，自主建立起民主体制”。宣言的用语故意含糊其词，以便让斯大林能够接受，“自由选举”这个词的用法可能会在未来导致问题，但依然可以进行不同的解读。在任何情况下，斯大林的看法都是决定选举结果的不是“那些投票的人”，而是“数选票的人”[14]。其中关于“纳粹余孽”的内容是他欢迎的，因为据此他可以合法地取缔任何克里姆林宫认为是亲纳粹或法西斯主义的政党。

斯大林的决定出乎所有人的意料，他同意在做最小修订的情况下，接受美国起草的宣言。受到斯大林出人意料的灵活性的鼓励，罗斯福提到了未来的波兰选举，说选举的纯洁性“毋庸置疑”。

“它应该与沙皇的妻子一样。我不认识她，但他们说她很纯洁。”

斯大林发出了嘲讽的笑声：“那是他们说的，但实际上她也有自己的罪恶。”

总统说，这个宣言理所当然地适用于“所需的任何国家或
地区”，包括波兰。这句话重新刺激了丘吉尔这个帝国主义者的 84
敏感神经，他对于托管制度的怒气还没消。他希望大家清楚地明白《大西洋宪章》“不适用于大英帝国”，他曾经在下议院发表过与此有关的声明，此外当时他还给了罗斯福总统的外交特使温德尔 · 刘易斯 · 威尔基（Wendell Lewis Willkie）一份声明的副本。

想到丘吉尔在维护帝国利益方面付出的心血，和几个月前死于心脏病的共和党前总统候选人威尔基，罗斯福忍不住想要嘲弄一下他。

“难道就是这个把他害死的吗？”

总统能说出这样讽刺的话语，说明他已渐渐从前一天的疲惫中恢复过来了。当晚，他和一小群美军将领一起用餐的时候，还自己调制马提尼鸡尾酒招待他们，给大家留下了深刻印象。他告诉众人，会议期间“温斯顿给他惹了很大的麻烦”[15]。他为将军们重述了首相是如何“睡得鼾声如雷，然后突然醒过来发表了关于门罗主义的演讲”，而这与会议讨论的议题根本没有关系。在笑声中，罗斯福又责备丘吉尔只要别人打扰了他午休，他就幽默感全无。

* * *

看到自己的病人身体有明显好转的迹象，布鲁恩少校很欣慰。在 2 月 10 日星期六那天的日志中，他写道：“精神好多了，吃得也不错，很喜欢俄国的食物和料理。心脏‘交替脉’现象也已消失，没有咳嗽，食欲继续保持良好。”[16]

临近 17 点，第七次全体会议在里瓦几亚宫舞厅的圆桌旁召开。对于波兰的争议问题，一个大家都能接受的协议，或者说至少是个文字性的东西终于摆在众人眼前。外交部的官员们说了一些官话，称卢布林政府“将在更广泛的民主政体基础之上重组，其中将包括波兰本土和外国的波兰人”，莫洛托夫将会在莫斯科和美英大使的会面中敲定细节。这个新的“波兰民族团结临时政府”一旦成立，就会得到三大强国的认可，新的政府将“保证采用全民无记名投票的方式，尽快进行一次不受干预的自
85 由选举”，所有的“民主和反纳粹政党”都将有权参加投票。

最后提交的协议更接近苏联的版本，而不是美国的，那句“将在更广泛的民主政体基础之上重组”说明最终还是顺应了

斯大林的要求，将卢布林政府作为新政府的核心。所有事情都将依靠莫洛托夫、哈里曼和克拉克·克尔在莫斯科的谈判，事实上苏联还是可以否决他们无法接受的波兰领导人，而美国和英国唯一能做的就是不承认那个政府。

莱希上将很快就发现了漏洞。“总统先生，”看着这份文件，幕僚长说出了自己的反对意见，“这个说法弹性太大了，大得与一条能从雅尔塔扯到华盛顿的橡皮筋一样，俄国人可以随便拉扯，理论上都不会违规。”[17]

“我知道，比尔，”罗斯福疲乏地说，“但这是我在当下能为波兰争取到的最好结果了。”

波兰未来国境线的问题只得到了部分解决，三巨头达成协议，同意在微小调整的情况下将“寇松线”作为波兰的东部国境线，这意味着从维尔纳（Wilna）到利沃夫，面积相当于密苏里州大小的领土将会划归苏联所有，作为交换，波兰将会得到“北部和西部领土的实际增加”。波兰西部边界的“最终划定”将在后续的和平会议中确定，斯大林希望在官方公报中增加一个条款，内容涉及“归还在东普鲁士和奥得河区域自古以来属于波兰的领土”，但这对罗斯福和丘吉尔来说太为难了。总统想知道有争议的领土最后属于波兰是在什么时候。

“很久以前了。”莫洛托夫承认，他知道那座被称为弗罗茨瓦夫（Wroclaw）的城市，现在拥有更广为人知的德国名字布雷斯劳（Breslau），属于波兰的时候要上溯到13世纪。

罗斯福开玩笑说，这样的话大英帝国可能会重新要求对美国的主权，他转向首相说：“也许你想要我们回来？”斯大林没有继续执着于这个要求，他已经得到了他在东部想要的领土，波兰西部边界的问题可以再等等。他不无幽默地说道，是中间隔着的大洋让英国无法恢复对美国的主权。

这种把波兰向西移动两百英里的做法，使三巨头完全背离86 了威尔逊关于自治的原则。第一次世界大战结束后，政治家想要按照人口和民族的现实情况划定国界线，建立差不多是同一民族的人生活在一起的国家。斯大林的做法则正好相反，他先是根据自己的政治需求在地图上划定国界线，然后再迁移人口来适应国界线。这位前民族事务人民委员曾经在苏联使用过这种技巧，特别是在高加索地区，他用这种方式来奖励那些“忠诚”的民族，牺牲那些如车臣人和鞑靼人之类的“不忠诚”民族。现在，在西方盟友的默许下，他又可以在更大范围内应用这种人口技巧。那些对克里姆林宫的主人卑躬屈膝的国家将获得奖励，得到更多的领土，如波兰和罗马尼亚，而那些让他不悦的国家将会受到惩罚。

另一个亟待解决的问题是，德国对入侵苏联造成损失的赔款金额，斯大林坚持要得到 100 亿美元的赔偿，赔偿将以各种形式支付，如拆除的工厂、工业设备、物资和劳工。罗斯福已经准备在这个数字的基础之上进行谈判，但丘吉尔坚决反对。从病床上挣扎着爬起来参加会议的哈里·霍普金斯想对斯大林在联合国方面的合作行为给予奖励，他写了一张便条给罗斯福：“苏联已经给了我们这么多，我觉得就不要让他们再失望了。”[18] 罗斯福接受了自己特别顾问的建议，同意争议问题将在莫斯科的赔偿委员会会议中解决。

对罗斯福来说，会议已经没有需要继续讨论的内容了，盟军已经在最重要的问题上保持一致：波兰、联合国、德国和日本。盟军直接的分歧已经减少到只是个“用词问题——找到合适的词语”[19]，这已全都是“文字工作”，应当由外交官处理，而不是总统。依然存在于三巨头之间的争议，将不会出现在最终精心拟定的公报中，现在似乎已经到了一个合适的时候，告诉所有人他将在第二天15点离开。“三位国王”——沙特阿拉伯、埃及和埃塞俄比亚的领导人，正在东方等着他。

总统的声明让斯大林和丘吉尔大为意外，他们还以为按照罗斯福的要求会议要一直到星期天才能结束，要敲定协议的最终内容，还有很多工作需要做。安东尼·艾登觉得总统相信语言的神奇力量是在“自欺欺人”，诸如“选举”“民主”“独 87
立”“法西斯主义”及“自由”之类的词，坐在会议室里的人的理解大为不同。在苏联人的词典中，任何反对共产主义的人都会被称为“法西斯主义者”，这个词的意义已经延伸到包含像丘吉尔之类的民主政治家。按照马克思－列宁主义者对历史的理解，“民主政府”是代表人民的政府，这是共产党对它的定义。按照国务院正在升起的新星阿尔杰·希斯的说法，这些都是“弹性术语”[20]。

用安娜·罗斯福所说的“华丽而含糊的”[21]词语来粉饰雅尔塔会议中最难解决的问题，将会使他们付出巨大代价。误解将会增加和恶化，各方都会指责对方不守信誉，破坏严肃的协议。这些暂时将二战胜利者们联合起来的话语，将来也会成为他们分裂的缘由。

*　*　*

对于将要形成的雅尔塔协议的担忧不仅来自西方，斯大林的一些助手也觉得领袖迫于罗斯福和丘吉尔的压力放弃了太多。莫洛托夫担心的是《欧洲解放宣言》中的话，要求苏联保证“所有民族选择他们愿意生活于其下的政府形式之权利”，恰如

《大西洋宪章》所述的一样。这位外交人民委员抱怨说，这份公告是在“干涉解放后的欧洲事务”，但遭到领袖的反驳。“别担心，”斯大林告诉他，“问题可以解决，我们可以在以后慢慢解决这个问题，关键是力量对比。”[22]

苏联人厌恶盎格鲁－撒克逊人那种威吓式的、站在道德制高点说话的语调，伊万·迈斯基声称：“英国和美国把自己看成全能的上帝，觉得自己的使命是评判这个罪恶世界上的其他国家，包括我们的国家。”[23]克里姆林宫的主人认为美国让世界“民主安全”的花言巧语，只不过是其干涉其他国家事务的托词而已，美国怀疑苏联想把所有人都变成共产主义者，但站在斯大林的立场事实却正好相反：美国想把自己的意识形态输出到世界其他地方。美国人眼中仁慈的国际主义，对苏联人来说则成为帝国主义的阴险手段。“罗斯福只相信钱，”莫洛托夫后
88 来回忆说，“他觉得美国这么有钱，我们这么穷困潦倒，所以一定会去向他们要饭的。”[24]

斯大林并不太清楚罗斯福是个什么样的人。一方面，他看上去比其他资本主义国家的领导人更为理性，一反常态地向苏联示好；另一方面，他又是自身阶级的代表人物，坚信美国意识形态的普适性。总统已经竭尽全力让斯大林相信自己是出于好意，但他也拒绝了完全封闭势力范围的想法。他曾尖锐地对领袖指出：“在这次全球性的战争中，没有什么问题——不论政治上还是军事上——是美国不感兴趣的。”[25]美国人拒绝继续遵守欧洲人已经遵守了几个世纪的规则，他拒绝接受 1648 年威斯特伐利亚会议确定的观念：统治者在自己统领的领土上是至高无上的存在，所以能够自由决定从属于他的人民的信仰。用拉丁语形容这个已有几个世纪之久的概念是“*cuius regio*，*eius religio*”，即“教随国定”。《大西洋宪章》的逻辑蕴含着美国人想把自己的意识形态和信仰，输出到像东欧之类的他国军队控制的地区，这是斯大林不能接受的。

在苏联人看来，美国对于意识形态的重视程度不输给任何马克思主义者。《时代周刊》杂志创始人亨利·鲁滨逊·卢斯（Henry Robinson Luce）用一个新词——“美国的世纪”来表达自由市场经济和自由民主体制在世界范围内的必然胜利。相对而言，斯大林的野心就小多了。他情愿不插手美国和英国占领的国家，如意大利和希腊，作为回报他也不希望他们插手自己控制的地区。归根结底，这还是那种古老的至高无上的权力思想。

领袖愿意陪美国玩玩，签署毫无意义的像代数一样的宣言。经历了四年的战争和国土沦丧，苏联已经筋疲力尽，根本无法在近期再打另一场战争。被占领土的重建工作需要输入大量资源，潜在的资金来源包括德国的战争赔款、来自美国的贷款和信贷、挤压国内消费市场，或采用综合以上三种方式的做法。苏联重建所需的资金——即使是一部分——如果存在任何可以从德国或西方获得的可能性，和完全依赖已经耗尽的国内资源相比，显然是可以优先考虑的。典型的马列主义理论教育了他们：从长远来看， 89
和帝国主义的战争是不可避免的。“战争很快就会结束，”斯大林告诉南斯拉夫共产党员米洛万·吉拉斯（Milovan Djilas）①：“我们

① 米洛万·吉拉斯（1911年6月4日～1995年4月20日；旧译密洛凡·德热拉斯）生于黑山的农民家庭，早年曾在贝尔格莱德大学攻读哲学和法律，后来追随铁托参加了南斯拉夫人民解放战争。先后担任过南共联盟中央执委、中央书记、国民议会议长和副总统。1953年10月，他公开主张把南共联盟变成一个议会民主政党，实行多党制和西方式的民主。1954年1月，南共联盟中央决定将其开除出中央委员会，解除其党内外的一切职务，之后又把他开除出南共联盟，并逮捕判刑，直到1961年1月才被提前释放。——译者注

会在 15 到 20 年内恢复，然后就可以再来一次了。”[26]但短期来说，与主要的帝国主义势力维持良好的关系还是有利可图的，苏联需要喘息的空间和时间来恢复元气。

* * *

斯大林接受了邀请，到沃龙佐夫宫与丘吉尔、罗斯福共进晚餐。华丽的宽大楼梯从花园通向首相住所摩尔风格的南门，楼梯两边是大理石雕刻的狮子，楼梯下段的狮子是睡姿，中间部分是千姿百态的憩息状，最上面的则张牙舞爪守护着宫殿的大门。苏联安保人员花费了一整天时间检查每座狮子雕像的裂缝，还有房间及花园的各个角落。“他们锁上了用作餐厅的接待室两边的门，”丘吉尔回忆说，“设置了卫兵，任何人不得入内。然后他们检查了所有地方，不管是桌子底下还是墙后面。”[27]

周六的晚宴是雅尔塔所有聚餐中气氛最亲密的，出席者只有三巨头和各自的外交部长及翻译。丘吉尔在气势恢宏的大厅里迎接客人的到来，俄国和英国贵族的肖像环绕在他身边，“注视着苏联军人”[28]。21 点刚过，巨大的橡木门终于短暂地开启，罗斯福一边为迟到道歉，一边被推进大厅。“我有些事忙不完。”丘吉尔的女秘书和一名皇家海军陆战队队员一起站在门厅入口，对宾客行注目礼。“斯大林的入场糟透了，因为他是紧随在罗斯福身后到达的。”玛丽安·霍姆斯说。丘吉尔从罗斯福身边走开，陪同斯大林和莫洛托夫一起进入宴会大厅。

站在燃着熊熊火焰的壁炉前，莫洛托夫一边吃着开胃鱼子酱，一边问斯退丁纽斯联合国大会召开的地点。国务卿穿过房间来到依然坐在便携式轮椅上的罗斯福身边，俯下身子：“您确定是旧金山了吗?”[29]总统点头表示同意，然后三巨头共同举杯：“预祝旧金山会议成功召开，时间定在11周以后的4月25日。”

苏联厨师准备了一席25道菜的晚宴，菜肴从常见的乳猪到 90
西伯利亚草原野山羊。祝酒马上开始了，经过一番思索后丘吉尔终于想出一个办法，以此避免斯大林在为国王陛下的健康祝酒时说出什么不好听的话来，代替单独敬酒，他提议举杯为三巨头全体祝酒。一切进行得很顺利，作为在场的唯一一位国家元首，罗斯福做出回应。他回忆起在1933年发生的一件事情，那是在和苏联建立外交关系之前，“我妻子访问了国内的一所学校，在一间教室里，她看到一张有着大片空白的地图。她问空白的部分是哪里，得到的答复是大家不允许谈论空白地方的事情，那就是苏联”。仿佛这个占据了地球大陆六分之一面积的世界最大国家根本不存在一样。

斯大林现在想的还是工作，对没能在战争赔款方面达成协议尤其耿耿于怀，他说他害怕告诉苏联人民，“由于英国的反对，他们不会得到任何赔偿”。丘吉尔反对说，他原则上是同意赔偿的，但不要忘记第一次世界大战结束后德国无法支付赔款导致的后果。在大元帅的压力下，两位西方领导人同意德国必须就盟军的损失以“实物”方式进行赔偿。一份附加的秘密协议明确说明美国，而不是英国，接受斯大林关于100亿赔款作为“讨论的基础”。

三巨头现在已经开始享用野味菜肴，谈话也转到国内政治。首相提醒他的客人，说他马上就要面临一次“艰难的选举”，斯大林则想象不到他在重新当选首相方面会遇到什么困难。“人民知道他们需要一位领导人，哪位领导能比赢得胜利的领导人做得更好呢?”丘吉尔解释说在英国有两个政党，他只是其中一个政党的领导人。

“一个政党就好多了。”[30]斯大林坚定地说。

餐后，丘吉尔邀请客人穿过走廊来到地图室。墙上的图表显示，苏联军队距离柏林只有 38 英里，美国军队进入马尼拉，英军和加拿大军队正在逼近莱茵河。在雪茄和白兰地的作用下，英国人激情澎湃地唱了几句第一次世界大战时的流行歌曲《当我们完成了保卫莱茵河》。听到斯大林建议英国可以考虑和德国签
91 订停战协议，丘吉尔看上去有点不快，失落地退居地图室的一角，又唱起另一首老歌——《一直走到路的尽头》。

“斯大林看上去非常迷惑。”[31]地图室负责人皮姆上尉记录道，罗斯福脸上绽开了笑容，向斯大林解释丘吉尔的歌声是“英国的秘密武器”。深夜 0 点 30 分左右，首相终于和大家道了晚安，带领英国全体官员高声为“斯大林大元帅欢呼三次”。

* * *

外交官们整晚都在起草公报和秘密协议。尽管罗斯福告诉斯大林，如果迫不得已他可以待到下周一，但他此时仍然坚持在第二天早上收拾行装离去。在飞往埃及和“三位国王”会面之前，他计划在美国通讯指挥舰“凯托克廷”号上度过最后一晚，这艘船现在停泊在塞瓦斯托波尔。他想沿着一条危险的滨海公路，在白天完成到塞瓦斯托波尔 80 英里的旅程。

2 月 11 日，星期天中午，三巨头在里瓦几亚宫的舞厅内举行了最后一次全体会议。每位代表面前都放着一摞文件，各位领导人都仔细地翻阅，一段一段地检查每个句子。对自己的文学造诣颇为自豪的丘吉尔对最终版本的公报中几处美式用语表

示了反对，他指着一个句子——“我们共同的军事方案”（our joint military plans），抱怨说“‘共同’（joint）这个词用得太多了”[32]，他更喜欢用“我们的联合（combined）军事方案”。对于英国人来说，“共同”这个词会让他们想起“星期天全家的烤羊肉”。最后达成了协议，改成“三个盟国的军事方案”。

罗斯福和斯大林都没有心情在这些细枝末节上费心思，他们都改用对方的语言来对整份文件表示认可。“OK！（好的）”斯大林笑着说道，带着浓重的口音。“Khorosho！（好的）”罗斯福也用美式俄语表示同意。

领导人审读名为“对德国的占领和控制”的章节。首相不满地看着一段话，开头是“出于我们共同的意愿，决定摧毁德国的军国主义和纳粹主义……”，会引起歧义的话被删除了，“我们共同的（joint）意愿”被改为“我们坚定的（inflexible）意愿”。随着会议的进行，丘吉尔的警觉心开始放松，或因为疲劳，或因为他给自己定下的任务太庞杂。最后他同意“共同声 92
明”三巨头各自履行“共同职责”来采取“共同行动”，以便“共同推进”全欧洲人民的解放行动。

波兰是“英国拔剑出鞘的原因”——丘吉尔表达了对波兰协议的保留意见——尽管他已经在上面签了字，他害怕自己会因为屈从苏联在政治和领土方面的需求而受到“强烈谴责”。“这会在伦敦的波兰人中激起轩然大波，”他消极地预言道，“他们会说我清除了波兰唯一的立宪政府。”

关于谁最先在公报上签字经过了一番幽默的讨论，丘吉尔说按照字母顺序和年龄应该是他，这对斯大林来说可以接受，他想最后一个签字，“如果斯大林第一个签字，大家会说是他主导了讨论”。罗斯福先让其他两位领导人决定，然后同意自己第二个签字。他们在沙皇的桌球室里稍事休息，共进午餐，等待准备好用作签字的文件。但等待的时间太长，三位领导人最后只好“在空白页上”[33]签了名，签了很多份，以便以后补充上内容。

在《生活》杂志的显要位置上，刊登了一幅由罗伯特·霍普金斯拍摄的午餐场景的照片，照片的标题是《三巨头最后的会面》[34]。标题下方，斯大林、罗斯福和丘吉尔依次坐在餐桌旁。“他们共同代表了地球上的大部分人类。一个是鞋匠的儿子，一个是贵族后裔，一个是荷兰移民的子孙。在性格和气质方面，很难再找到三个如此不同的人，他们的争论已经结束——对和平世界的渴望就在眼前。看他们！丘吉尔正在吃一大勺鱼子酱，而且准备吃得更多；斯大林这份食物的量正合适；罗斯福没吃就传了下去。这代表着什么？”

罗斯福并没有如愿以偿地在 15 点离开雅尔塔，但总算在 16 点走人了。苏联人给了他一个大礼包，里面有伏特加、香槟、格鲁吉亚酒、鱼子酱、黄油和橘子，还给其他代表准备了小礼包。在里瓦几亚宫的台阶上，三位领导人互相告别。

丘吉尔回到沃龙佐夫宫，因为单独留在这里而感到失落，他本来计划在周一离开，但突然意识到已经没有必要继续留在这里了。他觉得自己像契诃夫戏剧《樱桃园》（*The Cherry Orchard*）中的老仆人费尔斯一样，在空无一人的房子里游荡，被主人抛弃，同时他周围的世界却在不断发生变化。他的秘书
93 玛丽安·霍姆斯察觉到他的阴郁情绪，觉得首相知道自己被遮挡在“两位巨人”——苏联和美国——的阴影当中，而且“将会对未来的事情产生影响”。

“我们还在这里干什么？”丘吉尔质问道，“我觉得已经没

有理由再多待一分钟了，我们走!”[35]

一阵“惊愕的沉寂”之后，大家连忙忙活起来，莎拉·丘吉尔帮助父亲做出决定，因为他不能决定现在是去中东跟随总统的脚步，还是去英国舰艇上读报纸。“行李箱和苏联人给我们的神秘大纸箱——希望箱子里是鱼子酱——堆在大厅里，衣服洗干净拿回来了，但还没晾干。”首相的侍从索耶斯“眼中含着泪光”，一边在打包了一半的箱子旁忙活，一边嘟囔着“他们不能这么对我”。莎拉在第二天给母亲的信中描述了这一混乱场面:

> 爸爸就像个放学后做完作业的孩子，和蔼可亲又精神饱满，从一个房间走到另一个房间，嘴里喊着:“快点，快点。”不管你信不信，1 小时 20 分钟之后，大约是 17 点 30 分，车队就已经满载着鼓鼓囊囊的箱子向塞瓦斯托波尔进发了!尽管我们的动作已经很迅速，但还是最后一个离开的!总统 1 个小时前就走了——不过他是几天前就决定好的，斯大林则像个精灵一样消失了。在最后一次握手 3 个小时以后，雅尔塔已经被抛弃，除了那些总是在宴会过后留下清理残局的人。

6

欢愉

2 月 13 日

94 丘吉尔获悉关于雅尔塔会议的第一条新闻评论是在停泊于塞瓦斯托波尔港的丘纳德公司的游轮“弗兰克尼亚”（Franconia）号上。据一位英国外交官在日志中的描述，当时他的第一反应是“兴奋得几乎歇斯底里”[1]。伦敦《泰晤士报》赞扬战时三方同盟在一系列“有争议”的问题上“政策出奇地一致”，评论的语气极为谄媚，以至于英国新闻主管布伦丹·布拉肯（Brendan Bracken）在给首相的电报中说：“要是我自己也会这么写。”克莱门蒂娜·丘吉尔在 2 月 13 日星期二手写的一封信中描述了自己的“快乐和自豪”，“多么棒的结果，比得上一次伟大的军事胜利或一次大获全胜的竞选”。

塞瓦斯托波尔的破坏程度比克里米亚其他地区还要严重得多。“很可怕的景象，”丘吉尔的私人秘书约翰·马丁说，“这里过去一定是个很大的城市，有巨大的石制建筑，但现在几乎被完全摧毁——几平方英里的废墟里鲜有房屋留下。与当地居民的经历相比，战争给我们带来的麻烦都显得可笑。”[2] 在结束了 20 个月的占领后，德国人对这座庞大的港口城市进行了爆
95 破，将城内的广场和庭院炸成一片石头废墟。“这只是众多遭遇如此命运的苏联城市中的一个，”马丁说，“也难怪他们老是谈赔

款的事情了。”莎拉·丘吉尔晚上惊讶地发现有灯光“从地下室和石堆”里射出来，这意味着已经有人回到废墟中居住了。

丘吉尔和将军们在附近的巴拉克拉瓦（Balaclava）战场上闲逛了一整天，在那里英军轻骑兵旅曾因英勇地发起冲锋创造了一项壮举，也凭借艾尔弗雷德·丁尼生（Alfred Tennyson）男爵的诗篇化为不朽①。一位苏联海军将领显然是为1854年战争中的英国人着迷，在描述纳粹对塞瓦斯托波尔长达几个月的围攻时也不自觉地将过去和现在重合起来。“德军坦克就从那里向我们冲过来。”[3]英国人一边听将军叙述，一边看着“600多名豪迈”的轻骑兵冲进“死亡谷地”的地方。受到帝国忠魂的鼓舞，丘吉尔决定尾随罗斯福到地中海去，安排自己和东方“三位国王”会面，对于美国插手那片一直是英国管辖地的事务，他一度“极为震惊”。哈里·霍普金斯想尽力说服他，总统只是纵情于“玩闹”[4]，最主要的目的是“欣赏那片世界的统治者们的华贵排场”。丘吉尔完全不吃这一套，他对美国呼吁的去殖民地化和自治理念持怀疑态度，根据霍普金斯的表述，他仍然相信“我们在这些地区还会密谋施展许多手段，来暗中破坏大英帝国的影响力”。

当美国国内对雅尔塔会议新闻的反应传到罗斯福耳中时，他正在位于苏伊士运河中央大苦湖（Great Bitter Lake）的“昆西”号上，为迎接中东君主做准备。对此消息的热情几乎是一致的：《纽约时报》评论说，协议“满足并远超对于这次决定命运会谈的大部分预期”[5]；《华盛顿邮报》祝贺总统取得的

① 指丁尼生的诗篇《轻骑兵的冲锋》（*The Charge of the Light Brigade*），描述了克里米亚战争中巴拉克拉瓦战役的悲壮场面。克里米亚战争是1854年英、法和土耳其等国对俄国的战争。——译者注

“全方位成就”；在哥伦比亚广播公司（CBS）的广播中，威廉·劳伦斯·夏伊勒（William Lawrence Shirer）把雅尔塔叫作“人类历史的里程碑”；互动广播公司（Mutual Broadcasting System）的雷蒙德·格拉姆·斯温（Raymond Gram Swing）说雅尔塔会议解答了“最重要的问题——盟国是可以合作的”；美国前总统赫伯特·克拉克·胡佛（Herbert Clark Hoover）则表示协议将“为世界带来巨大的希望”。最重要的是，罗斯福想要两党一致支持对苏联政策的愿望得以达成，如议员范登堡就赞叹这项公报“显然是所有重要会议上获得的最好结果”。

“我们都真心相信这是一个新黎明的到来，而这一天，我们已经祈求和谈论了许多年，”[6]霍普金斯回忆说，“我们都完全确
96 信我们赢得了通往和平的第一场胜利；这里的‘我们’指的是所有人，全体人类世界。苏联人证明他们同样是理性的且目光长远，总统和我们任何人都觉得毫无疑问，我们是可以和他们共同生存的，并在我们能想象得到的未来与他们和平共处。”唯一的不确定性是斯大林那里会发生什么，“我们都确信他是靠得住的，认为他是通情达理、善解人意之人，但我们永远都不能确定，当他回到克里姆林宫，他身后都会有谁或什么因素在那里起作用。”

有异议的人极少，其中之一是美国驻莫斯科大使馆参赞乔治·凯南。这位哈里曼手下的二号人物觉得对德国的占领方案是“无意义的陈词滥调”[7]，而且他对于给苏联承诺的巨额赔款感到沮丧；他预感到未来会发生可怕的事情，不管对德国还是欧洲。“既然我们对于德国的未来没有任何建设性意见，那就只会产生负面影响。而且，如果没有我们的支持，英国什么也做不了。结果就是苏联会按照自己喜欢的方式行事，先是在他们自己的领土上，然后变本加厉到我们的领土上。”这首先会导

致“不断恶化的经济混乱”，然后是“生活水平下降”，接着会引起“普遍的迷惑和绝望”，最后出现“强烈憎恨和激烈动荡”，而在同时，东方的极权主义者会火上浇油，并从中渔利。“人类绝望的旋涡会淹没中欧的心脏地带，苏联和他们的党羽会寻找机会，充实自己的力量，对邻国施加压力。”

离开雅尔塔之前，罗斯福送给斯大林一大本名为《目标德国》（*Target Germany*）的精装画册，内容是美国陆军航空兵轰炸第三帝国时炸弹造成破坏的航拍照片。西线盟军一直很想展示他们的空中力量，因为苏联人正在进行的战斗大部分都在地面上，而盟军的攻势却在阿登高地陷入僵局。从西线到东线战场全面瓦解德军部队是苏联在雅尔塔最主要的要求之一，苏军将领特别强调了“切断柏林和莱比锡（Leipzig）之间的联系”[8]的必要性。莱比锡位于德国萨克森州首府德累斯顿西北部，在调研了几个可能的目标以后，盟军作战计划制订者们决定将德累斯顿作为目标。它是德国第七大城市，重要的交通和通信枢纽，先前并没有遭到大规模轰炸。德累斯顿距离苏联红军的前线还不到70英里，里面挤满了因为红军进攻涌来的难民。英军飞行员的任务简报说轰炸目标是“在敌军已经部分崩溃的前线之后，对敌人的痛处予以重击……同时，顺便向即将抵达该城的苏联人展示一下轰炸机司令部的力量”，除了单纯的军事考虑，决定这座古老的萨克森州首府命运的，还有在苏联人面前炫耀的需求。 97

雅尔塔会议结束两天后的2月13日，对德累斯顿的大轰炸开始了。英国皇家空军轰炸机部队首先在22点14分对城市中心地带进行地毯式轰炸，投下了500吨高爆炸弹和375吨燃烧弹，火势很快在巴洛克风格的城市中蔓延。在这座被称为“易北河上的佛罗伦萨”的城市里，铁路编组站、教堂、宫殿和民居楼悉数被毁。三个小时后日历已经翻到了2月14日，这个日子恰好是圣灰日（Ash Wednesday）①，兰开斯特重型轰炸机群再度飞临城市上空，城中的消防队正在和大火搏斗，轰炸机群向烈火中的城市又投下了1800吨炸弹。2月14日和15日白天，美军第8航空队前来进行收尾工作，对铁路编组站进行了“精确”轰炸：527架B－17空中堡垒重型轰炸机投下1247吨炸弹。火海在猛烈的强风中形成火焰风暴。

“德累斯顿?”当一切结束之后，英国皇家空军轰炸机司令部指挥官阿瑟·特雷耶斯·哈里斯（Arthur Trayes Harris）空军上将嘲弄道，“已经没有德累斯顿这个地方了。”[9]

* * *

根据安娜的描述，罗斯福背着丘吉尔和东方的国王们会面，觉得“兴奋异常”[10]。“整个会面都棒极了!”罗斯福告诉表妹玛格丽特·萨克利（Margaret Suckley），“我们已安全离开克里米亚，飞到苏伊士运河，见到了埃及国王法鲁克一世（Farouk Ⅰ），然后又和埃塞俄比亚皇帝海尔·塞拉西（Haile Selassie Ⅰ）见了面。第二天，接待了沙特阿拉伯国王伊本·沙特（Ibn Saud）和他的所有王室成员、黑奴、试食侍从、占星师，还有8只活羊。”美国派驱逐舰去吉达（Jeddah）接沙特国王，而他拒绝住在驱逐舰的客舱里，宁愿在甲板上搭帐篷。帐篷周围环绕着手持半月弯刀的武士和侍者，其中还有一个占卜师和一个咖啡调制师。羊群在驱逐舰尾部被圈养起来，直到举行仪式时被屠宰。总统在“昆

① 圣灰节也叫基督教圣灰星期三，大斋首日（大斋节或称四旬斋的第一日，复活节前40天即星期三，当天有用灰抹额表示忏悔之风俗）。——译者注

西”号甲板上迎接了伊本·沙特，船上还专门铺上了东方风格的地毯。国王身穿金色长袍，头戴红白相间的棋盘格子头巾，给罗斯福留下了深刻印象，说他“像条坐在椅子上的人形大鲸鱼”。两位领导人马上变得亲密无间，罗斯福将自己的一辆轮椅赠给伊本·沙特，还送给他一架 DC-3 客机，客机上配有旋转座椅，可以让国王总是面朝麦加方向。伊本·沙特对此感激不尽。

经过五年多的世界大战，以及地缘政治的剧变，国际秩序 98
经历了翻天覆地的变化，政客们在摸索中适应这种改变，一切都在发生变迁。中东地区的未来在雅尔塔会议中几乎没有提及，因为这些都是边缘话题，但有一件事正逐渐浮出水面。垂死的总统选择绕一千多英里来向东方统治者问好，是因为他们的石油对和平时期的美国经济至关重要。罗斯福知道和沙特阿拉伯建立起友好关系的重要性，但谈到在巴勒斯坦建立犹太人国家时，遭到了伊本·沙特的激烈反对，对此他还是吃了一惊。他笨拙地想要建立起他和斯大林建立的那种亲密关系，开玩笑说要从美国给他们送来“600万犹太人”，欧洲也会有犹太人迁徙过来。伊本·沙特大惊失色，他预感到这会导致“圣战”和“无穷无尽的麻烦”，阿拉伯人和犹太人“永远不可能合作，不管在巴勒斯坦还是在世界其他地方……阿拉伯人宁愿选择死，也不会把自己的土地让给犹太人”。罗斯福向国王保证美国“不会帮助犹太人对抗阿拉伯人”，也不会在“没有完全征求犹太人和阿拉伯人意见的情况下”同意分割巴勒斯坦。

第二天，2月15日，丘吉尔在“昆西”号上和罗斯福会面，随后飞往雅典。除了想要了解美国在中东的计划，他还有件事情要谈，因为太敏感，先前也没有在雅尔塔提及。过去的将近三年时间里，美国和英国科学家一直在进行制造原子弹的绝密项目，这种新式武器比常规炸弹的爆炸威力强几千倍，也可能是几百万倍。没有人知道这种铀弹会不会成功，因为它从没经过试验。代号为“曼哈顿计划”的研发项目由美国战争部负责，它监控着分布在新墨西哥州、田纳西州和华盛顿州的一系列核设施。英国则被降为辅助角色，如果新武器能够像科学家预料的那样发挥作用，那么美国总统将会成为掌控整个人类命运的人。首相想确保英国在未来能够掌握的核武器技术，“其规模与我们所拥有的资源相当”[11]。

罗斯福看上去是同意了，尽管他的注意力显然飘向了远方，他告诉丘吉尔，原子能的商业前景似乎比预期的要渺茫，根据
99 他得到的信息，原子弹“第一次重要试验”将会在 9 月进行。讨论完重要的部分，他邀请英国朋友到自己的房间吃一顿“小小的家庭午餐”，参加者也包括莎拉、安娜和霍普金斯。总统“看上去平静而憔悴”，丘吉尔后来说：“我觉得他命不久矣，再也见不到他了，我们充满深情地互道珍重”。首相在“昆西”号上总共待了 2 小时 31 分钟。

总统接二连三地失去了与战争最困难时期的亲密伙伴们的联系。他忠诚的军事顾问“老爹”沃森，在总统一行人离开克里米亚的时候突发心脏病，那是他被迫把自己的床位让给丘吉尔之后的第七天，包括安娜在内，没有人敢告诉总统他病得有多重。2 月 20 日，就在医生以为他的病情出现好转的时候，他在船上去世了。虽然罗斯福用表面上的坚毅来掩盖内心的悲伤，但朋友的去世还是让他感到“深深的忧郁”[12]，无心工作。“那天以后，他极少在午餐或晚餐时提起‘老爹’。”他的演讲撰稿人塞缪尔·欧文·罗斯曼（Samuel Irving Rosenman）如是说，但“我们都能明显地感到他深受影响”。同时，霍普金斯的情况也变得更加恶

化，就在总统一行人返回美国途中，在阿尔及尔房间里躺了3天的霍普金斯离开了“昆西”号。罗斯福需要依靠霍普金斯给国会做报告，但病入膏肓的特别顾问已经无法忍受在海上再漂荡一个星期的日子。据霍普金斯授权的传记作者罗伯特·埃米特·舍伍德（Robert Emmet Sherwood）所说，总统感到“失望甚至不悦”[13]，他们的告别“并不友好——这是件让人伤心得不忍记录的事情，因为霍普金斯再也没能见到他这位伟大的朋友”。

*　*　*

2月19日，天气灰暗阴沉，首相回到英国。由于大雾，他的专机在最后时刻转飞其他机场，所以没有人在机场迎接他。雅尔塔会议的结果带给他的乐观情绪，正渐渐被一种不好的预兆取代，当他的助手们终于来到身边，他抱怨说“美国总统变得很衰弱，看上去老态龙钟且病恹恹的，没法集中注意力，已经是个没有希望的不称职的领导人”[14]。丘吉尔自己也有麻烦，人们指责《雅尔塔协定》背叛了波兰，而保卫这个国家的荣誉和自由，正是英国参战的原因。

对丘吉尔意见最大的人是瓦迪斯瓦夫·艾伯特·安德斯 100
（Wladyslaw Albert Anders）将军，波兰流亡政府第2军军长①。

---

① 波兰第2军最初由苏联政府在1941年下半年组建，军长是被苏联军队俘虏的瓦迪斯瓦夫·安德斯少将，兵员来自关押在战俘营里的几万波兰战俘，这个军的成军基地在中亚，1942年3月迁往乌兹别克的塔什干。由于当时的苏联处于困难时期，无法充分补充包括平民百姓在内的75000多名波兰人，苏联干脆同意让波兰第2军从中亚南下，到中东接受英国人的整编补给。1942年，最终从苏联进入英国控制下的伊拉克的波兰人，包括44000名军人、26000名平民和3000名儿童。其中军人与原来就在中东作战的波兰喀尔巴阡旅会合，接受全副英式装备和训练，整编成波兰第2军。这个军先后在伊拉克、巴勒斯坦和埃及进行整编，最终于1944年2月投入意大利战场。——译者注

在过去的 3 年间，他的士兵一直与英美军队并肩战斗，先是在北非，然后是意大利。他的军团规模扩大到 50000 多人，参加了意大利战场上几场最艰苦的战役，包括卡西诺（Cassino）山上的战斗。1944 年 5 月 18 日，自己的盟友连续发动了 3 次大规模进攻都没能拿下那块战略要地，波兰人却成功地将红白相间的国旗插在已经被炸毁的修道院废墟上。那场战斗中波兰第 2 军伤亡共计 3500 余人，他们中的许多人来自波兰东部的利沃夫附近。而这片土地将根据罗斯福、丘吉尔和斯大林签订的协议划归苏联。

安德斯是个瘦高个，肌肉发达，光头，胡须修剪得整整齐齐。他有充分的理由对苏联人持怀疑态度，和手下的许多人一样，他也曾在 1939 年 9 月瓜分波兰的行动中被红军俘虏，作为波兰高级军官，他被带到莫斯科的卢比扬卡监狱，在那里他饱受折磨。1941 年德军进攻苏联，斯大林下令从监狱释放他，允许他组建波兰流亡军队。安德斯的部队离开苏联，而后经过伊朗和伊拉克，最后终于在埃及和英军接上了头。在离开苏联以前，安德斯被召至克里姆林宫与斯大林会面，当问起被送到卡廷①去的他的军官兄弟们的下落时，斯大林坚称他们已经“出逃”到了中国满洲。2 万波兰人从苏联的监狱中被释放，而后消失在中国，这已经快超出了可信的界限，安德斯催促斯大林提供更多的信息。

“他们绝对是被释放了，但还没有到达。”那个亲手签署了对那批失踪波兰人处决令的男人回答道。[15]

---

① 其实卡廷只是一处被发现的屠杀地，此地共屠杀了 4421 人，其他屠杀地点从未被人发现，直到苏联解体后昔日的绝密档案被公开人们才知晓，被秘密处决的 21857 名波兰人中有相当大的一部分并非军人。——译者注

安德斯是从收音机上收听到《雅尔塔协定》消息的，他内心非常不安，连续几天都睡不着。他的人宣誓效忠的是驻伦敦的波兰流亡政府，却在一夜之间被西方盟友抛弃，直到那一刻之前，他们都以为自己是在为波兰战后的自由和独立而战。现在，恰如安德斯看到的，同盟国把波兰“卖”给了苏联，撕毁了她的宪法，变更了她的政府，让一个只是稍微
改头换面的卢布林政府掌权。更过分的是，波兰代表甚至没 101
有被邀请去参加决定自己命运的会议，雅尔塔做出的决议是给波兰的“死亡证明”[16]，命中注定要成为一个“苏维埃共和国”。

美国和英国的将领们争辩说罗斯福和丘吉尔都是可敬的人，已经为了得到最好的结果做了努力，波兰政府未来的确切构成，还有待苏联外交官员和美、英大使在莫斯科谈判确定。但这并没能让安德斯冷静下来，他指出苏联军队“就在那里”，苏联人将会在新政府的组成方面拥有决定权，而且会在幕后操纵选举。“任何想象都是妄想”，曾经被关押在卢比扬卡监狱中的他觉得自己“比总统或首相更能判断苏联的意图”[17]。安德斯想把自己的军队从意大利北部前线撤出，不想继续为没有希望的事情战斗，但他同意 2 月 21 日在伦敦的会议上和丘吉尔讨论这个问题。

在唐宁街 10 号首相官邸的裙房中，丘吉尔战时地下指挥部上方的房间里，首相接见了这位波兰将军。他个人对安德斯的尊敬——“一个一直和我们并肩战斗的豪杰”[18]——现在已经被流亡政府的事挫伤了，伦敦的波兰流亡政府指责雅尔塔的协议是“第五次瓜分了波兰，而且这次是经自己的盟友之手”。这样说的缘由是波兰在 18 世纪和 19 世纪被三次瓜分，1939 年

又根据《莫洛托夫－里宾特洛甫条约》① 分割了一次。如此尖锐的指责深深伤害了丘吉尔，尽管他很同情波兰人，但他们的顽固和不妥协也让他感到恼怒。波兰夹在苏联和德国之间，他们拒绝从不利的地理位置所推导出的合乎逻辑的、明智的结论，伦敦的波兰流亡政府没有抓住尚且可能的时机和斯大林谈判，反而拒绝做出任何领土让步。他们是自己最大的敌人。

丘吉尔已经掩饰不住自己的不耐烦，安德斯却还在为降临到自己国家头上的“巨大灾难”哀叹：“我们的士兵为波兰战斗，为了国家的自由战斗。现在，作为指挥官的我们，要如何告诉他们直到 1941 年还是德国亲密盟友的苏联，现在占据了我们一半的国土，并且还想在另一半建立起自己的势力？”

102 “那都是你们自己的错，”[19] 丘吉尔回击道，对于波兰部队从盟军中撤离的威胁根本不为所动，“我们现在已有足够的军队了，我们不需要你的帮助，你把自己的几个师都调走吧，我们不需要他们了”。

丘吉尔愤怒的答复掩盖了其良心上所受的折磨，他的前任内维尔·张伯伦（Nevill Chamberlain）1938 年 9 月从慕尼黑和希特勒会晤归来，手中挥舞着一张纸，高喊着带来了“我们时代的和平”的样子，一直在他的脑海中挥之不去。那个总是带着一把雨伞的男人曾被当作救世主，现在却成为人们嘲笑的对象，一个名誉扫地的绥靖政策的象征。至少在公共场合，丘吉尔拒绝任何关于 1938 年的捷克斯洛伐克和 1945 年的波兰的对比，慕尼黑和雅尔塔的对比，以及希特勒和斯大林的对比。但其中的相似之处确实令人不安，这也是他觉得有必要特地去反

① 即《苏德互不侵犯条约》。——译者注

驳这种说辞的原因。“可怜的内维尔·张伯伦觉得自己可以相信希特勒。”2 月 23 日上午他对内阁大臣们说，“他错了，但我不认为我看错了斯大林。”[20]

和张伯伦的对比让首相心绪难平，在乘车前往契克斯的首相别墅过周末时，他心里还一直想着这件事。在前往白金汉郡途中的 1 个小时里，他一直都在起草下周二递交给国会的雅尔塔谈判报告。当他走出奥斯汀牌轿车，来到居所前铺着石子的车道上时，正在口述演讲中“最艰难也是最让人不安的部分”——有关波兰的内容。他为那个国家东部的新边境线辩护说：“这是在任何情况下，两国边界线最公平的划分方式，考虑到两个国家的历史，这么……”讲到这里他停顿了一下，站在都铎式官邸的台阶上环顾四周，寻找灵感，“……错综复杂又纠缠不清。”演讲草稿中有句话是说苏联寻求的“不仅是和平，而且是光荣的和平”，丘吉尔的私人秘书乔克·科尔维尔（Jock Colville）看到这句话后吓坏了，他在旁边的空白处标记上“？删除，太像慕尼黑了”[21]。这句话即刻被删掉了。

据科尔维尔说，到了晚上吃饭的时候，首相看上去“情绪非常低落”[22]，他担心可能“苏联有一天也会和我们作对，说张伯伦当年相信希特勒，就像他现在相信斯大林一样（尽管他认为情况并不相同）”。正如战争期间许多时候一样，他用一句德国谚语来安慰自己：“上帝会保证不让树长到天上去。”他的意思是在政治和国际事务中总是有一种自我纠正机制：如果斯大林变得太强大，而且背叛了西方领导人，那么他将不可避免地被推翻，就像树木长得太大，超过了树根能够承受的极限一样。丘吉尔的忧郁情绪延续到晚餐后，当时科尔维尔和摧毁德 103
累斯顿的“轰炸机”哈里斯陪同他坐在契克斯首相别墅的大厅

里，听到留声机里演奏的歌剧《日本天皇》“放得太慢”。1940年，首相曾若有所思地说现在一切都清楚了：英国是在为自己的生存而战。现在一切又陷入混乱：“胜利的阴影”笼罩了这片大地。他好奇当哈里斯完成了摧毁德国的任务之后，“在苏联的白雪和多佛尔的白色峭壁之间还有什么”。最乐观的情况是发生一件什么出人意料的事情，阻止苏联向大西洋进军，就像13世纪窝阔台的去世阻止了蒙古人前进的步伐一样。丘吉尔提醒自己的助手，蒙古人“走了之后就再也没有回来”。

“您是说现在他们会回来吗？”哈里斯问道，他想搞清楚蒙古人和苏联人之间有什么关系。

首相并没有回答这个问题。“谁知道呢？他们也许不想，但很多人心中都有说不出口的恐惧。”他对一件事情很确定：“经历了这场战争之后，我们会变弱，我们会变穷，实力会下降，要在美国和苏联两个超级大国的夹缝中生存。”

丘吉尔对斯大林和苏联的矛盾心理，折射了他内心的起伏，以及他在历史方面的见解和当时的政治需求。他和罗斯福到雅尔塔去是为了拉苏联领袖入伙，但这种结合却是双向的。他们对斯大林的依赖，至少和斯大林对他们的依赖一样多。用一位外交部高级官员的嘲讽话语来说，为了能够争取到斯大林，他们被迫使用“虚假的外交政策”[23]，也就是广为人知的“信任疗法”。正如丘吉尔在备忘录中所说：“为了得到苏联的善意，我觉得必须宣布我们对此有信心。”[24]在斯大林身上下了这么大的赌注，丘吉尔和罗斯福必须说服自己的人民这场赌博是明智的，他们必须向自己和其他所有人保证，他们的政治直觉是正确的。

这是他们给自己设下的陷阱，但也是当时的历史环境使然。

丘吉尔无法想象在德国准备动用“300到400个师”向英国发起攻击的时刻与苏联发生争执，“我们充满希望的假设可能很快就会被证伪，但是，这是当时唯一可以做的。”

斯大林对希腊保持的克制鼓舞了丘吉尔，苏联领导人“小 104
心翼翼”地遵守首相1944年10月访问莫斯科时在势力范围方面达成的共识，他克制自己不做任何可能刺激希腊共产党反抗英国支持的现政府的行为。看样子，领袖的承诺还是靠得住的，斯大林谈论波兰的方式也让丘吉尔印象很深，他细数沙皇的“罪过”，保证要对过去做出补偿。

首相对斯大林的怀疑与哈里·霍普金斯类似，没有人知道他会活多长时间，谁将接替他。和这位亲切的苏联领导人打交道是有可能的，但是在他背后的克里姆林宫阴影中的“人民委员会”[25]呢？与霍普金斯和罗斯福类似，丘吉尔也做了一个区分：“（1）斯大林本人，个人对我很热情”；“（2）委员会中的斯大林，他背后的可怕事物，是我们和他都需要对付的”。他的希望全放在“一个人”身上，这就等于一个外国版的“好沙皇”传说，把俄国所有残酷和不讲道义的行为归咎于沙皇背后的邪恶顾问们，而沙皇是讲道理的、善意的人。

2月28日那天，雅尔塔会议的协议将在英国下院进行投票。国会一众保守派成员激烈反对有关波兰的决议。一位反对者指责丘吉尔谈判的协议将会使波兰“失去近一半的国土，三分之一的人口”[26]，以及大部分自然资源。另一位则引用了一位年轻的英国官员幻灭的回复：“非常明显，我们进行的战争是徒劳的，我们开始这场战争的所有原则都已经失去了。”首相驳斥了这些反对意见，争辩说苏联领导人想要“与西方民主国家维持光荣的友谊和平等关系，我也认为他们的话语就是他们的承诺”。为期两天的辩论结束后，下院分组表决，政府获得了371 人中的多数人支持，27 人表示反对，还有 11 名资历较浅的次官弃权。反对的声音被压制，但过不了多久，丘吉尔就要重新考虑他对斯大林投出的赞成票了。

* * *

105 距离那天已经过去了近 12 年——三个总统任期——罗斯福站在风雨飘摇的讲台上，用自己的名言“我们唯一害怕的就是恐惧本身”，打开了一条走出“大萧条”的通路。他已经回到美国国会大厦，来向美国人民推介自己“持续和平”的愿景，并劝说国会支持雅尔塔的协议。就在进入众议院大厅之前，一向喜欢竞争的总统告诉国会议员们，本周早些时候提交给国会的这份报告，他计划“用 1 个小时完成温斯顿花了 3 个小时才干完的事情”[27]。

3 月 1 日星期三，中午 12 点 31 分，看到罗斯福坐在无扶手轮椅上被人从过道上推过，人们都倒吸了一口气。拥挤的房间内先是一阵令人震惊的肃静，接着爆发出雷鸣般的掌声。就在不到两个月前，现已不在人世的“老爹”沃森还搀扶着他，在同样一群观众面前走进了房间。“现在已经可以看出岁月和如山的重任对他的蹂躏，但他依然自强不息，依然没有向自己衰弱的身体屈服，”当时正站在新闻记者席上观看的《时代周刊》杂志记者弗兰克·麦克诺顿（Frank McNaughton）描述道，“所有人都知道没有铁制支架，罗斯福寸步难行；看到他坐在轮椅上被推进来，承认自己身体上的不足，感觉有些许不同。”此前总统从来没有“在所有人面前如此坦白自己的虚弱状况”。就在罗斯福挪到一堆麦克风前面的椅子上时，记者们记录下他憔悴的外表。他的蓝色西装“松垮地搭在肩膀上”，纤细的手腕“仿佛失去了强健、结实的力量”，脖子上的皮肤耷拉在衣领上，瘦骨嶙峋的双手比以前更瘦了，伸手去拿水的时候还在发抖。

他先是表达了歉意，因为“要不同寻常地坐着发表他想要说的话”，并解释“腿上不带着10磅重的铁家伙”让他感觉“舒服多了”，说到这里又响起了一阵激烈的掌声，环绕着这位坐在桃花心木桌子前面的残疾人。公开承认自己的残疾使他“抓住了听众的喉咙”，一位在场的人士称，“他说得那么平静自然，那么真诚坦白，产生了巨大的效果”。人们向前倾斜身子，竭尽全力想听清扩音装置中总统的话语——为了防止广播系统中产生回音，扩音器的音量被特意调小了。当提到所有人关心的话题——他的健康时，他的声音失去了那种美国人民熟知的优美音色。“已经不是以前那种歌剧院似的声音；他的声音 106
有些不自然、无力，就像发出声音的身体一样不自然、无力和疲惫。”麦克诺顿写道。当他说“在回到华盛顿之前，我一点儿病都没有”时，现场响起了一片心有戚戚的笑声，但人们的担心没有消失。

罗斯福曾告诉乔治·奥森·韦尔斯（George Orson Welles），说他们两个是美国最好的演员。他用自己的表演才能，来掩盖自己已经无法将视线集中于眼前文字的事实，因为他的视力模糊。他说话的语气变得比平时更加熟络，让他在努力寻找讲稿的内容时可以即兴发挥。他的讲话与准备好的讲稿常常不一致，有时说出的话甚至是没有意义的，这吓坏了山姆[1]·罗斯曼，

① 山姆（Sam）是塞缪尔的昵称。——译者注

准备讲稿得花上他好几天的时间。罗斯福说得越多就越困难，痰堵住了他的嗓子，当说到波兰的部分时，他开始不停地咳嗽。“他的声音变弱、变小甚至将要消失了，他艰难地清了清嗓子，使劲咳嗽了几声，后来还不时地重复这个让人心烦的过程。”他摘下眼镜，用枯瘦的右手食指指着特大号字体印刷的讲稿，有时候看上去他已经没有力气再继续讲下去了。“国会议员和长廊中的工作人员都能感受到这个坐在红色大椅子上的人的痛苦，并跟着他一起痛苦。”

罗斯福已提前派出特使回国，让美国人放心他已经完成了到雅尔塔的预定使命。“助理总统”吉米·伯恩斯告诉媒体，“势力范围”[28]这种过时的概念已经在会议中被终结了。三大强国会共同承担责任，保证在波兰和其他被解放地区的秩序，直到完成自由选举。至少这种说法是有误导性的，但这是雅尔塔归来之后的重要卖点。为了说服国会支持协议，总统必须表明他们在完成建立新世界秩序的大规划中向前迈出了重要一步。罗斯福已经明确认可了苏联期望在西部边界拥有“友好”政府的权利，认可了克里姆林宫提出的波兰“扩大”的临时政府。所有这些都与他给国会的承诺背道而驰；他承诺雅尔塔“终结了单边行动、排他联盟、势力范围、实力均衡，以及其他已经
107 使用了几个世纪的权宜之计，它们全都是失败的尝试”。作为一个宣传者，总统使出浑身解数掩盖了真实和虚构之间的裂隙。

公共意见调查[29]显示，这番推销很有效果，民意测验显示 51% 的美国人相信雅尔塔会议是“成功的”，只有 11% 的人觉得“不成功”。对于三巨头合作的满意度，从 1 月的 46% 达到了 2 月底的 71%，为有史以来最高，差不多比例的美国人对于战后维持“50 年和平”很有信心。同时，一份政府调研报告显

示："很多公众完全不知道克里米亚决议的真正内容"。每8个美国人中只有2个能够回答雅尔塔协议内容的细节问题，美国人基于普遍印象形成了自己的意见，而罗斯福很擅长操纵普遍印象。

就在这个时候——这个公众对罗斯福有能力获得"持续和平"的信心达到顶点的时候——伟大的把戏却要不下去了。在罗斯福对国会发表演讲的同时，麻烦出现的报告正从东欧传来，大家认为已经被丢进历史故纸堆的"势力范围"的想法似乎还存在。2月27日那天，就在丘吉尔于下院为雅尔塔协议辩护的同时，安德烈·维辛斯基抵达了罗马尼亚首都布加勒斯特，带去一份最后通牒。这位副外交人民委员是雅尔塔会议上的熟面孔，曾向两位西方领导人敬酒，他此行的任务是迫使年轻的国王米哈伊一世将美国支持的政府变更为共产党主导的联合政府。

苏联对亲西方统治者的最后通牒震惊了罗斯福和丘吉尔，也动摇了雅尔塔会议之后两个星期以来占主要地位的乐观幻想。在一系列给罗斯福的电报中，丘吉尔苦恼地说，斯大林在罗马尼亚想要建立的政权"与所有民主理想完全背道而驰"[30]。他要总统注意关于"驱逐"和"杀害波兰人"的报告，表示英国不安的情绪正在增长，他说"我们正在让波兰失望"。《真理报》上发表了一份不祥的评论，反驳美国在东欧问题上对雅尔塔协议的解读。共产党的官方报纸指出，盟军三方对于诸如"民主"之类词语的意思存在分歧，被解放的民族有权自由地"根据他们自己的意愿"建立民主政体。这其中传达的信息很明显：盎格鲁-撒克逊人认为的政治自由并没有得到普遍认可。

新的关于雅尔塔会议更悲观的评论传入白宫，乐观的城堡摇摇欲坠。3 月 5 日，罗斯福的一位老朋友，美国驻巴西[①]大使小阿道夫·奥古斯塔斯·伯利（Adolf Augustus Berle，Jr）拜访了他。伯利担心罗斯福对斯大林做出了太多的让步，罗斯福解释说，在与日本的战争中他需要和苏联合作。由于没法向伯利证明雅尔塔协议的正确性，他把手伸到空中做投降状。

“阿道夫，我没说结果是好的，我只是说我已经尽我所能了。”[31]

① 此处原文写的是墨西哥大使，但伯利自 1945 年 1 月 30 日起担任的是驻巴西大使。——译者注

中　篇

“一道铁幕正在落下。”

——温斯顿·S. 丘吉尔

1945 年 2 ~6 月

7

维辛斯基同志

2月27日

在战争末期，对于美国情报人员来说，没有什么比到布加 111
勒斯特任职更有吸引力的了。这座被称作“巴尔干小巴黎”的
城市，可以给刚从耶鲁或哈佛大学毕业的踌躇满志的年轻人提
供他们想要的一切：美女、高级社交场所、奢华又便宜的住宿、
异国氛围下的国际阴谋，以及丰富的情报。几个月目眩神迷的
生活，可以使他们一边来往于王家宫殿、共产党集会、贵族沙
龙、外交使团和富豪企业家举办的奢华宴会，一边为自己未来
的事业高飞打下根基。《生活》杂志上说，此地作为欧洲著名
酒店之一的雅典娜宫酒店依然是“世界各地的间谍、金发碧眼
的美女、美髯的单身汉和戴单片眼镜贵族的首要聚会场所”[1]。
在被苏联红军占领的罗马尼亚，该国精英人士寄希望于美国人
能发挥远超其象征性军事存在的影响力。所有人，甚至苏联人
都想和美国人做朋友。然而，一切似乎发生得很突然，美好的
生活消失了。

第一个在罗马尼亚首都留下印记的美国人是弗兰克·加德
纳·威斯纳（Frank Gardiner Wisner），他从华尔街律师转行为
专业间谍，曾获罗德（Rhodes）奖学金。他于1944年9月搭飞
机来到布加勒斯特，当时罗马尼亚刚从轴心国阵营转入盟国阵 112

营，国土上还围困着 21 个德军师。表面上，他的任务是遣返近 2000 名在普洛耶什蒂油田上空被打下来的美军飞行员，但他很快就投入情报搜集工作中。这个 35 岁的海军少校是美国在布加勒斯特的高级军官，可以很容易地见到年轻的米哈伊国王，后者在 8 月 23 日发动政变，将罗马尼亚的“小元首”扬·维克多·安东内斯库（Ion Victor Antonescu）赶下台。当时共产党地下组织是该国实力最强大的反抗组织，这位来自霍亨索伦家族的君王暗地里得到了他们的支持，使自己脱离了由纳粹撑腰的安东内斯库派系。苏联红军没有遭到抵抗就进入罗马尼亚后，威斯纳寻求巩固亲西方政客的立场，对苏联的接管持谨慎态度。

威斯纳是个精力充沛、擅长交际的人，他向华盛顿发回了一系列报告，叙述首都的政治态势，以及莫斯科为“推翻政府和国王”所做的努力。到 9 月底，他和手下就搬出了大使馆的下榻处，搬进该国最大的啤酒生产商米塔·布拉加迪鲁（Mita Bragadiru）位于莫德罗干巷（Aleea Modrogan）的私宅，那里共有 31 个房间。收留威斯纳的是啤酒大亨的夫人坦妲·卡拉贾（Tanda Caradja），夫人是一位罗马尼亚公主，继承了其远祖弗拉德·德古拉（Vlad Dracula）的黑眼睛和高颧骨。

24 岁的坦妲着手安排了威斯纳和其他美国人的社交活动，这些活动在其丈夫酒类生意的慷慨支持下顺畅无比。“我成为他的沙龙女主人，”她后来说，“他希望立刻认识宫廷社交圈里的所有人。”[2] 对一个年轻貌美的富婆来说，这并不是什么难事。坦妲公主为威斯纳举办了精致的宴会，穿着浆洗围裙的女仆在宴会上服侍宾客，光洁的白色桌布上摆满了食物，水晶杯里盛的是法国美酒。“每天都有聚会，”一位参加者说道，“宴会一直持续到黎明，有的高雅，有的疯狂。”[3] 由于信不过苏联人，上流社会的罗马尼亚人到处奔走，寻求美国人的庇护，他们什么都不要，就把自己的公寓租给美国人，只为能在门口挂上印有星条旗的布告，表示自己的财产正处在美国人的保护之下。他们宁愿把自己的汽车无限期地借给美国人，也不愿让它们落到苏联人手中。布拉加迪鲁宅院的花园很快成为“拥挤的停车场”，里面塞满了福特和梅赛德斯豪华轿车，就算威斯纳手下官 113
阶最低的人，也有私人小汽车可自由支配。

其中一个名叫贝弗利·芒福德·鲍伊（Beverly Munford Bowie）的美国人写了一部纪实小说《疯人院行动》（*Operation Bughouse*），以此来讽刺当时在布拉加迪鲁豪宅内的生活。这样的书名源自威斯纳总是恶趣味地用一些疾病名称作为消息来源和次级消息来源的代号。他自己的代号是“伤寒”，其他的情报人员代号有“流感”“支气管炎”“黄疸”，以及非常重要的“扁桃体炎”——这是一名负责与苏联红军联络的罗马尼亚总参谋部军官。在小说中，威斯纳的角色是德劳内指挥官（Commander Drowne），一个后来的冷战斗士的原型。他把自己的指挥部设在“尼提（Nitti）夫人的寓所里，那是一栋外表像殡仪馆的相当奢华的巨大白色建筑”。在这位好战的指挥官给白宫的汇报中，苏联士兵犯下的“强奸案件数量惊人地上升”；他发出预警，谨防“他们和其他乌合之众组成最邪恶的势力”，从而乱中夺权，否则只能要求“立刻派遣20个美军师向苏联宣战”。在现实生活中，由于知道他在国内的上司还在忠实地维持战时同盟，威斯纳小心翼翼地压抑自己的反苏观点。在布拉加迪鲁的豪宅住了两个月后，美国人强占了老城区巴蒂斯特街（Strada Batistei）上的一栋大宅院，距离现在的居所有一英里半的路程。“在同一个屋檐下吃饭、工作、睡觉、喝酒和调戏别人的老婆，就当着人家丈夫和还是现役军人的部下的面，我们有些人太过分了。”[4] 罗伯特·毕晓普（Robert Bishop）如是说，他是威斯纳的副手，主管反间谍业务。尽管如此，沉默寡言的坦妲还是继续扮演着美国人的干妈、沙龙女主人和情人等角色。

消息在布加勒斯特的暧昧氛围下可以自由传播。美国、苏联和英国的情报人员共享彼此的资源和情妇，这些女人有不少是从已经离开的德国人那里接手的。八面玲珑的罗马尼亚人都可以据此自由地更换保护人，无论哪一方的势力大到即将脱颖而出。尽管明显对美国人更有好感，坦妲公主还是很小心地同苏联人搞好关系，后来她还因为和共产党人的联系被联邦调查局调查过。毕晓普的情人佐琪·克里斯泰亚（Zsokie Cristea）在布加勒斯特臭名昭著，她其实是代号为“蒙娜丽莎”的间谍，专门替德国情报机构“从贵族和民主主义者的圈子中收集信息”。后来一份战略情报局（OSS）的报告说，克里斯泰亚“长相美丽，手头阔绰，通晓多国语言，但在罗马尼亚社交圈内
114 声名狼藉”[5]，和毕晓普勾搭上之前，她和德国以及匈牙利的外交官员有数不清的情史。毕晓普的同僚后来说他获得的许多情报，包括要把罗马尼亚共产化的“三年规划”，“完全是在胡言乱语”[6]，他看重的很多罗马尼亚的情报其实是编造的，既服务于自己的政治目标，同时也为了迎合他极端反苏的立场。

这种骄奢淫逸的生活首次受到威胁是在 1945 年 1 月，当时苏联方面已发出信号，表明他们对尼古拉·勒代斯库（Nicolae Radescu）领导的亲西方政府失去了耐心。由于批评德国大使干涉罗马尼亚内政，右翼陆军将领勒代斯库曾在安东内斯库独裁统治期间被关押，他的前政治犯身份让他获得了苏联的信任，直到他表现出独立的迹象。现在，苏联批评他没能彻底清洗前

法西斯官僚政府，还无视战争赔款的协议。1 月 6 日，苏联发布公告，命令驱逐所有 17～45 岁的德裔男性和 18～30 岁的德裔女性，其中许多德裔居民的祖先自 12 世纪和 13 世纪就已经居住在特兰西瓦尼亚（Transylvania）的喀尔巴阡山脉地带，但斯大林想要他们去苏联做劳工。内务人民委员部的军人手拿人口普查记录，封锁了布加勒斯特和其他城镇的德侨聚居地，正如前一年他们在克里米亚封锁鞑靼人的村镇一样。匆匆架起的铁丝网后面，近 7 万人被塞进厢式货车，送往乌拉尔山脉中的城镇。某些富裕的被驱逐者还是坦姐公主沙龙的常客，但美国人对此也束手无策，威斯纳驾驶吉普车在城内疾驰，奔走警告他那些还躺在床上的德裔罗马尼亚好友，但还是没法阻止驱逐行动。战略情报局对于苏联人在和盟军展开新一轮合作的同时，却在这里露骨地展现苏联的武力，表示“深感震撼”[7]，威斯纳马上离开了布加勒斯特，决定警告华盛顿东欧有被苏联占领的危险。

与此同时，布加勒斯特正谣言四起，战略情报局察觉到了蛛丝马迹，可能会发生反勒代斯库的政变。1 月 22 日，来自共产党人内部的情报显示，党内两位最有声望的领导人——格奥尔基·乔治乌－德治（Gheorghe Gheorghiu-Dej）和安娜·波克尔（Ana Pauker）已经从莫斯科返回，并得到苏联的支持。对于共产党人，或是他们的组织中的部分人员来说，“夺取政权”的时机已经“成熟”。一旦罗马尼亚落入苏联的掌控，她将被当作绝对的盟友，将会成为对抗纳粹德国的战友，作为顺从的 115
回报，她将从邻国匈牙利手中得到特兰西瓦尼亚北部地区的争议领土。战略情报局的部分分析人士称报告是“危言耸听”，但局势很快就加速发展起来。农民接管了大量地产，并开始分割土地；布加勒斯特最大的金属冶炼工厂马拉克萨（Malaxa plant）的共产党员和非共产党员爆发了流血冲突；支持战前主流政党的报社被关闭，据说他们违反了军事审查制度；共产党掌控下的宣传机构加快了反勒代斯库的宣传，指责他图谋和德国人同流合污，进行“法西斯反革命”行动。

现在已经很明朗，苏联人和罗马尼亚共产党对于雅尔塔协议的理解，和西方同盟是不同的。罗斯福和丘吉尔觉得他们已经确定从斯大林那里获得了承诺，在东欧举行“自由选举”。苏联评论家则抓住《解放欧洲宣言》中的一段话，说需要根除“纳粹和法西斯主义的最后余孽”[8]，建立起“民主”政体。在共产党人的辞典中，勒代斯库是“反动分子”而不是“民主主义者”，所以根据不到3个星期之前确定的雅尔塔协议，需要将他统领的政府变更为“一个广泛代表了所有民主组织的政府”。战前有名望的政治家们——如国家农民党创建人尤柳·马纽（Iuliu Maniu）——也被排除在外，因为他们同样是“反动分子”和“法西斯主义者”，尽管他们曾反对安东内斯库的独裁统治。新政府只能基于共产党主导的左翼政党联盟，即国家民主阵线（National Democratic Front），它才是“国家所有民主力量”的唯一代表。正如刘易斯·卡罗尔（Lewis Carroll）创造的小说人物杜撰词义者矮胖子（Humpty Dumpty）一样，斯大林的用词也是他自己想的意思，“不多也不少”①。

反勒代斯库的宣传攻势在2月23日达到了高潮，罗马尼亚

① 在刘易斯·卡罗尔创作的《爱丽丝镜中奇遇记》中，矮胖子说过：我的用词，我想它是什么意思，它就是什么意思，不多也不少。（“When I use a word, . . . it means just what I choose it to mean—neither more nor less.”）——译者注

报纸刊发了《真理报》的评论，指控首相“反对革命力量”。勒代斯库发表声明，承诺要镇压混乱，避免“外国人”的统治，这反而成了火上浇油。共产党人的媒体声称，勒代斯库和他的“反动派系”[9]正在密谋内战，督促“罗马尼亚人民和军队”起来保卫民主。作为预防措施，苏联内务人民委员部2个新成立的师[10]进驻首都周边，当晚城里已经撒满了传单，号召 116
“所有民主力量”于2月24日星期六14点，在布加勒斯特市中心集会。传单疾呼：“消灭法西斯分子!”另一张传单写道：“军官们，士官们，士兵们！不要听法西斯主义者的命令，他们是人民的敌人。”第三份传单写道：“英勇的苏联红军万岁!”“伟大领袖、解放者、大元帅，约瑟夫·维萨里奥诺维奇·斯大林万岁!”美国军方得到消息称，共产党动员了“3500名武装分子”[11]，将在“主要建筑前举行集会”，想要“极力刺激政府军开火”。政变倒计时开始了。

* * *

“首都的公民们!”共产党党报《星火》在2月24日刊发文章说，“你们的权利和自由正处于危险之中。纠集在马纽周围的残余法西斯分子，在勒代斯库的支持下正蠢蠢欲动，想要扼杀你们对美好生活的努力。独裁的阴影，又笼罩在我们头上……以马纽和勒代斯库为首的反动分子，让盟国对罗马尼亚政策的诚意产生了怀疑，国家的国际地位处于危机之中。不能再这样下去……起来吧，所有人，今天14点，到国家广场[13]集合。”[12]

10万人聚集在俯瞰布加勒斯特城区的广场喷泉周围，他们大多数来自城市中的工厂，也有人从农村乘公共汽车赶过来。

他们挥舞着旗帜，上面写着诸如“消灭法西斯！”“打倒勒代斯库！”“国王万岁！”和“打倒政府破坏分子”之类的横幅。在苏联驻军指挥官的坚持下，总理将大量警察从市中心撤离，缓解了紧张气氛。人们高举着斯大林、米哈伊国王、丘吉尔和罗斯福的画像，以及罗马尼亚、苏联、美国和英国国旗。16 点，集会开始散去，在共产党领导人安娜·波克尔的领导下，约 2.5 万名示威者沿着市里满是法国风情的林荫大道向北游行，朝着雅典娜宫酒店周围的政府大楼前进。

人群到达王宫之后，气氛紧张了很多。共产党人和反共产
117 主义者在卡罗尔一世（Carol Ⅰ）的雕像下面发生了冲突，这座青铜雕像展现了这位前君王骑着一匹腾跃的骏马。随着更多人从胜利大道涌到广场，秩序很快得到恢复，示威者聚集在只完工了一半的新古典主义府邸前面，也就是内政部广场的东南角，总理办公室就在这里。突然，政府大楼对面的银行里有人用冲锋枪射击，人们惊慌逃窜，但枪声过后人们又重新聚集回来。一些带手枪的示威者朝政府大楼射击，差点打中正透过办公室窗户观察抗议人群的勒代斯库。大约 1000 名示威者冲开了锁着的门，进入王宫庭院，惊慌失措的士兵接到命令从建筑物上层进行警告性射击，即朝示威者头顶的空中开枪，大约打了 150 发子弹。苏联和英国官员共同劝说示威者离开，庭院关上了大门。

广场上躺着十几个受伤的人，一名铁路工人和一名从城外来的抗议者死亡。情况非常混乱，根本无法确定致命的射击是来自保护内政部的士兵、附近建筑物上的狙击手，还是示威者中持有武器的人。反对派领导人指责勒代斯库是“刽子手”。

“他们无耻地向人群射击。”共产党员卢克莱修·帕特拉斯

加努（Lucretiu Patrascanu）吼道，他曾参与组织了1944年8月反对安东内斯库的政变，“那些发布命令的人，那些执行命令的人，那些真正需要负责的人，要用自己的人头来偿命”。对于帕特拉斯加努和他的共产党同志来说，一切再清晰不过，勒代斯库政府手上已经沾染了鲜血，必须被国家民主阵线组成的政府取代，“只有国家民主阵线组成新政府才能根除法西斯分子”。

就在内政部发生枪击事件一个半小时后，苏联驻军指挥部于17点40分向勒代斯库发出最后通牒，红军将“被迫介入”，除非立刻停火。当天夜里，几千名政府支持者集结在勒代斯库的办公室前，呼喊着爱国口号。21点，一辆没开车灯的轿车从宫殿广场的拐角驶入内政部旁边的街道，车里有人用冲锋枪向支持勒代斯库的人群一通扫射，打死2人，打伤11人。不顾苏 118
联的审查制度，22点，被围攻的总理来到布加勒斯特电台，用充满挑战和国家主义的口气向“罗马尼亚兄弟们”进行演说。他将发生的事情归咎于共产党人，说他们“既不信仰国家也不信仰上帝”，这是在蹩脚地暗指犹太人出身的波克尔，他呼吁罗马尼亚人不要让“那些可怕的土狼”控制国家。共产党人控制的新闻机构马上说勒代斯库的演讲是“犯罪”，说他“终于撕下了面具，露出最危险的法西斯分子代理人和人民公敌的真面目”。

永远都无法确定到底是谁开枪打死、打伤了王宫广场上的示威者，《星火》称枪击来自政府大楼，“特别是王宫”。勒代斯库的支持者则引用尸检报告，显示造成伤亡的子弹来自罗马尼亚军队没有装备的苏联武器。一位当时在广场上的优秀共产党记者[14]后来承认，如果内政部大楼里的士兵直接向人群射击，而不是向他们头顶射击的话，伤亡会大得多。最后，这些已不重要，共产党人现在可以把“谋杀爱好和平的市民”当作总理已经失去把控能力的证明。国家民主阵线 2 月 25 日发布的公报称：“人民的鲜血就流淌在王宫墙下。”[15] 共产党人有了他们的烈士，苏联人有了干预的托词。

*　*　*

“流血星期六”过去三天后，2 月 27 日星期二，安德烈·维辛斯基抵达布加勒斯特执行一项“特别任务”[16]。他直接来到苏联大使馆，苏联外交官和驻军指挥官在这里组成了危机应对中心，追踪事件的最新进展。勒代斯库还在自己的办公室里，但他的乌纱帽已经悬于一线，他已经察觉到了莫斯科的动向，共产党人和他们的左翼盟友进一步威胁要“无情地消灭法西斯主义野兽”。新闻媒体被共产党人控制，苏联审查人员拒绝发布政府关于内政部附近枪击事件的报告。“消灭法西斯！”星期二早晨国家民主阵线发布的公报说道。总理告诉外国官员，他现在随时可能被逮捕。周一国王返回首都，开始和政治领导人进
119 行组建新政府的磋商，维辛斯基提出“21 点到 22 点”谒见国王。表面上宪法还是要保留的。

这位副外交人民委员对于美国人和英国人来说都很熟悉，圆形的眼镜、红润的脸庞、整齐的胡须，让他看上去像狄更斯笔下的老爷爷。丘吉尔在北非和意大利的特使哈罗德·麦克米伦（Harold Macmillan）说他看上去“与匹克威克（Pickwick）先生一模一样”，他们两人是在墨索里尼政权垮台后，在组建新意大利政府的谈判中相识的。1943 年 11 月他们第一次在阿尔及尔见面后，英国人觉得维辛斯基可能会被误认为是一位“保守的市长或选区主席”[17]，很难把他和蔼的外表与他的名声对

应起来，“6 年或 7 年前读到他是苏联赤色恐怖的迫害者，说他蹂躏囚犯，拷打证人，是个幸灾乐祸、残忍无情和嗜血成性的形象”。唯有他的眼睛出卖了他，日常谈话时诙谐闪亮的眼睛，在严厉诘问盟国官员时会变得狡猾冷酷。由检察官转行外交官的他很喜欢与政治对手争辩，当他试图从辩论的双方提到好处时，善良的伪装就会消失。麦克米伦记下了几个能揭示他本来面目的“亮点”：

> 民主就像美酒。适度饮用是可以的。
>
> 言论自由没有问题，只要它不与政府政策发生冲突。[18]

维辛斯基借助老谋深算和盲目服从赢得斯大林的信任，他是少数几个具备这种能力的苏联官员。他比自己的顶头上司莫洛托夫更有风度，更精于算计，更才思敏捷，他能讲多国语言，包括波兰语（他父亲是一名成功的波兰化学家）、法语以及流利的英语和德语。作为前孟什维克派成员，他在 1920 年才加入布尔什维克党，这让他很容易受到政治勒索。其档案中的一个污点是 1917 年的布尔什维克革命前夕，他曾试图执行临时政府逮捕列宁的命令。

副外交人民委员来到布加勒斯特还有个棘手的任务。一年 120
前，红军快速通过乌克兰逼近罗马尼亚边境，对于吞并罗马尼亚领土或改变这个国家的政治或经济结构，斯大林没有任何兴趣，苏联军队接到命令要尊重“罗马尼亚所有现有权力机构”[19]，保持克制不要建立起一个苏联式的政体。1944 年 12 月，在维辛斯基上一次对布加勒斯特的访问中，他表达了对勒代斯库领导的新资产阶级政府的信心，而勒代斯库是因反共产主义的观点闻名的。对于斯大林来说，他几乎不关心在罗马尼亚这种国家是不是由保守派政党掌权，只要它尊重苏联意愿，遵守停战协定就行。忠诚和可靠比意识形态上的正确更为重要，勒代斯库的表现已经证明他是信不过的，他的政府正试图逃避遵照停战协定规定的责任，拒绝移交罗马尼亚的黑海舰队，作为罗马尼亚军队仆从德军，侵略苏联的赔偿。

很长时间以来，俄国统治者一直对他们富饶的拉丁邻居持有偏见，它会腐蚀任何到那里的人，不管东方人还是西方人。“罗马尼亚，呸！”[20] 1914 年沙皇尼古拉斯二世曾不屑地说道，“它不是个国家，也不是个民族，而是一项职业！”因罗马尼亚相对优渥的生活条件，数以千计的苏联红军士兵在罗马尼亚开了小差。莫斯科收到报告，说罗马尼亚法西斯分子和德国人勾结，意图在红军战线后方挑起事端，发动暴动反对苏联。1945 年初，针对苏联红军的破坏行动和谋杀事件显著增加，德军伞兵还降落在罗马尼亚军用机场和罗马尼亚军官进行联络。放任不管的话，罗马尼亚将会不知不觉地加入西方阵营，甚至也许会回到德国的阵营。这是无法接受的，虽然罗马尼亚共产党缺
121 少公众支持，但在苏联看来，这是唯一能依靠的政治势力。

米哈伊国王在他位于首都居民区的家中接见了维辛斯基，国王的居所是有白色灰泥外墙的伊丽莎白宫（Elizabeth Palace），位于首都居民区的基塞勒夫路（Kiseleff Chausee），离苏联大使馆不远。为躲避德国人因 1944 年 8 月的政变进行的报复性轰炸，这位霍亨索伦家族的后代被迫搬出王宫。苏联特使告诉国王，摆脱危机的唯一方法是基于“国家真正的民主力量”[21]——这是共产党主导的国家民主阵线的委婉说法——

上图：里瓦几亚宫是俄国末代沙皇尼古拉二世及其家人的避暑山庄。在雅尔塔会议期间，罗斯福和助手们在俯瞰黑海的“日光室”召开会议，这个房间原先是多病的皇太子阿列克谢的卧室。

下图：在罗斯福的书房，即前沙皇的接待室里，罗斯福在雅尔塔会议的首日和斯大林进行私人会谈。陪伴他们的是翻译查尔斯·波伦（部分被挡住）和弗拉基米尔·巴甫洛夫（背对镜头）。拍照片的是罗伯特·霍普金斯，美军通信兵。

上图： 雅尔塔会议的全体会议召开地点是在里瓦几亚宫的白色舞厅，这里曾是俄国末代沙皇举行盛大宴会的地方。在这张照片里，斯大林左手边依次是弗拉基米尔·巴甫洛夫（苏联翻译，坐在后面），伊万·迈斯基，安德烈·葛罗米柯，莱希将军，国务卿斯退丁纽斯，罗斯福，查尔斯·波伦（手中拿着文件），维亚切斯拉夫·莫洛托夫（站着），亚瑟·伯尔斯（英国翻译，背对镜头），温斯顿·丘吉尔，爱德华·布里奇，阿奇博尔德·克拉克·克尔，费奥多尔·古谢夫以及安德烈·维辛斯基。阿尔杰·希斯坐在第二排，在斯退丁纽斯和罗斯福之间。

下图： 在会议茶歇期间，斯大林和手拿自己最喜欢雪茄盒的丘吉尔。首相身穿皇家空军上校军装，背景中能看到埃夫里尔·哈里曼。

上图：雅尔塔会议期间罗斯福的卧室。苏联女仆都来自莫斯科国宾馆。罗斯福是美国代表团中唯一拥有私人卫生间的。

下图：哈里·霍普金斯（左）是雅尔塔会议期间罗斯福最亲密的助手，但是他病得几乎和总统一样重。他身患胃癌，又因为暴饮暴食而染上痢疾。和他一起的是英国外交大臣安东尼·艾登。

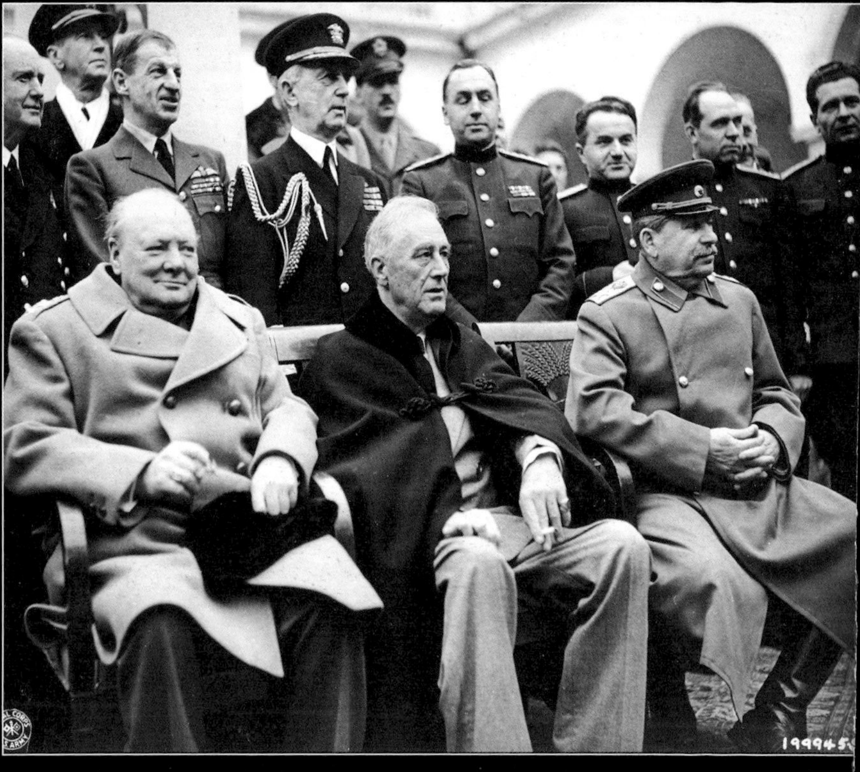

雅尔塔会议三巨头的标志性照片。站在后面的官员左起依次是英国海军元帅约翰·康宁汉爵士，海军上将欧内斯特·金（美国海军作战部长），查尔斯·波特尔（皇家空军元帅），威廉·莱希上将（罗斯福正后方），阿列克谢·安东诺夫将军（红军代理参谋长），谢尔盖·胡佳科夫（空军元帅），以及陆军中将阿纳托利·格雷兹洛夫（安东诺夫的助手）。

上图： “小三巨头”。陪伴他们父亲来到雅尔塔的是（左起）萨拉·丘吉尔，安娜·罗斯福和凯瑟琳·哈里曼。

下图： 国务卿斯退丁纽斯和他的助手阿尔杰·希斯，后者后来被揭露为苏联间谍。希斯在雅尔塔会议期间担任罗斯福在联合国事宜上的顾问，并在 1945 年 4 月的联合国成立大会期间担任秘书长。

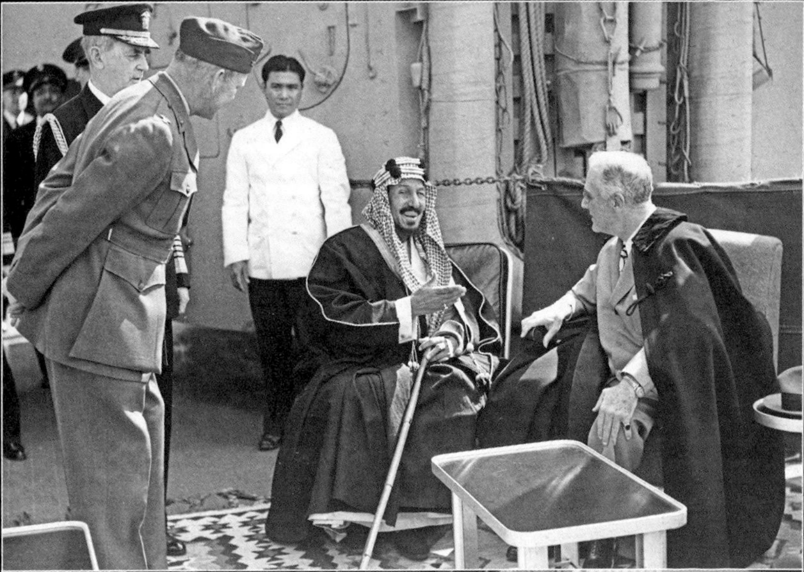

上图：雅尔塔会议之后，罗斯福飞抵苏伊士运河与沙特阿拉伯国王伊本·沙特在“昆西”号甲板上会面。陪同国王的是他的私人咖啡调制师、占星家，还有八只活羊。

下图：温斯顿·丘吉尔来到里瓦几亚宫参加雅尔塔会议开幕会议，头戴俄国毛皮帽子，嘴里叼着标志性的雪茄。

上图：在托尔高因红军逼近而逃跑的德国难民。有些人拿着抢劫来的物资。

下图：4 月 25 日穿过易北河后不久，第 69 步兵师的一名士兵向好奇的红军战友演示美军 M-1 步枪的功能。

上图： 苏联士兵和美军飞行员在乌克兰波尔塔瓦一起看 *Yank* 杂志。

下图： 一辆美军坦克在通往柏林的路上和红军补给车相遇。

建立起一个新政府。23岁的国王为拖延时间，说他必须征求所有政党的意见。他没有告诉维辛斯基早些时候他签署了一项由总参谋部起草的命令，解除了10名左翼军官的职务，因为这些官员写了一封公开信，要求勒代斯库下台。第二天早上，苏联人发现了这项命令，要求在2月28日星期三再次谒见国王。这回他就直接多了，甚至令人难以忍受，苏联不会再容忍任何拖延，维辛斯基看了一下手表说。

“您还有2个小时05分钟，必须告诉公众勒代斯库将军已被撤职，”他告诉国王，“20点你要告诉公众他的继任者是谁。”

当罗马尼亚外交部部长对此表示反对，说国王必须遵守“宪法要求”时，苏联人粗鲁地对他说闭嘴。他还说国王签署的将反对勒代斯库的军官解职的命令是“一项不友好的举动”，必须马上宣布其无效。维辛斯基的脸比平时更红了，他起身离去，身后跟着国王的助手。他用双手抓住沉重的大门，“愤怒地将其打开”，引起了“一阵巨响”[22]。米哈伊国王在桌旁呆呆地坐了一段时间，直到送维辛斯基上车的助手回来，助手请他来到走廊上，门框边的石膏上有一条长长的裂缝，这条裂缝很快就成为现代罗马尼亚历史转折点的象征。

这是一场不公平的比赛，结局已经注定。1944年8月，诚挚、缺乏经验的国王联合共产党地下组织和战前的政府成员逮捕了安东内斯库，德国当时正从东欧全面撤退，无力发动反击，让安东内斯库元帅恢复权力。米哈伊国王的赌博成功了，但现 122
在形势又已完全不同，苏联红军占领了罗马尼亚后可以发号施令了。国王和总理都犯了一个致命错误，他们幻想通过在苏联和西方盟国之间搞平衡，使自己能保持独立和行动自由。王室宫廷被称为布加勒斯特幼儿园，因为年轻的国王和他的主要助手都无法和克里姆林宫相提并论，唯有按照苏联人说的话去做才能被容忍。现在亲英的米哈伊国王是一个孤独且孤立的角色，只能在自己的豪华宫殿里徘徊，他喜欢和西方外交官们待在一起，但按照王室礼仪又必须拒绝他们的社交邀请。国王觉得受到了限制，但美国人和英国人都无能为力。美国的政治代表伯顿·约斯特·贝里（Burton Yost Berry）拒绝讨论关于总理候选人的话题，他担心此举会被解读成“把手指伸进罗马尼亚政治肉汤里搅和”[23]。这让国王感到困惑，他伤心地问：“为什么你们明知道你们的盟友已经用手掐住了我的喉咙，而你们还在犹豫是否把手指伸进肉汤里？”

当维辛斯基向国王递交最后通牒的时候，苏联驻军指挥官正命令布加勒斯特的罗马尼亚军队放下武器投降，同时红军坦克也出现在首都宽阔的林荫大道上。王宫传来的声明都要接受红军审查员的审查，如果没能反映莫斯科的指示则要进行修订。米哈伊国王成了一块政治遮羞布，无法对事件产生任何影响，甚至无法表达自己的个人意见。先是和纳粹打交道，然后是共产党，他领略到了“不能说自己想说的，还必须对自己最恨的人笑脸相迎”[24]的艰难。

危机按维辛斯基要求的方式得到解决，任命了一个由罗马尼亚共产党占主导地位的左翼联合政府。新任总理彼特鲁·格罗查（Petru Groza）是罗马尼亚农民阵线主席，但共产党在政府中占据主导地位，包括内政部和司法部。新政府致力于履行停战协议，从军队和警察中清除法西斯分子，打破旧有的土地制度。这种构成反映了斯大林心中对于人民民主的想法，这是一种介于资本主义和共产主义的中间阶段，离建立完全的苏维埃政权就差一步。被苏联红军占领的国家允许保留原来的国家制度——拿罗马尼亚来说就是保留国王、东正教会和议会——只要他们对苏联是“友好的”。对于“友好”这个词的定义还不是很明确，但肯定会包括禁止任何公开批评苏联的行为，在 123
经济关系方面向莫斯科倾斜，坚决致力于在前线后方维持法律和秩序。

好处接踵而来。3月9日，新政府成立三天后，维辛斯基宣布特兰西瓦尼亚北部将归还罗马尼亚，并在大部分居民都是匈牙利人的克卢日（Cluj）举办盛大仪式。纳粹德国在战争初期将这座城市和周边地区奖励给匈牙利，以期得到他们的好感。英国和美国代表拒绝参加仪式，因为他们不想承认由共产党主导的政府的合法性。维辛斯基没有理会西方的反对，并歪曲了丘吉尔在雅尔塔说的“老鹰”会允许“小鸟歌唱”的话，说罗马尼亚新政治秩序的反对者都是“叽叽喳喳叫的麻雀”[25]。

*　　*　　*

起初，似乎感觉不到江山易主。国王依然住在自己的王宫里，富豪企业家们继续举办奢华的宴会，外国间谍仍旧聚集在雅典娜宫酒店的酒吧里。“城市里的一切都很安静，”美国驻布加勒斯特军事代表科兰特·范·伦塞勒·斯科勒（Cortlandt Van Rensselaer Schuyler）准将在3月9日的日记中写道，“与许多罗马尼亚上层人士进行过交谈，他们的总体感觉是事情没有他们想象的那么糟糕。他们觉得自己正在逐渐向左翼思想转变，而且不用费太大力气就能适应新形势。”[26]这些被问到的人，都是在一战前后的议会民主体制和理想化君主独裁统治时期发达起来的，其中包括卡罗尔二世（Carol Ⅱ）这位有着声名狼藉的情史，并以奢华军装而闻名于世的君主。他们适应了二战时期的法西斯铁卫军的统治，又适应了1944年秋天大规模到来的苏联红军的统治，他们觉得自己能够应付政府的再一次转变。

政治力量的改变很快就微妙地体现出来，大批苏联顾问来到城里，占据了美国和英国官员离开后留下的公寓。美国的军用飞机在机场被阻拦，原因不明。盟军管控委员会会议，这个由苏联、美国和英国组成的联合军事委员会原本是用来指导罗马尼亚政府的，现在却成了形式。苏联官兵坚称，现在他们有
124 权处理那些曾置于美国“保护”下的罗马尼亚人的豪华轿车。几个美国情报人员被扣押，他们当时正在俯瞰王宫广场的屋顶上观看国家民主阵线的集会，这让旁观的罗马尼亚人大吃一惊，他们还以为所有的外国人都是不可侵犯的。秘密警察（以前的政治警察）跟踪西方外交官，阻止他们在罗马尼亚境内自由行动。

罗马尼亚的政治活跃分子必须做出决断，是冒着坐牢或被杀的风险逃往国外，还是和新政权搞好关系。米哈伊国王在未来的不确定性和自己的王室职责之间苦苦挣扎，不知是否要退位。最后，他决定留下，并告诉伯顿·贝里，如果他“忍气吞声”[27]的话，说不定还能为人民做点什么。勒代斯库知道，“共产党武装团伙”正在寻找他的下落，他来到英国大使馆寻求庇护。英国军事代表团负责人，空军少将唐纳德·法斯肯·史蒂文森（Donald Fasken Stevenson）命令他的人，在需要的情况下可以使用武器保护被驱逐的总理。他的行动引起伦敦外交部官员的警觉，他们希望不惜一切代价，避免“我们和苏联的直接冲突”[28]，还对大使馆的保卫能力持怀疑态度。他们说里面“只有很小一撮人”，肯定比不上红军部队，甚至连罗马尼亚军队都比不上。丘吉尔驳回了下属官员的反对意见，授权史蒂文

森在“危急关头”可以为保护勒代斯库“开火”。

“不管你们做什么，只要是为了维护英国的荣誉，我们都支持。”他发电报说。

这种丘吉尔式的强硬做派给了史蒂文森极大的鼓舞，史蒂文森身材高大，面色红润，喜欢用猎狐做比喻。他在3月10日的电报中说，苏联人“设了太多弯弯曲曲的栅栏，让我们无处施展。但我希望在平局之后的下一局，我们会遇到一条乡村的直道，而我们下一场参赛的马会更适合比赛。狩猎还远远没有结束”。

但一切已经结束了，至少在罗马尼亚是这样。尽管丘吉尔个人支持勒代斯库，但他并不想为了一个在战争期间的大部分时间里都和纳粹德国结盟的国家同斯大林闹翻。他意识到2月27日的示威集会以及后来维辛斯基的访问，总的说来是一次反对亲西方政府的政变；另外他也谅解苏联出于安全问题的考虑。截获的情报[29]表明，德军突击队意图与罗马尼亚军队中的法西斯主义分子一起，在罗马尼亚北部进行敌后破坏行动。有时候红军逃兵也加入了德国领导下的反苏游击队，还未成气候的叛 125
乱为1月苏联驱逐几万名德裔罗马尼亚人的决定做了注解。斯大林在雅尔塔已经表示得很清楚，他不会容忍在红军战线后方发生任何形式的叛乱行为。

在丘吉尔看来，另一个甚至更重要的因素是，1944年9月他在莫斯科和领袖达成的势力范围协议。斯大林信守关于希腊的承诺，让丘吉尔在那里占有90%的权益。根据英国外交部的备忘录记载，“一个躲不开的事实是，我们同意在罗马尼亚事务中拥有10%的权益，这让我们除了保护英国的利益，其他什么都做不了”[30]。英国官方担心任何在罗马尼亚问题上援引雅尔塔协议的行为，都会刺激斯大林“在希腊、意大利，最终在西欧事务中”要求相同的权利。在雅尔塔，斯大林曾着重强调他对英国处理希腊共产党叛乱方面“非常有信心”，并不打算插手丘吉尔的决定。他的言外之意是希望西方盟友在巴尔干其他地区让他自由行动。

首相在 3 月 8 日给罗斯福的电报中陈述了自己的想法，他对罗马尼亚发生的突变感到“悲痛”，这和“雅尔塔的基本原则”完全“背道而驰”[31]。他预感到借清除“法西斯分子”之名，“将会对反共产主义的罗马尼亚人进行不加甄别的大清洗”。同时，他不想给斯大林借口说“我没有干预你们在希腊的行动，为什么你们不在罗马尼亚给我相同的宽容呢”？这只会给“重要得多的关于波兰的决定”造成阻碍，而在雅尔塔他们花费了很多时间在这上面。

在 3 月 11 日给丘吉尔的回电中，罗斯福承认在布加勒斯特“苏联安插了一个自己选择的少数派政府”。另外，他觉得罗马尼亚并非是对在克里米亚所达成协议“进行测试的合适地点”，因为“俄国人一开始就毫无争议地控制着那里”。此外，“由于罗马尼亚位于苏联的交通线路上”，所以“他们辩解说这是出于军事需要和安全考虑，也很难反驳”。罗斯福和丘吉尔都不想和斯大林为罗马尼亚争个你死我活，相反，他们严阵以待，准备在东欧另一端的波兰身上检验自己的决心。两位领导人的注意力很快就转移到莫斯科，关于新波兰政府组成的谈判已经在那里开始了。

8

“看不透的面纱”

3 月 7 日

1945 年 3 月 7 日，美军第 9 装甲师夺取了位于雷马根（Remagen）的莱茵河大桥，扫清了通往德国心脏的最后一个主要自然障碍。夺取这座具有战略地位的桥梁，鼓舞了在莫斯科的美国小团队。先前红军已经取得了一系列胜利，加大了东线和西线战况的差距。“战况再次极其有利，”凯瑟琳·哈里曼在给妹妹玛丽的信中热情洋溢地说，“天呐，真让人激动，但是这一新闻在我们英勇的盟友衬托下，稍微显得黯淡了些。他们现在看上去简直像野兽，埃夫里尔非常忙——忙着波兰、战俘，我猜还有巴尔干的事情。房间里到处是走来走去的人，声音嘈杂，电话整晚响个不停——直到黎明。”[1] 126

正如凯瑟琳在给她的英国朋友（也就是她未来的后妈）帕梅拉·丘吉尔（Pamela Churchill）的另一封信中讲的，“雅尔塔会议之后的蜜月期很短，比最悲观的估计还要短”[2]。三巨头会议初期给许多西方人带来的乐观情绪，被一系列与苏联人就雅尔塔协议执行方面的争论打得粉碎。美国评论员一开始将困难归咎于克里姆林宫的强硬派，说他们对苏联在雅尔塔达成的妥协心存不满，《时代周刊》推测，罗马尼亚问题一直悬而未 127
决，表示“斯大林需要时间让他的官僚体系和雅尔塔协议同步”[3]。然而“好沙皇，坏顾问”的说法越来越无法解释日益增多的争议，这些争议包括了一切，从维辛斯基在罗马尼亚的活动，波兰新政府的组成，到被红军解放的美国战俘的遣返。现在已经发现，斯大林对雅尔塔协议的解读和罗斯福及丘吉尔的理解有根本性的不同，也就是说关于实质性的问题基本上没有达成协议。

在战争中遭受涂炭的斯巴索别墅（Spaso House）是美国驻莫斯科大使馆所在地，由于建筑物内供热不良，阴沉不祥的气氛笼罩其中。这栋大别墅是 1914 年由俄国纺织工业巨头建造的，一度奢华的新古典主义豪宅现在已经潮湿、透风，许多窗户在德军的轰炸中被毁坏，只能用破破烂烂的胶合板替换，花园里也堆满了挖防空洞时挖出来的泥土。由于客房短缺，哈里曼和女儿被迫同大使馆的工作人员以及来访的美国人共用自己的房间。晚上，他们在二楼哈里曼的卧室壁炉前挤作一团，一边玩牌一边取暖。很难想象仅仅几年前这里曾召开过豪华宴会，其中还包括米哈伊尔·阿法纳西耶维奇·布尔加科夫（Mikhail Afanasyevich Bulgakov）的小说《大师和玛格丽特》（*The Master and Margarita*）中描述的宏大舞会。布尔加科夫的妻子伊莉娜（Elena）在 1935 年 4 月 23 日的日记中描述了当时的场景：“在廊柱间的大厅里跳舞，头顶上的彩灯照射下来，就像一个网笼里飞舞着一群鸟儿，管弦乐队是从斯德哥尔摩请来的……吃饭的餐厅和舞厅各自独立，经过特别设计又相互联系，角落里有小小的围栏，里面关着小山羊、小绵羊和小熊，沿着墙根摆着一溜装着公鸡的笼子。凌晨 3 点，手风琴师开始演奏，公鸡也打鸣附和，真是‘俄国范儿’。从荷兰运来大片郁金香和玫瑰，楼上是个烧烤厅，还有红玫瑰和法国红酒，楼下到处都是香槟和雪茄。”在另一场宴会上，莫斯科马戏团的3只海狮表演用鼻子顶香槟酒瓶，结果驯兽师由于喝高了醉倒在地，于是海狮开始到处乱跑。巨大的舞厅，现在是拥挤的大使馆办事处，也是推演苏联对日作战这样的战争游戏的地方。

相貌英俊、喜欢打马球的埃夫里尔·哈里曼是一笔铁路财富的继承人。1943年10月，他在众人的期待下抵达莫斯科担任大使。作为罗斯福在英国的《租借法案》项目的特使，他曾与丘吉尔交往甚多，后者经常请他到契克斯首相别墅过周末。 128
1941年9月他肩负特殊使命抵达这个国家时，苏联人还专门为他铺了红地毯，当时他向苏联政府承诺美国会提供大量坦克、卡车和飞机，用来帮助击退向莫斯科和列宁格勒进军的纳粹军队。同许多美国政客和前任外交官一样，他也尽力和克里姆林宫的领导人搞好关系。“我知道会很难，”他对前任大使海军上将威廉·哈里森·斯坦德利（William Harrison Standley）说，“但那些苏联人也是人，我能够搞定斯大林。”[4]他相信自己“能和几位人民委员建立起亲密关系，他们都是非常友好的人”。至少一开始，对于斯大林战后在东欧的想法，他倾向于相信斯大林是出于好意。他在1944年3月的备忘中写道：“除了一些不好的推测，没有证据表明他不想让波兰独立。”[5]对于那些在卡廷被内卫军屠杀的波兰军官，苏联发表声明说德国应该对他们的死亡负责，而他找不到任何理由去反驳苏联的声明。在他的建议下，凯瑟琳加入了一个外交官和记者组成的团队，在苏联外交人民委员会的邀请下去参观处决现场。她对苏联出具的证据表达了保留意见，但后来还是在种种劝说之下相信了“波兰人是被德国人谋杀的”，大使也认同了女儿的报告。

在各种事件的压力下，哈里曼对苏联的看法逐渐强硬。华沙起义期间，苏联拒绝了给波兰国内军空投补给物资的美英飞机在苏联降落的请求，这让他非常不快。哈里曼觉得斯大林主要是出于“无情的政治考虑”[6]，他推测苏联觉得如果效忠于反共产主义的波兰流亡政府的起义胜利，他们不会有什么好处，却会有很大损失。令大使感到郁闷的另一件事，是苏联拒绝对依靠《租借法案》获得的大量物资表示感谢。1944 年夏天，基于不轻易让步的想法和“坚定但友好的‘以德报德’的态度”，他提议对莫斯科持更强硬的态度。他要求结束对苏联就因为他们在和德军战斗，就要满足他们所有要求的政策。“这不是相处之道，”他告诉和《租借法案》相关的官员们，“他们处境艰难，而且他们希望我们同样处境艰难。”[7]

大使心态的转变，也反映了他对莫斯科工作和生活条件不满所积攒的怒气。他每个月都能见斯大林一到两次，比其他任何外国大使都频繁，但他们的会面是礼节性的，通常不会有什
129 么结果。和下级官员打交道更让人泄气，一份外交意见书可能等上几个星期或几个月都没有答复。哈里曼抱怨说莫洛托夫尽管表面上很热情，其实“完全是在搪塞他”[8]，他很快就发现苏联对待访问特使和长期驻守莫斯科的外交官的态度有很大不同。克里姆林宫的领导人会和访问特使一起饮酒用餐，想给他们留下好印象；常驻大使则经常被忽视。由于没法约到苏联官员，哈里曼经常早上在床上待到很晚，给华盛顿写电报寻求指示，有时候他好几天都不离开大使官邸。他出门都是去看芭蕾舞剧或是去莫斯科河畔的山上滑雪，而且以保护他的人身安全为名，身后总是跟着四个内务人民委员部的特工。他和普通苏联人的接触被严格管控，苏联的刑法认定以下行为是犯罪，将会被处以 3 年以上有期徒刑到死刑：在未经授权的境况下，给

予“国际资本主义代表”[9]任何形式的“帮助”。作为一个被关在大房子里的虚拟囚犯，哈里曼觉得自己肉体上被孤立，精神上又因和苏联官僚的无休止争斗而疲惫不堪。

如果没有27岁的活泼的女儿陪伴，他在斯巴索别墅的生活还将更加艰难。由于哈里曼的妻子玛丽（Marie）身体欠佳，哈里曼把她留在美国，将女儿凯瑟琳当作生活的依靠和知己。在伦敦，她曾经担任美国的宣传机构战争新闻处（Office of War Information）的记者和代表，当他们搬到莫斯科之后，她则担负起管理大使馆的责任。她生性喜爱社交、讨人喜欢，有很强的幽默感，与哈里曼严厉自负的性格形成了对比。她在斯巴索的“松弛计划”[10]包括发明新伏特加鸡尾酒（伏特加配雪利酒，伏特加配红酒，伏特加配合成果汁），玩瓶式桌球（bottle billiards），互相交流墨西哥大使的花边性事。但即便是凯瑟琳有时候也承认，莫斯科压抑、受制的气氛让她难以忍受。“在这里的日子，就像生活在四堵高墙之间。”1945年3月20日她告诉帕梅拉·丘吉尔，整晚她都一边“坐在那里织毛衣”，一边听着自由派的捷克斯洛伐克外交部长扬·加里格·马萨里克（Jan Garrigue Masaryk）讲他对战后世界的担忧。“普通的体面 130
和自由”——马萨里克和她父亲成天思考的事情——在“自己来到这个国家之前还都觉得是理所当然的”，想到这些就让她感到沮丧。

和居住在莫斯科的外国人的期待不同，莫斯科的生活没有因为胜利即将到来而更加放松。实际上情况正相反，在战争打得火热的时期，由于大家被同一个目标凝聚在一起而废止的治安条例，现在内务人民委员部又开始强制推行。由于没有向官方上缴收音机，一名在英国大使馆做园丁的伏尔加德意志人先是被逮捕，然后流放到西伯利亚。英国外交官确信，如果是在几个月前，还没有实施“党严格的新路线”时，他们是可以留下这位“犯罪的园丁”[11]的。秘密警察还开始大肆骚扰与美国人或其他西方人谈恋爱的苏联女性，哪怕他们已经是合法夫妻。有人向莫洛托夫提出个人请求，要求帮忙解决这个问题，得到的却只是无情的沉默。

尽管苏联限制本国公民和外国人来往，凯瑟琳还是成功聚集了一批“无害的苏联人”[12]（tame Russians），这些人因为这样或那样的原因愿意和美国外交人员来往。该团队中最新的成员是一名演员，他要在一出戏剧中扮演一位到访的美国富豪，所以有了来参观真实的资本主义生活的理由。另一位“无害的苏联人”是阿列克谢·托尔斯泰（Aleksei Tolstoy），他是那位著名作家和俄罗斯文学领军人物的远房亲戚。这位伯爵——共产党允许他保留自己的贵族头衔——邀请哈里曼父女到访他在莫斯科郊外的别墅，并在那里与他们长时间讨论“他最喜爱的话题，即俄罗斯的灵魂”[13]。斯巴索别墅的聚会中经常会有一个叫伊利亚·爱伦堡的记者，他看上去就像一个法国知识分子，特别是戴上黑色贝雷帽的时候。这位《红军》评论员身边常常能聚集起一群外交官和军人，听他发表“用那边的栏杆来绞死德国人再合适不过了”[14]的爱伦堡式言论。作为《真理报》的通讯记者，爱伦堡曾经在巴黎待了 20 年。“由于他有国外的生活经验，对世界其他地区形成了非常错误但又根深蒂固的看法。”哈里曼的一位助手说，“说到底，这些都是苏联共产党人对于国境线以外地区的通常误解，又因为西方文化和传统左派偏见的影响，被修改和奇怪地扭曲。”

131 在斯巴索别墅出现的最引人注目的人物，是苏联前外交人民委员马克西姆·李维诺夫和他的英国妻子伊芙（Ivy）。李维诺夫的身材矮胖滚圆，戴圆形金边眼镜，在苏联官僚体系中占据着特殊位置，作为一名革命前就住在伦敦的老布尔什维克，他和列宁交好，并曾从一群伦敦东区码头工人的手中救下了即将遭到群殴的斯大林。在1930年代，他是最认同集体安全政策的苏联外交官，为防范不断壮大的法西斯和纳粹主义，寻求和西方民主体制结盟。1939年5月，他的外交人民委员职务被莫洛托夫取代，这表明苏联的外交政策开始发生根本性转变，也预示了苏联将和希特勒签订互不侵犯条约。1941年6月，政治上默默无闻的李维诺夫被重新起用，派往华盛顿担任苏联大使。他的文化素养和对西方世界的深刻理解，都让他成为当时斯大林想向美国示好的最佳代表，但是他从未再次获得领袖的信任。莫洛托夫把他看成危险的异己，不让他参与真正的决策。1943年8月，他被召回莫斯科，担任副外交人民委员。李维诺夫几乎不掩饰自己对莫洛托夫的厌恶，在外交鸡尾酒聚会中，他和伊芙用很多恶毒的言语攻击了现在掌管外交人民委员会的阴暗官僚。

为了向战时的爱国主义精神致意，莫洛托夫坚称部下穿的军服式样的外交官制服是他自己设计的。《纽约时报》记者赛勒斯·萨尔斯伯格（Cyrus Sulzberger）在日记中写道，李维诺夫看上去“比我见到的任何人都不像一位将军”，“他的灰色军装有褶皱、没熨平，领子上还有食物污渍”。这位副外交人民委员给萨尔斯伯格留下了深刻印象，在未来的东西方关系上他是个“彻底的耶利米（Jeremiah）[①] 式的人物，充满悲观情

① 耶利米是《圣经》中犹大国灭国前，最黑暗时期的一位先知。——译者注

绪”[15]。“先是西方势力犯下一个错误，惹恼了我们，然后我们又犯下一个错误，惹恼了你们。”李维诺夫焦躁地说道，他还发牢骚说在克里姆林宫已经没人在乎他说什么了。

伊芙更直言不讳，说了一些她丈夫认为本属秘密的话，但是也小心翼翼地没有明确表达出来。“李维诺夫夫人和我变得很亲密，”凯瑟琳·哈里曼在 3 月 8 日给妹妹的信中说，“她是个八婆，但是个有意思的人，很值得培养。”在这封信后不久，伊芙让凯瑟琳的父亲想起了她去年给他提的一个意见——任何试图向苏联官方示好的行为，都会被莫斯科认为是懦弱的表现。
132 如果你想和克里姆林宫里的领导人们搞好关系，就要在处理所有问题时表现得坚定。她抱怨美国人没能接受这条建议，导致现在的双边关系正在恶化。哈里曼把她的评论[16]整理进给罗斯福的报告中，他们非常愿意和他正在表现出的强硬作风保持一致。

* * *

即便是在最愉快的时候，哈里曼也是一副沮丧、羞愧的表情，让他看上去永远都是郁郁寡欢的样子。“一个拥有 1 亿美元的人怎么会看上去这么伤心呢?”[17]李维诺夫曾经这样询问一位美国外交官。在雅尔塔会议之后的 1 个月里，这位大使的情绪变得更为阴郁了，来访的人发现他看上去更加形容枯槁，右眼还在紧张地抽搐。他现在大部分时间都在大使官邸和克里姆林宫之间来回穿梭，和莫洛托夫谈判关于建立波兰新临时政府的事宜，这是个让人沮丧又费时的折磨。

三巨头将履行关于波兰协议的责任委派给由莫洛托夫、哈里曼和英国驻莫斯科大使阿奇博尔德·克拉克·克尔组成的委员会处理，三人计划召集波兰不同团体的代表，包含“波兰国内外的民主（党派）领导人”，商讨“重组”政府的问题。雅尔塔协议的措辞不准确得让人发疯，三位委员马上就“民主”和“扩大”之类词语的意思展开了激烈讨论。哈里曼和其他美国外交官抱怨说，和苏联人谈判总是会“一匹马买两回”——你已经同意成交了，但你还要花无数时间来为你刚买到的马的状况大费口舌，数牙齿、检查血统，如是种种。所有的细节都要单独敲定。

莫洛托夫很快就开始质疑哈里曼和克拉克·克尔打算邀请到莫斯科的“民主（党派）领导人”的资格，在他看来，任何对雅尔塔协议中的波兰决议持保留意见的波兰政客都不能参与磋商，不允许任何人质疑三巨头制定的新波兰边界。按照莫洛托夫的规则，波兰前总理斯坦尼斯瓦夫·米科瓦伊奇克（Stanislaw Mikolajczyk）就出局了，美英两国曾想把他当作和莫斯科对话的一个温和的突破口。米科瓦伊奇克发表过声明，要求按照人口统计为基础，把利沃夫依然视作波兰领土的一部分， 133
他也反对任何在“扩大和重组所谓卢布林临时政府”的基础上建立新政府的行为。莫洛托夫坚称进行政治磋商的必须是“真正的民主（党派）领导人”[18]——这是对共产党及其盟友的委婉说法。西方大使愿意牺牲大部分伦敦的波兰流亡政府成员，因为他们都是态度坚定的反苏人士，但是大使们要求将米科瓦伊奇克列入在内，于是谈判陷入了僵局。

另一个障碍很快也出现了。英国版本的雅尔塔协议规定，三人代表团将“首先在莫斯科与当前的临时政府以及其他波兰国内外民主（党派）领导人进行洽谈”。按照美国人和英国人的理解，这意味着不同派别的政党组织都将被邀请到莫斯科，共同商讨建立新政府的问题。莫洛托夫指出在俄语版本中，词语的顺序是反的，“首先在莫斯科……”变成了“在莫斯科首先与当前的临时政府进行洽谈”，按照莫洛托夫的理解，这种说法等于给了共产党主导的临时政府一个优先权。卢布林的波兰人将“首先”出现在莫斯科的委员会面前，并且会帮助检查其他波兰政治团体的“民主性”资格，包括他们在伦敦的对手，而卢布林政府必须作为“重组”波兰政府的“基础”。

有关苏联强硬做派的新闻很快传到华盛顿和伦敦，罗斯福表示了关注，但是不愿意对斯大林进行私人干预，他希望大使继续在莫洛托夫身上下功夫。丘吉尔觉得拖延时间对于苏联及其波兰傀儡有利，他同意哈里曼的观点，说“每天卢布林政府都变得越来越像华沙政府和波兰的统治者”[19]。议会已经对他在雅尔塔就领土方面对斯大林做出的让步感到不悦，他担心这次会遭到议会的指控，说他背叛了波兰。“波兰已经失去了她的边境，”他在 3 月 13 日给罗斯福的电报中说，“现在她又要失去自己的自由吗？”他同样为收不到波兰国内的可靠信息而担忧，他在 3 天后的另一封电报中说：“我们的代表被挡在波兰之外，一张看不透的面纱正笼罩其上。”[20]

134 和莫洛托夫的谈判搞得哈里曼灰心丧气，他给总统和国务卿写了一封私人信件，落笔日期是 3 月 21 日，就是他和扬·马萨里克进行炉边谈话的第二天。他警告说苏联人“想一点一点地拖垮我们”[21]，以便达到他们在欧洲战后局势方面施行自己想法的目的。已经到时候了，“我们应该重新调整对苏联政府的态度和与他们打交道的方式……除非我们愿意接受发生一次 20 世纪的蛮族入侵”。在记录中，哈里曼坚称他并没有主张在大陆划分“势力范围”的想法，这个词对罗斯福依然是个禁忌。他一直热衷于“推行有力政策，来支持那些和我们有相同愿景……有相同生活理念的人”。美国应该使用自己的经济力量，来巩固在西欧的亲美政府的地位，《租借法案》和战后重建贷款可以成为鼓励苏联与西方合作的“武器”。如果苏联没能遵守自己在雅尔塔做出的承诺，美国应该以“让他们付出巨大经济代价”的方式表达自己的不快。此外，还需要“在和苏联协议中的措辞方面更加准确，非常严谨地把我们头脑中所想的东西清楚地表达出来”，模棱两可让苏联更容易在协议达成后再重新谈判。

口述了电报草稿之后，哈里曼开始为要不要发送出去而苦恼，他提出的政策和罗斯福心中很多根深蒂固的同苏联打交道的做法相抵触。总统相信通过和斯大林搞好个人关系，是可以赢得他的信任的，他对于雅尔塔协议起草的细节几乎不关注，因为他设想所有事情最终都会推行，觉得双方都是出于善意。大使的电报，和其持怀疑论的副手乔治·凯南不谋而合，后者曾对那种苏联官员可能会被“打高尔夫球或宴会邀请”[22]而受到影响的想法嗤之以鼻。

一直紧跟国内主流政治风向的哈里曼，把电报塞进了“不发送的文件”堆里，他决定最好还是到华盛顿当面把自己的论点讲清楚，那样还能看到与他谈话人的反应。

* * *

没有什么事情，比被德军俘虏的美国军人的命运更让哈里
曼牵挂的了。在波兰和其他被红军解放的地区，近 3 万名美国
人被关押在那里的德国战俘营里，苏联官员坚称这些人衣食无 135
忧，将通过黑海港口敖德萨（Odessa）遣返美国。哈里曼觉得
斯大林没有遵守雅尔塔的相关协议，协议允许（盟军战俘）可

自由出入战俘临时中转营，他不知道有多少美国人正在红军前线后方徘徊，有无食物和居所。

第一波被释战俘的确切消息来自三名骨瘦如柴的美国人，他们来到位于莫斯科克里姆林宫正对面的莫霍瓦亚（Mokhovaya）大街的美国大使馆。这几个人没有护照也没有行李，只有一身破烂的衣服，他们是美军军官，分别于 1943 年和 1944 年在北非以及西欧被德军俘虏，随后被关押在波兰西北部舒宾（Szubin）的战俘营里。在红军进攻造成的混乱中，他们从战俘营逃脱，并且和苏联红军一线部队接上了头。他们返回美国的唯一途径是向东前进，靠搭便车穿过波兰和苏联西部。晚上，他们在谷仓和农舍里歇息，白天就搭乘返回后方的苏联补给车，历经 3 个星期的漂泊，最终来到莫斯科。“相比这三个首批到达的衣衫褴褛的前俘虏，来到我们大使馆的任何官员都没有受到过如此真诚的欢迎。”[23]美国军事代表团团长约翰·拉塞尔·迪恩（John Russell Deane）少将记录道。经过了“热水澡、干净衣服、军衔徽章、美国大餐和威士忌”的装点，这三个人又重新变回美国军官。

欧内斯特·马茨纳·格伦伯格（Ernest Matsner Gruenberg）上尉①和他的两位伙伴给哈里曼讲述了盟军士兵如何被喝得醉醺醺的苏联士兵用枪指着，抢走手表和身上其他财物的故事。他们描述了苏联人在华沙城外搭建的临时营房的具体情况，那里被用来容纳获救的盟军战俘。营地里水源稀少，卫生状况极差，包括苏联人在内的所有人都要睡在地上。食物是称作麦糊的米汤，没有什么味道，但是能吃饱。由于一直没有听到有关

---

① 格伦伯格上尉是第 101 空降师的军官，在诺曼底空降后的第二天被德军俘虏，战后成为美国著名的精神病学家和流行病学家。——译者注

遣返回国的安排，三位军官决定还是自己想办法离开这里，他们主要依靠波兰平民的照顾，波兰人请他们到自己家里，和他们共享本来就匮乏的食物。红军当时正忙着和德国人打仗，以及追捕波兰暴乱分子，根本没有心思关心这些自己跑路的人。

3月13日，哈里曼终于可以和莫洛托夫会面讨论被释战俘 136
的事情了。[24]哈里曼指出，那些被艾森豪威尔的盟军最高统帅部认可的苏联官员，被允许在法国自由行动，并且可以检查以前德军的战俘营，所以盟军的联络官也应该在波兰享有相同的特权。外交人民委员不理会这种对比，他说苏联和法国建立了外交关系，而美国还没有承认波兰临时政府，他声称波兰的主权正在引起异议。对哈里曼来说，很显然问题不在波兰人身上，而是在苏联人身上，他们不想让美国人看到在波兰的红军前线后方正在发生什么。

大多数被红军释放的美国人，都在波兰和德国的营房里等待，直到他们和盟军部队接上头以后才能从前线遣返，但是有几千人来到敖德萨，美国军事代表团被允许在那里建立一处“集结点”。这些前战俘们被装进没有暖气的闷罐车皮，穿过波兰和乌克兰，运到2000英里外的黑海边。他们的报告给美国情报官员提供了认识苏联红军军队精神的第一手详细资料，美国人对红军在祖国之外的生存状况惊讶不已，他们进入德国之后到处搜寻食物和其他补给物资，这让他们避免了很多阻碍西方军队前进的后勤问题。每当苏联军队占领一个城镇，他们就会占领面包店，让它负责给前线部队提供面包。文书工作似乎没有存在过。苏联士兵个人其实对美国人很友好，除了喝醉的时候，每到此时他们就会开始夸夸其谈，要求就西线盟军推进如此缓慢给一个说法。许多美国人评论说苏联士兵军纪松懈，“苏联人热衷于杀害德国人，”一名中尉报告说，“通常的做法是先强奸，然后再杀掉。”[25] 他预感当苏联人和美国人最后在欧洲中部相遇的时候，会引起“很多麻烦”，并罗列了几个需要关注的地方：

> • 苏联人确实应该为把德军赶出苏联的成就感到骄傲。他们直接批评，有时候甚至是蔑视西线的盟军部队。
>
> 137 • 在德国的占领地区都要明确划分，甚至在城镇里划线。任何情况下，苏联军队和美国军队都不能占领同一座城市。
>
> • 如果在美国和苏联之间能有任何战后的亲密关系，则应不惜一切代价来维持它。让苏联和美军部队胡乱混在一起，百分之百会造成不愉快。

有一个美国遣返工作队成功穿透了斯大林在波兰四周布下的“看不透的面纱”，在 1 名医生和 1 名翻译的陪同下，詹姆斯 · D. 威尔梅思（James D. Wilmeth）中校被允许前往波兰东部城市卢布林，该城是苏联将美军获救战俘运往敖德萨之前设置的 4 个官方集结点之一。就在哈里曼终于在 3 月中旬得以和莫洛托夫会面的时候，在波兰的威尔梅思中校已经在同苏联军方的斗争中幻想全灭且厌烦不已，他向迪恩抱怨说，是美国所谓的盟友阻止了自己完成任务。

威尔梅思报告说美军获救战俘被迫和德国战俘一起“吃饭、睡觉和行军”，这是有悖于雅尔塔协议的。苏联卫兵抢走了他们的手表、戒指、衣服、食物和证件，很多人藏在附近的波兰人家里，直到得到他们会被安全撤离这个国家的保证后才出来。

“苏联人看待被他们解放的美军战俘，就像看待被他们解放的国家的态度一样，”他厌恶地写道，“他们可能被抢劫、饿死和虐待，而且没人有权质疑这种做法。”[26]

在波兰游荡了几个星期之后，获救美军战俘首次到达卢布林，他们先被带到城郊的马伊达内克（Majdanek）纳粹死亡集中营，然后又转移到大学附近一栋摇摇欲坠的建筑物里。“没有热水，没有淋浴设施，没有衣服，没有洗护用品和药品”[27]，大多数人身上都爬满虱子，他们睡在地上或木凳上，身上盖着干草，每天能吃两顿黑面包和麦糊。他们必须自己挖厕所，收集取暖的木材，威尔梅思给他们提供了药品、肥皂、牙刷、灯泡、书和挖厕所用的铲子。他努力申请用美国飞机撤离这些获救的战俘，但是被拒绝了，相反战俘们都通过铁路被运到敖德萨。

威尔梅思和红军警卫人员之间的关系迅速恶化，中校被禁 138
止到其他获救美军战俘聚集的波兰城镇去。他的身边紧跟着指派来的苏联卫兵，以防备“德国间谍”[28]的名义贴身保护他；他的苏联司机从吉普车分电器盖上卸掉一条电线，以防他们在未经允许的情况下开车在城内行动。中校最后的报告里，罗列了27条各种和苏联人发生摩擦的原因，从黑市买汽油和药品，到未经授权的沟通行为。他指责苏联警卫人员不给他提供获救美军战俘的任何信息，并且在波兰其他城市（获救战俘）的情况方面向他撒谎。至于他本人，苏联人则抱怨说美国人违反了给外国人制订的规定，在宵禁后还随意外出。大量波兰人来到威尔梅思居住的旅店声称自己是美国公民，或是抱怨苏联人的占领让他们感到惊慌。红军官员不停地命令威尔梅思回到莫斯科去，但是在收到迪恩的书面命令之前，他拒绝离开。

苏联人对待获救战俘的态度也并不全像威尔梅思说得那么坏，根据五角大楼对被遣返美国军人的调查，56%的被采访人表示，考虑到“战术情况、苏联的生活水平和可利用的设施”[29]，红军给他们的待遇还算不错或还可以；三分之一的人表示他们受到的待遇相当差；仅有7%的人抱怨说遭到骚扰或严重的身体虐待。相比普通士兵，更多的军官报告说遭到了虐待，据推测是由于他们的期望值更高。大多数被解放的俘虏觉得他们的生活水平并不比普通苏联士兵更差，这已经是公认的很低的水平了。威尔梅思在卢布林的行动受到严格限制，如果能允许他在波兰自由行动的话，他可能会留下更积极的印象。就像通常发生的一样，苏联人拙劣的公关方式恶化了他们的形象。

让威尔梅思生活得这么痛苦的红军警卫人员并不是有意刁难他，他们只是在执行上面的命令，内卫军正在和忠诚于伦敦流亡政府的波兰国内军进行一场大规模的秘密战争，苏联人不想让西方人到处窥探。这个孤独的美国人正好挡在决定波兰未来的一场高风险政治斗争的中间，苏联人先后8次在不同的场
139 合下要求他离开，每次都威胁他会有“*bolshoi skandal*”——“大丑闻”。直到3月28日，一架美国军用飞机来到卢布林接他，这位难以管束的中校才同意离开，在苏联人看来，他离开得正是时候。

* * *

保密，这对斯大林在波兰的计划极为重要。为了控制这个国家，他必须控制信息的散播，其中包括在波兰内部和波兰对外部世界的信息传播。在雅尔塔，他拒绝了罗斯福和丘吉尔提

出的派人进入苏联在东欧占领地区的请求。他不会再犯在罗马尼亚的相同错误，在那里西方外交官、间谍和军方人员被允许设立办公室，培植反苏政治势力。在认可红军设立的政府之前，盟军被禁止进入波兰。斯大林的那道“看不透的面纱”有两方面作用，一是没有了消息来源，美国和英国想要抱怨在波兰发生的事情就困难得多；二是对信息的管控，也是斯大林分而治之的政治策略的关键。反对共产党主导临时政府的人需要依靠独立的消息网来生存，如果他们不能互相联络或是和他们的国外支持者联络的话，就能把他们一个个清除。“信息幕”，就是后来为人熟知的“铁幕”的必要前奏。

在波兰建立秩序是贝利亚的秘密警察的首要任务，就在红军和德军战斗的同时，内卫军在“内部战线”开展了一系列“清洗行动”[30]。根据贝利亚给斯大林提供的数据，内卫军在1月至4月中旬拘留了38660名波兰人，“敌对分子”不仅包含确定的“恐怖分子”和“破坏分子”，还有任何被怀疑支持伦敦流亡政府的人。给贝利亚的报告显示，共产党人和忠诚于伦敦政府的国内军之间的战斗并没有缓和。2月19日发生的一起典型事件中，国内军战士突袭了卢布林的监狱，杀死两名卫兵，释放了等待处决的“政治犯”。支持国内军的人成功渗透进在红军建制内战斗的波兰军队，说服了整支部队叛逃。内卫军一边追捕逃兵，一边发布了没收波兰士兵私人收音机的命令，以 140
防他们收听伦敦流亡政府的广播，对收音机的限制很快扩大到平民身上。

在雅尔塔会议之后的几周里，国内军指挥官们重新考虑了他们坚决反抗苏联权威的做法，美英两国都鼓励流亡政府和莫斯科达成妥协，建立起民族统一政府。有迹象表明红军已经准备和他们进行对话。3 月 6 日，国内军收到一封信，署名是苏联军官皮姆诺夫（Pimonov）上校，建议通过会议来“解决非常重要的问题，防止问题恶化”[31]。一些国内军指挥官怀疑这份邀约是个陷阱，但大部分人还是同意和红军代表进行谈话。国内军的高级军官被邀请到位于华沙郊区普鲁什科夫（pruszków）的苏联红军指挥部“共进午餐”，当天是 3 月 28 日，正好是威尔梅思中校最终接受规劝离开波兰的日子。一开始，皮姆诺夫告诉波兰人他们将会和朱可夫元帅会面，元帅现在负责指挥在波兰的所有红军部队，他们的安全会得到保障。

3 月 28 日上午，阳光明媚，温度怡人，是春天真正到来的第一天。预感到这将是决定波兰未来的历史性会议，他们都穿上了自己最好的衣服，而把厚大衣留在家里。一位国内军激进人士说服他的裁缝邻居把一套未完工的西装中的马甲借给他，因为他没有合适的衣服穿。出席的代表共有 13 人，能代表波兰所有主要的战前政治势力，有 3 名波兰人在前一天受邀参加了预备会议，其中包括华沙起义的策划者、国内军总司令利奥波德·奥库利茨基（Leopold Okulicki）准将。计划是所有人在午餐时会面，然后和红军代表谈判。伦敦流亡政府推荐了其中至少 6 个波兰人的名字送到莫斯科，供莫洛托夫委员会考虑。

接待他们的苏联东道主彬彬有礼、和蔼可亲，还赞扬了波兰的美女和美食，但是承诺的午餐会却永远没有发生。相反，波兰人被送到 9 英里外的另一栋建筑物里，四周环绕着铁丝网。他们怀疑自己是被逮捕了，但还不能确定，因为东道主依然非常友好，军官食堂还给他们提供了伏特加和食物。苏联人解释说朱可夫元帅在前线有重要事情走不开，但是派了自己的私人飞机来搭载他们过去，他们将在第二天上午去和元帅会面。

华沙机场有一架飞机正等着他们，飞机起飞后没有向西朝 141
着前线飞行，相反却飞向东方。这下波兰人更惊慌了，但是陪同他们的苏联人说不用担心，元帅被紧急召唤到莫斯科去了，他们不仅能和朱可夫会面，还能见到苏联政府的“诸位大人物”。一阵猛烈的强风让飞行员在空中迷失了方向，就在飞机燃油即将耗尽之时，他们在一个白雪覆盖的田野中紧急降落，乘客们感到机身剧烈颠簸，好在无人受伤。“四周是一望无际的白色，与地平线上的蓝天连成一片。”[32]右翼的国家党领导人兹比格涅夫·斯蒂普科夫斯基（Zbigniew Stypułkowski）回忆道。他们飞过了首都，降落在莫斯科以东 150 英里的伊万诺沃（Ivannovo）附近，飞行员跌跌撞撞地出去寻找救援队，乘客们则在漏风的机舱内挤作一团取暖。他们连夜乘火车抵达莫斯科，没有人在车站迎接他们，他们在冰冷的站台上等了半个小时，就穿着准备出席华沙午餐会的单衣瑟瑟发抖。终于，来了一支车队，将他们送去“酒店”。

“酒店”是一幢巨大的新巴洛克风格建筑，入口镶嵌着大理石，通往高墙环绕的庭院。波兰人注意到所有的窗户上都装着铁栏杆，当他们每个人都从车上下来后，一条有力的手臂抓住斯蒂普科夫斯基，把他推进一条又长又黑的走廊。很快，他们住进一字排开的小房间，房间的墙壁上都覆盖着毛毡。斯蒂普科夫斯基本能地把手伸进口袋，里面有几张写着笔记和指示的纸，他把纸撕成碎片后塞进嘴里。不一会儿，一个留着披肩长发、体格壮硕的年轻女人走进房间，她穿着内务人民委员部军装，看上去非常可怕。“脱衣服。”[33]她命令道。斯蒂普科夫斯基明白了，这里就是臭名昭著的卢比扬卡监狱。

9

总统之死

4 月 12 日

142 尽管斯大林手中掌控着横跨 11 个时区的庞大国家，属于他自己的世界却很小。战争期间，大部分时间他都来往于克里姆林宫和助手们口中的“邻近别墅”（nearby dacha）之间，后者是他在莫斯科西郊的乡间别墅。他极少离开首都，日常生活要么是在克里姆林宫的办公室里度过长夜，要么和军事、政治领导人不断会面，偶尔看场电影或举行晚宴放松一下；到德黑兰和雅尔塔与罗斯福、丘吉尔开会已经是最不寻常的举动了。这位苏联红军最高统帅只去过一次前线，那是 1943 年 8 月，主要是出于宣传目的，用来表明他正在指挥战斗。作为纪念，他待了一个晚上的农舍外挂了块牌匾，摇身一变成为国家的圣地。

“邻近别墅”是 1931 年专门为斯大林建造的，其前身是一个名叫沃伦斯基（Volinski）的贵族地产，位于昆采沃（Kuntsevo）村附近。就像他的许多私人居所一样，为了伪装这幢房子也刷成绿色，20 英亩的杉树林和两排高墙——外面一排有 15 英尺高，保证了绝对隐私。一楼的七个房间宽大实
143 用，适合举办宴会和政治局会议，但是缺乏个人风格，二楼则是在战争期间扩建的。整修工作完成后不久，建筑师米隆·伊万诺维奇·梅尔扎诺夫（Miron Ivanovich Merzhanov）就消失在

古拉格劳改营，他的家人从来没得到关于他所犯何罪的解释①。梅尔扎诺夫的儿子不由得想起伊凡雷帝，为防止建筑师设计出和圣巴西尔大教堂同样美丽的建筑，这个暴君下令将建筑师的眼睛弄瞎了。1941 年德军围攻莫斯科最危急的几个月里，领袖被迫放弃了自己那栋四周布满地雷的别墅。第二年，访问莫斯科的丘吉尔被安排在沃伦斯基下榻时，并没有告知这是斯大林的私人住宅，别墅内的“一尘不染”[1]和“明晃晃让人目眩的灯光”给他留下了深刻印象。一位助手描述这个地方“装修俗气，拥有任何一个苏联人民委员渴望的所有便利设施”，其中包括一个在花园地下 90 英尺深处的巨大防空洞。

从禁止其他车辆通行的公路上驶过，坐在黑色的美国产帕卡德轿车里的斯大林用不到 20 分钟，就能完成这段从昆采沃到克里姆林宫的 6 英里路程。路人都惊奇地看着车队从他们面前通过，他们只能行走在莫斯科晚冬泥泞的街道上，街道两旁灯光昏暗，一排排商店空空如也。诗人鲍里斯·阿布拉莫维奇·斯卢茨基（Boris Abramovich Slutsky）用几句诗描述了这个场景：

我曾走在阿尔巴特街，
五驾车载着上帝驶过，
四周的保镖都战栗着，
恐惧让他们身形低微，
包裹在鼠灰色大衣中。
这是深夜，这也是黎明。

---

① 直到斯大林死后的 1954 年他才被释放出狱，1956 年 5 月 30 日彻底平反，然后继续从事建筑设计工作，留下了众多建筑设计作品。——译者注

驶过莫斯科的主要商业街阿尔巴特（Arbat）大街，车队慢慢转进了阿法纳西耶夫（Afanasev）路，斯大林从波罗文茨克塔楼（Borovitskaya Tower）的大门进入克里姆林宫，然后驶过“大克里姆林宫”和俯瞰莫斯科河的金色穹顶大教堂。随后车队左转，朝着一栋有三层楼的新古典主义建筑驶去。建筑物的房顶是绿色的，建筑样式是环绕三个内部庭院的三角形。这里就是参政院（Senate building，也叫元老院，现今是俄罗斯联邦总统府），苏联的权力中心所在。半圆形的屋顶上面飘扬着红旗，下面就是红场，还有位于巨大的直角三角形直角处的列宁墓。沿着克里姆林宫宫墙往前，在邻近的尼古拉塔楼（Nikolskaya Tower）下面就是人们所说的“小角落”（Little
144 Corner）入口，也是斯大林在克里姆林宫内的办公室和住所。被召唤到“小角落”来是件让人心惊胆战的事情，斯大林的将军之一尼古拉·亚历山大罗维奇·布尔加宁（Nikolai Alexandrovich Bulganin）元帅回忆说，领袖首先会友好地欢迎你，然后再突然咄咄逼人地问道：“你今天的眼神怎么这么躲躲闪闪？”[2]被邀请去见斯大林的官员从来不知道自己接下来会去哪里，“家还是监狱”。

克里姆林宫是莫斯科的内城，要塞中的要塞，环绕的红墙周长一英里半。直到 18 世纪早期，它一直是俄国沙皇的居所；此后彼得大帝在波罗的海岸边建立了一个新首都，作为“西方的窗户”。1918 年，布尔什维克将首都迁回莫斯科，列宁住进克里姆林宫参政院 3 楼，其他人民委员们互相争抢最好的房间。斯大林住在克里姆林宫另一侧的波捷什内宫（Poteshny Palace），直到 1932 年他的第二任妻子娜杰日达·谢尔盖耶芙娜·阿利卢耶娃（Nadezhda Sergeevna Alliluyeva）朝自己的胸口开枪自尽。在妻子自杀后的绝望中，他劝说自己的朋友、后来的政治斗争牺牲品尼古拉 · 布哈林同他交换住所，然后他就搬到了“小角落”。1942 年 8 月，他就是在那里接待了丘吉尔，并向首相介绍了自己 16 岁的女儿斯韦特兰娜。一脸雀斑满头红发的女儿帮助摆好桌子，但当谈话“惯常地涉及枪械、大炮和飞机”[3]的时候就被支了出去。斯韦特兰娜后来相信母亲的死让斯大林失去了“最后一点人类的温情，他现在已经失去了温和的她，同样也是碍手碍脚的她。他对人的疑心病，对人的苛责日益严重”[4]。

在内饰朴素的一楼，有四个圆形天花板的房间，就在参政院二楼斯大林办公室的正下方。这里是所谓的“特区”，布尔什维克最高领导人的办公室所在地，长长的走廊中间铺着镶红边的绿色地毯，一种永恒的寂静总是笼罩其上。与领袖见面，都要经过斯大林的秘书亚历山大 · 尼古拉耶维奇 · 波斯克列贝舍夫（Alexander Nikolaevich Poskrebyshev）的安排。波斯克列贝舍夫的座位背靠接待室的两扇大窗户，黯淡的阳光透过窗帘照进室内，这位秃顶少将对于进入斯大林书房的任何人都有详细记录，直到凌晨三四点钟都坚守在自己的岗位上。他对自己的领袖忠贞不贰，忍受了一系列屈辱，最极端的例子是他年轻的妻子在 1937 年的“大清洗”高潮中被指控为托洛茨基分子。“别担心，”当他尝试就妻子的情况向斯大林求情的时候，斯大林这样告诉他的助手，“组织上会给你找一个新老婆的”[5]。波斯克列贝舍夫干净的书桌左边是两扇巨大的橡木门，门后就是斯大林的办公室。

在长长的用橡木板装饰的房间里，斯大林的办公桌在最右 145
侧，桌面上是堆得高高的地图、文件和一排克里姆林宫的专线电话。办公桌上方墙上挂着一幅列宁坐在办公桌前的画像，画中人带着亲切嘉许的表情注视着他的继任者。房间的左侧有一个华美的瓷质火炉，火炉旁边的窗户前是一张长条会议桌，占据了房间左半边的大部分地方，桌上盖着厚重的绿色桌布。斯大林在纳粹德国入侵之后，有违列宁传统地把沙皇时代的将领亚历山大·瓦西里耶维奇·苏沃洛夫（Alexander Vasilyevich Suvorov）大元帅和米哈伊尔·伊拉里奥诺维奇·戈列尼谢夫—库图佐夫（Mikhail Illarionovich Golenischev-Kutuzov）元帅的画像安置在会议桌上方，这样的矛盾景象在他眼中丝毫不觉得奇怪。他对建造了克里姆林宫的历代沙皇产生了认同感，研究他们的征伐，推行类似的领土扩张政策，保卫俄罗斯母亲的安全。在斯大林的脑海中，自己的成就和那些帝王前任的功绩直接联系在一起，往昔的幽魂总是无法摆脱。1940 年 6 月，就在他把波罗的海诸国纳入苏联版图前不久，他和立陶宛外交部长一同走在克里姆林宫昏暗的通道上。“伊凡雷帝也曾从这里走过。”[6] 他提醒自己的客人。

* * *

3 月底，斯大林在克里姆林宫凝视着欧洲地图，他担心自己会赢得战争但输掉和平。在阿登山区被阻挡了几个星期之后，西线盟军突然开始以令人难以置信的速度飞快前进，丘吉尔正夸夸其谈自己在 3 月 25 日那天突然到访西线，“毫无顾忌地”在莱茵河边堆满沙袋的德军阵地上漫步。3 月 29 日，美因河畔法兰克福（Frankfurt am Main）被小乔治·巴顿的第 3 集团军攻克。与之相反的是，东线红军的攻势明显放缓了。现在已经是 3 月底，与 2 月初雅尔塔会议召开时相比，朱可夫的部队离柏林更近了，但红军在匈牙利遭到意料之外的顽强抵抗，被迫推迟了对维也纳的进攻。在苏联人看来，更让人警觉的是两条战线上的伤亡数字不一致，典型的一天中红军击毙了近 800 名德军官兵，相比之下西线只有 60 名德军在战斗中丧生。与之相对的是，每天的报告中大约有 2500 名德军官兵在东线“失踪”，而西线的数量有 10 倍之多。用伊利亚·爱伦堡的鄙视话语来 146
说，德国人见到美军就“土崩瓦解”[7]，却在和红军的战斗中亡命徒般死战到底。

斯大林分析罗斯福和丘吉尔的行为所用的推理方法，和他用在自己下属身上的一样，他们有客观的理由背叛自己吗？答案明显是肯定的，动机证据就是犯罪证据，这和他在莫斯科审判中用在受害者身上的一样。德军官兵集体向巴顿和伯纳德·劳·蒙哥马利（Bernard Law Montgomery）投降的景象似乎表明他们有什么交易，西线盟军对待纳粹更为宽大，而他们的回报就是将在比预期更往东很多的地方与红军相遇。如果他们和反抗希特勒的纳粹将领结成同盟，甚至可能共同对抗苏联。斯大林自己在 1939 年和希特勒德国签订互不侵犯条约的事实，更加重了这种怀疑，他假定其他政治家也和他一样多疑。

新发生的几件事又加剧了斯大林的偏执。路透社从蒙哥马利指挥部获得的一份消息显示，3 月 27 日这天，英军和美军在向德国心脏进军的过程中没有遭到任何抵抗。斯大林还为德军在意大利北部正在协商大规模投降的传言感到担忧，结果消息得到证实，美国在瑞士的头号间谍（战略情报局瑞士首都情报站站长）艾伦·韦尔什·杜勒斯（Allen Welsh Dulles），与意大利北部的党卫队最高指挥官卡尔·弗雷德里希·奥托·沃尔夫（Karl Friedrich Otto Wolff）党卫队全国副总指挥兼武装党卫军上将在伯尔尼（Berne）进行了秘密会谈，并计划进行更多的接触。当莫洛托夫询问这些会谈情况的时候，被告知还在非常初级的阶段，苏联没必要参与。这个解释并不能让斯大林满意，他在 3 月 29 日给罗斯福写了一封饱含愤怒的信，指责罗斯福破坏雅尔塔协议，他声称德国已经“成功地将三个师从意大利北部战场转移到红军前线”[8]。为了表达自己的不满，斯大林宣布莫洛托夫不会参加 4 月 25 日在旧金山召开的联合国成立大会，那是罗斯福心头最牵挂的项目。莫洛托夫取消行程的官方理由好似伤口撒盐：他要出席在莫斯科召开的走过场的最高苏维埃大会。

斯大林还怀疑美军在德军部队的动向方面给了红军错误的信息。2 月 20 日，马歇尔将军转来一条截获的德军情报，说党
147 卫军第 6 装甲集团军正从阿登地区转移至维也纳，计划向波兰南部发动进攻，这份情报后来被证明是假的。这支精锐的装甲部队最后在匈牙利巴拉顿湖地区被消灭，他们在那里向布达佩斯附近的红军发动了一次规模很大的凶猛攻势。对这条错误情报最合理的解释是希特勒改变了命令——但这无法让患有重症疑心病的苏联领导人信服。在 3 月底同捷克斯洛伐克领导人的会面中，他表达了被西方人出卖的担忧。“我们正在和德军战斗，并且会战斗到底，”他告诉他们，“但是我们必须牢记我们的盟友正在努力拯救德国人，在和他们做交易。对德国人我们毫不留情，但是我们的盟友却对他们心慈手软。”[9]

斯大林手中掌握的权力越大，就越感觉受到了威胁，东欧新占领的地盘让苏联在纵深方面有了安全保障，但这也是不安定因素的来源。领袖不会忘记，在 1941 年夏天和秋天不到 6 个月的时间里，苏联就失去了其在欧洲一半的领土。数百万波罗

的海沿岸的居民、乌克兰人、波兰人都欢迎纳粹德军的入侵，把他们当作救星。苏联军队整支整支地向敌人投降，并且在诸如安德烈·安德烈耶维奇·弗拉索夫（Andrey Andreyevich Vlasov）中将这类叛徒的领导下，和红军展开战斗。斯大林对于红军指挥下的波兰第1集团军的可靠性特别担心，这支部队是在苏联领土上成立的，士兵来自1939年苏联入侵波兰东部后俘虏的波兰士兵。内务人民委员部提交的报告显示，波兰第1集团军中的很多部队渴望加入安德烈将军的反共部队①。“当波兰部队相遇时，我们中的大多数士兵和军官都会跑到安德烈的部队去。”[10]据告密者报告，第1集团军中的某个将领曾向他坦诚地表示“我们在西伯利亚吃够了苏联人的苦头”。为了先发制人，阻止未来可能发生的叛乱，内务人民委员部对波兰第1集团军的官兵展开了大规模逮捕行动，羁押了那些有亲戚在安德烈部队服役的官兵。

西线盟军突然向柏林发起猛攻，一想到他们有可能抢在红军之前到达柏林，斯大林当即陷入了恐惧之中，他下定决心绝不能让别人把大奖抢走。3月29日，他命令麾下的两员陆军高级将领——格奥尔基·朱可夫元帅和伊万·斯捷潘诺维奇·科涅夫元帅——飞到莫斯科，和他商讨占领第三帝国首都的计划。

* * *

3月31日晚上，美国和英国大使在他们的高级军事顾问（军事代表团团长）陪同下来到“小角落”与领袖会面，当时 148
他的情绪冷淡且疑虑重重。哈里曼和克拉克·克尔打算将盟军

① 指波兰流亡政府控制下的波兰军队，其实当时波兰第2军还在意大利北部战线，并没有投入西线作战。——译者注

最高指挥官艾森豪威尔将军的信呈递给斯大林，里面详述了艾森豪威尔拟定的最终击败纳粹德国的计划。波斯克列贝舍夫必须小心地安排会面时间，以防特使们撞见朱可夫，后者同样计划当天晚些时候向斯大林提交自己的报告。老大可不喜欢自己的下属和西方人士分享情报信息。

哈里曼递交给斯大林的信是翻译好的，艾森豪威尔解释说他最优先的任务是包围并歼灭鲁尔地区的德军部队。哈里曼的军事顾问在长桌上铺开地图，解释了盟军下一阶段的另一项作战计划：与向柏林进军相反，美国和英国军队将会集结“主要兵力”穿过德国腹地，在首都以南 100 英里左右的莱比锡－德累斯顿地区会师。这第二条进攻路线将从德国南部和奥地利展开，防止希特勒退入阿尔卑斯山中被盟军参谋人员称为“国家堡垒”（National Redoubt）的要塞。听着哈里曼和迪恩少将对艾森豪威尔意图的详细讲解，疑虑重重的斯大林“看上去恍然大悟”，他对这项计划赞不绝口，说这将把德军拦腰斩断。第二天，4 月 1 日，他给艾森豪威尔写了回信，正式同意了他的策略。

“柏林已经失去了先前的重要战略意义，”斯大林写道，“因此，红军最高统帅部大本营计划向柏林方向只投入二线部队。”后来研究攻克柏林战役的编年史作家安东尼·比弗（Antony Beevor）把这封信描述为“近代史上最大的愚人节玩笑”[11]。

领袖从不认为柏林无足轻重，恰恰相反，他确信这里必将是战斗步入高潮的所在。德国国会大厦和帝国总理府是纳粹权力的象征，和几乎总是完全站在军事角度考虑问题的艾森豪威尔不同，斯大林考虑的是政治战略。他永远不会让他手下的将领，去做罗斯福通常会委派给自己的高级将领去做的决定，在如此重要的事情上授权艾森豪威尔直接和斯大林沟通，而不用咨询英国盟友甚至总统本人，这个事实体现了苏联同美国在战争运作体系和战略方面的巨大差异。

艾森豪威尔最重要的目标，是在美军和盟军付出最小伤亡代价的情况下赢得战争，这已得到罗斯福的完全认同，战后世 149
界的规划不是他要考虑的内容。斯大林则正相反，他从来就不会思考自己的决定会带来多少人力损失，他只会考虑政治后果。占领敌军首都，将让他获得征服纳粹德国的荣誉，让他得到东欧大部分地区的实际控制权，且无可撼动。他已经做好了准备，哪怕让苏联和德国都付出巨大的生命代价，也要达成这个目标。

20点50分，经过50分钟的会谈之后，美国和英国来访者走出“小角落”的办公室。根据波斯克列贝舍夫细致的工作日志记录[12]，20分钟后朱可夫获准进入里间。这位白俄罗斯第1方面军司令员到达莫斯科的时间延误了，和波兰国内军领导人搭乘的飞机迫降的原因一样——遭遇了那场猛烈风暴。飞机在明斯克降落后，他搭乘火车继续自己的行程，不得不匆匆赶到克里姆林宫来面见领袖。

元帅身材不高，体格壮硕，是红军军官中少有的几个在与斯大林对话时膝盖能不发软的人。他的卓越能力和充沛精力让他成为苏联军事领袖中不可或缺的人物，特别是在1941年6月德国入侵后的慌乱中这一点更是得到了充分体现。朱可夫早先是一名骑兵，在1937年清洗了红军半数领导人的恐怖中存活下来。他曾和斯大林患难与共，在德军入侵的最初几个星期里担任红军总参谋长，接着又上了前线。和斯大林一样，他也有自己冷酷的一面，只是没那么多疑刁滑。他的命令简单粗暴——

“要么服从，要么死亡！”或是“如果这个师没有在上午 9 点前到位，就枪毙了你”[13]。他通过设置“督战队”处决懦夫和逃兵，在莫斯科城下挡住了德军的攻势。他是大纵深作战的大师，这需要对几百万人的部队进行调配、精确规划和严格执行的能力。在斯大林格勒和库尔斯克战役期间，他将过于分散的德军部队引到陷阱深处，最后将其包围和歼灭。部下对他又爱又恨，把他当作严厉的监工，而不是凶猛的职业军人。他对待部下的方式和斯大林对待他的方式并无不同，就像驱赶马匹的车夫。“他喜欢和怜惜自己的牲畜，但是随时准备抽它一鞭。”[14]斯大林的密友列夫·扎哈罗维奇·梅赫利斯（Lev Zakharovich Mekhlis）上将说，“马儿看到这些，也会有自己的结论。”领袖既把他当作盟友，也把他视作威胁，命令内务人民委员部在他莫斯科的家中设置了窃听器，并且严密监视他的助手。

150 和斯大林相处了这么久，朱可夫能通过观察他摸胡子的方式和玩烟斗的手法，识别出他的喜怒和不安。据某传记作者记载，烟斗既是“道具，也是风向标”[15]，如果没有点着的话，“那是个坏兆头。如果斯大林把它放下了，马上就会有一阵狂风骤雨；如果他用烟斗嘴挠胡子，说明他很高兴”。朱可夫非常注意斯大林的眼神，“他通常会慢慢环视房间，不时停下来，逐渐移动到自己正在谈话的人身上，然后直直地盯着你的脸看”，他的眼睛“清澈明亮，很有压迫感，似乎能包围和穿透来访的人”。在正常谈话中斯大林“平静镇定”，但是可能在一瞬间就发生转变，当他情绪失控的时候，“脸色苍白，眼中流露出痛苦的神情，他的凝视也变得深邃和狠毒”。

就在和西方特使道别后不久，斯大林向朱可夫抱怨道，德国的西线已经“完全崩溃”[16]了，“希特勒分子”对美军和英军几乎不做抵抗，却在东线死守阵地。为了证明自己的观点，领袖走到办公桌前翻出一封信。信件来自“一位外国好心人”，后来被证明是潜伏在英国外交部的苏联间谍。

“看看这个。”

信中称德国人正在努力劝说西方盟国同意“单独媾和”，据说盟军拒绝了此项提议，但是斯大林不信：“我不认为罗斯福会违反雅尔塔协议，但是丘吉尔，他什么都干得出来。”

两天以后的4月2日，斯大林召集麾下的将领讨论对柏林的总攻。这回，他把朱可夫的主要竞争对手伊万·科涅夫也叫来了，科涅夫是乌克兰第1方面军的司令员，该方面军位于朱可夫部队的左翼。斯大林让助手宣读了一份报告，说英国人和美国人会联合行动，计划在红军到来之前抢占柏林，文件中还罗列了盟军指挥官已经实施的一系列准备措施，以确保行动成功。

“那么，谁将攻下柏林，是我们还是盟军？”[17]助手读完电报以后，斯大林向元帅们发问。

科涅夫抢着回答说：“我们会占领柏林，而且我们会在盟军之前占领它。”

斯大林浅笑了一下，表明这就是正确答案，“所以你就是那个人了”。他不仅成功地在苏联和盟军之间造成了竞争，还在自己的将领之间制造竞争。他知道朱可夫极度渴望成为柏林的征服者，给自己璀璨的军事生涯再添光辉，但他已经想出了办法 151
来削弱对这位身材不高的元帅的支持。他批准朱可夫按照预定计划从东面和北面向德国首都发起进攻，但还支持科涅夫同时从南面发动进攻。为了实施这次进攻，斯大林同意从大本营预备队中给科涅夫额外调配两个集团军。

桌子上摆着地图，上面画满了各方兵力部署以及计划的进攻路线。在两位竞争对手的注视下，斯大林用铅笔画了一条虚线，作为两个方面军的分界线，划到吕本（Lübben）的时候他的手停了下来。吕本位于柏林东南约 50 英里处，计划总攻打响三天后攻占此城。他未发一言，但在场的所有人都已经明白了他要表达的意思，最后的大奖得主将会是最主动、强大、无情的将领。领袖调集了总计 250 万人的部队、7500 架飞机、6250 辆坦克和 41600 门火炮，来发动这场他确信是伟大卫国战争的最后总攻，战斗最迟将在 4 月 16 日开始。

“无论是谁首先突破，柏林就归他了。”斯大林一边说，一边抽着登喜路烟斗——那是丘吉尔送给他的礼物。

* * *

3 月 30 日，就在斯大林计划攻占柏林的那天，罗斯福正在佐治亚州开始了一次非常必要的休假。他乘坐特别夜间专列从华盛顿出发，在中午时分穿过亚特兰大，午餐后抵达了沃姆斯普林斯（Warm Springs）的温泉度假村。当天是耶稣受难日，天气非常好，“暖和晴朗”。照例有很多热心人士聚集在小小的火车站欢迎总统的到来，自从 1924 年患上脊髓灰质炎后不久，他就成为这里的常客和本地约 500 名居民的老朋友。他喜欢在清澈的泉水里游泳，泉水从附近的松树山（Pine Mountain）上流下来，温度常年保持在华氏 88 度（摄氏 31.1 度）。富含矿物质的泉水让他因脊髓灰质炎而萎缩的肌肉放松下来，还能让他精神焕发、生气勃勃。他在镇南边用木头给自己建了栋小型白色别墅（后来被人戏称为罗斯福的“小白宫”），每年都会来到这里。

当特勤人员将罗斯福从轮椅搬到那辆 1938 年产的双门敞篷福特轿车驾驶座上时，人群中传出一阵议论声。往常总统都是在助手的帮助下，靠自己强壮的胳膊优雅地转换座位，现在他 152
却身体沉重，精力衰竭。罗斯福依然坚持亲自驾驶这辆手动挡福特汽车到“小白宫”去，但是他很容易疲劳，不怎么讲话，也没有胃口。他的行政助理比尔 · 哈塞特（Bill Hassett）发现老板已经失去了生活的热情。哈塞特注意到一些微小又无法掩饰的迹象，如“无力的签名”[18]，现在已经快看不清了，“以前那种有力的书写和浓重的笔墨都已经消失了”。当晚，他向曾陪伴总统到雅尔塔开会的心脏病专家霍华德 · 布鲁恩表达了自己的担忧：“他正在离我们而去，靠人力已经无法挽留他了。”

掩映在松树山下的小木屋，是罗斯福躲避尘世烦恼的地方，一个放松的绝佳去处。房子四周都是佐治亚松树，里面有三间卧室和一个厨房，房间和厨房环绕在大客厅周围，客厅里有座石头壁炉。屋内的家具朴实无华，装饰着 19 世纪的帆船模型、约翰 · 保罗 · 琼斯（John Paul Jones）① 的肖像画，露台上还有几张普通的椅子。木屋没有台阶或门槛，所以总统可以坐着轮椅花最少的力气到处移动。在与日俱增的个人压力和孤独感中，这个简单而又熟悉的环境给了罗斯福精神上的慰藉。他觉得妻子埃莉诺（Eleanor）对自己比以前更加疏远了，她总是不断地给自己提建议，这简直让人烦躁。1918 年发生的绯闻中，埃莉诺发现了罗斯福的前任秘书露西 · 默瑟（Lucy Mercer）写给他的一摞情书，两人的夫妻关系就此名存实亡，但他们仍然是政

① 约翰 · 保罗 · 琼斯（1747 年 7 月 6 日 ~ 1792 年 7 月 18 日），生于苏格兰，美国海军军官，军事家，曾参与美国独立战争，是美国第一位成名的海军英雄，被称为美国海军之父。——译者注

治伙伴。现在，埃莉诺发现“他已经没法进行真正的讨论了，而以前我们一直都是可以的”[19]，当富兰克林宣布他要去佐治亚州休养时，埃莉诺仍然独自留在华盛顿。

陪伴罗斯福去沃姆斯普林斯的是他的几个亲密助手；他的苏格兰小猎犬法拉，以及那些经常伴他左右让人喜欢的女性们。他的表妹玛格丽特·萨克利和劳拉·德拉诺住在小白宫的其他两个卧室里，他的秘书格雷丝·塔利（Grace Tully）也在身边。和这些人在一起，他才能真正放松，她们从来不拿政治、战争和国外政策等问题惹他烦恼。她们可以照顾他的病体，听他讲笑话，然后不以任何批评的态度听他说自己的想法。他还计划瞒着埃莉诺接受露西的拜访，时隔 20 多年之后，她重新闯入他的生活。她现在已经是露西·拉瑟弗德（Lucy Rutherfurd），一位纽约社交名流的遗孀，陪她一起来的还有她的艺术家朋友伊丽莎白·肖马托夫（Elizabeth Shoumatoff），她来这里的任务是
153 给罗斯福画像。给露西和富兰克林牵线的是安娜·罗斯福，她觉得在国际危机的重担下，父亲急需“有几个小时的放松时间”[20]。安娜后来回忆，体态优美的露西是一个“美丽端庄、聪明、安静和谨慎的女人”，有一种“与生俱来的高贵和沉着”，和罗斯福进行了轻松愉快的交谈。和埃莉诺不同，露西是一个“绝佳的倾听者，也是个知道问题真正所在的聪明倾听者，而母亲只会打断他的话说：‘我觉得你错了，富兰克林。’”

就算在沃姆斯普林斯，罗斯福也没有完全能摆脱埃莉诺。他抵达此地后不久，妻子就给他打电话，游说他同意给南斯拉夫游击队提供更多的军事支持。她在电话里和他讲了 45 分钟，就算罗斯福向她解释了她的要求不切实际也不行。布鲁恩当时就在总统身边，电话打完后给总统测了血压。他发现总统的血

压急剧上升，和先前读书的时候相比提高了55，“他的额头上青筋暴出”[21]。

有关苏联以及战后欧洲秩序的担忧也向罗斯福纷纷涌来，就在他到达沃姆斯普林斯后不久的4月3日，他惊讶地收到一份来自斯大林的令人厌烦的电报，指责西线盟军正在和德国商讨秘密协议。罗斯福声明过，杜勒斯和沃尔夫在瑞士的会面只是临时性的试探，而苏联领导人根本不听。根据他得到的情报，“英国和美国”对德国承诺了一个和平条款，作为回报德国将会同意“打开前线，允许英美军队向东进军”。自己的诚实受到斯大林的质疑，这让罗斯福感到恼火，罗斯福一直让助手小心地压制公众对苏联的批评，生怕会对同盟造成“不可挽回的损害”。然而，关于波兰的争吵和在德国问题上的分歧让他开始质疑自己对待苏联的一贯方式，他现在更能接受像哈里曼之类顾问的想法，对克里姆林宫采取强硬路线。“埃夫里尔是对的，”他在3月24日告诉一位朋友，边说边用拳头捶着轮椅，“我们无法和斯大林打交道，他破坏了在雅尔塔达成的所有协议。”[22]

总统给华盛顿发了一封电报，让他的幕僚长莱希五星上将起草一份给斯大林的“立即答复”。回电在4月4日深夜发出，这些电文往来标志着反希特勒同盟领导人之间的关系达到了最低谷。罗斯福说他“非常诧异”，居然有人会指责艾森豪威尔， 154
而后者在西线除了“敌军无条件投降”之外是不会接受任何东西的。最近盟军在西线取得的进展，来自“军事行动”和“我方空袭产生的巨大影响”，而不是任何秘密协议。如果在最后关头，对德国的胜利被“不信任”和“缺乏信念”破坏的话，将是“历史上的巨大灾难”。罗斯福批准了莱希尖锐的措辞：“坦白地说，不管他们是谁，对我们的行动和我信任的下属进行如此恶意的诽谤，我无法不对告知您消息的人表示强烈愤慨。”

斯大林在4月7日回电中的措辞更加圆滑，他坚称从来就没有怀疑过罗斯福的“诚实和可靠”，同时，他也没有在关于德军放弃了西线的大规模抵抗这一主要问题方面做出让步。“在一些无关紧要的节点，如捷克斯洛伐克的泽姆林尼西亚（Zemlienitsa），他们继续疯狂抵抗，这些地方对他们根本一点用都没有；但是在一些重要的城镇，像德国中部的奥斯纳布吕克（Osnabrück）、曼海姆（Mannheim）和卡塞尔（Kassel）等城市，却不进行任何抵抗就投降了。你不认为德军的这种行为都已经不能用奇怪和不可理解来形容了吗？”

尽管对斯大林很气恼，罗斯福还是避免和他撕破脸皮，和丘吉尔不同，他对利用德国领土和苏联讨价还价没有任何意向。首相为艾森豪威尔在给斯大林的电报中拱手将柏林让给红军而感到沮丧，在4月1日给罗斯福的电报中，他强调德国首都依然具有“很大的战略重要性”，并且预计在占领了维也纳和柏林之后，苏联人会变得更加趾高气扬。“从政治立场来说，我们应该尽可能地向德国东部进军，”他告诉罗斯福，“如果柏林落到我们手中，我们当然要抓住它。”让丘吉尔感到不悦的，还包括艾森豪威尔在没有事先同英国商量的情况下，就将作战计划告知斯大林。“只有一件事情比和盟友作战更糟糕，”他对英军总参谋长艾伦·布鲁克元帅发牢骚说，“那就是战斗的时候没有他们。”[23]

首相的观点没能使罗斯福信服，他还是同意艾森豪威尔的想法，觉得牺牲成千上万的美国人去占领已经成为苏联占领区的一部分德国领土，几乎没有任何意义。考虑到美军在德国的数量是英国的两倍，丘吉尔只好让步。“事情就这么决定了，为了表达我的诚意，我将引用我会的为数不多的几条拉丁语谚语之一，”他在4月6日的电报中说道。“*Amantium irae amoris* 155 *integratio est.*”白宫地图室做了翻译：“两口子吵架，越吵越亲。”

所有这些错综复杂的政治和军事压力，越来越让罗斯福感到不堪重负，这个伟大的杂技演员已经无法继续让所有的球都同时停留在空中了。实际上，他几乎已经无法胜任《宪法》要求一位总统应该承担的最低限度的文字工作了，他与丘吉尔、斯大林的交流，大部分是由在华盛顿的莱希或马歇尔代笔。他早上起得很晚，下午还要睡一个长长的午觉，入夜时分要在乡间驾驶。他的工作时间被压缩到上午的几个小时里，他利用这段时间看报纸，浏览晚上从华盛顿发来的电报，签署几项法案或法令。他需要用很大的力气才能读书或欣赏自己心爱的邮集，邮票收集在一个长长的木板箱里，现在被他叫作“棺材”[24]，这点黑色幽默让格雷西·塔利觉得担忧。凌驾于一切之上的，是他盼望露西·拉瑟弗德的到来。

* * *

4月9日，星期一，是总统来到沃姆斯普林斯度假的第十天，又是一个晴朗的好天气。他的表亲们正在为露西的到来做准备，在客房里插满了新采的花朵。罗斯福从午睡中醒来，邀请黛西·萨克利带着法拉乘坐总统专用敞篷轿车来一次郊游。他们向东朝着佐治亚州的梅肯（Macon）前进。与此同时，露西也开着车载着他的艺术家朋友和一位摄影师，从南卡罗来纳州朝西行驶，他们约好在路上碰头。

总统焦急地仔细观察着每辆开过来的车，“希望它能减速”[25]，然而开出去 85 英里以后，依然没有见到露西的踪影。此时的露西也在自己的车里忍受着相似的痛苦煎熬，她对着肖马托夫自嘲地说“没人爱我们”。日落西山，气温渐降，为了挡风罗斯福披上海军的制式大衣，心不甘情不愿地同意掉头返程。他们在距离沃姆斯普林斯 5 英里的一家杂货店门前停下来休整，这时候露西开着自己的凯迪拉克终于出现在他们面前。喜笑颜开的总统坚持让她和自己一起完成到小白宫的路程，他看上去显得“很累”，但晚餐时兴致颇高。晚餐是在客厅里举
156 行的，他亲自给客人们调酒，还给大家讲述雅尔塔沙皇宫殿里的见闻来娱乐众人。他说他觉得苏联人“是群很不错的人”，除了“不时出现的几张讨厌的面孔”。

“你喜欢斯大林吗?”有着白俄血统的肖马托夫问道。

罗斯福与生俱来的那种将可怕和轻松的话题结合在一起的天赋还没有离他而去，“是的，他是个很有意思的人，”他回答说，“但是我确信他害死了自己的老婆!”

星期二上午，艺术家开始工作了，她让总统在客厅的书架前摆好姿势拍照。斗篷掩盖了他那枯瘦的躯体，但是他注视着前方的眼睛却有些茫然。摄影师还给露西拍了几张照片，她的嘴角带着高深莫测的微笑。下午，富兰克林带上露西和法拉去他最喜欢的多戴尔山丘观景，山丘位于松树山的小路尽头，罗斯福喜欢到海拔 1395 英尺的突出岩石上，在这里野餐或只是俯瞰着苍翠的山谷。他曾经向人推荐说，在这个山丘上欣赏美景可以驱散脊髓灰质炎病人的绝望情绪。在接下来的一个多小时里，总统和他的旧情人在这里聊天，看日落，法拉则在车旁蹦蹦跳跳。萨克利赞许地记录道：“他回来后都晒黑了。”[26]

星期三上午，总统审阅着昨晚从华盛顿发来的报告，再次将精力放回到国际事务中。艾森豪威尔的部队正在清剿鲁尔包围圈内德军的最后抵抗，苏联人终于占领了东普鲁士首府柯尼斯堡（Königsberg），这座城市很快就将更名为加里宁格勒（Kaliningrad）。罗斯福最终确定了在旧金山联合国开幕大会上的发言稿，正如哈塞特在日记中记载的那样——“只许成功不许失败”[27]。他同意给斯大林发一条和解电报，声明结束关于伯尔尼会谈的争吵，“这事看上去已经过去了，而且没有产生任何正面影响”。总统告诉斯大林，这种“小误会”未来不能再发生了。遇到棘手的问题就假装它没有发生过，这是经典的罗斯福式的私人和公共生活策略。“如果事情让人讨厌，而且他又不想知道，他就会忽略并不再谈起它，”他的妻子后来说，“他总是觉得如果你忽略一件事情有足够长的时间，那么这事自己就会消停下来。”[28]

给斯大林的回信是莱希起草的，但是罗斯福又给丘吉尔口述了一条与之有关的电报，日期也是4月11日，其中反映了他和苏联人打交道的哲学。“我会尽量减少和苏联在大方向上的冲突，因为这些看上去每天都会发生的难题不管以什么形式出现，大部分都能自己解决……但是，我们必须坚定，到现在为止我们所走的道路都是正确的。罗斯福。”[29]这是他从沃姆斯普林斯发出的极少数由他亲自起草的电报之一。 157

当天一起共进晚餐的还有总统在海德公园的老邻居，财政部长亨利·摩根索，他是顺路来拜访总统的。罗斯福拿出一大碗鱼子酱，这是两个月前在雅尔塔时斯大林送给他的离别礼物。他坚持自己来调制鸡尾酒，尽管他的手不住地颤抖，差点碰翻了酒杯。晚餐的大部分时间里他都在和坐在右手边的露西交谈，摩根索努力让他支持自己对战后德国采取惩罚性经济措施的政策，但是罗斯福的态度暧昧不清。摩根索离开后，四位女士和总统一起坐在壁炉旁，各自讲着轻松的故事。肖马托夫刚讲完一个和俄国女皇叶卡捷琳娜二世相关的鬼故事，布鲁恩就过来提醒罗斯福睡觉的时间到了。艺术家后来回忆说："总统就像个小男孩，要求再待一会儿，但最后还是同意休息。"[30]

4 月 12 日，星期四，罗斯福醒来时觉得"头有点疼，脖子僵硬"[31]。他和露西及女伴们都待在客厅里，坐在壁炉前他最喜欢的那张皮椅上。在他身后，春日的阳光从敞开的阳台门边播撒进来，还有玫瑰和杜鹃花的香气。他留出几个小时，让肖马托夫给自己画像，哈塞特讨厌肖马托夫，觉得这位艺术家"过于咄咄逼人"。这位行政助理本来想让罗斯福签署几份文件，但是肖马托夫却只专注于自己的事情，她"测了测总统的鼻子，又量了量脸上的其他部位，让老板朝这边或那边转。干完这些，总统看上去已经非常衰弱和疲惫了"。需要总统注意的最紧急的事务是哈里曼从莫斯科发来的电报，反对总统在 4 月 11 日给斯大林回电中的措辞，大使觉得关于在瑞士进行的投降谈判的误解不是"小"事，而是"性质重大"，他"恭敬地"建议延迟递交电报，直到总统咨询过首相之后。

158 哈里曼的电报是从白宫地图室转发到沃姆斯普林斯的，后面还附上了莱希起草的回复，发送时间是上午 10 点 50 分。莱希支持对莫斯科持更强硬的态度，但是他知道罗斯福更喜欢用温和的方法，他在起草的答复中让哈里曼立刻将总统的回电呈递给斯大林："我不想删除'小'这个字，因为我想把［瑞士］这件事上的误会当作小事。"莱希声称，地图室于 13 点 06 分收到了罗斯福对自己那封电报的回复。"批准。"[32]答复很简单，这是罗斯福最后的官方通信。

9分钟之后，13点15分，总统在轮椅上向前趴下身子。他颤抖的左手按在太阳穴上，眼睛直直地看着一起坐在沙发上的露西和黛西，“我的后脑勺疼死了。”他声音微弱地说道。

* * *

莫斯科的春天来得很早，到4月中旬雪已经全部融化了，通往斯巴索别墅的道路两旁，褪色柳上的花开得正艳。4月12日晚上，埃夫里尔·哈里曼邀请外国大使和几个“无害苏联人”到大使官邸，参加为一名大使馆工作人员举办的道别晚宴。人们在舞厅里和着手摇唱机里传出的曲子欢乐地摇摆，这时凯瑟琳过来把父亲拉进旁边的“蓝屋”（Blue Room）里。其后不久，大使秘书突然关掉了留声机，告诉大家散场的时间到了。宾客们没有得到任何解释，就被送出门外。

宾客们一走，哈里曼就把助手们叫到自己位于二楼的房间，表情忧郁，他宣布罗斯福因脑出血去世，终年63岁。凌晨1点，收音机里就已经广播了这个消息，但是大使“一向对任何重要的事情都要保密”[33]，这让他犹豫了半天是否要公开声明。他先是给苏联外交人民委员会打了电话，预约和莫洛托夫见面。外交人民委员还没睡，他刚参加完在克里姆林宫举行的斯大林和南斯拉夫共产党新领导人铁托元帅的深夜会议。凌晨3点05分，助手打电话说莫洛托夫正在前来吊唁的路上，他很快就到了，被人领至“蓝屋”。“他看上去很感伤和不安，”哈里曼那天晚些时候记录道，“我从来没听见莫洛托夫说过这么诚挚的话语。”大使向人民委员保证，新总统哈里·杜鲁门将会施行和前任相同的政策。 159

哈里曼已经向国务院游说了几个星期，申请批准他回国商谈，他希望向华盛顿发出警告，因为他看到雅尔塔会议之后美苏关系正滑向危险的不健康的方向。他在 4 月 10 日起草的还没来得及发给斯退丁纽斯的最新报告中，发出警告说美国政府正在允许克里姆林宫骑在他们头上作威作福。“我们正受到苏联政府的轻视甚至是侮辱，但我们没有正确表达我们的不悦。”[34] 他抱怨说。苏联官员们“开始觉得他们可以把自己的意志强加给我们”。他列举了几项“几乎每天都会发生的侮辱”，从波兰的僵局、美军获救战俘事件上的摩擦，一直到在苏联控制地区执行任务的美军飞机降落问题。哈里曼想获得“一些具体的手段”——可以是《租借法案》方面的支持——来告诉“苏联官员，他们对我们的无礼行为正在给他们自己的重要利益造成影响”。他确信“强硬”是斯大林唯一理解的语言：“我们等得越久，处境就越困难，我方就不得不采取更加激烈的措施。”

4 月 13 日，星期五早上，结束了和莫洛托夫的会面以后，哈里曼给斯退丁纽斯发了电报，说他计划星期一上午离开莫斯科“去与你和总统会谈，除非你们给我其他指示”[35]。国务卿又一次驳回了他的请求，斯退丁纽斯在回电中说：“你必须留在莫斯科，没有比现在更为关键的时刻了。”但哈里曼还是留了一手，他将用罗斯福的去世，来劝说斯大林撤回不让莫洛托夫出席在旧金山举行的联合国大会的决定。如果斯大林同意的话，那么斯退丁纽斯就很难继续阻止哈里曼已经多次提出的回国请求，他回到美国就是公务所需。

20 点，哈里曼被领进斯大林在“小角落”的办公室。他发现苏联领导人看上去“为罗斯福总统去世的消息感到深深的哀伤，他一言不发，握着我的手足有 30 秒，然后才让我坐下”。

与大多数外国领导人一样，斯大林对杜鲁门也几乎不了解，有许多疑问。作为密苏里州议员，新总统先前几乎完全致力于国内事务；他仅有的外交经验，是第一次世界大战时期作为炮兵 160
军官在法国待了七个月。哈里曼用外交辞令介绍了杜鲁门，说他是“斯大林元帅会喜欢的那类人——实干而不是空谈”。

“罗斯福总统去世了，但是他的事业必须进行下去，”斯大林庄重地说道，“我们会以全部的力量和信念，支持杜鲁门总统。”

这让哈里曼捕捉到了转机，他告诉斯大林，帮助新总统以及表现苏联外交政策持续性最有效的方法，是派遣他最得力的助手到美国去。莫洛托夫可以在华盛顿停留，会见杜鲁门，然后再从那里前往旧金山。哈里曼很乐意提供一架供莫洛托夫使用的专机，这架飞机和罗斯福来克里米亚时乘坐的飞机类似，完成从莫斯科到华盛顿的旅程只需要36个小时。

“我们可以在飞机上涂个红星，并且配置苏联和美国的混合机组人员。”哈里曼半开玩笑地提议道。

在美国军用飞机上涂刷共产主义标志的想法并没有打动领袖，他建议说“涂个绿星吧”。

“如果您喜欢，把整架飞机涂成绿色都行。”大使承诺道，此时的他就像个一定要做成一笔生意的推销员。他描述了C-54运输机的舒适性和速度，却“找不到合适的词语来形容”苏联外交人民委员的来访对美国人民以及杜鲁门个人会带来什么样的重大意义，全世界都将认为此事会“对局势的稳定产生极大影响”。

“时间，时间，时间。”莫洛托夫在身后表示反对，显然他是在担心最高苏维埃大会。

在美国人的诱导下，斯大林很快就松了口。莫洛托夫加了一个约定，他不想按照最直接的路线，向西穿过大西洋飞行，相反他想向东穿过苏联的广阔领土，经西伯利亚和阿拉斯加前往美国。这个安排正中哈里曼下怀，他计划搭乘自己的专机沿更快的路线回到美国，他将比莫洛托夫提前两天到达华盛顿，这使他有时间给那位来自密苏里州杰克逊县独立城的前男装经销商人上一堂外交政策课。

10

新总统和人民委员

4 月 23 日

宣誓就职美国第 33 任总统后的第二天，哈里·杜鲁门就回 161
到了国会山，与国会领导人们共进午餐，在参议院待了 10 年，他们彼此相熟。当他离开参议院秘书长办公室的时候，一群记者围上来和他搭话，他们中的很多人都认识他，只把他当作牌友哈里。他和每个人都握了手，眼中闪着泪光。“弟兄们，”他告诉众人，“如果你们要祈祷的话，请现在为我祈祷吧。我不知道你们有没有被草垛压倒过，但当昨天他们告诉我发生了什么的时候，我觉得月球、恒星和所有的行星都压在我的身上。”[1]

“祝您好运，总统先生。”一位记者说。

“真希望你们不用这样叫我。”

在全球政治局势剧变的高潮中，杜鲁门一夜之间成为超级新兴大国的领导人。现在，他已经是分布在欧洲和亚洲的 1200 万军人的最高指挥官了，这让他感到不知所措，甚至有一点恐惧。他知道自己对外交事务一无所知，他的前任并没有让他做好准备来应对与斯大林、丘吉尔此类巨头谈判的挑战，之前他只是听说过这些人罢了。在担任副总统的 82 天里，私下里他只 162
和罗斯福见过两次面。罗斯福从来就没和他讲过“关于战争、外交事务或是他对于战后和平的想法”[2]，至于雅尔塔谈判、事关波兰的争论以及原子弹计划，他几乎完全被蒙在鼓里。在成为总统之前，他无权接触机密地图室的军事文件，而这些文件对于了解其前任所做的决定至关重要。他不是白宫内部圈子的一员，连哈里曼之类的政府部门中的苏联问题专家，他都从来没有见过。奇普·波伦觉得杜鲁门“是个不知名的副总统，见总统的次数比我要少多了，对美国外交关系也比我了解得少”[3]。

杜鲁门的优势和劣势都和普通人一样，他身上有着美国中西部地区根深蒂固的价值观：诚实、努力、礼貌、谦虚、朴素。他和青梅竹马的恋人结婚，通过自己长大的小镇来认识这个世界，果断直接的他总是根据常识性的直觉很快做出决定，很少再三考虑或表现出后悔。他是个很好的倾听者，尽管有时候可能会是“密苏里州最难说服的人”[4]——这是他的政治赞助人托马斯·约瑟夫·彭德格斯特（Thomas Joseph Pendergast）说的。对于“马屁精”——他用这个词来形容每个总统身边都会有的私人顾问团队，他都保持着深深的怀疑态度。尽管不了解当前的国际局势，但他喜爱历史，声称读完了独立城公共图书馆的每一本书，他让自己沉浸在伟大人物的人生中，从汉尼拔·巴卡（Hannibal Barca）到罗伯特·爱德华·李（Robert Edward Lee）。如果他有什么不寻常的地方，那就是他专注于某项事务的精神和对自我提升的渴望。1913 年秋天，当贝丝·华莱士（Bess Wallace）接受了他的求婚后，他在给她的一封信中形容自己是“一个有成为蒙大拿州州长或美国行政长官野心的庄稼汉”[5]。如果没有成功的话，他承诺会“锲而不舍，觉得自己会干成点什么。不管你觉得我更好还是更差，你都不会觉得遗憾，因为我永远都会尽力去变得更好”。

1944年，罗斯福选择了杜鲁门担任副总统，而非亨利·阿加德·华莱士（Henry Agard Wallace）和詹姆斯·伯恩斯这类更知名的政治家，其中的确切缘由依然不得而知。最有可能的解释是他想要一个能联合起民主党竞争对手的人，作为一个边境州（border state）的代表，杜鲁门既不是北方的改革派，也不是南方的保守派。他崇拜罗斯福，觉得是他从大衰退中拯救了美国，还在与纳粹德国和日本的战斗中取得了胜利，但他也 163
看到了罗斯福的缺点。“他是我认识的最冷酷的人，”他后来回忆，“就我所知，他本人不在乎我或世界上其他任何人。但他是个伟大的总统，是他把这个国家带进20世纪。”[6]

两位领导人的个性迥然不同，罗斯福是个充满自信、出身显贵的政治家，杜鲁门则为自己的农民出身感到自豪；罗斯福通过密谋和算计达到目的，鲜有表现出他在想什么的时候，杜鲁门则更直接和朴实；罗斯福是个理想主义者，对战后世界有着庞大规划，而杜鲁门是个现实主义者。“他是一个精明的牌友。”[7]他的一位记者朋友说，还说他“相信自己能给美国谈成最好的交易，不轻易虚张声势”。罗斯福和斯大林打交道的方式是拖延，希望困难最终会自己消失，杜鲁门喜欢把问题摆在桌面上；罗斯福是个敷衍的高手，新总统则要求有一说一。

就杜鲁门现在对苏联的了解程度，他的看法只能反映美国人的主流观点。1941年纳粹德国袭击苏联，这位密苏里州议员希望两边都倒霉，他不愿意“在任何情况下看到希特勒取胜”[8]，但也信不过斯大林。“如果看到德国要赢了，我们应该帮助苏联；如果苏联要赢了，我们应该帮助德国，让它们尽可能地相互厮杀。”最近，他由于苏联在战争中做出的牺牲，开始对其“格外敬重”。他告诉记者们，既不在关于欧洲的争吵中纠缠不清，同时又和苏联保持合作，这不但是可能的，也是必需的。他想延续罗斯福的政策，但他不是一个可以被随意摆布的人。

*　*　*

埃夫里尔·哈里曼以破纪录的速度回了国。4 月 17 日星期二的黎明时分，他离开莫斯科，乘坐被他称为“贝基”（Becky）的经过改装的 B－24“解放者”轰炸机，经由意大利、北非和加拿大新斯科舍抵达目的地。整个行程耗时 49 小时 20 分钟，比先前经德黑兰飞行的纪录快了近 6 个小时。由于时差关系，大使抵达华盛顿的时间是 4 月 18 日星期三，临近午夜。星期五中午，他被领进白宫的椭圆形办公室（总统办公室）和杜鲁门见面。

上任的第一个星期，新总统每天都在地图室里研究雅尔塔
164 谈判的记录直至深夜，读了这么多资料，他的眼睛都开始刺痛了。这个位于白宫一楼、有着低矮天花板的指挥中心，是按照丘吉尔在唐宁街（首相官邸）的房间布局设立的，所有的墙上都挂满了地图，地图上用彩色记号笔标注着舰队和部队的行动状态。情报从世界各地涌进地图室，为它提供战场上的即时战况和最新进展，坐在房间中央，杜鲁门能够“扫一眼就知晓整个军事态势”[9]。不停变换的地图记录了红军对柏林发动的猛攻，4 月 16 日黎明，这场总攻由奥得河对岸惊天动地的火箭炮和大炮齐射拉开了序幕。4 月 20 日是希特勒的 56 岁生日，当天朱可夫的部队已经抵达了城市郊区。而在柏林以南 100 英里处，美军第 69 步兵师逼近了易北河，将要和科涅夫的乌克兰第 1 方面军部队进行历史性的会师。

看到杜鲁门已经做了功课，并且阅读了斯大林和罗斯福之间的所有通信，哈里曼感到很欣慰。新总统要求简要叙述美苏关系中最紧要的问题，当时国务卿斯退丁纽斯、副国务卿约瑟夫·克拉克·格鲁（Joseph Clark Grew）以及波伦都在房间里，但是大部分时间都是大使在说话。他现在有了机会——这个在斯巴索别墅的漫长冬夜里一直被拒绝的机会——可以亲自向最高统帅倾诉自己的苦恼。他的谈话内容依据的是自己在办公室里写就的所有信件和备忘录，这些文件从来没有发出去过，因为他担心这会导致莫斯科和华盛顿之间理解的鸿沟难以弥合，大使希望总统了解一些“令人不快的事实”[10]。

“我们面临的是一次对欧洲的蛮族入侵。”他脱口而出，使用了一个让杜鲁门一直记忆犹新的词。

哈里曼解释说，问题在于斯大林正在推行两项矛盾的政策。一方面，他希望与美国和英国搞好关系，支持“合作政策”，他需要西方的支持来重建他那被战火毁掉的国家；另一方面，他希望通过单方面行动，将苏联的政治控制力扩张到周边国家。在苏联人的理念中，与波兰之类国家的“友好关系”，可不仅仅指对这些国家的对外政策施加强大影响，还包含“扩张苏联的体系”——依靠无所不能的秘密警察，限制言论自由等手段来维持的体系。在哈里曼看来，斯大林背弃了仅仅两个月前在雅尔塔允许波兰进行自由选举的承诺，其中的原因非常简单。165
因为他明白莫斯科扶植的临时政府只代表少数波兰人，在自由选举中米科瓦伊奇克之类的民主党派领导人可能会得到80%到90%的选票，成为反对共产主义者的聚焦点。

哈里曼认为，只要美国政府抛弃先前的幻想，现在和斯大林达成一个可行的折中方案还不算晚。认为苏联和美国的动机是出于相同的理想和原则，这是一种愚蠢的想法。“斯大林周围的某些势力”误解了美国的慷慨和合作意愿，把这当成他们可以为所欲为而不会有任何严重后果的信号，美国应该在和苏联打交道的过程中采取以牙还牙的政策。苏联已经禁止美国飞机在乌克兰飞行，作为回应，美国也应该在阿拉斯加上空禁止苏联飞机飞行。在对美国至关重要的问题上，杜鲁门“坚持立场不会损失什么”。

总统声明他不害怕苏联人，“他们需要我们多于我们需要他们”，他想要的是“立场坚定但处事公平”。他完全理解“要百分之百得到我们想要的是不可能的”，但是“我们应该能够拿到 85%”，他计划用“简单明了的话”让莫洛托夫明白他对解决波兰争议问题的重视程度。哈里曼告诉总统，看到总统和自己在最关键的问题上看法“完全一致”，他感到非常宽慰。

经西伯利亚和阿拉斯加，莫洛托夫又花了两天时间才来到华盛顿，由于在苏联的大部分地区缺乏导航支持，所以飞机不能在夜间飞行，导致了航班延误。巨大的 C－54 飞机最终于 4 月 22 日星期日 17 点 46 分降落，外交人民委员被邀请下榻在白宫对面的布莱尔大厦——美国总统的官方迎宾馆，杜鲁门一家也住在这里，就在大楼的另一侧。贝丝坚持对白宫的私人居住区域进行大翻修，因为那里已经破败不堪，近乎废弃：埃莉诺·罗斯福一直都忙着拯救世界，没空去打理发霉的地毯和破烂的窗帘。就在莫洛托夫到达前几分钟，苏联安全人员搭乘两辆汽车来到布莱尔大厦，他们立即“四处查探”[11]，检查窗户，拉出抽屉，在楼梯上跑上跑下。“就像是自己人一样。”一位美国特勤局官员讽刺道。

晚饭后，杜鲁门见到了莫洛托夫，时间是 20 点 30 分。气

氛友好又带着戒备，双方都用自己对雅尔塔协议的理解来试探对方。这是杜鲁门与苏联高级领导人的首次会面，莫洛托夫给 166
他留下的最初印象是“很好看的蓝色眼睛”“方脸”和“硕大的克罗马农人①似的头颅，像个苹果”[12]。外交人民委员暗示他不大可能在波兰问题上让步太多，波兰“离美国很远，但是和苏联接壤”。他想知道新总统是否支持对日本的约定，给苏联多个领土方面的让步，作为苏联参战的回报，杜鲁门说他支持。

谈话内容从街道聊到国家、战争和白宫旁边的海军部大楼，争吵也随之开始。英国外交大臣加入了斯退丁纽斯的队伍，努力劝说莫洛托夫在波兰问题上灵活处理，但是外交人民委员固执己见。4月23日星期一14点，杜鲁门和顾问们会面，国务卿报告说“完全陷入僵局”[13]。总统开始失去耐心，他抱怨说雅尔塔协议现在成了“单方面协议”，不能再这样继续下去，要“立即行动”。如果苏联在新的世界性组织方面不合作的话，他们“就下地狱去吧”。说罢他在桌旁走来走去，向外交官和将军们征求下一步行动的意见。

总统先是征询亨利·刘易斯·史汀生（Henry Lewis Stimson）的意见，他是罗斯福内阁中公认的“智者”，形象朴素，戴着金表链且胡须整齐。这位77岁的战争部长因刚正不阿而出名，他信奉几条简单的规则，比如“让一个人值得信任的唯一方法，就是信任他”。他喜欢被人叫作“史汀生上校”，这让他忆起第一次世界大战期间自己在驻法国的野战炮兵部队服役的经历，这是他悠长的公职生涯中最值得骄傲的时期。作为赫伯特·克拉克·胡佛（Herbert Clark Hoover）总统任期内的国务卿，他

① 旧石器时代晚期居住在欧洲大陆的原始人，属于高加索人种。——译者注

终止了国务院的密码破译行动，坚称“绅士不会偷看其他人的信件”，但是在日本和德国问题上，他改变了自己的立场。终身是共和党人的他，现在觉得自己是内阁中的另类，是在一群唯唯诺诺讨好总统的年轻人包围中的老政治家。他认为政府部门，特别是国务院在苏联问题上“把自己搞得一团糟”[14]，为了满足罗斯福的欲望，展现在“持续和平”方面取得的成就，他甚至在战争结束之前就在旧金山召集了规模宏大的联合国大会，而不是在幕后协调不同意见。美国的公众舆论都被雅尔塔协议
167 那抽象、毫无强制力的新世界秩序的承诺“煽动起来”，既然公众充满了希望，那么政府部门就必须履行承诺，否则就要冒公开受辱的风险。史汀生责备罗斯福太关注于“利他和理想主义，而不是苏联很强大这个赤裸裸的现实”。

战争部长为杜鲁门的好战感到愕然，他出现的时候就像“一发从加特林机关枪里射出的子弹”。由于没有去雅尔塔，和在场的其他人相比他感到自己有劣势，他同意哈里曼和迪恩的观点，一方面，苏联在“次要的军事问题”上惹了很多麻烦，需要教他们点规矩。另一方面，他们又在“主要的军事问题”上信守了承诺，实际上他们总是比承诺的做得更多，在东线发动的大规模攻势极大地缓解了西线的压力。史汀生觉得在波兰问题上是否要“轻率地同苏联发生冲突”应该三思，他指出“实际上第一次世界大战前波兰的所有领土都属于俄国”。在拉丁美洲——特别是尼加拉瓜——待了很长时间的史汀生对于“自由选举”的说法持怀疑态度，在他看来世界上唯一允许独立投票的国家只有美国和英国。

接下来发言的是海军部长詹姆斯·文森特·福里斯特尔（James Vincent Forrestal，旧译福莱斯特），令史汀生觉得郁闷的

是，他的下属也加入了哈里曼的强硬派阵营。福里斯特尔称关于波兰的争论已经不能算“孤立事件”[15]：已经有清楚的证据表明苏联有统治其他邻国的意愿，在某些方面，与苏联摊牌已经不可避免，他觉得长痛不如短痛。莱希将军则站在更温和的立场上，他觉得雅尔塔协议本来就“容易被两种方式解读”，他认为斯大林从来就没有允许一个自由政府在波兰执政的意向。这位白宫幕僚长想避免和苏联决裂，但也认为总统应该向莫洛托夫说清楚，“我们支持建立自由、独立的波兰”。

与会的国务院代表，包括斯退丁纽斯和波伦，都支持哈里曼和福里斯特尔。很显然史汀生成了少数派，当晚他在日记中倾诉了自己的不满，说支持自己的只有马歇尔将军，他是“一个勇敢又明智的人”。陆军参谋长马歇尔提醒杜鲁门，红军将会在对日作战中起主要作用，苏联也有可能“推迟进入远东战场，直到我们把所有的麻烦都解决掉之后”。与史汀生类似，马歇尔 168
也觉得在波兰问题上和苏联决裂“后果严重”。会议结束后，总统告诉波伦，他会遵循“大多数人的意见”。

*　*　*

杜鲁门和莫洛托夫的第二次会面是在当天下午，这次见面将成为冷战传说的一部分。苏联历史学家在美国修正主义学者的支持下，把这次简短的会面当作罗斯福去世后美国对外政策转折点的证据——与苏联发生矛盾时不再采取妥协政策。杜鲁门自己也促成了这个传说，在他发表于1955年由别人代笔完成的自传里，他言过其实地描述了自己狠狠斥责莫洛托夫的场面，当时他急于向苏联展示自己的强硬立场，真实的故事则没有那么戏剧化。

17 点 31 分，莫洛托夫抵达白宫。从布莱尔大厦沿宾夕法尼亚大街到这里的几百码路程中，他的车队里有两辆豪华轿车，还有十几辆警用摩托车护送。总统在办公室里接待了他，在场的还有哈里曼和斯退丁纽斯。他们马上就进入了正题，总统说他感到很遗憾，因为在波兰问题上“没有任何进展”[16]，外交人民委员对此也表示了遗憾。担任美国方面翻译的是波伦，苏联方面则是弗拉基米尔·巴甫洛夫（Vladimir Pavlov），这与在雅尔塔时一模一样。谈话很快陷入胶着状态，双方都重申了现在的立场，两人都固执地坚称自己的政府是在一丝不苟地执行雅尔塔协议。他们堪称旗鼓相当，莫洛托夫号称“石臀”，因为他能在椅子上坐几个小时纹丝不动，杜鲁门作为参议院国防计划特别委员会主席和密苏里州磨坊主的儿子，对付不听话的伙伴很有经验。杜鲁门停止了没有结果的谈话，拿出一封给斯大林的信，呼吁在莫斯科举行波兰新政府组建会议时，加入三到四位非共产党籍的波兰人，包括农民党领导人米科瓦伊奇克。他尖锐地指出在波兰问题上已经有了现成的协议，“现在唯一需要的是斯大林元帅按照自己说的话来履行协议”。

莫洛托夫插话说，美国人所列名单上的几个波兰人正在和红军对抗，他的脸色“变得有些苍白”。就在他努力想把话题
169 转回到双方都已达成共识的远东战场时，杜鲁门打断了他的话，说自己是想和苏联建立起友好关系，但这不是建立在“单方面”基础之上的。他站起来说了声再见，会谈就此结束，整个过程只持续了 24 分钟。

“就先这样吧，莫洛托夫先生。我将会感谢您把我的观点转达给斯大林元帅。”

矮胖的人民委员抓起自己的帽子和米色风衣，那件风衣比

他的身材大了好几码，袖子盖住了手腕，下摆拖到膝盖下面。衣着整洁头发花白的斯退丁纽斯送他出门，门一打开就受到了闪光灯的迎接，记者们大声提问关于波兰和联合国的问题，但莫洛托夫一句话都没说，看他的脸色就知道他心情如何。

“三巨头波兰僵局持续”，这是第二天《纽约时报》的头条。

这次会谈标志着美国总统对待苏联基调的改变。“他竟敢用这么傲慢的口气对我讲话。”[17]莫洛托夫后来抱怨。相反，波伦非常“享受”翻译总统的话语，“这也许是战争期间美国总统对苏联高官第一次说出这么尖锐的话语”。但是说到底，波伦觉得杜鲁门只是说出了罗斯福也会说的话，如果他还活着的话。罗斯福的方式可能会“更老练和圆滑一些”，他在生命的最后几个星期里确实一直在抱怨苏联破坏了雅尔塔协议。

“我对他实话实说了。”几天后杜鲁门得意扬扬地说，“我让他领教了厉害，给他脸上来了两记左右直拳。”[18]

每传播一次，杜鲁门和“石臀”的交锋也就多了一分戏剧色彩。在杜鲁门的回忆录里又加了几句额外话，在冷战高潮时期格外醒目——据说就在莫洛托夫站起来准备走的时候，他想告诉杜鲁门“还从来没有人对我这样说过话[19]”，而总统则反驳道：“履行你们的承诺，就不会有人这样对你讲话了。”

查阅过杜鲁门的私人记录后，几乎可以肯定他从来没有说过这样的话，杜鲁门自己对于这番对话有不同的表述。在1951年5月的备忘录里，他回忆说自己告诉了那个“非常野蛮的”莫洛托夫，希望苏联能遵守协议，其中还引用了后来他没有在场时的一番对话，他补充说：“莫里（莫洛托夫）告诉波伦， 170
从来没有外国人这样对他说过话。”[20]杜鲁门回忆录的代笔者利用这份备忘录给杜鲁门和莫洛托夫的交锋添油加醋，杜鲁门自己的录音回忆中并没有提到这件事，而该录音是编写回忆录的最原始资料，当时对会谈内容进行即时记录的波伦也否认有过这番不客气的对话。杜鲁门的书《决定性的一年》出版时，参与写作的作家团队已经换了几拨人，他自己对这个项目也已经感到厌烦。他没法对涉及自身的不同版本的回忆录追根溯源，结果以讹传讹，写手们笔下杜鲁门对莫洛托夫说的话最终成为历史记录的一部分。

*　　*　　*

亨利·史汀生心中还有一个秘密急于向总统吐露，三年来他一直都是一个绝密项目的政府最高负责人，而这个项目可以改变历史进程。在政府部门内，该计划被秘密称为 S－1，代表美国科学和国防研究办公室（The Office of Scientific and Defense Research）[①]“第一部门”。当该项目被委派给新成立的陆军工程兵团的曼哈顿工程特区后，它就有了另外一个名字——“曼哈顿计划”。到 1945 年 4 月，项目的进展已经足够令科学家确信，成功的可能性“保证有 99%”。美国总统很快就会拥有仅用 1 颗炸弹就能摧毁整座城市的力量，美国境内的一系列秘密设施已经花费了近 20 亿美元，雇佣人员超过 10 万人。

与差不多所有华盛顿的其他人一样，刚就任总统的杜鲁门对 S－1 几乎一无所知。去年，当他还是参议员的时候，就听到传言说在田纳西州和华盛顿州发现了神秘设施，正在进行耗资巨大的科学实验。他当时正担任监督巨额军费使用的参议院国防计划特别委员会主席，打算派助手进行调查。史汀生知道后

① 此处也许是作者弄错了，这个部门一直被称为科学研究与发展办公室（The Office of Scientific Research and Development，缩写 OSRD）。——译者注

很不安，在日记中说自己觉得杜鲁门是一个“讨厌而且非常不
值得信任的人”[21]。当知道战争部长个人对项目所有花费负责，
并从他那里得知该项目是对国防安全至关重要的“最高机密”
后，杜鲁门才做出让步。在担任副总统期间，他没有收到任何
关于原子弹计划的报告。4月12日，就在他宣誓就任总统那
天，史汀生对他遮遮掩掩地耳语了几句话，即关于“具有难以 171
置信的破坏力的新式武器的进展”[22]。现在是时候添加更多的
细节了。

4月25日中午，他们在白宫西侧的椭圆形办公室见面，杜鲁门两天前就是在这里接见了莫洛托夫。总统这会儿正在琢磨一封“恼人”的电报，发报人是斯大林，重申他拒绝在波兰问题上让步。苏联领导人拿比利时和希腊做对比，说从来没有人就这两个国家政府的组成问题咨询过他的意见，所以为什么要允许外人来决定波兰的结局呢？但在西方人看来，情况已经截然不同：美国和英国都已经完全做好准备，尊重被解放国家人民的选举权。即便如此，斯大林还是抓住没有咨询他的意见这点不放，他有一种天赋，能暴露西方国家伪善立场的所有矛盾之处。

“你们从我这里要求得太多了，”他告诉杜鲁门和丘吉尔，“我无法背叛自己的祖国。”[23]

正当总统还在品味这封信的时候，史汀生给他呈上一份三页纸的文件，概述了S－1项目方面的工作，并坚持要大声朗读出来，从一开始这就是一系列夸张的预言：

1. 四个月内，我们将很有可能研发出人类历史上最可怕的武器，仅用一枚炸弹就能摧毁整个城市。

2. 尽管我们和英国共享了开发过程，但实际上美国当前仍然掌控制造和使用它的资源，几年内没有其他国家能够达到如

此的高度。

3. 尽管如此，可以完全确信我们不会永远处在领先的位置上。[24]

杜鲁门“非常感兴趣地”听着战争部长描述未来恐怖的可能性，“在接下来的几年内”，唯一具有生产核武器能力的国家是苏联，但最终核技术“极有可能”会落入“小国甚至一些组织”手中。核武器可以秘密建造和研发，它可能导致一个强大、无戒心的国家被“一个小得多的国家在几天内征服”的后果。
172 关于一个“世界和平组织”的规划，除非在其中包含能控制核武器扩散的体系，否则将是不现实的，这种控制将极为困难，因为它要求有严格的“监督和内部控制权，这是到目前为止从来没有考虑过的事情”。关于与其他政府共享还是不共享核武器的问题，将很快成为“我们对外关系中的首要问题”。

史汀生认为当前重要的是先把大问题摆到桌面上，然后再给总统介绍关于原子弹的技术细节，为此他把曼哈顿计划的指挥官莱斯利·理查德·格罗夫斯（Leslie Richard Groves）少将喊进来。为了避开记者，将军是从地下通道秘密进入白宫的，现在他从后门走进椭圆形办公室，出现在总统面前，手中拿着一份 S-1 项目的 24 页报告，要求总统立即阅读。史汀生和格罗夫斯陪着总统一起读报告，总统费力地理解着在橡树岭、田纳西州等地进行的铀浓缩计划，以及在新墨西哥州洛斯阿拉莫斯（Los Alamos）进行的原子弹组装工作等复杂信息。报告还描述了美国为封锁从欧洲到比属刚果的铀供应而做的努力，杜鲁门本想利用空闲时间来读这份报告，但是这样做存在安全风险。

“我不喜欢读文件，”他一边抱怨，一边努力想搞清楚大量新信息蕴含的意义，“这是个大项目啊。”[25]

会议持续了45分钟，杜鲁门正式同意了原子弹项目，并批准成立一个委员会来决定如何使用这种恐怖的新式武器。史汀生完成任务后就回去睡午觉了，但在14点又被助手叫醒，说总统正在五角大楼“到处闲逛”。总统到那里去是为了接丘吉尔从伦敦打来的跨洋电话，年长的战争部长赶到现场的时候，两位领导人正在他们的首次通话中聊得正酣。首相刚收到消息，党卫队全国领袖①海因里希·希姆莱计划向西线盟军单独投降，据称希特勒要么死了，要么病重。由于通讯线路中有太多干扰，有时候都听不清对方在说什么，但还是能明白双方想要表达的意思。

杜鲁门：我认为部分投降想都别想。

丘吉尔：是，是，是。不要部分投降。

杜鲁门：对，我就是这么想的……如果他说的是整个 173
德国政府，就应该在所有方向都投降，而且应该是向三国政府同时投降。[26]

杜鲁门在办公室里待了还不到两个星期，但他觉得已经有好几辈子那么长了，根本不可能吸收最近几天和几个小时内接收到的信息，更别说理解了。世界正在他眼前变幻，欧洲一片废墟；德国处在完全落败的边缘；日本准备在自己国内进行最后一搏；一个新的超级大国正在东方崛起。胜利就在眼前，但是战后长期稳定的可能性却比以前更加缥缈。更重要的是，还

① 此处原文写的是盖世太保头子，但盖世太保（秘密警察）只是党卫队系统中的一个部门，负责人另有其人，希姆莱的职务和地位要比他高得多。——译者注

发明了一种能颠覆几代政治家设想的武器，但这会意味着什么，总统最亲密的顾问都给不出一致意见。吉米·伯恩斯向杜鲁门保证说炸弹“在战争后期可能会让我们处于说了算的地位”[27]，莱希将军则正好相反，觉得曼哈顿计划是“我们干过的最愚蠢的事情，炸弹永远都不会爆炸，我是以炸弹专家的身份这么说的”。

如果炸弹起作用，造成的后果将是深远和不可预测的，美国将会在一夜之间成为世界上最强大的国家。然而，如果其他国家也掌握了核技术的话，美国同样也会面临无法想象的新威胁。新武器可能会让斯大林变得更讲道理，也可能会让他更偏执。原子弹令发动战争变得极为恐怖，因而需要考虑再三，但也许终有一天会摧毁人类自身的文明。

* * *

维亚切斯拉夫·莫洛托夫是一个完美的二号人物，处于这个位置上的人就应该是政策的执行者，而不是制定者。性格谦虚、不露锋芒，固执地忠诚于自己得到的指示。他天性服从，先是对列宁，然后是斯大林。据苏共中央政治局记载，莫洛托夫对苏联的缔造者独立发表的唯一一次意见，是在内战期间反对列宁提出的一项节约措施——关闭莫斯科大剧院。后来，当1922 年斯大林当选为俄共（布）① 中央总书记时，莫洛托夫成

① 苏联共产党的名称是个逐渐演变的过程，最初叫俄国社会民主工党，1903 年 7 月 30 日党的第二次代表大会上，分成列宁为首的布尔什维克派和反对列宁的孟什维克派。1918 年 3 月党的“七大”将党的名称改为俄国共产党（布尔什维克），简称俄共（布）。1925 年 12 月党的“十四大”改称全联盟共产党（布尔什维克），简称联共（布）。1952 年“十九大”改名苏联共产党，简称苏共。——译者注

为他的副手①。作为在“大清洗”的恐怖中存活下来的少数老布尔什维克党人中最突出的一个，他能保住性命主要有两个原因：忠诚和无可替代。1930年，他被任命为苏联人民委员会主席，相当于苏联总理。他忠实地执行领袖的农业集体化政策，174
负责监督清除小部分独立农民中的富农阶级。在那些命令将成千上万所谓的“破坏分子”“托派分子”和“反动分子”处以死刑的文件中，他和斯大林的签名最引人注目。“枪毙所有3167人”[28]，这是1938年12月12日两位领导人在文件上共同签署的手写批复，当晚他们还一起来到克里姆林宫影院放松娱乐。

“莫洛托夫”是个别名，来自俄语中的“*molot*”，意思是“大锤”，是他作为地下工作者时使用的名字，这体现了他和斯大林关系的本质：“铁人”的“大锤”。1890年，他出生于一个店员家庭，原名维亚切斯拉夫·米哈伊洛维奇·斯克里亚宾，在家里的10个孩子中排行第九。革命之前，作为政治流放者，他依靠在饭店和影院演奏曼陀林维持生计，每小时可以赚1卢布。以布尔什维克的标准，他绝对是个受过良好教育的人，曾在圣彼得堡理工学院学习经济学。自学成才的赫鲁晓夫曾说他是受过大学教育的人，这其实有些言过其实，因为他的大学生身份主要是为自己的地下工作服务。“他知道怎样像学生那样跳舞，”乌克兰共产党领导人回忆说，“他喜欢音乐，甚至能演奏小提琴。”莫洛托夫给赫鲁晓夫留下的印象是“意志坚强，性格独立，是个能自己思考的人”，而其他人给他的印

① 原文的表述在时间上有误，至少在1922年，身为俄共（布）中央委员和中央政治局候补委员的他还没那么高的地位，直到1930年底莫洛托夫被任命为苏联人民委员会主席后，他才称得上地位仅次于斯大林。——译者注

象就没那么深刻了。被流放到瑞典担任苏联大使的女权主义之光——亚历山德拉·米哈伊洛芙娜·科隆泰（Alexandra Mikhailovna Kollontai，旧译柯伦泰），说他是“灰暗、沉闷和奴性”[29]的化身。

不可否认，外交人民委员有点书呆子气，在党内其他同志戏谑地叫他“石臀”时，莫洛托夫坚称列宁给他起的外号其实是“铁臀”[30]。不过，他也有更为柔软的私人一面，尽管在公众面前他把这一切都隐藏起来。当苏联解体后苏联政府的档案被公开，研究人员在其中发现了莫洛托夫在美国旅行期间写给妻子波林娜·谢苗诺夫娜·热姆丘任娜（Polina Semyonovna Zhemchuzhina）的一摞情书。“波林娜，亲爱的，我的爱人！”[31]一封信的开头这样写道，“焦灼压倒了我，我渴望你的拥抱和爱抚。吻你，我的爱，我的欲望。”信件署名是“你的维切”。在另一封信里，收信人被称为“我快乐的甜心”，信中说“我迫不及待地想吻你，吻遍你身上的每一处，我魂牵梦萦的宝贝，
175 我的爱”。莫洛托夫很清楚他的妻子现在只能听天由命，斯大林残忍地向世人展示自己的权力，已经逮捕了好几个亲密伙伴的妻子，比如波斯克列贝舍夫和米哈伊尔·伊万诺维奇·加里宁①（Mikhail Ivanovich Kalinin）的妻子。犹太裔的波林娜是位

---

① 米哈伊尔·伊万诺维奇·加里宁（1875 年 11 月 19 日 ~1946 年 6 月 3 日），苏联政治家、革命家、早期的国家领导人。1925 年开始是党的政治局委员，1919 年开始担任俄罗斯最高苏维埃中央执行委员会委员长，苏联成立后担任苏联最高苏维埃中央执行委员会委员长，最高苏维埃改组之后成为最高苏维埃主席团主席，到 1946 年过世为止都保有这个地位。换句话说，自从十月革命后到去世为止，他一直担任苏俄和苏联名义上的国家元首。——译者注

有成就的女人，掌管着渔业和纺织品服饰工业，处境特别危险①。斯大林对她的国外关系很怀疑：她弟弟是一位成功的美国商人。意识到自己的妻子随时可能被驱逐或处决，这让莫洛托夫更加坚定不移地遵循党的路线——当然是由斯大林制定的路线。

除了记忆力超群和刻苦工作的超凡能力，莫洛托夫还因钢铁般的自控能力出名。苏联派驻华盛顿的大使安德烈·葛罗米柯曾回忆起一个特别场景：那天他的上司在处理了几个小时文件后决定休息一下。“我要到隔壁去休息 13 分钟。”[32] 莫洛托夫说。当他回到工作岗位的时候，时间“分毫不差”，看上去已经精神焕发。在很多方面，他都和前任外交人民委员马克西姆·李维诺夫相反，才智平平的他对于外部世界所知不多，一辈子都生活在苏联，但是他对克里姆林宫政治了解得极为透彻。他的权力嗅觉敏锐，这让他可以很好地和迥然不同的外国领导人打交道，如希特勒和丘吉尔，戈林和艾登，罗斯福和戴高乐。

“一个卓有能力和冷血残暴的人，”这是丘吉尔对他的描述，“他那像球形炮弹一样的脑袋、黑胡子、敏锐的眼神、扁平的脸、能说会道和冷静的风度，是其素质和技能的充分证明……我从来没有见过任何一个人，能如此完美地代表机器人这个现代概念。”[33] 和许多其他西方人一样，首相得出的结论

① 关于莫洛托夫的妻子波林娜被捕的情节从时间线上来说与本书毫无关联，1939 年 10 月政治局会议认为关于她参与间谍活动的指控是诽谤。卫国战争期间她是联共（布）中央委员会候补委员，先是担任俄罗斯苏维埃联邦社会主义共和国轻工业人民委员部纺织品服饰工业委员会主席，后又积极参与犹太人反法西斯委员会（JAC）的工作。她是在 1948 年 12 月 29 日被开除党籍的，并于 1949 年 1 月 29 日被逮捕，罪名是“多年来与犹太民族主义者存在一种形同犯罪的联系”，斯大林去世后的 1953 年 3 月 10 日，经贝利亚下令她才获释。——译者注

说，和莫洛托夫在有争议的问题上进行谈判几乎“毫无用处”，但他对自己的苏联对手还是怀有不情愿的尊敬之情：“在处理外交事务方面，萨利（Sully，法语译作叙利）、夏尔·莫里斯·德·塔列朗—佩里戈尔（Charles Maurice de Talleyrand-Périgord）和克莱门斯·文策尔·冯·梅特涅（Klemens Wenzel von Metternich）① 都会欢迎他加入自己的队伍，如果布尔什维克主义者还允许自己去不同世界的话。”

在 1945 年 4 月之前，莫洛托夫只到过美国一次，那是在 1942 年 6 月，纳粹正在敲打列宁格勒和斯大林格勒的大门。他以总统私人访客的身份待在白宫，使用假名“布朗（棕色）先生”［“为什么不是里德（红色）先生？”当秘密揭晓后，一位记者问道］，他在自己深灰色的外交官制服里面还装了一把左轮

176 手枪。他的主要成就是和美国签订了《租借法案》，为给困难重重的红军输送大量美国的战争物资打开了通道。他还劝说罗斯福同意发表一项声明，称“1942 年将在欧洲开辟第二战场”，而当时的美国并不具备履行这一诺言的能力。“我们的伟大胜利！”[34] 他后来评论说，“我们知道他们不敢开辟第二战场，但我们还是让他们做了书面承诺……这就让他（罗斯福）在自己的人民面前受辱。”

除了担任克里姆林宫的外交发言人近六年时间之外，莫洛托夫几乎没有自由面对媒体的经验，在 1942 年的美国和英国之行，以及 1940 年 11 月到德国签署“莫洛托夫 - 里宾特洛甫条

---

① 后两者分别为历史上著名的法国和奥地利的外交大臣，萨利具体是何人情况不明，有可能是指法国亨利四世时代的首席大臣，第一代叙利公爵马克西米利安·德贝蒂讷（Maximilien de Béthune，first Duke of Sully）。——译者注

约”分割东欧的过程中，他和记者没有任何接触。与其他联共（布）的高级官员一样，他对于西方领导人需要不断寻求公众意见的支持，来使自己的行为合法化的做法持轻蔑态度。他把这当作一种外交策略，是设计用来保证谈判优势的。在苏联，公众意见起不了太大作用，共产党作为工人阶级的代表，是社会的主导力量。就莫洛托夫所能理解的深度，他们和西方民主国家唯一的区别是资产阶级政府代表资本家的利益，不是工人阶级的利益。他无法接受像杜鲁门、罗斯福和丘吉尔这种手中掌握着无限权力的政治家，竟然被这种虚无缥缈的需要安抚“公众意见”的概念所限制。正因为如此，他才会在旧金山面对混乱场面的时候毫无准备，届时有超过2000名记者聚集在联合国开幕大会上。

* * *

联合国制宪会议开始于4月25日下午，46个国家的国旗装点了旧金山歌剧院的现代化大舞台。在旗帜中间是四根金色柱子，分别代表罗斯福总统承诺的“四个自由”，即言论表达自由、宗教信仰自由、不虞匮乏的自由与免除恐惧的自由。一排排闪光灯在天鹅绒地毯和不锈钢钢板搭建的观众席上不停地闪烁，照耀着陆军和海军将领镶着金边的制服，外交官的条纹西装，偶尔还会有东方王公们飘扬的长袍和头巾。坐在屋子里的记者和观众数量，大大超过了坐在下面豪华座椅上的代表数量。华盛顿时间16点30分到19点30分，斯退丁纽斯在新确 177
立的联合国代理秘书长阿尔杰·希斯的陪伴下走上讲台。国务卿通过给大家一个“沉思时间”，安顿了会场秩序，然后他邀请杜鲁门从白宫给大家发表广播致辞。这是特别紧张、事件频发的一天，总统听取了关于原子弹的第一次汇报，和丘吉尔通过越洋电话，就即将到来的德国投降问题进行了长时间交谈。他用因“沙哑而刺耳”[35]的声音警告代表们，现代战争中不断增长的暴虐行为将最终“导致人类文明的灭亡”。

“未来就掌握在你们手中，”他告诉所有人，“我们必须建立一个新世界，一个好得多的世界，一个人类永恒的尊严能够得到尊重的世界。”

在会议最初的两天里，莫洛托夫避开了成群结队的记者，不管走到哪儿都有一群保镖护送。闪光灯让他紧张，但是他也从中找到了身为名人的激动感觉。“波林娜，我的爱，”他在给妻子的信中写道，“在这个资产阶级社会中，我成为大家关注的焦点，他们对其他外交部部长几乎没有兴趣！”[36]

第三天，他终于同意在酒店和记者见面。大约 400 名记者涌进圣弗朗西斯舞厅，对他大声提问关于新波兰政府组成的问题。他面带冰冷的笑容，用含糊不清的“完美的”雅尔塔协议来应付他们。

“我们将会履行承诺，这够清楚了吗？”

“不！”记者们齐声喊道。

一切都进行得很顺利，直到一位社会专栏作家向斯大林的副手提问，要求就苏联人最喜爱的饮品——伏特加的拼写方法做出官方规定，拼写到底应该是“v－o－d－k－a”还是“w－o－d－k－a”。他的问题引起记者席上的一阵哄笑，但是人民委员并没有觉得这很好笑。“不好意思，我该走了。”他僵硬地回答道，会面就此结束。

在会议的最初几天里，莫洛托夫在公众眼中就是个标准的“不先生”，他反对作为东道主的美国让斯退丁纽斯担任会议主席的计划，说主席的职责应当由苏联、英国和中国均担；他反对阿根廷列席联合国成员的请求，除非波兰也列席。其实，他反对法西斯统治下的阿根廷加入还是有点道理。雅尔塔会议将3月1日作为最后期限，让各国对纳粹德国宣战，如果他们想 178
成为联合国创始国的话。阿根廷当时由赞成希特勒观点的军阀集团统治，所以直到3月27日才顺应潮流，尽管他们超过了最后期限，斯退丁纽斯还是想让阿根廷列席，借以安抚拉丁美洲的舆论。莫洛托夫不明白为什么阿根廷的法西斯政府能够在旧金山出现，而共产党领导的波兰政府却被排除在外。

他在有关主席的话题上占了上风，但在波兰和阿根廷的问题上却被否决了，只有捷克斯洛伐克和南斯拉夫加入苏联一边，要求给波兰共产党政府席位。捷克斯洛伐克外交部长扬·马萨里克收到一张莫洛托夫写的便条，说他必须同意苏联的提议，"否则将会失去苏联政府的友谊"[37]。他屈服了，但是后来私下里向自己的美国朋友们大倒苦水，抱怨苏联的外交手段。"你可以跪地求饶，但是这对俄国人来说还不够。"

先前在雅尔塔被掩盖起来的苏联和西方盟友之间的裂痕，现在终于在公众面前一览无遗，在旧金山举行的制宪会议比战争本身吸引了更多媒体的关注，而头条新闻让僵局更加戏剧化。"会议希望渺茫，斯退丁纽斯止于红色，"《华盛顿邮报》宣布。"三巨头再次为波兰角力，"这是《纽约时报》的声明。"苏联想要什么?"《亚特兰大宪章报》发问道。

幕后，埃夫里尔·哈里曼竭尽全力提醒自己的记者朋友们，莫洛托夫和斯大林的手腕是多么强硬。费尔蒙酒店的顶楼套房是美国代表团的总部所在，他在此召集了一系列非正式的见面会，给记者的信息和先前给杜鲁门的信息并无二致：苏联正设法完全控制东欧的政治体系，或是通过“共产党专政统治，或是通过联合政府，由共产党人在其中挥动着恐怖或威胁的皮鞭”[38]。有些记者接受了哈里曼的警告，在他们自己发表的分析文章中重复了他的观点，也有人为这种对莫斯科论调的改变感到心烦意乱。在过去的四年里，他们被灌输的一系列官方宣传都是关于“我们英勇的苏联盟友”，在演讲中、书中、杂志中及好莱坞电影中，苏联红军都被描述成对抗纳粹德国的壁垒，而现在却成为共产党统治大半个欧洲的工具。哈里曼的两个听众，沃尔特·李普曼（Walter Lippmann）和雷蒙德·格拉姆·斯温（Raymond Gram Swing）对他们听到的内容感到非常震惊，
179 甚至离开房间表示抗议。《PM 杂志》点名指责大使在大会上说了大量煽动“对苏采取强硬策略”的话。

在会议间歇，莫洛托夫努力去熟悉这个正在他眼前从盟友变成对手，又变成假想敌的国家。一天，他受邀去参观旧金山凯泽造船厂，这所船厂生产了很多用于战争的“自由轮”商船和航空母舰。他大受触动，“这就是美国的工人阶级啊。”[39]他惊奇地说，看着勤奋工作的人群有目不暇接之感，“这代表了多么强大的力量啊！”他好奇的是，如果共产党人有机会组织和运营如此强大的经济繁荣的国家会做成什么样子。给他留下深刻印象的还有四周随处可见的繁华景象，“整齐干净的房屋，精心修剪的草坪和四处可见的汽车，这些汽车都属于普通的美国工人阶级所有。”他后来告诉密友，说美国是“最适合建立社会主义的国家，共产主义会最先来到这个国家”。

为了赢得对抗纳粹德国的战争，苏联已经筋疲力尽，几成废墟，而美国在莫洛托夫看来凭借超乎寻常的富庶和工业生产能力，不费吹灰之力就赢得了胜利。无论在人力还是经济方面，

美国做出的牺牲都只是苏联的一小部分，在战争中美国阵亡了不到 50 万人，而苏联牺牲了 2000 万人。经过五年的战争，苏联人的实际工资收入水平骤降 60%，钢铁产量降低 33%，生铁产量降低 41%，汽车产量降低 76%。[40] 相比之下，美国的平均经济水平却因为战争变得更好了，可支配收入上升 40%。1945 年，美国的原油产量是苏联的 12 倍，钢铁和发电量是苏联的 6 倍。

不管走到美国哪里，莫洛托夫总是会被问到一个问题，就是那 16 名在 3 月下旬去往红军指挥部后神秘失踪的波兰地下反抗者的命运。3 月 29 日，就在他们被骗到莫斯科遭到逮捕后的第二天，关于这些波兰人情况的完整报告就已经放在他的桌子上，他和斯大林都从贝利亚那里完全知晓抓捕的准备行动，以及此后在卢比扬卡监狱的审问情况。六个星期以来，莫洛托夫都在有关此事的问题上撒谎，声称“没得到消息”，必须得查证一下。5 月 4 日晚上，得到莫斯科的指示后，他终于承认了 180
他一直知道的事情。在旧金山苏联领事馆的接待处，当他和斯退丁纽斯在入口处握手的时候，莫洛托夫把这个重磅炸弹似的消息抖了出来。“顺便说一声，斯退丁纽斯先生，关于那 16 个波兰人，他们都被红军逮捕了。”[41] 国务卿站在门口，“笑容僵硬地挂在脸上”，而莫洛托夫已经转身去欢迎英国外交大臣了。

莫洛托夫的坦白震惊了西方盟友，三位外交官在旧金山进行的关于新波兰政府组成的会谈中止了。英国人出离愤怒，安东尼・艾登先前就在日记中说过，除非“苏联被说服或被迫用正确的态度对待波兰”，否则联合国一文不值。丘吉尔对此表示同意，5 月 11 日，他给外交大臣发去一封电报，表达了对整个联合国项目的怀疑。“在很短的时间内，我们的军人就将复员，但是苏联却依然有几百个师占据着从吕贝克（Lübeck）到的里雅斯特（Trieste）的欧洲领土，一直延伸到亚得里亚海畔的希腊边缘。所有这一切，都比修订一个很可能永远不会成型、姑息妥协了一段时间后就会被‘第三次世界大战’废止的世界性宪章重要得多。”[42] 分割欧洲的分界线，已然划清。

11
会师
4 月 25 日

艾伯特·L. 科茨布（Albert L. Kotzebue）中尉①决定违反军令。连长派他带领一个小队到穆尔德（Mulde）河以东进行侦察，并和“俄国人进行联络”[1]，但要保持在离河 5 英里的范围内。到达小镇屈伦（Kühren）的时候，按理说他应该返回了，但他选择继续向自己侦察区域以外的地区冒险。 181

科茨布 21 岁，身材干瘦，笑容开朗，来自休斯敦一个军人家庭，他的父亲和继父都是常备军上校。1941 年 12 月珍珠港事件发生以后，他志愿入伍，作为一名出色的排长，他名声在外，从诺曼底一直打到德国腹地。他知道苏联人离得很近，这是他创造历史的机会。他率领自己的排穿过穆尔德河和易北河之间的平坦田地，如画的村庄一片盎然春色，他觉得有不可抗拒的诱惑在催促他前进，无论他接到的正式命令是什么。

那天是 1945 年 4 月 25 日，也就是联合国大会召开的那天，也是杜鲁门知道了原子弹存在的那天。苹果树和樱桃树已经开花；田野中遍地都是黄色的山芥；干净、整洁的花园里开满了 182
郁金香和丁香花。路边的村镇里挤满了没精打采的人，大多数

---

① 科茨布所在的部队是美军第 1 集团军第 5 军第 69 步兵师 273 团 2 营 G 连。——译者注

人由生存本能驱使着向前移动，难民推着自行车或手推车，车上是被褥、食物、衣服、罐子和锅，偶尔还有东方地毯，建筑物上白旗飘扬。几天后，一位沿相同路线到达这里的美联社记者描写了“一支不幸的大军”[2]——里面是“老人和小孩，病人和残疾人，带着因苏联人逼近而匆忙打包的个人物品”——在恐惧中沿路前行。“母亲拖着坐在小车里的孩子，女人背上背着大包，跌跌撞撞地在呛人的烟尘中行走。就像五年前受到惊吓的比利时人和法国人在纳粹德军到来之前仓皇逃跑一样，他们的脸上写满了恐惧和疲惫，情绪极为焦躁。”

难民中还有成队的德国士兵，早已斗志全无，还有盟军战俘，为突然到来的解放感到恍惚。“天呐，美国佬！见到你们真是太好了！”一名英国战俘喊道，一天前他刚从看押他们的德国人手中逃脱，“我们等你们这群家伙等了整整 5 年了。”

科茨布收到的指示是，如果遇到任何有组织的抵抗就立刻撤退，结果他遇到的问题正好相反。他不断遇到成群结队急着想向美国人——任何美国人——投降的敌人，以免被苏联人抓住。仅仅在屈伦，被科茨布只有 36 人的排集合和解除武装的德国士兵就达 355 人，俘虏都被聚集在民房的庭院里，重获自由的英国士兵看管着他们。“治安官”继续向前，又收拢了 100 名躲在镇子里的德军伤员，他们都害怕苏联人会在美国人之前赶到。科茨布命令一个德军军官派三个人去销毁那一大堆缴获的枪械，“对这一小拨处于德国真空地带中心的美国人来说”，局势看上去像“做梦一样”。一本部队史中的文字这样记录道：“市民们都惊慌失措，很多女人脸上挂着泪痕，每个人都在问：‘俄国人要来了吗？’”

重获自由的盟军战俘报告说苏联人已经到达了易北河东岸，

在一个名为施特雷拉（Strehla）的村镇对面，位于前方15英里左右。科茨布盘算着，如果他不去的话，总会有另一支侦察队去完成这期待已久的第一次接触，所以这项荣誉最好还是由他的排获得吧。此外，他一直都好奇苏联人会是什么样的人，他的祖先之一是德国剧作家奥古斯特·弗里德里希·费迪南德·冯·科茨布（August Friedrich Ferdinand von Kotzebue），以叶卡捷琳娜女皇最喜欢的剧作家而闻名；他的另一位远亲是航海家奥托·冯·科茨布（Otto von Kotzebue），曾乘坐俄国单桅帆船探明了阿拉斯加海岸线，还发现了科茨布湾。美国人、俄国人和德国人的血液在科茨布家族的血管中融合，听到中尉说他决定不理会5英里限制的命令，他的部下发出一阵兴奋的欢呼。 183

侦察队又向东前进了5英里，来到达伦（Dahlen）镇①，在这里他们又俘获了31名德军。“他们都非常年轻，而且吓得要死。”仅仅听到苏联人就在附近的消息，镇上的人就吓得惊惶逃跑。几个急于向美国人示好的中年人，主动要求给他们带路，往回走到施特雷拉，又往前走了8英里，搭乘7辆吉普车的美军小队进入莱克维茨（Leckwitz）村。行进在村中唯一的主干道上，科茨布发现了一个骑马人，还没看清是谁就闪进一座院子。“他看上去很眼生，”部队史中记录道，“每个人的心跳都加快了，是那个人吗？”

科茨布跟着骑马人进了庭院，马上就被一群难民围住了。神秘的骑马人原来是一名正在执行侦察任务的红军骑兵，他名叫艾特卡利亚·阿利别科夫（Aitkalia Alibekov）[3]，来自哈萨克斯坦。他非常沉默寡言，不是说他怀有敌意，而是“有所保

---

① 原文写的是Dahlem，而德国地图上显示该镇叫Dahlen，下文中的Leckwitz原文也拼成Leckwicz。——译者注

留、冷淡、怀疑、不热情”。那会儿正是德国时间上午 11 点 30 分，华盛顿时间上午 5 点 30 分，莫斯科时间中午 12 点 30 分。美军第 69 步兵师在这个时间和苏联红军近卫步兵第 58 师[1]会师了。美国和苏联军队的第一次接触“并不是那么欢呼雀跃，而是谨慎的防备，或者说，也许是苏联士兵还没意识到发生了什么”。

当科茨布询问骑兵他们的指挥部在哪个方向时，他朝东挥了挥手臂，一名获释的波兰游击队员提出给美军带路。他们快速穿过平坦的乡村，朝着还不到 2 英里的施特雷拉和易北河前进。易北河在这里的宽度约为 150 码，透过望远镜科茨布可以看到几个身穿棕色衬衣的人在河对岸走动。他听说过苏联军人打仗时都把自己的勋章挂在身上：他们身上的衣服的确都反射
184 着阳光。他发射了一发绿色信号弹，这是两军已经认可的识别讯号，却没有收到回应。那位游击队员大声喊道：“美国人！”对岸的人听到后才招手让他们过去。

下一个问题就是怎么过去了，科茨布用手榴弹炸断了西岸边拴着一条小船的铁链，他和手下的五个人跳上船。湍急的水流差点把他们冲到下游去，但是他们抓住了从河东岸突出来的一座断桥。被炸毁的桥上堆满了德国平民烧焦的尸体，其中还有一个小女孩，一手抓着一个洋娃娃，一手抓着母亲的手。很显然，这些难民是在过桥的时候被杀死的，炸毁大桥的可能是英国或美国飞机，也可能是苏联红军的大炮。为了到达苏联人那边，美国人必须“穿过深及膝盖的死人堆”。

苏联人一开始对待美国人很谨慎，他们很正式地握手，互

---

① 该师隶属于乌克兰第 1 方面军近卫第 5 集团军近卫步兵第 34 军。——译者注

相致敬。科茨布解释说他想安排一次红军和美军指挥官的见面，然后他被带去见一系列更高级别的军官，最后是一位“非常拘谨”的将军，不确定该采用什么礼仪来接待美军中尉。但当科茨布和他的人留在那里与普通苏联士兵一起聊天时，气氛马上融洽起来，很快他们就已经拍着彼此的肩膀为战争结束干杯，并祝福“我们伟大的领袖——斯大林和罗斯福”（苏联人好像并不知道罗斯福已经去世，继任者是杜鲁门）。

类似的场面，当天下午还在施特雷拉下游15英里的托尔高（Torgau）镇发生了。第69步兵师273团1营的情报军官威廉·D. 罗伯逊（William D. Robertson）少尉亲自用床单做了一面美国国旗，上面胡乱涂了些星星和条纹。当他向河对岸的苏联人挥舞这面临时国旗时，招呼他的是一阵反坦克炮和轻武器的弹雨。在大声呼喊了一通“美国人”“同志”和“苏联、美国”之后，红军终于停火了。罗伯逊爬上被炸断的易北河大桥，同站在高处的一名红军中士握手，由于他“不知道该说点什么好听的”，也不会说俄语，只好傻笑着拍打红军中士尼古拉·安德烈耶夫（Nikolai Andreyev）的膝盖。苏联人后来解释，他们把美国人误认为德国人了，因为一群德国人两天前曾向他们挥舞星条旗。

第69步兵师师长埃米尔·弗雷德·莱因哈特（Emil Fred Reinhardt）少将获悉他的部下没有在规定的侦察区域内行动后 185
暴跳如雷，威胁说要把所有的相关人员都关禁闭。然而当记者知道了这件事，开始把“易北河会师”当作战争中的代表性时刻进行宣传时，这些威胁马上就被抛在脑后了。科茨布和罗伯逊没有被送上军事法庭，反而被授予银星勋章，莱因哈特少将也跟着沾了不少光。第二天，4月26日，他乘船渡过易北河，去和红军近卫步兵第 58 师师长弗拉基米尔·鲁萨科夫（Vladimir Rusakov）少将做对等会面，关于此次会面的照片广为流传。纳粹德国终于被一分为二了，在华盛顿，杜鲁门发表讲话为“希特勒和他的流氓政府”的末日而喝彩。在莫斯科，斯大林下令鸣响 324 响礼炮，庆祝这次历史性会师。

在这光荣的几天里，美国和苏联军人一起畅饮，交换香烟和手表，观察彼此的武器，在手风琴伴奏下一同跳舞，互相讲着笑话。美国军方报纸《星条旗》记者安迪·鲁尼（Andy Rooney）概括当时的陶醉感时，将他的苏联新朋友们描述成“军队中最无忧无虑的一群家伙，比美国人还加倍像美国人[4]”。

* * *

在易北河东岸红军占领区内的克赖尼茨（Kreinitz）镇里，科茨布的排在这里待了两天，其中的大部分时间他们都在喝酒和庆祝，但是这段时间里也足以看出苏联人并不“完全和美国人一样”。美国人为红军的落后感到惊讶，美军侦察队发现的第一名苏联士兵是个骑兵，其实并非偶然。红军的后勤和侦察行动很多时候都要依赖马车，马匹将火炮一门门拖到阵地上；步兵在前面打头阵。坦克和重型火炮要留到攻击主要目标的时候才使用，比如进攻柏林时①。吉普车——很多是通过《租借法案》得来的——是给高级军官准备的。科茨布的人都难以想象苏联人“能够凭借如此原始的装备，在和强大的德军对抗时发

① 红军的进攻战术并没有美国人想象得那么简单，美苏军队无论是部队编制还是战术运用上差异很大，红军在后勤系统上的落后和因陋就简也是实实在在的事实。——译者注

挥得这么出色”。

更让他们吃惊的是苏联人跑到德国人家里，把家具和瓷器丢到大街上的做法，克赖尼茨的街道“看上去就像灾区一样”[5]，科茨布排里的阿尔弗雷德·阿伦森（Alfred Aronson）中士回忆说，“这和我们平时当兵打仗的方式有很大不同”。美国人占领一个地方后，喜欢睡在舒服的床上，他们的苏联新朋友更喜欢睡在地板上，家具都被特别成立的“战利品旅”拉走了。到了吃饭时间，苏联人就在最近的农场里宰头猪或牛，让习惯于不间断供给应急口粮的美国人目瞪口呆。 186

高级军官也有类似表述。“他们看上去就像成吉思汗的直系后代，不论长相还是行为，”第272步兵团团长沃尔特·D. 布伊（Walter D. Buie）上校在给华盛顿的朋友的信中说，“他们是野蛮人，绝对没错。”[6]尽管并不怀疑红军的作战能力，布伊上校还是相信他们比不上美军。“无论如何我们都能‘搞定他们’，这是我所见过的一群乌合之众——大约10%的人穿着平民服装，装备着任何能打响的武器……我确定他们只认武力。”

红军部队“宛如蒙古人的样子”[7]，让两周后渡过易北河去救援盟军战俘的美国军官深感震动。“那些人都脏兮兮的。”第76步兵师的马克·霍华德·特雷尔（Mark Howard Terrel）少校记录道，“大部分人的军装都破破烂烂，有些人将军装和便装混搭着穿。没有人戴钢盔，他们看上去全都疲惫不堪，很多人在他们搭乘的干草车上睡觉，还有人骑在马上睡觉。”红军的补给车队主要是“装满了猪和鸡的简易大车”，特雷尔看到士兵驱赶着牛群直接到小溪里喝水。在此后的一次旅程中，他离开时印象就“好了很多”。部队干净守纪，看到美军军车驶过齐唰唰地敬礼，他们的马匹“光洁鲜亮”“驯养有方”。而他对苏联司机的看法一直没有改变："所有的苏联司机开车时都是一只手放在喇叭上，一只手放在方向盘上，两只脚都踩在油门上。他们直来直去，任何挡在两点间直线路径上的东西很快都被撞毁。"

美国人对苏联人好奇，就像苏联人对美国人好奇一样。苏联人在对其战绩的骄傲——如果这么说合适的话——和幼稚地希望讨好盟友之间纠结着，他们分享自己贫乏的物资，大讲他们在对德战争中取得的胜利和红军付出的牺牲，同时惊奇地盯着美军军事装备看。参加易北河会师的一位美军历史学家小福
187 里斯特·卡莱尔·波格（Forrest Carlisle Pogue Jr.）说，这让他想起了"另一个时代的美国人"[8]努力给欧洲人留下好印象的样子，他报道说苏联人正"摆脱他们的桎梏"，就像"处于世纪之交的美国人一样"。他在易北河畔见到的红军官兵体现出一种"懵懂状态，意识到那种新的力量和（自身的）窘迫，渴望得到与自己并肩作战的国家的友善……这些苏联人对他们周围的景象睁大了眼睛，热切注视着他们周围的世界是如何运转的"。

与对面的美军部队不同，近卫步兵第 58 师一路浴血奋战才杀到易北河畔。他们离河越近，遭到的抵抗就越猛烈，德国人打起仗来"像被判了死刑的人一样不要命"，他们把所有人都送上了战场——党卫军、盖世太保和希特勒青年团成员——这让苏联人伤亡惨重。4 月 25 日上午，一个骑兵连借助大雾从一处临时渡口渡过易北河，在没有遭到任何抵抗的情况下来到施特雷拉郊区。小镇看上去被放弃了，但是苏联人没敢进去，生怕里面有德军埋伏。因此当他们看到科茨布的排没有遭到抵抗就开进了施特雷拉，还受到居民救世主般的欢迎时，心情很是

奇怪，甚至有点苦闷。红军指挥官格里戈里·戈洛波罗季科（Grigori Goloborodko）中尉回忆起 4 月 25 日那天，是“我们的人终于不用弓着腰走路的第一天”[9]。他们常年躺在沟渠里，在泥沼里爬行，军装都已破烂不堪，特别是膝盖和胳膊肘。

“美国人看到我们不戴钢盔都很吃惊。”[10]亚历山大·奥利尚斯基（Alexander Olshansky）中士回忆说。在美军部队中，戴钢盔是强制性的安全措施。红军士兵却把这当作无用的累赘，特别是在进攻作战中。他们分析说步兵更容易被弹片打伤而非子弹，笨重的金属头盔会遮挡视线，给战斗带来困难。苏联人对美国人步枪上的刺刀很感兴趣，但让他们失望的是他们的盟友坦白说从来没有在战斗中用过刺刀——那只是用来开罐头的。

苏联红军的战功依赖于生命的巨大牺牲，在从诺曼底到易北河的 700 英里进军过程中，美军第 69 步兵师只战斗了 65 天：各种原因造成的人员死亡共计 309 人，约占总作战兵力的 2%。相对而言，近卫步兵第 58 师的许多官兵自 1941 年纳粹德国入侵苏联开始就几乎一直在连续作战，战场纵横约 1400 英里，从 189
斯大林格勒到库尔斯克，经乌克兰和波兰，直至德国本土进行最终的苦战。该师每次遭受重大伤亡后都会经历整编，一次又一次，巨大的伤亡减员已经无法统计了。

总体来说，从诺曼底登陆到欧洲胜利日的这段时间里，红军伤亡和美军伤亡的比例至少为 5∶1。在 1945 年 4 月进行的穿越德国的最终攻势中，美军死亡①了 11000 人；与之相对应的是，根据苏方报道仅在柏林战役中红军就有 78000 人[11]阵亡。朱可夫元帅后来向一脸难以置信表情的艾森豪威尔将军描述了

---

① 作者在这里用了 fatalities 这个词，意味着死亡人数是阵亡和非战斗死亡人员的总和。——译者注

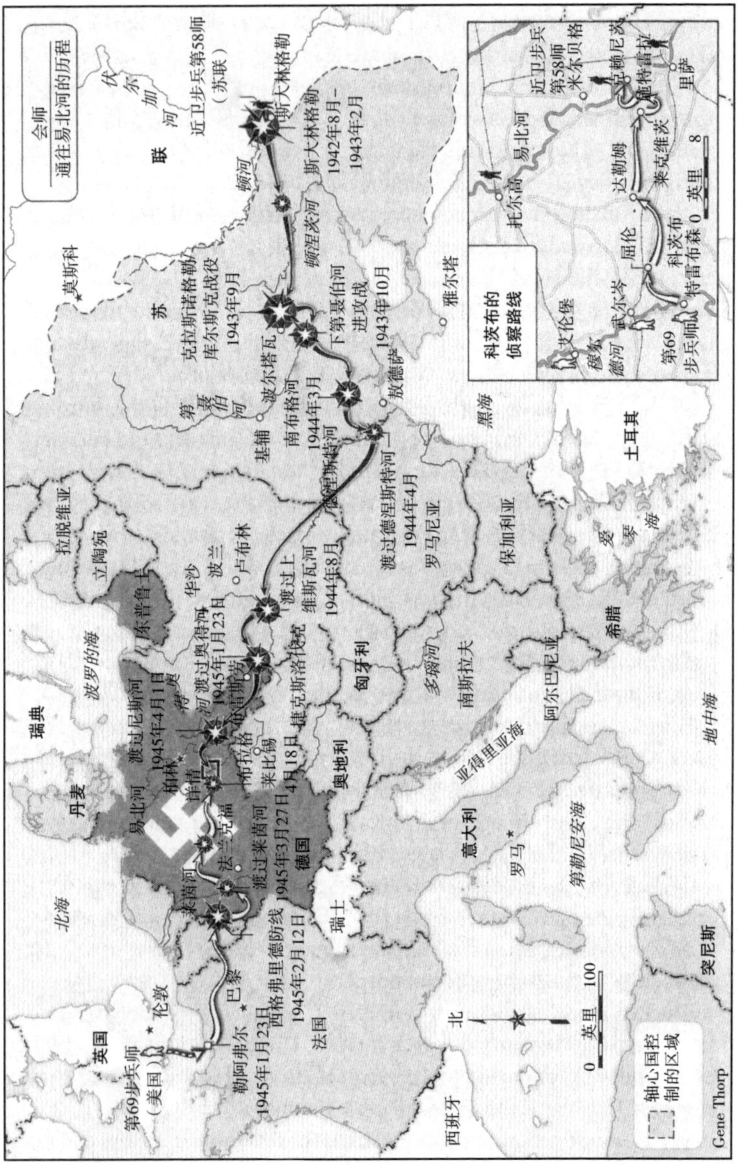
会师
通往易北河的历程
科茨布的
侦察路线
第69步兵师
（美国）
近卫步兵第58师
（苏联）
轴心国控
制的区域
英里
Gene Thorp
英国
伦敦
巴黎
法国
勒阿弗尔
1945年1月23日
西格弗里德防线
1945年2月12日
渡过莱茵河
1945年3月27日
法兰克福
德国
瑞士
奥地利
捷克斯洛伐克
布拉格
莱比锡
4月18日
柏林
渡过尼斯河
1945年4月1日
渡过奥得河
1945年1月23日
布雷斯劳
华沙
波兰
卢布林
渡过上
维斯瓦河
1944年8月
渡过德涅斯特河
1944年4月
罗马尼亚
保加利亚
匈牙利
南斯拉夫
阿尔巴尼亚
希腊
土耳其
爱琴海
黑海
敖德萨
南布格河
1944年3月
基辅
第聂伯河
波尔塔瓦
克拉斯诺格勒
库尔斯克战役
1943年9月
下第聂伯河
进攻战
1943年10月
顿涅茨河
顿河
斯大林格勒
1942年8月–
1943年2月
雅尔塔
莫斯科
苏
联
伏
尔
加
河
拉脱维亚
立陶宛
东普鲁士
波罗的海
瑞典
丹麦
北海
易北河
意大利
罗马
亚得里亚海
第勒尼安海
地中海
西班牙
突尼斯
多瑙河
托尔高
斯特雷拉
里萨
米尔贝格
克赖尼茨
莱克维茨
达勒姆
屈伦
科茨布
特雷布森
武尔岑
艾伦堡
穆尔德河
8

他们穿过雷区的方式，他解释说他的人无视地雷的存在，就像它们根本不存在一样向前推进。苏联人推测反步兵地雷造成的损失，不会比正常战斗中被敌军炮兵和机枪造成的损失更大。战争和死亡手拉着手，一旦步兵穿过雷区建立起桥头堡，战斗工兵就会清除路上的地雷，以防炸毁汽车。

自朱可夫以降，所有的红军指挥官都对盟军将领心存憎恶——这些盟军军官的战斗经验只及他们的一小部分，却摆出一副居高临下的姿态。苏联军官们半信半疑地听他们讲述战场上的光荣故事，却在背后嘲笑他们。苏联人有一个特别的嘲笑对象——英军元帅蒙哥马利，他想和朱可夫比赛谁先到达柏林，但被艾森豪威尔否决了。苏联军官对于这位陆军元帅在阿拉曼打败隆美尔的伟大胜利不屑一顾，这场战役在英国人眼中是与斯大林格勒战役一样的转折点。阿拉曼战役中，交战双方投入约40万兵力，1500辆坦克，共伤亡4.5万人——这当然算得上一场恶战，但是很难和斯大林格勒战役（210万兵力，2000辆坦克，190万人伤亡）或是库尔斯克战役（150万兵力，6500辆坦克，100万人伤亡）的规模相比。红军将领都开玩笑地问自己，要给像朱可夫和科涅夫之类的指挥官多少个爵士称号才合适，因为他们“取得了一系列辉煌胜利，无论从结果还是规模上来说，其重要性都是阿拉曼战役的几倍”[12]。

从库尔斯克和斯大林格勒到柏林和易北河，一路艰难前行的红军官兵相信他们应该得到一些实实在在的奖赏，他们的家园和村庄被纳粹侵略者摧毁：夺取实物补偿是非常合情合理的。 190
和苏联相比，德国看上去是个富得流油的国家，甚至在经历了五年战争之后还是这样。在1945年4月之前，大多数苏联士兵还从来没有戴过手表、骑过自行车或拥有一双好鞋。对于来自高加索山区和中亚地区的人来说，克赖尼茨或施特雷拉镇里的一座普通房子，在他们眼中就像宫殿一样；乡间公路如同高速公路；饲养良好的德国奶牛也与苏联集体农庄里骨瘦如柴的牲口完全不同。这种富裕不禁要让他们问一个很明显的问题：既然德国人这么富裕，为什么还要入侵贫穷、受到压迫的苏联？

“这些寄生虫过得多么好啊!”红军中尉鲍里斯·伊滕贝格（Boris Itenberg）从德国写信给妻子说，“我看到了被摧毁的房屋，丢弃的家具，道路两旁整齐地种着树，图书馆里还没有翻开过的崭新书籍，还有许多其他景象，都表明他们过着很好的生活。在那些完好无损的房间里，看到的景象让人吃惊：椅子、沙发及大衣柜。他们过得太好了。为什么他们还想要更多呢？他们想要战争，于是他们得到了战争。”[13]

德米特里·谢戈廖夫（Dmitri Shchegolev）是朱可夫手下的一名军官，他也看到了类似的景象。他被分配到柏林郊区一栋先前属于德国铁路职工的房子里居住，在4月28日的日记里，他说储藏室里都是“自制腊肉、果脯及草莓酱。越是深入德国，到处可见的富足景象越让我们觉得厌恶……我就是喜欢一拳打在那些摆得整整齐齐的瓶瓶罐罐上”[14]。

从嫉妒到愤怒再到犯罪，这是许多红军官兵对待德国平民的逻辑发展过程，他们还记得伊利亚·爱伦堡说过的话：“不要数过了多少天，也不要数走了多少路，只数你杀了多少德国人。”这位广受欢迎的宣传者要求他们不要对战败的德国敌人表现出“任何怜悯”，他们确实都听从了这个建议。一位红军中的女医生报告说，她经常听到士兵们谈论，“看到一位美丽的德国女人在自己的臂膀中哭泣是多么开心的事情”[15]。当她问起有没有给德国女人陪伴他们的“报酬”时，一个典型的回答是

“她真的还需要再来一片火腿吗”？诗人鲍里斯·斯卢茨基（Boris Slutsky）是近卫步兵第57师政治部的军官，他觉得残暴地对待德国人是“不需要辩护的”，“现在不是谈论法律和事实的时候，是德国人先走上了这条不归路，让我们回敬一下他们，百倍地回敬”。

对于战利品的渴望压倒了一切道德考虑。“首先，让我们把德国烧个精光，然后再回去写那些关于人性和国际化的理论正确的书。”[16]一位红军指挥官在东普鲁士告诉手下的军官，“但 191
现在我们必须确保士兵们能继续战斗，这是当前最主要的事情。”斯大林于1944年签署的一项法令被广泛解读为掠夺许可，这项法令允许士兵每月给自己家里寄5公斤重的物资，军官允许寄10公斤，将军16公斤。“我们的人就像当年的匈奴人一样，全都扑进房子里。”在占领东普鲁士的贡宾嫩（Gumbinnen，今俄罗斯加里宁格勒州古谢夫）之后，一名红军上尉在家信中写道：“只用了几个小时，精美的家具和最富裕的家庭就全都被摧毁了，现在看上去像垃圾场，撕碎的油画和瓶子被打碎后流出的果酱混在一起。”[17]

没多久，关于抢劫和强奸的报告就传到易北河西岸的美军那里，随着红军的逼近，德国平民表现出来的惊恐正是可怕的事情在河对岸上演的预兆。当新来的美军部队大规模向新边界线进发的时候，他们淹没在“大量疯狂的无序难民之中……靠走路、骑自行车、推车、马车以及其他任何可能的方法前进”[19]，难民全都是朝着一个方向移动：从东到西。

* * *

4月底，易北河岸边的美国和苏联军人还在拍打着彼此的

肩膀，但在几千英里以外的乌克兰中部，美苏军事合作的一次伟大尝试却走向痛苦凄凉的结局。在波尔塔瓦（Poltava）的美
192 国陆军航工兵基地，战时同盟之间的关系到达新的低点，而不到一年前这里开始建立的时候还锣鼓喧天。被新闻媒体誉为斯大林苏联的亲善大使的几百名美军飞行员，发现他们一直处于内务人民委员部秘密警察的监视之中。由于违反了在苏联领土之外行动的规定，他们的飞机被禁飞几个星期，红军联络官的行为让人觉得他们希望随时开打——不是同已经被打败的德国人，而是同美国盟友。不能再为战争贡献任何力量，又被这片土地上的东道主排斥，波尔塔瓦的美国人调侃说，他们成了“乌克兰的被遗忘的混蛋”[20]。

就像易北河会师一样，“疯狂行动”（Operation Frantic）也是在令人鼓舞的乐观气氛中开始的。1944 年初，在苏联领土上建一个航空兵基地的主意首次提出，这个主意看上去棒极了。新机场将会使得驻扎在英国和意大利的 B－17 轰炸机群能够轰炸到原先攻击不到的德国目标，“空中堡垒”战机不必一定要在德国上空调头，可以直接飞往乌克兰，途中把炸弹扔下去。这种穿梭轰炸行动也会在政治上得到回报，美国和苏联的地勤人员将会获得协同合作的经验，为将来对日空袭行动打下基础。他们的合作象征着反轴心国联盟的统一和活力，也反驳了纳粹德国宣传部部长约瑟夫·戈培尔的言论，说美国和苏联之间有不可避免的裂痕。

第一批穿梭轰炸部队的 29 架 B－17 轰炸机于 1944 年 6 月 2 日抵达，接着就对匈牙利一个铁路编组站进行了一次成功的轰炸。但是胜利马上带来了悲剧，三周后，就在一支部队完成了轰炸柏林附近一处石油精炼厂的任务后，一架德国侦察机悄悄

尾随“空中堡垒”机群来到波尔塔瓦。当晚，一大波亨克尔111轰炸机就出现在机场上空，当时一群来自莫斯科的苏联记者正在机场见证美国和苏联合作的光辉典范，他们挤在战壕里目睹了周围钢制跑道上的50架B-17轰炸机被炸毁，同时烧毁的还有25万加仑航空燃油。由于想要限制在波尔塔瓦的美军人员数量，斯大林拒绝了喷火战斗机进驻空军基地的请求，主要由女性构成的红军高射炮组勇敢却徒劳地朝着入侵者开火，伤亡惨重。“老天，要是我们有几架喷火战斗机该多好。”[21]一位愤怒的美军飞行员边看着自己熊熊燃烧的飞机边抱怨说，“他们只用10分钟就能收拾掉这些垃圾，还能把剩下的都赶回德国去。”美国人承认苏联保卫者的英勇表现，但是也怨恨让他们暴 193
露于德军毁灭性攻击之下的政治体系。

后面发生的事情更令人失望，在数次拒绝之后，1944年9月斯大林终于同意给华沙起义空投一次补给。然而，对起义军来说这个姿态已经来得太晚，投下的大部分物资都偏离了目标，接着行动就因冬天来临被迫中止。在接下来的几个月里，美国和苏联的关系急剧恶化，美军飞行员被苏联人强加在他们身上的限制搞得很不耐烦，开始在未经许可的情况下执行飞行任务；苏联人则抱怨说部分美国人是反苏分子；红军后勤人员还闯进美军仓库；美国人因为在波尔塔瓦周边的鲁莽驾驶惹祸上身。一项设计用来展示盟军之间精诚协作的行动，变成文化和意识形态冲突的案例。

苏联领土上存在的这几百名外国飞行员，对一心想要完全掌控社会和政治的政权是一个威胁。内务人民委员部的秘密警察试图约束情欲旺盛的年轻美国人寻花问柳，是这种控制权更为极端的体现。尽管官方没有明令禁止美国人和当地姑娘约会，但是这种关系却会引起强烈怀疑，如果一名乌克兰姑娘和美国人约会了，她一定会被召唤到内务人民委员部的相关部门，接受冗长的审问。

“你为什么跟美国人一起出去？”[22]

“你觉得苏联男人不够好吗？”

“他给你礼物了吗？”

“你爱上他了吗？”

“你没意识到他只是想和你上床吗？”

“你们都聊了些什么？”

进行审讯的警察告诉这些姑娘，别想和美国人结婚，更别想跟他们一起离开这个国家。如果她们想保持这种关系，就要担任内务人民委员部在美国人身边的间谍，在释放之前姑娘们还会被迫签署一项宣誓证词，保证不会泄露任何关于审讯的内容。

对于任何经历过 1941 年 9 月到 1943 年 9 月这两年纳粹占领期的波尔塔瓦人，苏联官方都特别敏感。一开始，很多乌克兰人都欢迎德国人的到来，把他们当作解放者，给他们面包和
194 盐等传统礼物。德国人允许私人企业存在，取缔了饱受憎恨的集体农庄，赢得当地人的好感，这些善意却又因后来过分的严厉和残暴而消耗殆尽。当红军收复乌克兰后，成千上万被怀疑为叛徒的人要么被枪决，要么被流放。没有任何不忠行为的人，仅仅因为在外国人统治下生活过就会遭到怀疑；他们必须重新接受思想灌输。一个乌克兰姑娘悄悄对自己的美国飞行员朋友表示，内务人民委员部决心阻止任何人“见证另一个国家的优越文化”。内务人民委员部害怕波尔塔瓦人发现“德国人和美国人都比苏联人生活得更富足和自由”。

秘密警察对美国人说教，说和当地“娼妓”乱搞很危险，但美国人对此不屑一顾，还调侃说内务人民委员部（NKVD）是“不许得性病”（No Ketch Venereal Disease）的意思。他们的乌克兰和俄罗斯女朋友都生活在秘密警察的恐怖中，但是就算冒着在古拉格集中营长期服刑的风险，也要来享受几个小时的快乐和慰藉。“将来我会接受 5 年、10 年（刑期）的惩罚，但是现在我只想跟我的美国人单独待在一起”，这是一个广为流传的观点。

黑市是另外一个和苏联当局产生摩擦的来源，美国人想合法地将美元换成卢布，就要被迫接受 1∶5 的官方汇率，但在黑市上交易，1 美元可以兑换 100 到 250 卢布。对于很多飞行员来说，瞬间将购买力提升 20 倍的诱惑实在太大。很快，公园和街道上开始遍布繁荣的黑市买卖。人们在这里用美国香烟及服装交换苏联相机和珠宝，美方的一项调查显示，超过一半的基地人员购买了苏联产的相机，如果按照美元兑换卢布的官方汇率兑换的话，他们是买不起的。红军军官抱怨说很多波尔塔瓦居民穿着美军飞行夹克和陆军制式衬衣在城里走来走去，“衣服都懒得改一下。”

美国人和苏联人之间的紧张关系，终于在 1945 年 3 月底升级为全面危机。危机的起因却几乎与空军基地没有任何关系，苏联人指控美军飞行员在波兰强行着陆，企图将一名波兰反对派人员偷渡出国。在另一起事件中，一名心存不满的红军中士搭乘美军飞机飞往意大利，在匈牙利迫降。这两起事件都是因为缺乏军纪造成的，而不是因为高层有意违反和苏联的协议，195
偷渡者都立刻向苏方投降了，但这并没有让苏联人满足，他们要求将责任人送上军事法庭。对有着多疑性格的斯大林来说，很显然美国军用飞机是“别有用心”[23]的：他们明目张胆地“向波兰国内军投掷补给品、无线电台和（伦敦政府的）特务”。为了表达自己的不满，他命令红军控制下的所有区域都对美军禁飞，就算是受伤的战俘也不允许离开波尔塔瓦。

波尔塔瓦的红军特种航空兵第 169 旅旅长斯捷潘·科尔涅耶维奇·科瓦廖夫（Stepan Korneevich Kovalev）少将做好了“同美军发生武装冲突”[24]的准备，在 3 月 31 日和下属召开的会议中，他发布了一系列“预防性措施”，以防冲突爆发：

- 如遇战斗警报，技术营应当包围美军营地，并切断通讯。
- 工兵营应当警戒飞机和炸弹，以防部分美军转移。
- 反间谍总局（SMERSH）的特工必须占领美军无线电通讯站，以防他们将信息发送出去。
- 任何在发生警报时待在城里的美国人，都不允许其回到驻地，应当准备特定地点将其羁押。

朋友眨眼间就变成了敌人。

* * *

波尔塔瓦的僵局持续了四周，直到 4 月 26 日美军和红军在易北河会师之后，美国驻莫斯科的军事代表团对不守军纪的飞行员处以纪律处分，斯大林才终于同意取消飞行禁令。除了几个卷入严重交通事故的驾驶员，波尔塔瓦的飞行员们终于可以自由离开了。

和自己的某些部下不同，斯大林并不认为可以用对待自己人民那样的方式来对待盟友，他还要依靠“帝国主义力量”带来的一段和平时期——至少是没有战乱的时期——来重建被摧毁的国家。他想要得到用于重建的美国贷款，但是又不愿付出 196
削弱自己政治权力的代价。这意味着要和美国人保持正常关系，同时又要和他们保持距离，这种微妙的平衡体现在他给驻德红军部队下达的对待西方盟友方式的命令上。他告诫苏联军人要“礼貌”地接受美国和英国军队提出的会见请求，但是不能“主动”[25]组织此类接触，他期望的战地指挥官和西方友军的联络方式，是划定一条双方都同意的底线，但不能提供“任何有关我方计划或我方军队作战任务的信息”。

总之，斯大林就是想牢牢地控制住所有苏联人和外国人的联系，他的档案显示他简直沉迷于此。凡是涉及西方人的事务，都要定期向领袖汇报，让他知晓。禁止非官方的会面，即使是简单的邂逅也要进行解释和澄清。当朱可夫或科涅夫之类的红军高级指挥官和美军高级将领会面时，身边几乎总是有个能直接向斯大林汇报的政工人员陪伴左右。在某些情况下，斯大林需要确认自己的下属没有越权。“让科瓦廖夫同志冷静下来，”当从反间谍总局那里获悉波尔塔瓦的军事警戒态势之后，他命令道，“不要让他单独行动。”斯大林不信任在俄罗斯以外的地区待得太久的军官，这还有另外一个理由：沙皇的传统。1825年，在西欧的拿破仑战争中受到自由主义观念“荼毒”的俄国军官，因为心存不满而发动了十二月党人武装起义，这件事一直萦绕在他的脑海中。

1945年夏天，在东欧流传着一个笑话，总结了把苏联军队派出去征服他国的政治风险：“斯大林犯了两个错误：他把苏联人展示给欧洲看，又把欧洲展示给苏联人看。”[26]有关苏联军人粗暴行为的故事，让数百万波兰人、德国人和匈牙利人心存厌恶，西方国家富足的景象——至少和自己国内的情况相比——也让苏联人开始追问关于他们自身政治制度的尴尬问题。

隐身于克里姆林宫铺着实木地板办公室中的斯大林，在考虑如何对待战败的德国，他还要为穿越欧洲过程中一路奸淫掳掠的苏联军队做辩护。“你肯定读过陀思妥耶夫斯基①的书
197 吧？”[27]他对米洛万·吉拉斯说教道，这位清教徒式的南斯拉夫共产党员竟然敢指责红军士兵在解放区（将德国人赶走的地区）中的行为，“你知道一个人的灵魂，还有精神是多么的复杂吗？那么，想象一下，一个人从斯大林格勒一路打到贝尔格莱德——跨过他的同志和最亲爱的人的尸体，几千公里的路上净是自己国家被侵略者蹂躏过的土地！这样一个人怎么可能还会表现得很正常？而且经历了这么多可怕的事情之后，他找个女人给自己寻点乐子有什么不对？你把红军想得太完美了，他们不完美，也不可能完美……重要的是他们在和德国人打仗——而且打得很漂亮，其他都不重要。”

斯大林花了很长时间才明白，对被征服人群的粗暴行为会招致政治和军事上的不良后果，这在东线持续进行的惨烈战斗中得到了证明。4 月 14 日，《真理报》刊登了一篇指责伊利亚·爱伦堡过激言论的评论文章，这是政策转变的第一个迹象。这篇评论文章的标题是《爱伦堡同志太简单化了》，文章要求对纳粹分子和普通德国平民区别对待，并强调苏联红军从来都

---

① 费奥多尔·米哈伊洛维奇·陀思妥耶夫斯基（Fyodor Mikhailovich Dostoyevsky）是 19 世纪群星灿烂的俄国文坛上一颗耀眼的明星，与列夫·托尔斯泰、屠格涅夫等人齐名，是俄国文学的卓越代表，是俄国文学史上最复杂、最矛盾的作家之一。有人曾说“托尔斯泰代表了俄罗斯文学的广度，陀思妥耶夫斯基则代表了俄罗斯文学的深度”。——译者注

不是派出去“毁灭德意志民族的”。很显然这是为了回应爱伦堡在三天前发表的一篇文章，文中声称“德国并不存在，只是一个庞大的犯罪团伙”。实际上，这标志着斯大林的政策发生了重大逆转，习惯了吹捧那些渴望复仇的红军士兵的爱伦堡，突然绝望地发现自己成了一个牺牲品。他试图向领袖解释，但是没有收到回音。

一个星期后的4月20日，斯大林发布了一份关于新政策的命令：

- 军队必须改变对待德国战俘和平民的态度，对德国人要更友善一点。
- 对待德国人的粗暴方式导致他们的恐怖行为，并激励他们坚决抵抗，不肯投降。
- 害怕遭到报复的德国民众正在组成团体，这种发展态势对我们不利。[28]

发布新方针比改变普通士兵的行为要简单多了，爱伦堡在前线部队依然很受欢迎，他的拥趸给他写来的信铺天盖地，人们都在问他为什么不发表文章了。随着红军一路杀进“法西斯 198
野兽的巢穴”，对于平民的攻击也渐渐失去控制，德国党卫军和国防军留下的大量酒类也起了火上浇油的作用。那句“女人，过来”（“Frau，komm”）的招呼语给每个柏林女性带去了何等的恐惧感受，苏联军官维持秩序和军纪的意愿根本无力阻止这场暴力的狂欢。5月11日，一名红军指挥官向贝利亚报告说，“斯大林同志发出的需要对德国人更为友善的命令”[29]几乎没有作用，“不幸的是，直到现在抢劫当地平民和强奸德国女性的行为没有任何减少”。仇恨，不会像水龙头那样可以打开再关上。

随着胜利日的到来，斯大林必须处理一个政治和军事上悬而未决的难题。作为对抗纳粹德国的主力，用丘吉尔的话说就是他的部队“把德军的肠子揪了出来”，德军在东线的战斗伤亡远超西线，大致比例高于 3∶1。从 1945 年 1 月到 5 月，在德国本土的战斗高潮中 120 万德军官兵阵亡，其中至少有 80 万人是被红军打死的。以纯粹的拳击标准来看，一名典型的红军士兵是比一般的美军或英军士兵更为优秀的战士。不过战争不仅仅是战场的胜负，而是一场意识形态、经济体系、生活方式和总体军事工业潜能之间的竞争，一个在以上所有方面更为强大的社会更有可能成为最终的胜利者。在大量杀死德国人方面，美军是比不上红军，但在获取信任方面则比他们好多了。盟军最后俘虏了 500 万德军，与之相对的红军仅俘虏了 300 万人。

尽管斯大林证明了他的部队具有征服大片领土的实力，但是还没有证明他能赢得“被解放”人民的拥戴。到现在，几乎没有迹象表明德国人、波兰人、匈牙利人和罗马尼亚人愿意服从莫斯科的统治。没有一定程度的公众认可，或者至少是默认，在这些
199 区域维持苏联统治的唯一方法就只有高压。建造一座高墙来控制人口迁徙也变得很有必要：不然东欧人将会用自己的双腿做出选择，逃往西欧。无论如何，斯大林决定决不放弃到手的果实。

采用极端行为是红军胜利的关键，现在却成了致命弱点，军事斗争很快就会让位于意识形态的斗争。正如斯大林给准备占领柏林的红军高级将领的指示，“德国已经在军事上被征服了，但我们还需要征服德国人的灵魂。”[30] 他说的是一种新式的斗争，即争夺普通欧洲民众民心的斗争，是一场将主导国际政治局势近半个世纪的斗争。

12

胜利

5月8日

“战争还没有结束。”[1]听到东线和西线的德国人都在无条 200
件投降，斯大林生气地表示。领袖正身处位于克里姆林宫的办
公室里，将军们簇拥在他身旁，屋内的每个人都同意德国人应
该在柏林——第三帝国的首都——向“为胜利做出最多贡献”
的国家签署投降书。伟大卫国战争的胜利，可不能只在法国一
个省城的红砖校舍里举办个普通仪式就算完了。

一直多疑的斯大林，知道了一件既成事实之后对盟军怒不
可遏——盟军5月7日一早在法国兰斯（Reims）接受了德国的
投降书。更让他气恼的是，一位名叫伊万·阿列克谢耶维奇·
苏斯洛帕罗夫（Ivan Alexeyevich Susloparov）的少将竟然代表苏
联签署了协议。“谁知道这位著名的苏联将军到底是何方神
圣？”他怒气冲冲地说，“他会受到严厉惩罚。”[2]原来，不幸的
苏斯洛帕罗夫少将是苏联派往艾森豪威尔总部的联络官。5月6
日那天，在德国将领带着投降书到达兰斯以后，他给莫斯科发
出电报征求意见，但是直到投降仪式举行都没有收到任何回音。
由于是无条件投降，他决定自己签署这份文件。幸运的是，他 201
附加了一个限制性条款，坚持任何盟国都有权举行单独的投降
仪式。过了不久，他就收到了来自莫斯科的指示，要他什么都

不要签署。

斯大林一边在铺着绿地毯的办公室里来回踱步，一边指责西方政府是在背着他图谋“暗中交易”。他不会否定兰斯的投降，但也不会认可它，德国的投降必须作为“最重要的历史事件”对待，投降书必须在“法西斯侵略者的发源地”签署生效。斯大林给柏林打了电话，命令朱可夫做出必要的安排，杜鲁门和丘吉尔认为没有再安排一次投降仪式的必要，但也没心情和他们的胜利者盟友争论什么。

纳粹德国的首都已经找不到一栋完好无损的建筑，朱可夫只能在东郊卡尔斯霍斯特（Karlshorst）一所德军工兵学校的食堂里举行仪式。5 月 9 日午夜时分，他带领盟军代表进入食堂，代表艾森豪威尔出席仪式的是他的英国副手阿瑟·威廉·特德（Arthur William Tedder）空军上将，斯大林则从莫斯科派出他的万能问题解决人安德烈·维辛斯基去监视朱可夫。胜利者们坐在铺着绿色毡布的长桌旁边，几分钟以后，德国代表出现在房间里。苏联人脸上带着愤怒、满足和极为好奇的神情，看着给他们的祖国造成严重破坏的国家的代表坐在边上一张更小的桌子旁，像犯了错的学生一般。德国的首席代表是最高统帅部总参谋长威廉·鲍德温·凯特尔（Wilhelm Bodewin Keitel），作为希特勒的参谋长，四年多前就是他接受了法国的投降。这位面色红润、戴着单片眼镜、手执元帅权杖的陆军元帅看上去像极了一位自大的普鲁士军官，但他签署投降书的时候手在发抖。朱可夫注意到了他“垂头丧气的样子”[3]。

庆祝晚宴持续到天亮，大家不停地为苏、美、英之间的友谊干杯。食物是从莫斯科空运过来的，瓷器和银器则是从附近的德国家庭中搞来的，美国人发现桌布是“用几块没漂白的床单叠在一起做成的，餐巾则是从被单上撕下来的小块布片”。在场的所有人都“醉了，因为激动或伏特加，或是两者兼而有之”[4]。维辛斯基让朱可夫当他的女舞伴，跳起了热烈奔放的俄国舞蹈，后来他还写下苏联将军是“到目前为止最好的舞伴”。就算是凯特尔和他的德国同僚也受到了款待，尽管是在单独为战败者准备的房间里。早上6点，盟军将领和外交官们摇 202
摇晃晃地钻进汽车，参观被摧毁的城市。众人从菩提树下大街（Unter den Linden）被炸毁的大剧院开始，经过曾经金碧辉煌的阿德隆（Adlon）饭店，最后来到帝国总理府的废墟前，8天前希特勒就是在这里自杀的。

市区街道上满是醉醺醺的士兵，兴奋起来就朝天鸣枪。“每个人都在跳舞、欢笑、歌唱，”苏联军方报纸《红星报》的记者瓦西里·谢苗诺维奇·格罗斯曼（Vasily Semyonovich Grossman）记录道，“几百枚彩色火箭弹射上天空，每个人都在用轻机枪、步枪和手枪开枪庆祝。”[5]其中的很多士兵都是苏联人口中的“活死人”（living corpses），疯狂寻找酒类的他们闯进蒂尔加滕公园（Tiergarten），打开几桶有毒的化工药水后痛饮一番，第三天这些人都死了。纪律的全面松弛玷污了本应最特别的快乐时刻。“这是世界上最伟大的胜利之一，”在红军步兵部队中服役的知识分子格里戈里·索洛莫诺维奇·波梅兰茨（Grigory Solomonovich Pomerants）说，“到处都是欢乐的景象，人们在发自内心地歌唱。突然打断这种欢乐是可耻的，这是一个世界的首都，成群的外国劳工正在角落里打包，准备返回法国或比利时，就当着他们的面——太丢人了！士兵们喝醉了，军官们喝醉了，工兵用探雷器在花园里寻找埋在地下的酒。”[6]

面黄肌瘦破衣烂衫的平民耐心地排着队，等待从水泵里接一桶水，队伍中主要是妇女和老人，很多人戴着白色的臂章，表明他已投降，如果戴着红色臂章，则表明他支持苏联红军。建筑物上挂着红色的苏联国旗，沃尔夫冈·莱昂哈德（Wolfgang Leonhard）是一名德国共产党员，苏联人派他飞到柏林去建立市政府，他注意到很多旗帜是“刚刚用纳粹旗改成的”[7]。

和平的第一天，既带来了欢乐，也带来了对未来的担忧。“以前我想的是，我会活下来吗？”红军下士达维德·萨莫伊洛夫（David Samoilov）在日记中写道，“现在我想的是，我会怎样活下去？”[8]

* * *

莫斯科时间 5 月 9 日凌晨 2 点，柏林时间凌晨 1 点，苏联民众获悉了德国投降的消息。由莫斯科电台的著名播音员尤里·波里索维奇·列维坦（Yuri Borisovich Levitan）宣读的胜利公告通过电波传入千家万户，正是他在 1941 年宣布了纳粹德国入侵及此后的一系列失败和胜利的消息。列维坦铿锵有力的声
203 音一消失，莫斯科居民就涌上街头，上演了有史以来苏联首都最大规模的一次群众自发的集会。天亮后，数百万人涌进市中心，城中挂满了红旗和横幅，人群从高尔基大街（Gorky Street，1990 年后改名特维尔大街）来到红场，遍布莫斯科河沿岸和克里姆林宫巨大红色砖墙的四周。当晚，盛大的焰火表演照亮了莫斯科，探照灯的灯光下，东正教教堂金色的穹顶和克里姆林宫塔顶上的红星格外显眼；一千响礼炮的轰鸣声中，机群从低空呼啸而过，摆动着机翼向胜利致敬；伟大卫国战争的幸存者们在大街和广场上跳起舞蹈。“他们太高兴了，甚至都不需要喝

醉。”一位在场的英国人说道，“以前莫斯科从来没有发生过这种事情，起码这一回莫斯科把所有的矜持和限制都抛进风中。”[9]

绑在灯柱上的高音喇叭播放着苏联国歌，还有美国国歌《星条旗之歌》（The Star-Spangled Banner，直译是《星光灿烂的旗帜》）和英国国歌《天佑吾王》①。位于马涅日（Manezh）广场上的美国大使馆很快成为公众热情的焦点，特别是当军事代表团成员出现在阳台上向下面的人群挥手时。“伟大的美国人万岁！”当星条旗旁边升起一面苏联国旗时，人群中高呼道。“杜鲁门万岁！罗斯福万岁！”[10]冒险来到大街上的美国人被不拘礼节地抛到空中。在大使馆内，美国外交官们不知道该如何应对这突然爆发的对“资产阶级势力”的友好情绪，尽管他们是战时盟友。苏联官方心不在焉地尝试着把人群从大使馆前驱散，并在巨大广场的另一边搭起一座舞台，但是没有起到任何作用。哈里曼现在还在美国，他的副手乔治·凯南留在这里担任代理大使，公众源源不断的奉承口号让这位威严的46岁外交官“略为尴尬”[11]，但是他觉得有义务去答谢人群的欢呼。最后，他终于爬到建筑物正面一个巨大的新古典主义风格的基座上，用俄语向人群呼喊：

> “祝贺胜利日！荣耀归于盟友苏联！”

---

① 国内经常将美国国歌误认为是《星条旗永不落》（The Stars and Stripes Forever），其实这是美国的国家进行曲。而英国国歌比较有趣，当男性国王在位时，国歌名叫《天佑吾王》；女性国王在位时就改成了《天佑女王》（God Save the Queen）。——译者注

陪伴凯南的一名身穿军装的美军中士从基座上被人拽了下去，在“手臂组成的海洋中无助地漂浮”了一会儿后，加入了庆祝的人群，直到第二天才回来。凯南自己则回到安全的大使馆，他感到高兴，亦感到悲伤。当天晚上，他告诉一位英国记者他为什么难以和下面的人群分享这份纯粹的欢乐。苏联是个
204 被摧毁的国家；重建过程将漫长而艰辛；和平将很难满足欢腾的人群膨胀的期望。望着下面广场上拥挤的人潮，他喃喃细语道：“他们以为战争结束了，其实才刚刚开始。”[12]

这种矛盾的反应，是这位美国首席苏联专家的典型想法。乔治·弗罗斯特·凯南是一个内心纠结和审慎的人，时常自省、慧眼如炬，看问题往往能直透本质，却偏偏一直是一个局外人。他出生于美国中西部一个长老会农民家庭，若是生活在 18 世纪，他会觉得比 20 世纪更自在。在普林斯顿大学，他拒绝加入任何俱乐部，部分是因为害羞，部分是因为藐视东部精英的子孙。他难以捉摸而又待人冷漠，“是这个学校里的怪胎，不是说他怪异，也不是可笑或讨人烦，只是用肉眼没法完全看清他”[13]。更令他震惊的是，1925 年从普林斯顿大学毕业后他被国务院录用了。他选择专门研究苏联，而那时美国甚至还没有和这个国家建交，之所以做出这样的选择，是由于他受到一位远房表亲的鼓舞。那位表亲的名字也叫乔治·凯南，曾在沙皇时期去西伯利亚探险，还著有关于俄国刑罚系统的开创性著作。由于没法去莫斯科旅行，年轻的凯南只能通过位于拉脱维亚首都里加（Riga）的一个情报站来研究苏联。1933 年底，罗斯福政府与苏联建交，新任驻莫斯科大使小威廉·克里斯琴·布利特（William Christian Bullitt, Jr.）选择凯南作为他的第一任翻译和常驻苏联专家。

无论性情还是个人经验，凯南都是一位悲观主义者，他认为美苏关系的前景灰暗，至少在中短期内是这样。两次长时间在莫斯科工作的所见所闻，没有改变他对苏联的任何看法，他觉得对美国来说，苏联不是个“靠得住的盟友或伙伴，不管是实际还是潜在的”[14]。就像昔日的托克维尔一样，凯南的观点不是根植于现在发生的事件，而是基于对两个新兴超级大国的历史、文化、政治和经济体系、地理甚至气候条件的深入研究。俄国对外扩张的欲望，反映了这个“定居于空旷平原上的民族由来已久的不安全感，这是经年累月与凶猛的游牧民族为邻的结果”。想要掌控辽阔的欧亚大陆，需要一个强大的高度集权的国家，而这又要以拥有强大的军队为前提，使它能够挡住来自外部的威胁，同时还需要有无处不在的秘密警察，来镇压内部异己或任何外国干涉。从伊凡雷帝到斯大林，俄罗斯的统治者都选择“把人民蒙在鼓里，而不是冒险让他们接触外国文化和
外来思想”[15]。即便是像彼得大帝之类的西化主义者，也力图 205
限制和控制国民与欧洲其他地区的接触——吸引他们的是西方的技术，而不是西方的政治理念。

尽管在和苏联的意识形态大战中，凯南明显站在自己的国家一边，但他对美国政府体系的很多方面也颇有微词。他觉得美国领导人过于关注国内公众的意见，从而与实施明智的对外政策相抵触。对于美国政客来说，最重要的问题往往不是“我的政策有效吗”？而是“我看上去是不是精明、坚定和绝对爱国”？凯南不喜欢美国对外政策的道德倾向，即热衷于对外国政府显而易见的短处进行说教。对于《大西洋宪章》和罗斯福通过联合国建立新世界秩序的宏大口号，他持谨慎态度，他相信美国应该坚守理想，但不应该把自己的理想强加在民族传统完

全不同的国家人民身上。他在美国政治家身上发现了“一种无用的做作，使其无法有效地追求与国家利益相关的真正目标，并堕落到仅仅是在反映国内舆论的意见冲突”[16]。令他苦恼的是，在苏联问题上，美国人倾向于为了达成协议而妥协，只是为了表现出同盟的一致性。美国一直都让自己扮演一个“满怀希望的求婚者”[17]，凯南认为最好是允许表示反对，而不是“一味地做出讨好的行为”。

凯南很清楚，苏联决心在东欧建立起自己掌控下的政治势力区域，美国应该拒绝在波兰建立共产党主导的政府，即便其中包含几个非共产党人部长，而且还要在西欧设立自己的势力范围，在德国也应该遵循类似的逻辑。“和俄国人共同统治德国的想法只是一种妄想，”他在 1945 年夏天写道，“我们别无选择，除了带领我们的那部分德国——我们和英国要承担起责任的那部分——走向独立自主下的繁荣、安全和优越，使得东部无法威胁到它……就算这是个被肢解的德国，其西部国土至少还可以承担起对极权主义的缓冲，也好过一个把极权统治再次带回到北海之滨的统一的德国。”[18]

凯南的宿命论在他和国务院同事之间引发了无数次争吵，
206 特别是和他的密友奇普·波伦。尽管他们在斯大林统治苏联的本质方面见解类似，并于 20 世纪 30 年代共同在莫斯科大使馆任职，但是他们的解决办法却完全相左。被委派到白宫担任罗斯福苏联问题顾问的波伦是个务实的外交官，会对政治领导人的希望和期许做出回应。对于凯南提出分割德国，并把欧洲划分成两个意识形态对立的集团的提议，他认为从政治和公共关系方面来说都是“完全不切实际”[19]的。“在民主国家无法推行这种外交政策，”他教育凯南说，“只有极权国家才能够制定和实施这种政策。”和爱交际的波伦不同，内向的凯南一点也不关心公众意见，他分析美苏关系问题的视角不具任何感情色彩，完全不受纷繁复杂的现实政治左右，只进行纯粹理性的思考。

作为哈里曼手下的二号人物，1944 年返回莫斯科的凯南觉得自己既孤立又不受欢迎。他第一次来此任职正赶上斯大林的“大清洗”运动，而现在对于外国人的限制和当时相比更为严格。尽管是战时同盟，但苏联秘密警察对待美国外交官的态度，就像他们“身上携带了什么病原体一样”[20]，要保证他们和苏联平民有一定距离。想通过外交部门的官方联系人获取常规信息甚至更为困难。对“真正的俄国人”充满好奇的凯南，与公园里、剧场内和市郊火车上的大量人群混在一起，但是这个身材高大穿着三件套西装的外国人，站在街上淘气的顽童、战争中丧偶的妇女以及乡下姑娘中间显得很不协调。他把偷听到的只言片语和所知的广博俄国历史知识联系起来，努力去想象那个向他关闭的世界是什么样子，在这种场合下他总感觉自己像个在“清澈小溪”边的“口渴之人”。他对于接触到“*narod*”——神话中的俄罗斯“民族”——的渴望，从来就没有得到满足。

让凯南觉得同样沮丧的，是自己的政府也不需要他的专家意见，他的意见看上去几乎不受重视，他送到华盛顿去的长篇报告极少收到反馈。没有人咨询他关于未来美苏关系的问题，即便是哈里曼，这个凯南把他当作盟友的人，也会对他精心撰写的文字说上一些轻视的话语。他觉得自己的副手是在浪费时间“敷衍了事”，大使把凯南留下来照料大使馆，而他自己作为总统和斯大林的私人中间人专注于重大政治问题。哈里曼觉得自己的公使衔参赞“是个了解俄国，但不了 207

解美国的人”[21]。

被华盛顿忽视，又被莫斯科厌弃，凯南决定从国务院辞职。同时，他还有一系列信件要写，如果这不是为了忘恩负义的政府的话，也是为了子孙后代。欧洲解放后不久，他就开始潜心研究“苏联在对德战争结束后的国际地位”[22]，并发现了一个让人吃惊的疑问。有着千年历史的俄国，现在是有史以来首次“在广袤的欧亚大陆上没有了任何敌对大国”，胜利让它“可以实际上控制大片新领土，其中一些区域俄国人还从未涉足”。这些新征服的土地是苏联得到新力量的象征，也是它潜在的弱点和不稳定因素的来源，凯南指出了其主要弱点：

- 帝国过分扩张。新获得的西方领土已经证明“无法被沙皇主义消化”，很可能也同样无法被共产主义消化。在凯南看来，“现在统治中欧主要都市的将军和人民委员”与一百年前的“沙皇总督”区别很小。波兰人、波罗的海居民或乌克兰人的成功起义就能“动摇整个苏联政权的构架”。
- 经济无力。苏联坚持让经济从属于军事部门的需求，这会降低居民生活水平，并且摧毁整个工业和农业。某种程度上，在俄罗斯这个办法还行得通，因为那里的社会期望还不高。俄罗斯以外的人，不太可能会“接受苏联各族人民这么低的生活水平”。
- 意识形态污染。为了控制新领土，苏联政府需要一支能进行殖民管理的队伍，这支队伍有被“更优越的生活和更宽容的环境带来的诱惑腐化”的风险。与其他国家和文化的接触，会破坏苏联的基石之一。

总之，苏联“在当下它声称统治的领土上，可能无法维持很长时间的成功掌控”。某些情况下，它可能被迫收缩。从长远 208
来看，在美国领导下的西方世界几乎肯定会取胜，只要在克里姆林宫的狂风面前保持团结和坚定。

*　*　*

挤在唐宁街10号和白厅外面的人群爆发出一阵阵欢呼声，听到这些，丘吉尔却很难分享民众的欢乐。这位被誉为英国最伟大的战时领袖的人，现在已筋疲力尽，无精打采，文件高高地堆在他的红色公文箱里。到午睡的时候，常常需要几名海军士兵抬着坐在椅子里的他到楼上的卧室去，他告诉助手们，说他“怀疑自己是不是还有力气坚持下去”[23]。

一些唐宁街内部人士认为首相的萎靡不振是其个性的原因，逆境最能激发丘吉尔的能力，胜利却剥夺了他力量的源泉。他的将军们打趣说“可以依靠首相在板球锦标赛中拿个100分，但在村镇板球比赛中他却一无是处”[24]，全力对抗阿道夫·希特勒五年以后，这位坚强的老战士的天性已经不适合平常的政治环境了。这种说法大部分是正确的，不过他内心的躁动其实也反映了越来越险恶的国际局势，正如丘吉尔看到的那样，纳粹的威胁现在被苏联的威胁取代了。灾难和胜利同时来到，“胜利与悲剧”将成为他战争回忆录最后一卷的标题，他的私人秘书约翰·科尔维尔（John Colville）用了一句拉丁语作为这个刚开始的新时代的注脚：“*Bellum in Pace*”[25]——“和平时期的战争”。

5月12日星期六，纳粹德国最终崩溃后的第四天，首相在给杜鲁门的电报中坦陈了自己对战后世界的担忧。“我非常担心欧洲局势”[26]，他开门见山地说道，英国和美国的军队已经“烟消云散”，留下的军事真空可能会被东方的极权势力利用。“一道铁幕正在他们的边境落下，”丘吉尔抱怨了一番，“我们不知道后面正在发生什么。几乎不用怀疑，在吕贝克－的里雅斯特－科孚（Corfu）岛这条线以东的所有区域很快就会落入他们手中。”[27]另外还有一大片德国领土——现在是被易北河西岸的西方盟军占领——也已承诺交给苏联以换取分享柏林。道路很快就会向苏联打开，“如果进攻的话，他们可以选择通过北海水域和大西洋”。

210 当丘吉尔谈论在欧洲落下的“铁幕”时，他想得更多的是信息壁垒，这是极权统治的先决条件，而不是物理壁垒。为了防止信息自由传播，苏联几乎不允许盟军记者和外交官在他们控制的区域内自由行动。在 3 月 16 日发给罗斯福的电报中，丘吉尔已经指责苏联用一幅“看不透的面纱”[28]来遮挡在波兰的军事行动；两个星期后的 4 月 1 日，他向斯大林抱怨说“一层掩人耳目的面纱……遮住了波兰的景象”。斯大林驳斥了他的抱怨，声称波兰人会觉得派驻外国观察员是“对他们国家尊严的侮辱”。

欧洲解放日之后的第一个周末，首相在契克斯别墅准备通过国内电台播发他的胜利演讲，陪伴他的是刚从苏联旅行归来的妻子克莱门蒂娜，还有他儿子伦道夫（Randolph）。他已经在演讲上花了几天时间，一谈到英国在“我看不到的年月里”[29]将要受到的挑战，他就变得感伤。星期六晚上，在看完例行的餐后电影后，他又开始口述。有时候，由于被自己的演讲分心，他甚至把雪茄点着的一头塞进嘴里，“接着他又是吐口水又是大骂，但是向我们保证说他没有烧伤自己的嘴巴”，他忠实的秘书

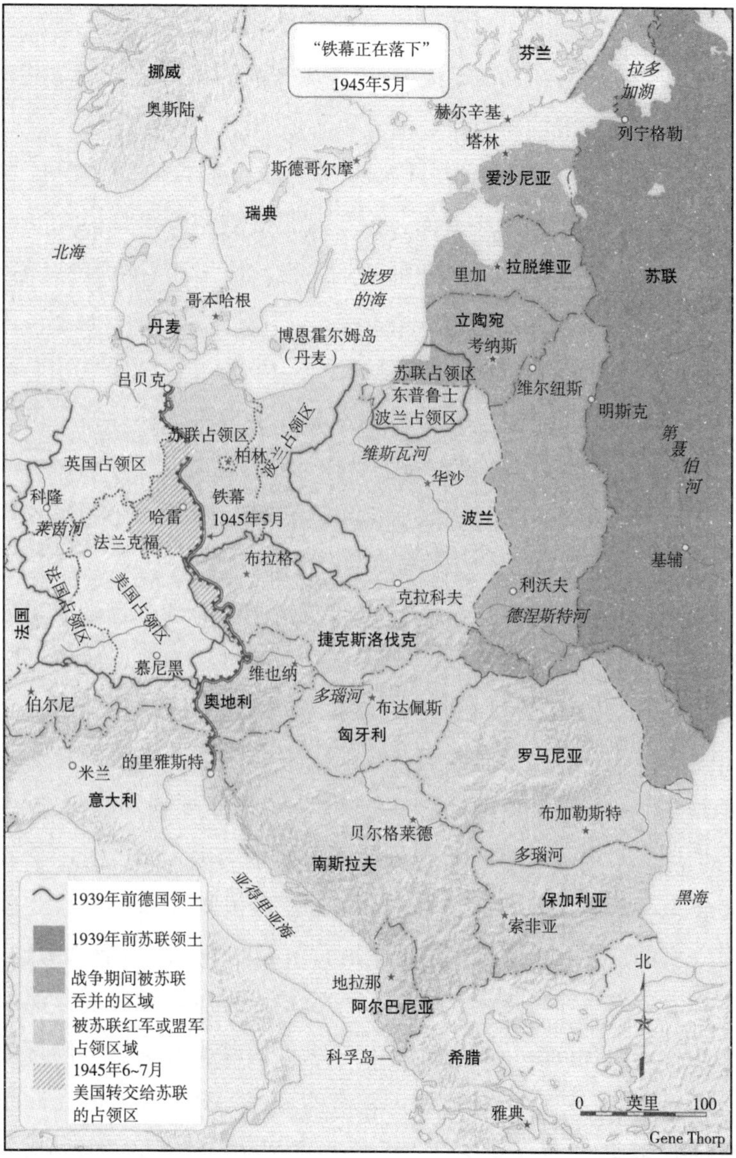

“铁幕正在落下”
1945年5月
挪威
奥斯陆
芬兰
拉多加湖
赫尔辛基
塔林
列宁格勒
斯德哥尔摩
爱沙尼亚
瑞典
北海
波罗的海
里加
拉脱维亚
苏联
哥本哈根
立陶宛
丹麦
博恩霍尔姆岛（丹麦）
考纳斯
吕贝克
苏联占领区
东普鲁士
波兰占领区
维尔纽斯
明斯克
苏联占领区
波兰占领区
柏林
维斯瓦河
第聂伯河
英国占领区
华沙
科隆
铁幕
1945年5月
哈雷
莱茵河
法兰克福
波兰
布拉格
基辅
法国占领区
美国占领区
利沃夫
克拉科夫
德涅斯特河
法国
捷克斯洛伐克
慕尼黑
维也纳
伯尔尼
奥地利
多瑙河
布达佩斯
匈牙利
罗马尼亚
米兰
的里雅斯特
意大利
布加勒斯特
贝尔格莱德
多瑙河
南斯拉夫
亚得里亚海
黑海
保加利亚
索非亚
1939年前德国领土
1939年前苏联领土
战争期间被苏联吞并的区域
被苏联红军或盟军占领区域
1945年6~7月美国转交给苏联的占领区
北
地拉那
阿尔巴尼亚
科孚岛
希腊
0 英里 100
雅典
Gene Thorp

玛丽安·霍姆斯在日记中记录了这样的轶事。完成了演讲的文稿写作，他吟诵着丁尼生的诗《悼惠灵顿公爵之死》来放松自己（“政坛伟人和杰出军事家/当代无双的统帅”），扮演着濒死的拿破仑征服者的角色，脸上流淌着泪水。

首相的胜利演讲基调忧郁，他赞同为了我们的“民族精神”欢庆一段时间是必要的，但是又担心“我们单纯而光荣的参战理由”[30]有被“弃之不顾”的危险，诸如“自由”“民主”和“解放”之类的字眼，正在失去它们真正的意义。他警告说“如果法度和正义没能占主导地位，而让极权主义或警察政府取代纳粹侵略者的位置，那么对希特勒分子的罪行进行惩罚将毫无意义”，虽然没有指名说斯大林或苏联，但是意思却已经再清楚不过了。新的冲突就在眼前，为了不让英国陷入“惰性束缚、目标混乱和畏葸不前”，还需要做出更多牺牲。

公众甚至美国盟友都不知道的是，首相已经在为可能和苏联发生的军事冲突做准备了，就在胜利演讲后不久，他在唐宁
211 街10号接见了蒙哥马利元帅。驻德英军指挥官说首相“对俄国人怒火冲天”[31]，他向蒙哥马利下令不要摧毁战争结束时向英军投降的200万德军的武器，告诫他“所有的东西都要留下来，我们可能不得不在德国人的协助下对抗俄国人”[32]。他还采取了类似的预防措施，拖延皇家空军部队军人退役和拆解缴获德军飞机的速度。“所有缩减轰炸机司令部规模的行为都要中止，在没有得到内阁批准的情况下，无论德国人还是英国人，都不准销毁任何在英国控制下的还有军事价值的德国飞机，包括配件。”这是他在5月17日那天发布的命令。第二天，他告诉苏联大使费奥多尔·塔拉索维奇·古谢夫（Fyodor Tarasovich Gusev），说英国“拒绝任人摆布”，他推迟了空军的退役工作，

以加大“讨论欧洲未来”谈判的筹码。

新的地缘政治学问题从四面八方涌了过来，丘吉尔决心在他想象的铁幕以西保留尽可能多的领土。为了交换半个柏林，易北河西岸的“广袤区域”将转交苏联管辖，由于比杜鲁门更了解苏联的军事威胁，他敦促美国要为此开出一个高价，首相担心苏联及其盟友会夺取任何可能获取的领土。在5月9日欧洲解放日庆祝期间，红军空降兵发动突袭，占领了波罗的海中属于丹麦的博恩霍尔姆（Bornholm）岛。在的里雅斯特，一场危险的对决正在铁托的共产党游击队和哈罗德·亚历山大元帅率领的英军之间发酵。还不清楚这位南斯拉夫领导人执意夺取这座意大利港口城市是出于自己的本意，还是得到了斯大林的支持，但是丘吉尔觉得必须做最坏的打算。

他还觉得应该做好准备应对最坏的局面，几天以后，他命令他的指挥官们策划“不可思议行动”（Operation UNTHINKABLE）[33]计划，这是针对苏联红军先发制人的作战行动。“开战日”的目标日期是1945年7月1日，目的是“给波兰一个公道”，让“俄国领教美国和大英帝国的决心”。将军们为首相的需求感到愕然，他们用一份题为“俄国：西方文明的威胁”的文件作为答复，文件中指出，苏联红军各种师的数量是所有西方盟军部队总和的2.5倍，在前线中央位置的德累斯顿周边地区，英国和美国将“面临坦克1:2，步兵1:4的劣势”。就算西方国家的 212
军队在开战时取得一定程度的胜利，苏联依然可以选择发动长期的“全面战争”，正如他们对抗德国时一样。如果美国对这项计划毫无兴趣，那么胜利的可能性就“可想而知”，简而言之，“不可思议行动”完全行不通。“想法固然奇妙，但绝无成功的可能！”帝国总参谋长艾伦·布鲁克元帅在日记中评论说，

“毫无疑问，从今往后俄国将是欧洲的最强者。”

在这个胜利的时刻，丘吉尔感到迷惑而失落。他明白，已经没有力量仅靠自己的意志力就能左右事件的发展，除了打包回家，美国对欧洲已经别无所求。他对杜鲁门总统的活力和决策能力刮目相看，也为他在欧洲事务知识方面的贫乏而烦恼，美国的军事机器缺乏“必不可少的政治导向”。最近的几个月是由“致命的停滞……悲哀的空白”[34]组成的，在这段时间里，“一个总统无法作为，另一个总统一无所知”。丘吉尔知道自己离开美国人的帮助将一无所成，走在欢庆的人群中，他“心中满是痛苦，思绪被不祥之兆折磨着”。

* * *

正当丘吉尔在契克斯别墅口述自己的胜利演讲时，哈里·杜鲁门搬进白宫，他在布莱尔大厦度过了担任总统后的前四周，利用这段时间对位于宾夕法尼亚大街对面的老旧宅邸进行了粉刷和翻修。他觉得自己快要被工作和新职位的责任压垮了，在欧洲胜利日那天他给母亲写信说：“自 4 月 12 日以来，事情的发展快得可怕，没有哪一天不是在做出什么重大决议中度过的。”[35]

与丘吉尔类似，杜鲁门也担心和苏联关系恶化，但是他觉得英国人至少要承担一部分过失。在这位来自密苏里州的男人眼中，丘吉尔是个彻头彻尾的帝国主义者，一旦未随心意就会“和发情的母鸡一样疯狂”。白宫的工作人员向杜鲁门讲了首相饮酒习惯的事情：早上起床第一件事是喝杜松子酒和苦味酒，
213 早餐是香槟，正餐要喝多杯双份白兰地。新总统拒绝了丘吉尔在战争就要结束时提出的请求：向柏林和布拉格快速推进，以

提升和苏联讨价还价的筹码。他是不会受那个“又肥又老的大英帝国首相”[36]摆布的。

5月13日，星期天，欧洲解放日后的第五天，杜鲁门接到罗斯福的密友约瑟夫·爱德华·戴维斯（Joseph Edward Davies）的电话。他曾在1936年11月至1938年6月期间担任美国第二任驻莫斯科大使，是民主党的一大捐助者，以罗斯福的顾问中最亲近苏联而出名。他决心理解“俄国人观点”的做法近乎谄媚和故意无视斯大林主义的罪行，他参加了苏联1937年的大审判，当时正处于恐怖的高潮，他得出结论说那些被告都如同被指控的那样有罪。尽管这位前华盛顿的出庭律师对于法律程序持保留意见，但是克里姆林宫高官们证词中“一致的真实性”[37]却让他印象深刻，那些被指控的高官承认了所有事情，从破坏经济到给德国和日本当间谍。正如戴维斯的所见所闻，“大清洗”“非常合情合理”。与斯大林见面更是让他激动，他注意到斯大林“真诚的谦虚”风度和“与他身份不相符的简单”风格。“他给人的印象是拥有一个冷静而又睿智的坚强头脑。他的棕色眼睛极其和蔼文雅，孩子会想坐在他的腿上，小狗也会和他亲近。”他在给女儿埃姆伦（Emlen）的信中这样写道。1938年从莫斯科返回后，这位前大使就投入到勤勉的工作中去，从事推进美苏友谊的事业。

由于害怕战时同盟间产生裂痕，戴维斯要求和杜鲁门进行单独会面，来建议“保持亲密状态[38]”的方法。总统让他马上过来，他们在居所二楼的椭圆形书房会面。此时杜鲁门只穿着衬衣，正在为媒体炒作危机的方式大为恼火，让他感到格外烦恼的是《芝加哥论坛报》上刊登的一篇文章，披露了斯大林发给丘吉尔和杜鲁门的秘密外交信息。

斯大林震惊盟友

外交官惊讶不已

> 5月11日，华盛顿特区报道：今日，独裁者斯大林震惊了他的西方盟友，在一条直白到露骨的电文中，他向丘吉尔首相坦承苏联和英国之间没有合作的可能……在这条发给丘吉尔的千字电文中，斯大林措辞中的魄力让（伦敦
> 214 和华盛顿的）专业外交官吃惊。从相关权威部门获悉，斯大林将丘吉尔视为歪曲事实者和雅尔塔协议的背弃者。它被视为外交史上最惊世骇俗的文件之一。

“他妈的这些报纸在煽风点火，”总统发牢骚说，“他们把所有事情搞得复杂了。”[39]

《芝加哥论坛报》的报道确实危言耸听、过分夸张，但是也包含着些许事实。5月4日那天斯大林给丘吉尔发电报说不会同意任何关于波兰的协议，除非将共产党主导的临时政府作为未来“国家统一政府”的“基础”。5月10日，他也给杜鲁门发了一封内容相似的更简短的电报。总的来说，这两封电报直接否决了西方对雅尔塔协议的解读方式。杜鲁门觉得自己给莫洛托夫“脸上来了两下左右直拳”，但是斯大林却远没有就此让步，反而以更猛烈的反击作为回应。他在波兰问题上的立场已无法磋商，如果想要盟国达成协议，就要满足他的基本条件。

除了在东欧方面的争议，杜鲁门还在《租借法案》上让自己处于尴尬境地。根据国务院的建议，按照战争已经结束这个合理前提，他签署命令取消了所有到欧洲的租借物资的货运。将食物、服装、武器、燃油和史蒂倍克（Studebaker）卡车等物

资从东海岸港口运到苏联及其他欧洲国家的行动戛然而止，有些船只在大西洋中部接到了返航令，然而穿过太平洋到达苏联远东港口的航运还在继续，因为预期苏联会加入打击日本的战争。这项命令对英国的影响其实比苏联还要大，因为他们完全依赖大西洋的航运，但是苏联领导人却将这项决定解读为完全是针对他们的。杜鲁门知道自己“给了斯大林一个把柄，而他一有机会就会拿出来用”[40]，于是他修改了命令，援助会分阶段取消，而不是立刻完全取消，但是外交损害已经造成了。

虽然自命果断，但杜鲁门无法决定如何对付苏联，他开始琢磨指责莫洛托夫是不是犯了一个错误。如果他的行动有什么指导原则，那就是希望完成罗斯福的遗愿，但是要阐释这个遗愿究竟是什么却不是件简单的事情。雅尔塔协议的内容比他原先认为的还要模棱两可，他在矛盾的建议中徘徊，哈里曼和国 215
务院倾向于强硬政策；史汀生和五角大楼则强调了继续合作的重要性，只要能确保苏联加入对日作战就行。新总统在这对垒分明的阵营之间摇摆不定，不确定该相信谁，他缺乏足够的形成自己独立意见的知识和经验，身边的任何人都能对他造成影响。

杜鲁门不信任国务院那些“穿条纹裤的团队”，开始向罗斯福的前助手们征询意见，他觉得戴维斯是“我们三位最有才能的外交官”[41]之一，其他两位是哈里·霍普金斯和前国务卿科德尔·赫尔（Cordell Hull）。戴维斯曾经写了一本名为《莫斯科使命》（Mission to Moscow）的畅销书，被好莱坞翻拍成电影，约翰·休斯顿（John Huston）在影片中扮演大使。电影拍摄于1943年，当时美国媒体都还在称颂苏联取得的胜利，电影描述了一个工人的天堂：商店内商品琳琅满目，工厂生产大量武器，桌子上堆满了食物，气候如阿尔卑斯山度假区般宜人。国务院的苏联专家们认为这部电影“是目前见过的最明目张胆的宣传影像”，这部电影对苏联过于谄媚，以至于当戴维斯在克里姆林宫私下放映时，苏联领导人都觉得不好意思。苏联人民委员会电影产业委员会主席伊万·格里戈里耶维奇·波尔沙科夫（Ivan Grigoryevich Bolshakov）觉得电影中关于“巨大的茶壶、大胡子男人、跳舞的哥萨克人、装饰着花朵的雪橇和诸如”[42]奉承似的描绘“幼稚”而可笑。但是斯大林认识到这位前任大使的用处，于 1945 年 5 月给他颁发了列宁勋章，表彰他对“苏美友好关系”所做的贡献。

来自威斯康星州的戴维斯是位白手起家的百万富翁，看起来不像是那种会获得苏联最高荣誉勋章的人，他的妻子是美国最富有的女人之一，玛乔里·梅里韦瑟·波斯特（Marjorie Merriweather Post），通用食品公司帝国的女继承人。戴维斯总是握着根金头手杖，穿着考究，通常是老款式的三件套西装。他的牙齿“像抛光的琴键一样熠熠生辉”[43]，“闪亮机敏”的眼睛不停地观察着四周。他可能更想去伦敦或巴黎担任大使，但是经罗斯福劝说接受了莫斯科大使的职位，总统觉得他能“赢得斯大林的信赖”。在 1937 年 1 月到任之前，他命令把斯巴索别墅全部翻修一遍，其中包括能支持 25 个冷藏柜的电力系统，冷柜中储存的是定期从美国用船运来的食材。电力系统不可避免地发生故障，糟蹋了 100 加仑奶油，助手们连忙把坏掉
216 的奶油扔掉，但是没能逃过美国媒体的耳目，这让大使和夫人万分尴尬。容易被奉承打动的戴维斯，在莫斯科的 15 个月期间受到克里姆林宫高官们的奢华款待，玛乔里搜集了大量价值连城的俄国艺术品和瓷器，其中很多都是从国家博物馆低价购得的。

在莫斯科的经验让戴维斯相信，和苏联搞好关系的关键就是两国领导人或心腹特使之间进行面对面会谈，他瞧不起外交政策专家和国务院官员，说他们是“小鬼”[44]。他的蔑视也得到了直接回应，奇普·波伦说他“甚至对苏联体系大部分最基本的事实都极度无知”[45]。乔治·凯南有些难堪地写道，在莫斯科大审判期间，“当大使与关注受审者罪名的新闻界朋友交流看法”时，他被派遣“给大使取三明治”。

戴维斯告诉杜鲁门，当下至关重要的是要消除斯大林那种“怀有敌意的资本主义世界……正合起伙来”对抗苏联的印象，“强硬政策”[46]永远不会在苏联身上起作用，他们已经准备好比他们认为的敌对势力“更强硬”。苏联领导人现在处于一个十字路口：如果美国采取理解态度，那么克里姆林宫也会合作；如果采用对抗态度，则会催生出“一位苏维埃拿破仑”。只有杜鲁门能“挽救局势”。

杜鲁门想和斯大林会面，但是不愿意大老远跑到莫斯科去，他问戴维斯可不可以作为他的私人特使去会见苏联领导人，就像他为罗斯福做过的那样。戴维斯婉言谢绝，推辞说自己有严重的肠道问题，“医生嘱咐”不能太过操劳，但是他承诺会给斯大林发一封私人电报，建议美国和苏联在阿拉斯加或西伯利亚举行会晤。他建议通过华盛顿的苏联大使馆发送信息，使用苏联外交编码，绕过哈里曼和国务院。

在会谈结束时，戴维斯觉得已经让杜鲁门理解了他的意思。总统邀请他留下来共进一顿非正式的“家庭晚餐”，同他的妻子贝丝、女儿玛格丽特和刚从密苏里州赶来的93岁的老母亲一起。“我们过得很愉快，”戴维斯写道，“他们是和睦的典型美国家庭。”

在总统任上履职六周之后，杜鲁门对自己还是缺乏信心，他担心斯大林会拒绝他的会面邀请。戴维斯反驳说这不可能，
217 他坚定地持乐观态度。杜鲁门随后说起自己继承的“艰巨责任”，说自己是“最后一个适合处理这件事情的人选”，他只能认命，还诌了几句打油诗来表达自己心中的忧郁。

乔·威廉姆斯躺在那里，
他尽力了。
人力有穷时。
但他拔枪太慢了。

13
“拯救世界”
5 月 26 日

连绵细雨并没有让这位打着蝴蝶领结、头戴圆顶礼帽的老 218
人感到担忧，他身穿的灰色旧大衣上有雪茄烧焦的痕迹，身边聚集了一群中年妇女和小孩子。他赞扬了人们不把德国炸弹放在眼里的勇气，也回避了关于食品短缺的问题，“我不是来允诺悠闲生活的”[1]。一辆红色双层巴士驶过，售票员从扶梯上探出身子喊道：“老温尼，你好啊！”爱德华时代的绅士举起帽子朝巴士的方向郑重致谢，当他讲完话，人群中喊起了“万岁”的欢呼声，并唱起《他是个快乐的好小伙》。

那天是 5 月 26 日，星期六，欧洲解放日刚过还不到三个星期。温斯顿·丘吉尔决定举行选举。在雅尔塔的时候他就告诉罗斯福和斯大林，他是三巨头中唯一一位就要面临失业的人，这个时刻终于到来了。既然欧洲大陆的战争已经结束，工党也撤回了在 1940 年的黑暗日子里对丘吉尔联合政府的支持。按照英国的传统，首相在伦敦东北郊的议会选区开始了竞选。即便 219
当选，他也只是国会下议院中 640 名①议员之一。位于伦敦东北

---

① 英国的选区数量并非一成不变，但每个选区只能选举出一名议员，而且大多数英国选民是根据候选人所在的党派投票，而不是其个人品质或主张来选择。首相理论上由英国国王任命，但实际上是占据下议院最多数席位的党派党魁，下议院第二大党的党魁则成为反对党领袖。——译者注

郊的伍德福德环绕在乡村绿地和一个工人俱乐部之中，平时毫不起眼，英国战时领袖将要在这里提交自己的提名文件，交由选民裁决。这是典型的英国式拉票场景。“没有旗帜，没有纳粹德国那样的游行，也没有美国那样的总统专列，”一名美国记者写道，“那里只有一个发胖的绅士，手里拿着顶高帽……在蒙蒙细雨中，向早上出去购物的家庭妇女中的听众慢吞吞地说上几段话。”[2]

丘吉尔乘车从伍德福德出发穿过伦敦，到达他在契克斯的乡村别墅，去见一位不受欢迎的客人。以身体状况欠佳为由，拒绝了杜鲁门提出的去莫斯科和斯大林协调关系请求的约瑟夫·戴维斯，却自告奋勇到伦敦执行任务，他说服总统他可以让丘吉尔“开窍”[3]——这是让他对苏联减少敌对行为的委婉说法。用安东尼·艾登的话说，英国人觉得戴维斯是个“自负的门外汉”[4]，“他是个天生的绥靖者……抱着同张伯伦一样的错误和幻想，只是把德国换成了苏联”。选择这位刚获得列宁勋章的人作为自己的特使前往联合王国，新任总统心中并没有感到疑虑，他决定派罗斯福的顾问哈里·霍普金斯代替戴维斯到莫斯科去。既然他可以让丘吉尔的朋友去见斯大林，为什么不能派斯大林的朋友去见丘吉尔呢？

正如很多外国访客一样，戴维斯觉得这座伊丽莎白时期的宅邸阴冷透风，饱经风吹雨打的红砖墙上还能看到战时对付德军轰炸的伪装痕迹。正门关着，青草爬上环形的车道，但是大厅里炉火烧得正旺。戴维斯抵达后 20 分钟，温斯顿和克莱门蒂娜也到了，他们不停地谈论着在竞选中亲吻小孩子的故事。丘吉尔坚持带总统特使去他的房间，屋子里也烧着炉火，一眼就能看见“一个巨大、夸张、锃亮的铜茶壶”，还有“很多其他英国乡村生活的特征”[5]。20点30分晚餐开始，对健康一直很敏感的戴维斯规定自己要早点休息，但是契克斯的规矩不容破坏，还有其他来宾想要娱乐：晚餐之后是电影、雪茄和白兰地。直到23点，丘吉尔才终于邀请戴维斯到自己的私人小书房密谈，在似乎无处不有的炉火跟前，他们一直谈到黎明时分。 220

“首相是我们这个时代最伟大的人之一，”戴维斯向杜鲁门汇报，“但是他首先是个英国人，是个无法摒弃帝国的国王大臣，仍然是兰尼米德（Runnymede）① 和敦刻尔克的英国伟人……我有个不可磨灭的印象，他本质上更关心如何保持英国在欧洲的地位，而不是维持和平。”[6]

当戴维斯提出在三位领导人会面之前让杜鲁门和斯大林先行见面的建议时，丘吉尔立即表示反对。正如戴维斯解释的那样，总统“处于劣势”，因为他从来没有见过苏联领导人，重要的是要驱散那种资本主义国家“合伙”对抗共产主义盟友的印象。丘吉尔的看法截然不同，在谈到美国总统和英国首相之间的会面时，他不喜欢用“合伙”这个词。英美两国之间有很多相同的理念，包括承诺政治自由，而这正是苏联领导人深恶痛绝的，这两个国家相互间合作是再自然不过的事情。被排除在胜利后第一次和斯大林的会谈之外，丘吉尔觉得“吃惊且伤心”，他“绝对不会同意”这种安排，让人觉得苏联和美国有什么“勾当”。

戴维斯觉得很郁闷，他站起身来走到火炉边，说丘吉尔对美国总统的诽谤让他感到不快，尽管他是首相的客人，但他“觉得有一种想要离开房子的冲动”。丘吉尔安抚了一下特使，

① 兰尼米德是英格兰泰晤士河南岸温莎附近的一片草地，1215年英王约翰在此签署《大宪章》（Magna Carta）。——译者注

坚称他绝对没有抨击总统信誉的意图。他给自己又要了杯白兰地，给客人要了一例汤（“里面是些乱七八糟的东西，但很有营养”）。

更让戴维斯难以接受的是丘吉尔对斯大林和苏联的敌意。“我真不敢相信自己的耳朵，”他后来在日记里抱怨道，“我还以为我是在听戈培尔、戈林和希特勒讲话。还是他们那老一套的陈词滥调，要把欧洲从布尔什维克和共产主义威胁中解救出来，德国和希特勒才是欧洲的救星等等。”他很不得体地表示，丘吉尔最好是死在“他为自由和解放所做贡献的巅峰时刻，赶在他得出希特勒是正确的这个结论之前”，丘吉尔的回答没有记
221 录下来。“这是剂猛药，”戴维斯回忆说，“但是他没有拐弯抹角——我也没有，我们都很激动。”

凌晨 4 点 30 分，在送客人回卧室的途中，丘吉尔表达了和一个“对事件有如此不同寻常见解”的人交谈的愉悦心情。戴维斯没有体会到其中的讽刺意味，他很容易接受奉承，他搜罗了一堆最好的词语来回应这项赞美：“祝您晚安，先生，有史以来最伟大的英国人，生活在莎士比亚的梦想中，把英国伟人的教导变为现实。”丘吉尔后来告诉手下说他得去“冲个澡，把美国人喷出来的污泥和黏液洗掉”[7]。

戴维斯晚上也不安生，他到处找厕所，结果闯进别人的卧室。在黑暗的走廊里举着蜡烛走了好久，才终于找到藏在挂毯后面的洗手间。第二天上午 11 点，还穿着睡袍的他就被请到首相的卧室。首相正靠在床上坐着读电报，还在为前晚的谈话感到“苦恼和烦心”，如果美国从欧洲撤军的话，他预感到会发生灾难。午饭时，戴维斯又欣赏了一通“斥责俄国人的独角戏”，内容是关于“铁幕之后警察统治”的悲观警告。这次，

杜鲁门的特使选择了保持沉默，他没法解释丘吉尔对斯大林的不信任，最后得出结论说这和“即将到来的大选”有关。

对丘吉尔而言，和戴维斯的谈话让他非常沮丧，他写了封信给杜鲁门表示抗议，提醒他两个英语国家间的特殊关系。他拒绝接受美国平等对待英国和苏联的想法，把它们当成“共同处理战后麻烦的两个同等的外国大国”[8]。对于英国首相来说，“美国和英国为之遭受苦难并获得胜利的伟大事业和信条，不仅仅是个权力平衡的问题，他们实际上是在拯救世界。”

* * *

就在约瑟夫·戴维斯穿越大西洋去和丘吉尔协商的时候，哈里·霍普金斯正在去苏联和斯大林会面的路上。他的团队中包括回到莫斯科大使岗位上的埃夫里尔·哈里曼，还有担任翻译的奇普·波伦。他们现在完全迷航了，早餐后不久飞机从巴黎奥利机场起飞，朝东飞行3个小时，经过了一座又一座化作 222
废墟的城市，毁坏程度一个比一个厉害。根据领航员的计算，他们现在位于波兰上空。

C-87运输机在1000英尺高度的低矮云层中穿梭，乘客们发现了地面上的多车道高速公路，看起来像是希特勒搞的大工程。飞过几片湖泊和一座屋顶被炸弹炸出个大窟窿的宏伟宫殿，他们来到一个毁灭后似乎已被遗弃的城市上空。除了远处升腾的烈焰，这里的建筑物中看不到有任何人类居住的迹象。领航员说下面的城市是波森（Posen，今波兰波兹南），哈里曼和波伦在战前曾经到过德国，认出了勃兰登堡门和菩提树下大街的废墟。他们现在是在柏林上空，10分钟之前看到的那座屋顶被炸开一个洞的宫殿就是无忧宫，腓特烈大帝在波茨坦（Potsdam）的宫殿。

“又一个迦太基。”[9]霍普金斯满是敬畏地凝视着地面上的第三帝国废墟，喃喃说道。

换上一名苏联领航员以后，美国人于 5 月 25 日晚抵达莫斯科。第二天晚上，就在戴维斯和丘吉尔开始炉边谈话的时候，霍普金斯被领进斯大林在克里姆林宫的书房，他们像老朋友一样寒暄致意。正在和胃癌做斗争的霍普金斯向斯大林描述了雅尔塔会议结束两个月之后，把罗斯福击倒的那次中风，“快速、无痛苦的死亡”比作一个“无助的病人”苟延残喘更能让人接受。领袖以满怀同情的心绪倾听着他的话，回忆起列宁也是因中风而手部瘫痪，随后死于脑出血。

然后特使切入正题：美国和苏联关系的急剧恶化。杜鲁门已经授权霍普金斯便宜行事，在和斯大林交涉的过程中，可以根据自己对形势的判断使用“外交辞令”[10]或“棒球棍”。霍普金斯选择了柔和的方式，他和领袖面对面坐在铺着粗毛呢的办公桌旁，尝试解释美国政治的运作方式。美国总统有义务关注公众舆论，没有这种支持的话，杜鲁门将很难继续执行罗斯福与苏联合作的政策。很多美国人，包括几百万曾经支持和苏联结成战时同盟的人民，都对近期发生的事件感到气恼。最让人感到迷惑不解的是没能按照雅尔塔协议约定的内容解决波兰问题，如果按照当前趋势发展下去，那么“罗斯福总统和元帅
223 费尽心血建立起来的……整个世界合作的格局将会遭到破坏”。

斯大林把僵局归咎于丘吉尔，说英国“保守派”拒绝接受一个“对苏联友好的波兰”，还想在苏联周围重新建立起系统性的封锁。尽管不信任英国，斯大林对戴维斯提出的在阿拉斯加或西伯利亚同杜鲁门举行双边峰会的建议没什么兴趣。他无

意在无关紧要的偏远地区庆祝对纳粹德国的胜利，相反，他建议在柏林举行三巨头峰会。和霍普金斯一样，斯大林在克里姆林宫的首次会面中表现得通情达理，他俩其实都在试探对方的底线，讲话颇为含糊笼统，而不是指责对方不守信用。真正的对决还在后面。

然而，斯大林还是打响了变得旷日持久的苏联战略欺骗战的第一枪。在回答霍普金斯的一个质疑时，他发表了一个惊人的观点——“希特勒没有死，而是藏了起来”，他怀疑纳粹领导人携带大量黄金和自己最亲密的助手——包括约瑟夫·戈培尔和马丁·鲍曼——乘坐德国潜艇逃到了日本。对于医生已经成功确认了戈培尔夫妇和其六个年幼子女尸体的报告，斯大林对霍普金斯说他“并不相信”。

希特勒神话的后期版本是斯大林蓄意散播的，说元首可能飞往西班牙或阿根廷；或是依然留在德国，藏在英国占领区内。实际上，苏联情报机构已经在柏林总理府的废墟中找到了希特勒烧焦的尸体和颚骨，他们把下颚骨装在锦缎盒子里空运到莫斯科，随附的还有牙医报告，上面有与之相符的元首金质假牙的记录。尽管关于 4 月 30 日希特勒死亡的具体情况还有绕不过去的谜团，但是苏联验尸官小组已经毫无疑问地确认找到的尸体就是他。苏联国防人民委员会反间谍总局对希特勒“服用氰化物自杀”[11]的官方验尸报告，已经在 5 月 27 日提交给斯大林，而他拒绝接受自己专家的结论，坚持发布历史的另一个版本。

正如后来一位中央情报局的历史学家所说，苏联领导人也许只是享受这种让西方情报机构进行“没完没了的徒劳搜索”[12]的做法。但是这种阴谋论对斯大林也有政治方面的好处，

224 等于给了他一张王牌，让他可以留在将来使用，如果与美、英的关系继续恶化，他可以把让元首消失的罪名加在西方政治家身上。暗示希特勒可能经由西班牙飞往拉丁美洲，这样设计的部分理由是用来证明盟军对佛朗哥的行动合法化，从而为在西班牙内战中失败的共产主义者复仇。

斯大林的情报误导行动也有其国内方面的原因。历代俄罗斯人的父母都用“布卡”（*buka*）的传说吓唬孩子——这是一种藏在床底下的怪兽，如果孩子们不听话的话就会把他们吃掉。希特勒就是一个完美的“布卡”形象，关于他即将归来的传言，可以用来吓唬苏联人，让他们团结起来对抗共同的敌人。为了增加公众对“布卡”的恐惧，斯大林要确保他的下属能把希特勒奇迹般逃脱的言论散播出去，根据他的指示，朱可夫元帅改变了原先希特勒已经在地堡中死去的说法。6 月 9 日那天，朱可夫对西方记者说，希特勒“可能在最后时刻搭乘飞机（从柏林）逃走了”，之后还尖锐地加了一句：“找到他是你们英国人和美国人的责任。”[13]

斯大林用相同的方式玩弄盟友和潜在的敌人，迫使他们接受这个版本的历史，正如他迫使英国人和美国人相信卡廷屠杀的谎言，以及强迫“大清洗”的受害者们承认诸如间谍和通敌之类的荒谬指控一样。在这两个案例中，苏联政府的有关机构依靠的都是伪造所需的证据，那些反驳“伟大领袖和导师”的人都遭到了毒打，直到他们改变看法。“希特勒还活着！”当元首的前侍从官海因茨·林格（Heinz Linge）想要描述其主子自杀的情形时，一位苏联审讯者喊道，“希特勒还活着！”[14]

无论斯大林是出于狡猾、偏执、恶作剧或仅仅是妄想，他都没有把希特勒死亡的真实情况和西方领导人，甚至是他自己的将军们共享。相反，他不厌其烦地编织出一张非凡的欺骗网，苏联情报人员将其命名为“神话行动”[15]。

* * *

站在权力和名望的巅峰，斯大林觉得高处不胜寒，步步是危机。他的国家一片废墟，经济在历时四年的战争中崩溃了，数百万普通苏联民众被外国的宣传曝光。正如凯南预测的那样，领袖对于控制自己全新的东欧帝国毫无信心，他怀疑那些生活在苏联体系内的无数非俄罗斯民族人群的忠诚度。他主要是对克里米亚鞑靼人或车臣人这样的小民族有敌意，以叛徒的罪名 225
将他们一股脑地流放掉，但是这种流放扩大到了其他更具代表性、规模更大的民族身上，如乌克兰人、波罗的海人①和白俄罗斯人。

斯大林对西方国家又爱又恨，既需要他们又怕起反作用。美国人的贷款可以帮助苏联重建，如果西方国家认可苏联红军扶持起来的政权，苏联对东欧的政治控制将更容易维系。外交上与杜鲁门和丘吉尔达成谅解，能让苏联专注于内部重建，腾出那些本来准备用于军事方面的资源。同时，和资本主义阵营太接近也有风险，世界上第一个工人阶级国家绝对不能放松意识形态方面的警惕。尽管灵活性也很重要，但无论是在自己的祖国还是在新的附庸国，斯大林都不可能做任何会削弱其政治控制的妥协。布尔什维克总是把战术和战略分得很开，斯大林随时愿意让一步，如果这种让步可以让他在将来前进两步的话。

最紧迫的挑战是修复战争造成的创伤，而这种创伤比官方

① 指爱沙尼亚、立陶宛和拉脱维亚这三个被苏联吞并国家的居民。——译者注

承认的还要大。尽管心里很不情愿，斯大林最终还是接受了这个数字：军人死亡 750 万人，还有几乎同等数量的平民死亡。实际上，苏联在战时由于各种原因造成的人员死亡在 2600 万到 2700 万人之间，其中 1000 万人死于战场或战俘营。苏联损失了 14% 的战前人口，四分之一的固定资产，近三分之一的国家财富。被战火毁坏的城镇有 1700 多个，还有 7 万座村庄，4 万英里铁路线，以及 10 万个集体农庄。[16]很多城市都只剩下颓垣断壁：在斯大林格勒，只有一栋建筑完好无损。钢铁产量降低 33%，石油产量降低 38%，拖拉机产量降低 76%。实际上，苏联原先强大的工业化体系必须从头开始建设，在 20 世纪 30 年代付出巨大代价取得的成就，现在已化为尘埃。

付出几十年的牺牲后，斯大林必须让伟大卫国战争的幸存者做好准备，面对困难和贫穷的未来。在战前本来就很低的水平上，实际收入又降低了 60%，粮食产出减半，饥荒重新开始在大地上肆虐。贝利亚会定期给斯大林递交关于饥荒的报告，[17]其中一篇报道说一位农村妇女杀害了自己的女儿，吃掉
226 她的尸体，从西伯利亚传来消息说人们从倒下的树上剥树皮吃。在战争中死亡了太多的年轻人，造成人口比例严重失调，工厂和农庄只得依靠女人和青少年维持运行。莫斯科和各大城市的街道上都是缺胳膊少腿的残疾人，靠自制手推车代步。在 5 月 9 日的胜利日全国庆祝活动中，由于缺少四肢健全的男人，女人们只能互相结伴跳舞。

如果说崩溃的经济是苏联的一处致命要害，那么另一处就是被压制的民族主义。即便击败了纳粹德国，斯大林的军队还在作战，镇压波兰、西乌克兰和波罗的海国家的叛乱，这些战斗未经宣布，也不会承认。仅仅在波兰，在和忠诚于伦敦流亡

政府的国内军残余部队的战斗中，就有近600名红军官兵阵亡。5月17日，领袖收到一份贝利亚呈上的令人不快的报告，其中提到波兰暴动的规模。国内军“继续在波兰多地发起进攻，攻击监狱、军事单位、安全部队驻地、银行、工厂和民主机构等”[18]。内务人民委员部发现了39个独立的“武装团伙”，规模超过1万人，共产党主导的临时政府无法有效地控制事态。5月上旬，波兰内务部有1个营由于听信了要解除其武装的谣言，全营集体叛逃到国内军。苏联内务人民委员部所属的七个团——共1万人的精锐部队——正在和叛乱者战斗，贝利亚建议再额外部署三个边防团的兵力。

从波兰传来的消息证实了斯大林最悲观的假设：他对东欧的掌控很不牢固。维持新征服领土的统治，显然不可能遵循雅尔塔协议中的自由选举和少数服从多数的原则，一个“对苏联友好、强大和独立的波兰”在词义上本身就是完全矛盾的，至少按照斯大林对“友好”的理解来说是这样。任其自由决定的话，波兰人绝不会愿意屈从于自己的东方强邻，苏联的势力在诸如波兰这样的国家中是无法得到民意基础拥护的。为了将自己的意志强加于东欧帝国，斯大林从一开始就不得不依靠少数派的支持。

无论领袖私下里感觉受到多大的威胁，他在公众面前都表现出一副超级自信和有力的形象。5月24日，也即在霍普金斯 227
抵达莫斯科的前一天，他出席了在克里姆林宫举行的规模宏大的胜利欢庆会。20点整，身穿元帅制服的斯大林沿着大理石台阶走下，来到圣格奥尔吉大厅，上千人同时发出了震耳欲聋的欢呼声：“万岁！”

他面前的一排排餐桌旁，将军、元帅、政府及党的领导人、著名演员、科学家、作家、发明家以及各行各业的精英都恭敬地站着，镌刻着俄罗斯最杰出军团名字的铭牌挂在墙上，把共产主义的现在同沙皇的过去连在一起。深宫大院里的吊灯流光溢彩，照亮了大厅里的金色柱子。在苏联精英的鼓掌欢呼声中，格鲁吉亚鞋匠的儿子开怀畅饮，这位曾经的神学院学生现在成为横跨半个世界的帝国的统治者。这个脸上有痘痕、身材不高，既缺乏传统意义上的领导魅力，也没有智慧光芒的人，在占据的领土方面已经超越了俄国的沙皇。“有了电话的成吉思汗”——他的受害者之一曾这么叫他。他攫取列宁的衣钵，追杀列夫·达维多维奇·托洛茨基，灭亡希特勒，还运用策略战胜了丘吉尔和罗斯福。这是历史上最不同寻常的履历之一。

一次，有人请他描述一下想象中最快乐的经历是什么，斯大林说他很享受给敌人设下陷阱的快乐。在选定目标以后，他会“准备好策略，发动致命一击，喝一瓶红酒后上床睡觉”[19]。最终执行可以很快，可是准备的过程却不能心急，他一步一步地做好准备，用错误的安全感来催眠受害者，最后才发动致命打击。斯大林的拥抱，可能是一种尊重——但也可能是让人突然倒下的前兆。环视金色柱子装点的纯白大厅，斯大林看到的是潜在对手的面孔，这些人正因他们的共同胜利充满自豪，容光焕发。斯大林已经在计划自己的下一个娱乐活动了。

苏联政坛的二号人物维亚切斯拉夫·莫洛托夫担任欢庆会的主持人，这位外交人民委员邀请朱可夫和其他元帅加入主宾席的政治领导人当中，军官们一个个从大厅内的其他座位上站起身来，胸前佩戴的勋章叮当作响。当元帅们被光荣地安排到领袖身旁的座位落座时，潮水般的掌声经久不息，响彻整个大

228 厅。尽管莫洛托夫赞颂了红军将领们，但他还是把斯大林描绘

成胜利的缔造者：“他一直领导着整个斗争。”

斯大林特地点了两个人的名字赞叹一番。对“我们的维亚切斯拉夫”，他评论说，“一项好的外交政策有时候要比两个或三个方面军还有价值”。然后向最高副统帅朱可夫举起酒杯：“攻克希特勒的柏林，朱可夫的柏林万岁。”他的发言引起一阵笑声和欢呼声，但在第二天报纸上发表的官方记录中却神秘地删除了这段内容，相反，媒体都聚焦于斯大林在胜利欢庆宴会上最后，也是最重要的祝酒词——“为了俄罗斯人民”[20]。他回忆了苏联政府所犯的“错误”和1941～1942年的黑暗时期，当时红军在德军的猛攻面前向后溃退，“因为那时别无选择”。他的讲话带有浓重的南方口音，将俄罗斯人描绘成苏联的“先进民族”，是国家的铜墙铁壁。

> 要是其他民族，可能会对政府说：“你没能满足我们的期待，我们要换一个能和德国人谈判并保卫我们和平的政府。”但是俄罗斯人民没有这样做。他们相信政府的政策是正确的，他们为了击败德国不怕牺牲。俄罗斯人民对于苏联政府的信任，被证明是获得对人类公敌法西斯主义的历史性胜利的决定性因素。感谢俄罗斯人民的这种信任。

大厅里响起一阵长达数分钟的欢呼，庆祝活动持续了9个小时：当宾客退场时，克里姆林宫的金色穹顶已经染上了第一缕晨光。斯大林对俄罗斯人民的颂辞可以用多种方式解读，一方面，这可能是一个认错，来自一个按说绝对可靠的领导人，先是拒绝相信纳粹入侵的多次警告，后在战争爆发首日惊慌失措地逃到乡间别墅；另一方面，这标志着对斯大林的个人崇拜，已经将其从布尔什维克革命者视作俄罗斯民族主义者了。在作为国际社会主义发源地的苏联，与伊凡雷帝和凯瑟琳大帝[①]的俄国之间，他不再做出区分。苏联共产党在改宗的格鲁吉亚神学院学生领导下，令俄罗斯母亲再现了真正的伟大。还有一个方
229 面，这番讲话内容也可以被解读成对“叛徒民族”的警告——波罗的海人、鞑靼人和车臣人等。任何人，如果不能全身心地信任领袖，都会面临可怕的惩罚。

最后，也是最重要的，斯大林的话强调了他自己和神秘的久经苦难的民族之间坚不可摧的联系。通过抬高普通人，他消泯了聚集在克里姆林宫里的军事精英和平民精英的贡献，俄国有史以来最大胜利的最终荣誉，不属于站在他面前的元帅、将军和人民委员们，只属于团结在领袖周围的普通苏联人。

* * *

在 5 月底到 6 月初之间的两周时间里，斯大林和霍普金斯在克里姆林宫举行了七次单独会谈。和苏联领袖进行面对面谈判的经验似乎重新给这位形容枯槁的美国人注入了活力，几个星期前他还几乎无法从病床上爬起来。斯大林非常友善，但是不愿意做出任何严肃的妥协。5 月 27 日，第二次会晤时他就发起了攻势，向霍普金斯抱怨美国的一系列错误，从突然取消租借物资，到允许法西斯阿根廷加入联合国。而他最担心的还是波兰的政治构成，美国声称雅尔塔协议意图建立一个全新的政府，他对此嗤之以鼻。

“任何有点常识的人都能看出来，新政府必须在当前政府的

---

① Catherine the Great，指女皇叶卡捷琳娜二世。——译者注

基础之上建立，”他怒气冲冲地说，“苏联人很单纯，但是他们不能被当作傻瓜看待。这是西方人经常会犯的错误。”[21]

霍普金斯提出，美国的舆论使杜鲁门很难按照苏联的要求来决定波兰问题，领袖对这种说法表示不屑。在辩论中，他从不会把苏联的公众舆论充作“挡箭牌”。谈到具体事务上，他表示临时政府可能包含“四五个”非卢布林（政府）的波兰人，这样会给共产党人和他们的盟友留下15到16个内阁席位，占绝对多数。这时候，莫洛托夫用俄语悄悄对斯大林说了些什么，斯大林马上纠正了自己的说法，卢布林的波兰人准备接受“不超过四名来自其他民主团体的内阁成员”。

在新政府组成方面没有进展，霍普金斯又提醒斯大林，他 230
在雅尔塔时曾承诺保证波兰和其他东欧国家的基本自由。他提到了言论自由、集会自由、流动自由和信仰自由，领袖打断了他的话，并告诉霍普金斯这种自由“只有在和平时期才能完全施行，即使到了那时候，也会有一定程度的限制”。任何政府，包括美国政府在内，在“面临战争威胁时”也会保留限制此类自由的权力。进一步说，即使在和平时期，妄图推翻“民主政府”的“法西斯党派”也不能享受这种给非法西斯党派赋予的自由。

对美国政治家高度重视的种种原则问题，斯大林很清楚该如何发出巧妙的警告。既然他保留了定义谁是法西斯分子、谁是民主人士的权力，这个例外原则让他可以在很多事情上为所欲为，需要敏锐的听觉才能捕捉到其中的所有细微差别。当霍普金斯问起苏联愿不愿意遵守雅尔塔协议的其他条款时，斯大林则含糊其词。

“苏联一直是言而有信的。”[22]他抗议道。然后他又用俄语嘟囔了一句话，一旁的英语翻译弗拉基米尔·巴甫洛夫没有翻译这句话。

“我觉得你还没有翻译完整，巴甫洛夫。”给霍普金斯担任翻译的波伦低声说道。

尴尬的巴甫洛夫这才加上了所有前提：“除非在极为必要的情况下。”

斯大林拒绝在对波兰政府的政治控制方面让步，这是一个涉及基本原则的关键问题，但是他给西方盟友提出了保全面子的折中方法。政府的非共产党人内阁成员中将包括农民党领袖斯坦尼斯瓦夫·米科瓦伊奇克，他是美国人眼里在伦敦的波兰人中最合适的人选。斯文、圆脸的米科瓦伊奇克将会成为波兰民主解放的保证人，他不信任苏联人，对自己获得成功的可能性异常悲观。虽然如此，他还是感到无法拒绝斯大林的开价，回到华沙后他会成为波兰反共人士的旗帜，他们占波兰人口中的大多数。他的存在可能会减轻一些对国内军的迫害，以及逮捕和流放反莫斯科的波兰人的力度，最起码他会成为一个独立的声音。

关于波兰的最后协议，更接近斯大林一开始在雅尔塔的要
231 求，而不是西方提出的反对意见。作为米科瓦伊奇克担任副总理的回报，美国和英国将被迫切断同伦敦的波兰流亡政府的联系，7 月 5 日，他们给予了华沙扩大政府正式的外交认可。丘吉尔悲伤地承认，非共产党人的内阁成员占“无望的少数”，真正自由选举的前景几乎没有可能。但是他已经对这场耗时几个月的外交争辩感到疲惫，觉得只能被迫接受霍普金斯所能达成的约定。他催促米科瓦伊奇克抓住“这最后的机会，不仅要把脚迈进门里，还得把腿也伸进去”[23]。

从个人层面上讲，斯大林对霍普金斯的款待非常周到，因为他曾在1941年7月纳粹入侵后不久的黑暗日子里访问莫斯科，作为罗斯福最亲密的助手和《租借法案》的倡导者，霍普金斯是美苏关系美好时光的象征。他的妻子路易丝·霍普金斯陪同他一起来到莫斯科，她是位训练有素的护士，正在莫斯科的医院进行访问。回到斯巴索别墅后，路易丝向其他宾客极为详尽地叙述了苏联革命性的阴茎折断修复术，当她用能传遍房间每个角落的声音描述那台富有传奇色彩的手术时，鸡尾酒会上的谈话声戛然而止。“而且，他居然还能继续和自己的老婆过性生活！”[24]

每天晚上，斯大林都给霍普金斯夫妇安排娱乐活动。最盛大的一次是6月1日在克里姆林宫举行的节日庆祝晚宴，这让他们有机会近距离观察苏联的精英。凯瑟琳·哈里曼给她妹妹描述了当时的场景：

> 四十位宾客分坐在长桌两旁，桌子沿凯瑟琳大帝舞厅的长边方向摆放。俄国人分成显而易见的两派：一派是受过教育、面容姣好的类型，他们通常都留着小胡子（全都穿着制服）；另一派是肥胖、阴险的类型，小眼睛上戴着夹鼻眼镜，路易丝把他们称为“不高兴的娘娘腔”。这类人的数量占了大头，可怕的是想象一下他们竟然和外国人合作过。[25]

晚宴后，斯大林带领霍普金斯来到毗邻的一个房间里，在这里美国人提起了那16名反卢布林政府的波兰人的事情，这些人被指控有组织地反抗苏联红军，关押在卢比扬卡监狱。霍普

金斯再次试图解释公众舆论在制定美国外交政策方面的重要性，
如果波兰人遭到精心设计的公开审判，那么整个美苏关系的大
232 厦将会受到威胁，也会危及波兰在新政府组成方面取得的进展。
斯大林承诺会关注这件事，那些人还是必须受到审判，但是他
会尽可能对他们“宽大”[26]处理。

第二天，斯大林派他的代表来到斯巴索别墅，给路易丝·霍普金斯带来一卡车的昂贵礼物。让人眼花缭乱的精美毛皮、纺织品和珠宝都摆在大使馆的客厅里，苏联代表极力怂恿路易丝把任何她想要的东西都带回美国去。对行为不当之类的指控很是敏感的霍普金斯，坚持要求妻子把所有的东西都还回去，除了一块相对质朴的乌拉尔次等宝石，他自己只要了两大罐鱼子酱就心满意足了。

埃夫里尔·哈里曼对于接受苏联东道主的礼物就没什么顾虑。在克里姆林宫的晚宴中，他告诉斯大林他热衷于骑马，并表达了自己对劳动节那天红军总参谋长胯下的一匹纯种棕色种马的艳羡之情。领袖立刻把那匹马赠给哈里曼，还额外附送了凯瑟琳一匹。身家千万的富翁大使收下了这匹马，把这视作“反向租借物资”[27]，但是他并没有改变自己的强硬立场。

“如果他们愿意的话，苏联人能把事情做得很豪迈。”哈里曼那位通常尖酸刻薄的助手罗伯特·米克尔约翰（Robert Meiklejohn）在日记中写道。

*　*　*

美国媒体在向新波兰政府方面达成的协议欢呼致敬，说这是杜鲁门新特使的外交胜利，但是霍普金斯几乎没有感受到雅尔塔会议结束时的那种陶醉感，那时他相信“新一天的黎明”

已经到来。他曾仅次于约瑟夫·戴维斯，是最为认同罗斯福对苏联政策的美国官员，他也指责过国务院的苏联专家们组成了“反苏党派”。但是和斯大林进行了长时间谈判之后，他改变了自己对于美苏合作前景的观点，他现在相信两国关系会经历“狂风骤雨”，主要是因为在“人类解放”这个问题上完全相左的观点。

霍普金斯明白，意识形态在决定美国外交政策方面所起的作用，至少是和决定苏联外交政策的作用一样大。意识形态为两种政治体制提供了基本的存在价值：就美国来说是自由，苏联是建设共产主义。美国和苏联都有一种救世主式的想要改变他人信仰的特性，一种想把自己的政治价值观推广到全世界的 233
欲望。在和斯大林谈话以后，霍普金斯告诉波伦，“美国在自由方面的信仰”将会同苏联在“对第三国事务方面产生严重分歧”[28]。正如他后来写的：“美国人不仅仅是想要自己的自由……他们还想要全世界的其他人民也获得自由……他们只是不喜欢那种你不能随心所欲说出自己想说的话的理念。”

美国和苏联之间的核心差异是公众舆论所起的作用，每当美国政治家们强调，让公众支持新的重要外交政策非常必要，独断的斯大林就很不耐烦，他觉得这种说辞是无耻的谈判策略。实际上，这才是美国政治体系运行的核心，没有哪个美国领导人能够忽略美国公众的情绪。罗斯福是个能走在公众舆论前面的专家，他操控公众舆论朝自己想要的方向发展，但是他也总是要适应那些反复无常，有时甚至是非理性的需求。他在雅尔塔的谈判策略，很大一部分取决于要让美国人民相信，他能够带来公平又持续的和平。如果美国人觉得苏联背弃了对东欧的承诺，战后秩序的根基将会受到严重破坏。

正如他的前任老板一样，霍普金斯也是个精通政治的杂技演员。他来到莫斯科的目的，是继续让美国抛出的所有球都留在天上，即使只是很短的时间。关于新波兰政府方面的协议，维持了对德战争胜利国之间互相理解的幻觉，但实际上，在一些诸如“民主”和“自由选举”之类的基本问题上都还根本没有达成一致。

在离开莫斯科之前，霍普金斯征求了乔治·凯南的意见。这位苏联问题专家一直都抱着“无聊和厌恶”的心情，跟踪着关于波兰谈判的全过程。他确信，建立起一个对苏联友好且又自由独立的波兰的理念是“徒劳无用的”，他觉得已经没有必要和苏联在这类事情上争论不休了，斯大林反正会对波兰做任何他想做的事情。凯南告诉霍普金斯，美国“不应该为苏联在波兰的所作所为分担任何责任”[29]。

“那么，你认为这是无聊的事情，我们应该停止介入波兰事务。”霍普金斯重申道。

“差不多是这样。”

“我尊重你的意见，”特使黯然结束了对话，“但我不能接受你的观点。”

14

核武器牌

6月1日

斯大林和霍普金斯在克里姆林宫举行决定波兰命运的谈判 234
时，另一出不同的戏剧正在美国上演。虽然仅仅在办公室里待了六个星期，哈里·杜鲁门发现自己已经经历了一系列历史性事件：纳粹德国战败，共产主义超级大国崛起，欧洲分裂，日本帝国垂死挣扎。在做出的所有决定当中，最让人害怕的是使用有可能释放宇宙隐藏力量的新式武器的决定，它正在改变人与自然的关系。由于害怕纳粹德国会首先制造出原子弹，美国在研发中投入了巨量的财力和人力，这种恐惧后来被证明是夸大了，但是给项目进展带来了动力。首枚原子弹的试爆计划定在7月，新总统必须决定是否对日本使用这种革命性的新武器。此外还有更大的问题需要解决，比如是否和潜在对手——特别是苏联——共享原子弹技术，以提前制止毁灭性的新军备竞赛。

为了理清这些令人烦心的问题，杜鲁门向一个可能很容易取代他在白宫位置的人寻求帮助。昔日南卡罗来纳乡村的 235
早熟男孩詹姆斯·伯恩斯，14岁就离开了学校，拥有丰富的政治经验，履历覆盖政府三权分立的代表机构[①]。他在众议

① 美国立法权、司法权和行政权的三权分立代表机构分别是指国会、最高法院和以总统为首的行政部门。——译者注

院中待了 14 年，又在参议院干了 10 年，沿着司法部门的阶梯从法庭速记员一路爬升到最高法院陪审法官（associate justice）的职位。最重要的是他与罗斯福很亲近，先是做他的筹资人，然后是撰稿人，最后是战争动员局局长。伯恩斯负责料理经济和国内政策，让总统可以腾出手来解决重大国际问题，这位长期以来自认为是“助理总统”的人——其他内部人士也是这样叫他——把自己当作罗斯福的合法继任者。

罗斯福让伯恩斯相信他会接替副总统亨利·华莱士，成为自己 1944 年的竞选伙伴；华莱士被认为太神秘和左倾，不是一位能被人们接受的总统。但是就像罗斯福惯常的做法，他没有做出确切的承诺，而是选择在吐露真心前让事态顺其自然地发展，最终出于国内政治的考虑阻止了这位南卡罗来纳州的野心家赢得最高荣誉。伯恩斯引起了民主联盟中重要的选举人团的不满，他娶了一个圣公会教徒当老婆，冒犯了自己的天主教教友，于是离开了教会；工会领导人也烦他，因为他让战争时期组织罢工变得困难；最麻烦的是，黑人选民一直都记得他是个南方种族隔离主义者，还曾强烈反对联邦反私刑法案，这些都和罗斯福对非洲裔美国人的巨大需求相抵触。在势均力敌的选举中，这方面的考虑可能是决定性的。哈里·杜鲁门则是一位中规中矩的议员，来自更大的州，和所有人关系都处得很好，故而是更保险的赌注。罗斯福没有给伯恩斯任何解释，最后选择支持相对默默无闻的密苏里州参议员。

伯恩斯被总统的决定“伤害了”[1]。他个头矮小，精瘦结实，紧张兮兮的，体内似乎有用不完的劲头；他衣着得体，头上戴着小礼帽[1]，显得很神气；倒八字眉让他尖尖的脸庞上总是流露出一副嘲弄的表情。正如安娜·罗斯福在雅尔塔所见，他发现自己被排除在雅尔塔三巨头开幕会议的门外时，顿时变得暴躁不安。除了对罗斯福感到生气，伯恩斯还觉得杜鲁门背叛了他，此前杜鲁门曾在芝加哥民主党大会上承诺正式提名他担任副总统。无论杜鲁门做什么补偿，都会觉得自己的老朋友 236
对他怀恨在心，正如他后来回忆的那样："我成为总统以后，我知道吉米每次对我说他觉得事情不应该是这样子时，其实他心里想的是他应该坐在我的位子上。"

但是现在，杜鲁门还要依靠这位前议员同僚来教导他世界运行的方式。成为总统后不久，他就任命伯恩斯担任国务卿，按照当时的宪法规定，这也会使他成为总统的第一继任者（没有选举新的副总统的制度，所以杜鲁门任职时没有副总统）。令人愉悦但无能的斯退丁纽斯被允许在旧金山大会后光荣引退，在伯恩斯等待宣布他的新职位期间，杜鲁门把协调原子弹相关政策的任务委托给了他。

他的首要任务之一就是接待一个来自洛斯阿拉莫斯的"为无核世界而战"科学家代表团，他们的领导人是曼哈顿工程的开创者之一利奥·西拉德（Leo Szilard），他自1933年起就一直研究原子链式反应的可能性。这位出生于匈牙利的物理学家还拥有将质量转变为能量的中子反应堆专利，这曾被其竞争对手轻蔑地称为"妄想"。在他的理论变为现实之后，

---

① Homburg Hut，德国人叫它洪堡毡帽，美国人叫它霍姆堡毡帽，这是一种在整个西方国家流行的首产于德国洪堡（Homburg）的男士软礼帽，帽顶由前向后呈凹形，帽檐微微上翻，使得整体廓型更加流畅，在许多影视作品中都能看到它的身影。——译者注

西拉德开始关注“核武器试验和核武器使用是否明智”的问题，特别是在德国已经被打败的情况下。最令他担忧的是美国成功试验原子弹之后，会促使苏联为了拼命追赶而加速自己的核项目。在西拉德看来，美国保持道德优越性和科学领先地位的唯一方法，就是根本不试验原子弹。他想和杜鲁门会面阐述他的观点，但被告知去和伯恩斯谈，由于伯恩斯此时还只是一个普通公民，他邀请西拉德和两个伙伴在南卡罗来纳州斯帕坦堡（Spartanburg）的家中见面，那天是 5 月 28 日。

他们的谈话一开始就不顺利。西拉德呈上一份手写的备忘录，认为核军备竞赛的危险性只有那些“在相关工作中有亲身体验的人，也就是少量积极参与此项工作的科学家”才能准确理解。他申请成立一个科学家委员会，为总统提出核政策方面的建议。伯恩斯对于这种政治领导人不配做原子弹方面决定的说法怒不可遏，两个人代表的是两个完全不同的世界：现实政治和理论物理。伯恩斯把原子弹看作军事武器，同时也是政治
237 武器，可以为美国在对付越来越不守规矩的苏联时提供决定性的优势；西拉德关注的是核扩散的危险和人类的毁灭。

他们甚至无法就技术细节达成一致，伯恩斯反对西拉德所说的苏联将会很快赶上美国的观点，他觉得俄国人能搞成原子弹至少还要十年。

“格罗夫斯将军告诉我苏联没有铀矿。”[2]

西拉德认同高品质铀矿很稀有，在苏联可能很难找到，已知最大的矿区在比属刚果，现在正处于美国和英国的控制之下。而苏联却拥有捷克斯洛伐克的小规模富铀矿，除此之外，几乎可以肯定他们能够得到大量低纯度铀矿，这同样可以用来制造

原子弹。

伯恩斯对西拉德的请求不屑一顾，他竟然要求取消对已经花费了20多亿美元（相当于2010年的240亿美元币值）进行研发的核武器的测试，对这位前议员来说，这毫无道理。“如果不能给他们展示已经花掉那么多钱的成果，你要怎么说服国会调拨资金用于原子能研究？”他质问道。

在美国展现出自己的技术实力会不会促使斯大林做出政治让步上，物理学家和政治家也发现彼此间存在分歧。“你来自匈牙利，”伯恩斯提醒西拉德，“你不会想让苏联无限期地留在匈牙利吧。”西拉德对于“快速完成原子弹能让俄国更听话”的意见“完全目瞪口呆”，他对于美国和苏联进行军备竞赛的风险的担忧，远大于他的祖国可能会被苏联占领的命运。

双方谁也听不进谁的意见，回火车站的路上西拉德感到非常沮丧，他真希望自己从来没有构想出原子链式反应，他应该进入政界，而不是物理界。摆脱了来吵架的访客，伯恩斯感到很高兴。“他的风度举止，还有他想要参与政策制定的欲望，给我留下了很不愉快的印象。”他后来写道。[3]

* * *

在政府部门中，普遍认为如果原子弹使用得当的话，将会成为外交王牌。早在4月伯恩斯就亲自告诉过总统，原子弹会
让美国在战争后期“说了算”，把它扔到日本人头上，可以拯 238
救十几万准备进入日本本土作战的美军官兵的性命。美国的技术实力也能用来平衡苏联在领土面积上的优势，按照战争部长亨利·史汀生的意见，“这是我们稳操胜券的地方”，美国现在拿到了“一手同花顺，绝对不能在如何打这手牌上犯傻”[4]。

用扑克牌做比喻是特意为了吸引杜鲁门，他晚上最喜欢的事情就是坐在桌边和朋友们打牌。

和西拉德会面后不久，伯恩斯就前往华盛顿参加 5 月 31 日在五角大楼召开的会议，这次为期两天的会议议题就是原子弹。杜鲁门成立了过渡委员会（Interim Committee）来协调原子弹决策制定事宜，指派国务卿担任他的“个人代表”。会议主持人是史汀生，参会人员包括如朱利叶斯·罗伯特·奥本海默（Julius Robert Oppenheimer）、恩里科·费米（Enrico Fermi）这样的顶尖科学家，还有马歇尔和格罗夫斯等高级将领。会议议程的第一项，是军事委员会的一份简报，罗列了三个可能成为原子弹轰炸目标的城市：京都、广岛和新潟（Niigata）。目标委员会（Target Committee）建议把“那个装置”丢在“获选城市的中心位置”[5]，而不是瞄准特定的军事和工业设施，这些设施都“非常分散”，而且坐落于城市郊区。原子装置数量稀少，不足以在邻近的不同地区都投下炸弹，必须用一颗就能摧毁所有的城市设施。尽管“精确投弹”这个词已经进入军事辞典中，但是对于第一代原子弹来说，这还是不切实际的想法。

把新炸弹用作一种恐怖武器的想法让史汀生惊骇万分，他一直把自己视作“国际法律和道德”的维护者，就算是“总体战”时期也同样如此。前些日子柯蒂斯·埃默森·李梅（Curtis Emerson LeMay）麾下的 B－29 重型轰炸机群对东京进行了火攻，造成数万日本平民死亡，这件事就让史汀生非常生气。史汀生曾在战前访问过日本京都，知道这座城市曾是日本帝国的首都，还拥有几百座佛教寺庙和日本神道教神社，有很高的文化和历史重要性。他明确表示不允许破坏这座城市，尽管从军事角度来看这座先前几乎没有遭到轰炸的城市是个很诱人的目标。“这一次我将有最终决定权，”他告诉不太高兴的格罗夫斯，“在这件事情上，我说了算 。”[6]

史汀生同样清楚，新式炸弹的革命意义不仅仅体现在军事方面，还包括“人与宇宙的关系”[7]方面。他告诉过渡委员会成员，新武器可以用来“完善国际文明”，也可以转变为一个“弗兰肯斯坦”（Frankenstein）①。患有慢性失眠症的战争部长刚刚经历了一个“就睡觉而言非常残酷的夜晚”，他在床上辗转反侧，努力想弄清楚关于原子弹的复杂问题，不仅仅是为了和日本的战争，还为了整个战后时代与苏联的关系。 239

史汀生理解轰炸不可避免，和西拉德不同，他不认为原子弹工程可以暂停甚至放缓速度。他相信美国可以和其他国家共享技术方面的成果，特别是苏联，但是要基于严格的交换条件，交换内容应包括如政治自由化和透明的审查制度等。能够得到原子弹秘密的诱惑，加上美国对苏联萧条经济的支持，可能会激励斯大林同西方合作。

好几个委员会成员都支持史汀生的立场，包括马歇尔和奥本海默。奥本海默这位洛斯阿拉莫斯的负责人一直都支持对原子能进行国际控制，甚至到了被美国反间谍部门的人员怀疑其不忠的程度。他小心地组织语言，提议和苏联就未来的合作进行“试探性”讨论，“在最笼统的概念方面，不涉及我方任何生产工作的细节”。重要的是，对苏联的态度不要有“先入为主的偏见”。

陆军参谋长马歇尔又引人注目地进一步主张对莫斯科公开，在他看来，无论苏联人在政治问题上有什么前科，他们始终都

---

① 泛指科学家制造出来的怪物，源自英国著名小说家玛丽·雪莱（Mary Shelley）的小说《科学怪人》（Frankenstein; or, The Modern Prometheus）。——译者注

在履行对盟友的军事责任。他们不愿意在军事方面展开合作，这通常可以用简单的偏执来解释，即“维护安全的必要性”。可以相信苏联人不会把美国原子弹的秘密泄露给日本人，五星上将想要知道“是否可以邀请两位杰出的俄国科学家”来目睹原子弹的首次试爆。

到了伯恩斯维护其权威的时候了，由于无法保证会有切实的价值巨大的回报，这位固执的参议院“交易商”没有用美国核武器的秘密进行交易的意向。他害怕共享任何信息，“哪怕是笼统的概念”，都可能导致斯大林要求插一腿进来。这会引起无
240 尽的麻烦，最好是以最快的速度推进原子弹的生产，同时努力搞好和苏联的关系。杜鲁门的代表一旦表明立场，其他委员当即都表示了认同。

伯恩斯还进一步就原子弹一旦试验成功后，该如何使用原子弹表达了自己的观点。他反对某些科学家提出的公开宣布试验，以震慑日本令其屈服的建议，炸弹总有不爆炸的可能，这样就会给敌人带来“帮助和安慰”。伯恩斯坚持“尽快对日本”使用原子弹，并且“使用时不预先进行警告”。史汀生觉得造成大量平民伤亡会导致道德方面的忧虑，伯恩斯唯一的妥协是按照目标委员会的建议，对用语进行了修改——目标地点将是“被工人住宅包围的战争工厂”，而非市中心。这种文字游戏能够抚慰决策者们的良心，但是对实际情况几乎没有影响。许多日本人在家里工作，生产军用物资，用从不感情用事的柯蒂斯·李梅的话说，“全体人民都已行动起来，制造战争所需的飞机或军火……男人、女人和孩子。我们知道烧毁一座城镇会杀死很多女人和孩子，但必须这样做。”[8]

过渡委员会的会议一结束，伯恩斯就急急忙忙赶回白宫，

向杜鲁门介绍会议上提出的建议。两位政治家重新审视了迫使日本投降的选项，据估计，在日本本土岛屿进行诺曼底登陆规模的作战将会导致10万名美军官兵牺牲，涉及美国人的生命，如何选择已经很清楚了。除了内心感到痛苦，缺乏经验的总统没法和他更有经验的顾问们得出的结论进行争辩，他不太情愿地告诉伯恩斯，“他想不出其他选项”[9]。对日本使用原子弹的决定在1945年6月1日那天生效，当天斯大林正在莫斯科为霍普金斯举行庆祝晚宴，距德国投降还不到四周。尽管还并非不可更改，但是需要总统拼尽全力才可能得到不同结果。在格罗夫斯眼中，杜鲁门就像“一个雪橇上的小男孩”，踩在一项能够改变一切的发明上，在历史的雪坡上向下滑行。

* * *

事态正自行发展，如果原子弹即将变得势不可当，那么和 241
苏联人依靠君子协定联手开创新时代的想法马上就会变成幻想。科学家、政治家甚至将军们心底里是想合作，但在真正起作用的操作层面，异常紧张的竞争已经开始了。纳粹德国的战败解锁了一批宝藏，包括核科学家、火箭发明家、铀矿和火箭零部件，胜利者们都拼尽全力想要控制这座价值连城的军械库，同样重要的是不要让其他人得到它。世界大战的盟友，正在变成冷战的对手。

在战争初期，几乎没有人能料到美国会成为第一个生产出原子弹的国家，很多国家的科学家在1939年以前就开始了核能方面的研究，并且自由分享他们的知识。法国－波兰裔化学家玛丽·居里发现了放射性的基本原理；德国出生的犹太人阿尔伯特·爱因斯坦构想出相对论，为后来核物理的发展打下根基；在意大利，恩里科·费米（Enrico Fermi）坚持完成了匈牙利人西拉德在链式反应方面的开创性研究；澳大利亚犹太人奥托·弗里施（Otto Frisch）解释了一个铀原子如何分裂成两个，并发明了“裂变”（fission）一词来描述这个过程。丹麦人尼尔斯·玻尔（Niels Bohr）证明了铀的同位素铀－235（U－235）可以作为原子弹的基础。只是在 1939 年纳粹入侵波兰之后，核研究才成为被小心翼翼保护起来的军事机密。

如果说核竞赛早期有个带头人的话，那就是德意志第三帝国。尽管很多专家因为自己的犹太血统已经被纳粹逐出欧洲，还是有不少顶尖的物理学家和化学家留在德国，比利时联合矿业集团从刚果提炼出来的富铀除了一小部分在战争初期用船运往美国之外，其余的都落入德国人手里。物理学家维尔纳·卡尔·海森贝格（Werner Karl Heisenberg）被认为正在努力使用从挪威得到的重水作为减速剂制造“铀机器”——这是德国对核反应堆的称呼。由于科学家之间的暗斗以及纳粹官方缺乏兴趣，认为无法及时生产出这种武器赢得战争胜利，德国的原子弹工程没能发挥出它的潜能。尽管如此，主要部件都已完备，分散在美国和苏联军队之间的真空地带。

格罗夫斯少将预感到争夺德国核遗产的行动即将开始，于
242 是成立了代号为“阿尔索斯”（Alsos）[①] 的情报小组。小组领导人是精力旺盛的鲍里斯·西奥多·帕什（Boris Theodore Pash）上校，显赫的白俄流亡家庭后代，曾在俄国内战期间与苏俄红军战斗过，他的父亲西奥多·帕什科夫斯基（Theodore

① Alsos 在希腊语中是“小树林”的意思，而英语“grove”的意思就是小树林，暗合格罗夫斯的姓氏。

Pashkovsky）是北美东正教会领导人。戴着一副无框眼镜的帕什生性好斗，他对奥本海默和洛斯阿拉莫斯的其他科学家展开了一系列涉及国家安全的审讯，以共产主义者的无情猎手而名声在外，这位神学院学生出身的美军上校被指定负责追踪德国科学家和他们的炸弹生产材料。1944年底，在斯特拉斯堡一座遗弃的物理实验室里发现了一批文件，帕什带着他的人火速赶到现场，他们很快就意识到发现了宝藏。“我们花了两天两夜研究这些文件，直到眼睛酸痛。”[10]一位美国调查员回忆说，这批文件给阿尔索斯小组提供了通往夭折的德国核成果的路线图。

阿尔索斯小组名单上的第一个目标是位于奥拉宁堡（Oranienburg）的奥尔（Auer）化学工厂，它位于柏林以北约15英里处，铀矿石在这里被加工成金属。奥拉宁堡位于指定的苏联占领区深处，美国或英国军队都没有机会首先到达这里，唯一的选择是从空中摧毁工厂。格罗夫斯派出一名信使去向驻欧美军战略航空兵部队指挥官卡尔·安德鲁·斯帕茨（Carl Andrew Spaatz）中将说明情况，斯帕茨被告知这个工厂正在制造“一种特殊金属，可用于生产现在还未使用过的具有未知潜力的秘密武器”[11]。3月15日下午，第8航空队派出1347架重型轰炸机，由762架战斗机护航，直扑化学工厂和邻近的铁路编组站。奥拉宁堡被1784吨高爆弹和燃烧弹击中，斯帕茨报告说已“有效摧毁”[12]目标。从表面上看，轰炸行动的目标是削弱德国的军事工业，但是阿尔索斯小组的人都非常清楚，德国的原子弹工程并没有构成直接威胁，行动的真正目的是不让苏联人得到铀金属。

阿尔索斯小组得到的文件显示，从比属刚果获得的铀矿石，最大的储存地点位于施塔斯富特（Stassfurt）的一座工厂内，邻近德国北部城市马格德堡（Magdeburg）。和奥拉宁堡一样，施塔斯富特也位于未来苏联的占领区内，但是很接近分界线，能够冲过去抢到铀矿石。美军军官们表示，如果阿尔索斯小组进入这个区域，“估计在同俄国人打交道时会产生各种麻烦”。但是奥马尔·布莱德雷（Omar Bradley）上将力排众议，在这个当口，美国和苏联军队还没有在易北河上会师。

243 “让俄国佬见鬼去吧。”[13] 当下属征询他的意见时，这位第12集团军群指挥官厉声说道。

4月17日，阿尔索斯小组在靠近施塔斯富特的一个盐矿里找到1100吨铀矿石，它们都被保存在地面上的木桶里，堆放在开放式的棚屋中。很多木桶要么腐烂，要么损毁，很显然它们已经在这里存放了很长时间，要把这些块状的银灰色矿石运走需要重新打包。美国人在城镇里到处搜寻合适的包装材料，最后找到一家生产厚纸板箱的工厂，他们还发现了一个制造厂能生产用来捆扎箱子的铁丝。4月19日，几百名被抓了壮丁的德国工人开始重新打包矿石，并将其装到卡车上。接下来的三天三夜里，2万桶铀矿石通过公路运到100英里外的一座机场机库内，这个机场位于英国占领区内的汉诺威附近，从那里再通过轮船和飞机运往英国。

同时，帕什还在追捕德国物理学家，他收到一条情报说他们正蛰伏在风景优美的山顶城镇海格洛赫（Haigerloch），该镇位于斯图加特南部斯瓦比亚（Swabian）的阿尔卑斯山区。他们于4月22日抵达该镇时，看到的是一片白色床单、毛巾和枕套组成的海洋，这些床上用品都在旗杆和百叶窗上迎风飘扬，饱受战乱之苦的当地居民已经迫不及待地要向西方盟军投降，但是帕什可没有时间管这些事务。他直接来到悬崖上的一座教堂，在那里发现了一个入口处被铁门锁住的山洞，此处的负责人声称自己只是个会计，帕什把他叫了过来，看上去他似乎并不愿意打开这扇门。

“开枪把锁打开，”帕什对部下命令道，“要是他敢挡路，就毙了他。”

负责人很快就把门打开了，里面是一个10英尺宽的混凝土洞，在洞的中心位置是一个厚金属圆筒，里面“同样是个厚重的金属罐状容器，大约在地面以下4英尺的地方”。他们找到的就是德国的“核反应堆”（uranium machine）①，虽然它还处于试验阶段，但已经是了不起的科学成果了，只是太小太粗糙，无法产生原子弹爆炸所需的自持式链式裂变反应。帕什长舒了一口气，他现在找到了纳粹没有原子弹的确凿证据，他后来写道：“确认德国的原子弹不会构成直接威胁，可能是整场战争中最重要的军事情报。仅靠这份情报，就足以肯定阿尔索斯小组的工作了。”

接下来的几天里，阿尔索斯小组围捕了一批关键的德国物理学家，取得了对苏联先发制人的胜利，那一刻苏联和美国的 244
军队恰好在易北河上握手会师。大部分科学家都是在海格洛赫附近的黑兴根（Hechingen）镇被抓的，有一个人逃脱了他们的追捕：维尔纳·海森贝格。按照格罗夫斯少将的说法，这位纳粹核工程的领导人“对我们而言比10个德军师还要重要”[14]，关键是要防止他落入苏联人的手中，帕什马上沿着他的踪迹追了上去。

通过审讯得知，海森贝格在4月20日那天，也就是阿尔索

① uranium machine的德语原文是Uranmaschine，指的是类似核反应堆的铀机器，属于较为原始的设备，或者是反应堆的雏形。——译者注

斯小组抵达黑兴根的前两天骑自行车离开了小镇，朝着东边的巴伐利亚而去，那里是他的出生地。当时在德国四处游走是件很危险的事情：成群的党卫队狂热分子就地处决被怀疑是叛徒的人；美国和英国飞机正在轰炸公路；大批饥饿的难民和外国劳工正在乡间搜寻食物。这位 44 岁的科学家小心翼翼地前进，白天在灌木丛中睡觉，晚上起来赶路，有一次甚至还成功地爬上火车。他花了三天时间走完 150 英里路程，抵达了湖边小镇乌费尔德（Urfeld）①，他在这里有栋度假别墅。他的妻子惊讶地看到这位前诺贝尔奖得主“疲惫地爬上山，看上去又饿又脏，风尘仆仆”[15]。

帕什在 5 月 2 日傍晚抵达乌费尔德，领先美军第 7 集团军的先头部队一大截。当时整个地区还在德军的掌控之中，指挥部队的德国将军要求帕什接受几千人投降，但是这位阿尔索斯小组的负责人还有更重要的目标。他还担心自己缺少美军大部队的支援，为争取时间他声称自己的将军正在附近，但是无法用这种走过场的事情去打扰他，德国人“必须等到早上才能由官方正式接受他们的投降”。他觉得谨慎比勇敢更重要，于是退回到美军防线内，第二天黎明又率领 1 个步兵营返回。海森贝格怀着轻松的心情欢迎帕什的到来，正如他后来写的那样，他觉得“像一位筋疲力尽的游泳者，终于踏上了坚实的陆地”。

“我一直盼望着你们到来。”[16]他告诉美国人。

* * *

自 1943 年 3 月以来，斯大林和贝利亚就一直能接收到关于

---

① 该镇应该在巴伐利亚南部靠近德国和奥地利边境的瓦尔兴湖（Walchen）湖畔。——译者注

曼哈顿工程的情报，它们都来自潜伏在英国和美国的间谍及共
产主义支持者。这些人相信苏联在对抗纳粹德国的战斗中肩负
着最为艰巨的任务，理应分享原子弹的秘密。苏联内务人民委 245
员部的秘密警察将情报都传给伊戈尔·瓦西里耶维奇·库尔恰
托夫（Igor Vasilyevich Kurchatov），他是苏联刚开始不久的原子
弹工程负责人。库尔恰托夫又利用这些情报，在不让下属们知
道自己卓越洞察力来源的情况下，给他们下达新的研发指示。
这位大胡子物理学家从一开始就被所获情报的价值震惊了，说
它们“对我们国家和科学具有巨大的不可估量的意义”[17]。源
源不断的文件让苏联科学家占了不少便宜，不用走他们的西方
对手曾经绕过的远路。

随着第三帝国的覆灭，内务人民委员部组建了自己的特别调查组，尽力抢救废墟中能找到的德国核设施。核小组以“战利品旅”（trophy brigades）为模板，后者正忙于拆解德国工厂，把设备运回苏联。核小组的行动方式和阿尔索斯小组非常相似：搜集情报，围捕德国科学家，抢在对手之前扑向被怀疑是核设施的地方。在苏联人看来，最重要的战利品是铀矿石，这正符合美国人的猜测：苏联的放射性金属供应非常有限，没有更多的铀矿石，苏联是不可能造出原子弹来的。得益于在伦敦的间谍，苏联知道纳粹控制了比属刚果铀矿的大部分矿石，且都已被运往“德国东部”。

就在朱可夫攻陷德国首都一天之后，一支由 30 名苏联科学家组成的小组在内务人民委员部的一名将军率领下，于 5 月 3 日飞抵柏林。小组中包括许多杰出的物理学家，为了掩人耳目，他们都身着内务人民委员部上校军装。毕业于英国剑桥大学、参与设计了苏联第一颗原子弹的物理学家尤里·波里索维奇·

哈里顿（Yulii Borisovich Khariton）的形象最为可笑，这位库尔恰托夫的首席助手戴的军帽大了好几个尺码，幸运的是他耳朵很大，才没让帽子把他那小巧、聪慧的上半个脑袋给遮住。一到柏林，哈里顿和其他“上校们”马上赶往位于达勒姆（Dahlem）西南郊区的威廉皇帝物理研究所，在那里的一栋外墙刷着石灰的三层楼建筑物废墟中，他们发现了德国核工程的蓝图。资料显示，德国在原子弹研发的进展方面远远落后于苏
246 联，更不用说美国了。顶级的科学家，包括海森贝格在内都已在两年前和大部分设备一起撤往海格洛赫。除了极有价值的文件之外，苏联科学家还把研究所剩余的所有东西都带走了，小到如“水龙头、门把手和洗脸盆”[18]之类的东西也不放过。在西方盟军到达之前他们要快速行动，因为达勒姆被指定为柏林的美国占领区。

“上校们”分成几个小队，搜索德国国土上苏联占领区内制造原子弹的材料。他们沮丧地发现美国人已抢在他们前面，找到了位于苏占区内施塔斯富特的最重要的铀矿石储备，这迫使他们对文件进行详尽的研究，并对德国科学家展开审讯，寻找较小规模的储藏地点。这是一次遍及德国的搜捕行动，通过波茨坦的一个工厂经理之口，哈里顿得知德国人在一个名叫诺伊施塔特（Neustadt）的镇子里藏了几百吨铀矿石。不幸的是，在德国叫这个名字的城镇有 20 个，其中 10 个是在苏联控制的德国东部地区。他的小队造访了前 9 个城镇后，来到位于柏林西北部 150 英里的格勒韦（Glewe）地区的诺伊施塔特镇，这个地方恰好在苏占区内。在一家制革厂的仓库里，他们发现了 100 吨处理过的铀氧化物，单单是这个发现，就给哈里顿和库尔恰托夫在 1946 年 12 月制造苏联第一个试验性铀 - 石墨反应

堆提供了足够的铀金属。在 1945 年 5 月之前，苏联持有的氧化铀总量还不到 7 吨[19]。

与此同时，另一位伪装成内务人民委员部上校的物理学家格奥尔吉·尼古拉耶维奇·弗廖罗夫（Georgy Nikolayevich Flyorov），接管了在 3 月被美军轰炸机群炸毁的奥拉宁堡铀处理工厂。弗廖罗夫是个容易激动的人，军帽下长着一头桀骜不驯的黑发，他也是苏联原子弹项目的开创者之一。1942 年 4 月，他写信给斯大林示警，说几乎可以确信美国人在进行核设备的研发工作。写这封信的时候他才 29 岁，正在前线附近担任军事工程师，无法接触到任何特殊情报信息。弗廖罗夫令人惊讶的洞察力来源于直觉，他在当地图书馆仔细研读了美国物理期刊以后，发现上面没有任何关于核裂变的文章，而这以前会经常出现在新闻之中，现在美国和英国的主流物理学家都停止发布自己的研究成果了。结论很明显，科学家们都被征召去从事最高机密的军事项目，因为审查制度而封口。福尔摩斯有“半夜 247
狗不叫”[20]的故事，这是一个科学界的版本。

弗廖罗夫运用自己的侦察技巧追踪奥尔公司的主要科学家，这些人是处理铀矿石方面的专家。5 月中旬，就在纳粹投降后不久，他找到了居住在乡村中的尼古劳斯·里尔（Nikolaus Riehl），邀请他去做“几天”科学讨论，正如里尔后来所说的，“这几天后来变成了 10 年”[21]。在承诺得到优良科研设施和居住条件的激励下，再加上担心拒绝后会发生什么恐怖的事情，几十名德国科学家“半推半就”地同意加入苏联原子弹工程。尽管达不到阿尔索斯小组在西德搜罗的物理学家的水平，东德团队中还是包含一些著名的核化学家和工程师，里尔成为铀处理实验室在苏呼米（Sukhumi）的黑海度假区负责人，直到

1955 年斯大林去世两年后才回国。在离开德国之前，他陪同弗廖罗夫和其他“上校”来到 3 月 15 日被美军炸毁的奥拉宁堡奥尔工厂。在里尔看来当时的轰炸“毫无道理”，奥拉宁堡的工厂对于德国的战争事业没有任何重要贡献，但它仍然被摧毁了。就在里尔看着他的苏联新同事在废墟中严谨地搜索时，他突然明白了大规模轰炸的目的：“轰炸不是针对德国，而是针对他们。”

正如后来所知，B－17 空中堡垒和 B－24 解放者轰炸机群没能完成托付给他们的最重要的任务，尽管他们声称目标已全部被成功摧毁。工厂本身是炸毁了，但是隐藏起来的近 100 吨高品质氧化铀仍完好无损，它们立刻被打包运往莫斯科。加上哈里顿在诺伊施塔特发现的氧化铀，苏联现在有了足够的铀金属，能够在试验性反应堆之外，建造出一座全面生产钚的核反应堆。后来据库尔恰托夫估计，欧洲解放日之后的几个星期里，在德国发现的铀“使苏联原子弹工程节省了一年时间”[22]。

美国人觉得自己生产出世界上第一颗原子弹是摸到了一手同花顺的好牌，这也许是正确的，但是核竞赛远没有结束。实际上，它甚至还没有开始。

15
红色帝国
6 月 24 日

随着纳粹侵略者在苏联的反击下节节败退，斯大林对地缘 248
政治学产生了浓厚兴趣。在他的克里姆林宫办公室套间里有一个巨大的地球仪，他以此向莫洛托夫、丘吉尔和赫鲁晓夫等到访者讲解自己的军事战略，他喜欢一边用烟斗柄指示着军队移动路线，一边寻找机会和弱点。他的目标是重新夺回沙皇时期以及在布尔什维克党还比较脆弱时期丢失的领土，为了洗去过去的羞辱，他要保证苏联绝不会像 1941 年 6 月时那样在外国军队的入侵面前脆弱不堪。

红色帝国的边界快速扩张，地图也要不断更新。在战争结束后不久的一天，一张新地图被送到领袖这里进行审核，他把地图挂在昆采沃别墅的墙上，开始仔细研究。“看看我们现在的成果如何。”[1] 他若有所思地对莫洛托夫说。两人先查看了苏联与芬兰的边境线，在 1940 年爆发的损失惨重的冬季战争中，苏联红军成功夺取了卡累利阿（Karelian）地峡和拉多加（Ladoga）湖北岸。斯大林对此表示满意。

“在北方，就该是这个样子，很好。芬兰严重冒犯了我们， 249
所以我们把边界线从列宁格勒反推回去。”

然后他转向波罗的海诸国，彼得大帝在 18 世纪初经过波尔塔瓦会战将其纳入俄国版图，它们能回到苏联的掌控之中，部分归功于斯大林和希特勒在 1939 年签署的协议。这样一块 150 英里[①]长的辽阔土地，从北面的前东普鲁士一直延伸到南部的巴尔干半岛诸国，领袖可以看出这个方向上已经没有威胁了。

“波罗的海沿岸——几个世纪以来的俄国领土——现在又是我们的了。白俄罗斯人、乌克兰人和摩尔达维亚人，现在都和我们生活在一起。在西边，一切都很好。”

苏联的东部边界也呈现出一片乐观景象。根据在雅尔塔和罗斯福签署并得到杜鲁门认可的协议，作为对日宣战的回报，苏联将重新获得萨哈林岛（库页岛）南半部分，并拥有千岛群岛的主权；中国的旅顺港和大连港，连同中国东北的铁路系统将会置于苏联的掌控之中。斯大林用烟斗在亚洲上方挥动。

“中国，蒙古，一切都井然有序。”

当他把注意力转移到地图底端时，布满痘痕的脸上显露出一丝不悦。他用烟斗柄指着南边，那是在高加索山脉以外，朝着伊朗和土耳其方向，他在格鲁吉亚长大，那里是最初塑造其人生的地方。

“但这部分边界我不喜欢。”

十月革命后不久，羽翼未丰的苏俄被迫把卡尔斯（Kars）南部和阿尔达汉（Ardahan）割让给土耳其。该地区的人口主要是土耳其人、亚美尼亚人和库尔德人，而且直到 1878 年以后才成为俄罗斯帝国的一部分，但斯大林觉得这里应该属于他。当他还是一名年轻的革命者时，曾在卡尔斯抢劫过银行，那时卡尔斯还是格鲁吉亚的一部分。与沙皇时代的政治家们类似，他

---

① 此处原文写的是 150 英里，但是从句子描述的地理范围来说，1500 英里才是合理的。——译者注

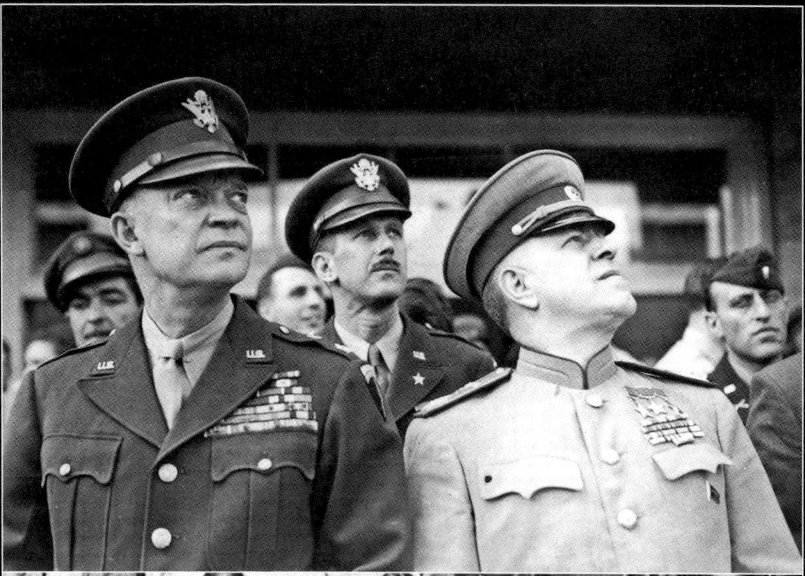

上图：1945 年 6 月 10 日，朱可夫访问法兰克福盟军军事指挥部期间，艾森豪威尔将军和朱可夫元帅一起观看飞行表演。

下图：美军官员在德国海格洛赫检查纳粹的“铀机器”，这是“阿尔索斯”小组发现的。

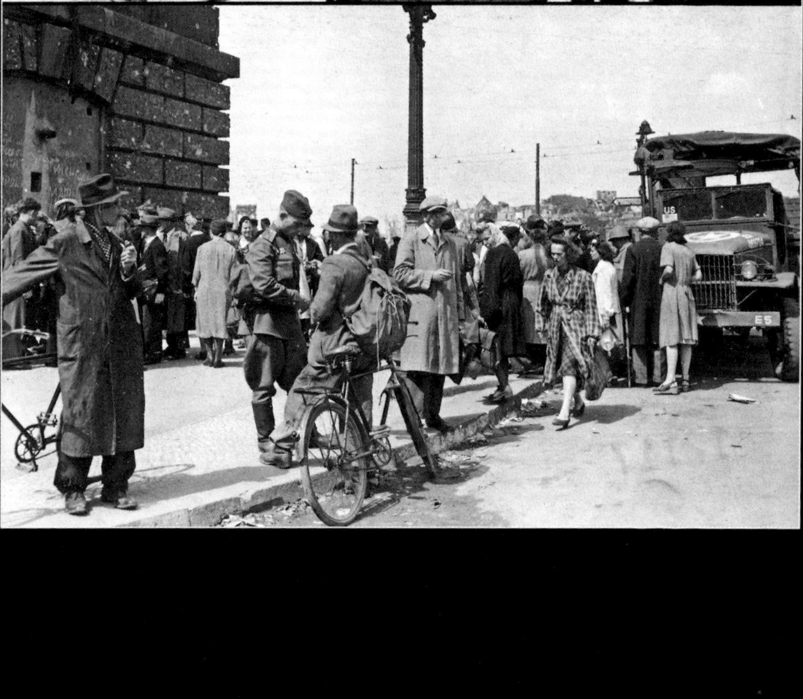

上图： 1945 年 7 月，一位苏联军官在柏林菲米娜夜总会享受黑市美食。

下图： 柏林黑市活动最活跃的地点之一是国会大厦前的路口。这里成了从美国士兵那里购买手表和香烟的红军士兵以及出售衣服和相机的德国平民的聚集地。

上图：1945 年 7 月，美军到达柏林勃兰登堡门前的广场的时候，那里依然留有战争破坏的痕迹。

下图：国务卿伯恩斯（左）和安德烈 · 葛罗米柯（中）以及安德烈 · 维辛斯基在柏林的加图机场。

上图：美军士兵驻守通往郊区巴伯尔斯贝格的哨岗。巴伯尔斯贝格是杜鲁门总统及其他波茨坦会议代表们下榻的地方。

下图：杜鲁门离开塞琪琳霍夫宫，跟在他身后的是斯大林，斯大林身后是他的侍卫长尼古拉·弗拉西克（右）。弗拉西克后来被指控在波茨坦会议期间从事黑市活动。

丘吉尔、杜鲁门和斯大林在波茨坦会议期间准备正式合影。丘吉尔移动椅子靠近了他的美国盟友。

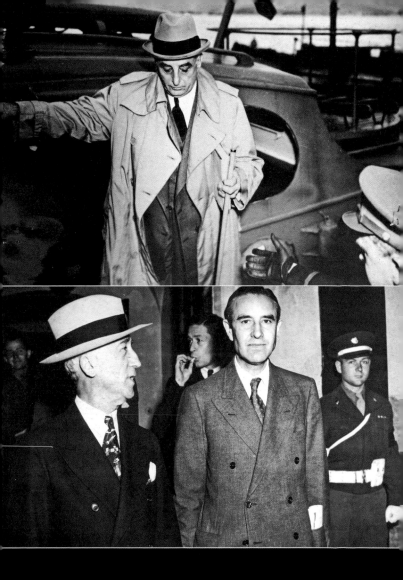

上图：约瑟夫·戴维斯，前美国驻莫斯科大使以及杜鲁门总统特使。1945年5月，戴维斯因其对“美苏友好关系”做出的贡献获得列宁勋章。

下图：波茨坦会议期间的伯恩斯（左）和哈里曼，后面抽烟的人是波伦。

945 年 7 月 18 日，在斯大林巴伯尔斯贝格凯撒大街 27 号寓所的阳台上。
从左至右：伯恩斯、葛罗米柯、杜鲁门、斯大林、莫洛托夫

上图： 原子弹之后的广岛。

下图： 8 月 6 日中午左右，从波茨坦回国途中，杜鲁门在美军巡洋舰“奥古斯塔”号上得知了广岛原子弹成功爆炸的消息。照片是他在得到这个消息前不久和船员们共进午餐。

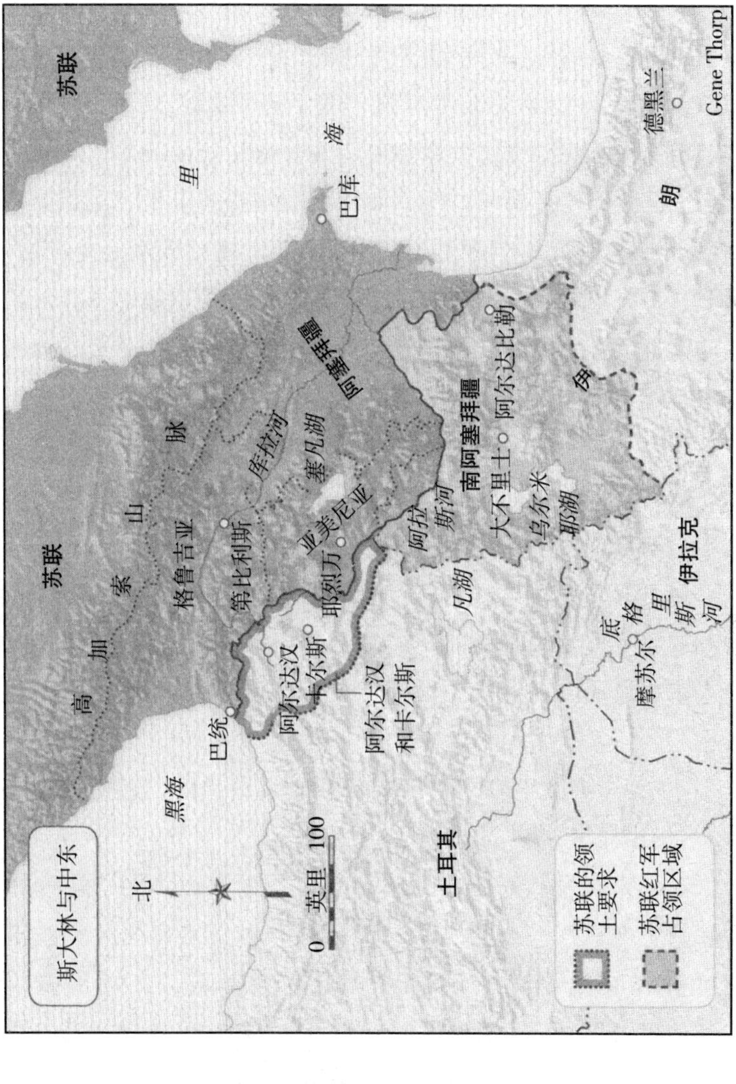
斯大林与中东
北
0 英里 100
苏联的领土要求
苏联红军占领区域
苏联
苏联
高加索山脉
黑海
里海
土耳其
格鲁吉亚
巴统
第比利斯
库拉河
阿塞拜疆
巴库
塞凡湖
亚美尼亚
耶烈万
阿尔达汉
卡尔斯
阿尔达汉和卡尔斯
凡湖
阿拉斯河
南阿塞拜疆
大不里士
阿尔达比勒
乌尔米耶湖
伊朗
德黑兰
伊拉克
摩苏尔
底格里斯河
Gene Thorp

也为达达尼尔海峡和博斯普鲁斯海峡的局势感到苦恼；它们是连接黑海和爱琴海的狭窄通道。尽管 1936 年签订的《蒙特勒公约》明确规定两条海峡为国际航线，但它们却处于土耳其的管辖之下，苏联海军被封锁在黑海之中。通过丘吉尔口中“欧洲柔软的小腹”，达达尼尔海峡成了进入苏联的天然通路。1854
250 年，英国海军舰队曾通过这条通路围攻塞瓦斯托波尔，并在克里米亚战争中攻打俄国。1918 年，英国和法国也是通过相同的路线，协助白军参与俄国内战。就像斯大林对幕僚们所说的，“自古以来，这里都是威胁的发源地”[2]。他瞧不起土耳其，觉得它是个反常的民族杂糅国家，包括格鲁吉亚人、亚美尼亚人和库尔德人，都在土耳其人的监护之下。苏联也是个多民族国家，但是不同的民族被共同的意识形态团结在一起。

“行动吧。”阐述了想和土耳其分享达达尼尔海峡控制权的要求后，他指示莫洛托夫，“逼迫他们同意共同占有！”[3]

对于大多数外交事务，莫洛托夫都乐意遵从领袖的意愿，而此时他罕有地觉得领袖做得太过分了。他知道对土耳其的领土要求会遭到强烈反对，不仅仅是来自土耳其，还来自英国和美国。

“他们不会同意的。”他结结巴巴地说道。

“提出要求。”

251 莫洛托夫等到霍普金斯回美国后才开始行动，6 月 7 日，他在克里姆林宫的办公室召见了土耳其大使塞利姆·夏帕尔（Selim Sarper），与其讨论两国新的“友好条约”。他顺带说了一句，在 1921 年“我们还很弱小”的时候，曾被迫把卡尔斯和阿尔达汉地区割让给土耳其。莫洛托夫想知道既然现在苏联已经恢复了力量，土耳其是否愿意做些补偿，作为签署新条约的条件之一，他还要求在达达尼尔海峡地区设立苏联的军事基地，作为安全的保障。

“我们必须共同保卫海峡。”他告诉夏帕尔。

大使对他的直白感到震惊，马上拒绝了苏联的请求：“苏联既不需要新领土，也不需要再多几千个居民。”[4]

夏帕尔提醒莫洛托夫，1921年的协议是列宁签署的，而且经过了斯大林的确认。外交人民委员则指出，列宁也曾在被逼无奈的情况下和波兰签署了“不平等”条约，交由波兰的领土，包括利沃夫在内都已悉数归还，波兰可以作为土耳其和苏联关系的“优良典范”。

在推动土耳其做出领土让步方面，斯大林遵循的是昔日列宁主义的格言：“用刺刀试探。碰到烂泥，捅进去；碰到铁块，抽回来。”他依然非常愿意与美国及英国维持良好或至少是说得过去的关系，与此同时，考虑到苏联在战争中做出的牺牲以及苏联所处的优势地位，他仍想从中攫取最大限度的政治利益。与霍普金斯的谈判，让斯大林知道原本不可能办到的事情也可能办成，他可以向西方提出一系列无休止的领土请求，而不用担心会引发新的全球性冲突。这其实是个致命的误判。

* * *

即便对斯大林来说，想要迫使土耳其接受苏联的要求都是非常困难的，因为在这个国家并没有苏联军队驻扎。尽管从来没有放弃沿达达尼尔海峡驻扎军队的请求，但他除了发起持久的心理攻势，并没有什么实际行动。与伊朗接壤则让挑战变得稍微容易了些，1941年，就在英国进入伊朗南部的时候，苏联红军占领了这个国家的北部地区。当时的目标是切断德国重要

252 的战略补给线路，并保证美国的租借物资能够顺利运送到苏联。苏联承诺在战争结束后六个月内与英军同时撤出伊朗，但是一直拖拖拉拉。

一场 20 世纪的“大博弈”（Great Game）正在伊朗上演，苏联、英国和美国在这里三足鼎立，这次的目标不是通往印度的陆上通路，而是中东的巨量石油储备。由于是第一个涉足此地，英国人在“大博弈”中领先一步，这和他们本能中想要保护波斯有关系，并已经在这个国家南部获得了石油开采的特许权。美国人把自己摆在英国和苏联之间的位置上，充当公正的调和人，支持“门户开放”政策。当然，斯大林可不是这么认为的，他怀疑美国和英国正共谋阻止苏联得到战略物资，他告诉自己的石油部长，西方盟友“一有可能就会踩死我们”[5]。斯大林解释说，没有石油，将不可能使用坦克、飞机和其他现代战争所需的装备。“石油是军事技术的生命力。”领袖不停地重复这句话。

1944 年 8 月，贝利亚的报告更加重了斯大林的偏执，报告里说“英国，可能还有美国，正在秘密阻止将一座伊朗北部的油田移交给苏联”[6]。莫洛托夫的代表之一谢尔盖·伊万诺维奇·卡夫塔拉德泽（Sergey Ivanovich Kavtaradze）受命前往德黑兰要求石油特许权，但是空手而归。在美国的鼓励下，伊朗政府表示在所有外国军队撤出伊朗之前，拒绝讨论任何新协议。听到这个消息后，卡夫塔拉德泽表示这将会导致“不良后果”[7]，并指责伊朗首相“不忠”，而且“不友好”。伊朗的决定让斯大林严重受挫，在石油开采权之外，他还想通过在伊朗北部建立缓冲区来保卫南部边疆，就像在东欧设立的那样。

被伊朗人严词拒绝后，斯大林决定按照自己一贯的做法来达成目标。作为前民族事务人民委员，他比任何人都了解如何在国内和国际政治事务中打好民族主义这张牌。在重新划定边界，鼓动一个民族反对另一个民族并引起民族分裂行动，驱逐不服从民族，炮制收复失地的声明等方面，他非常有经验。特定民族冲突的是是非非他几乎不关心，重要的是至高无上的权 253
力，以及巩固庞大的多民族加盟共和国组成的苏联政权。

想在伊朗身上打民族牌很容易，这个国家北部居住着几百万阿塞拜疆人（Azeris），他们实际上和国境线另一侧的苏联加盟共和国——阿塞拜疆苏维埃社会主义共和国的阿塞拜疆人为同一民族，苏联人把大不里士（Tabriz）周边区域的伊朗国土称作“南阿塞拜疆”。对伊朗施加政治压力最简单的方法就是鼓动阿塞拜疆人的民族主义情绪，鼓动伊朗的阿塞拜疆人要求自治，独立于德黑兰的中央政府。宣布成立“南阿塞拜疆自治共和国”是将该地区并入苏联的第一步，斯大林料想阿塞拜疆苏维埃社会主义共和国的领导人肯定会欣然接受这个新政策，因为正如莫洛托夫指出的那样，“借助伊朗的损失，几乎可以让阿塞拜疆共和国的面积翻倍”[8]。把南阿塞拜疆从伊朗分离出来以后，下一步就可以分离与土耳其和伊拉克接壤的库尔德民族区域了。

将分裂的阿塞拜疆统一到苏联掌控之下的行动始于6月10日，那天斯大林签署了秘密指令，在大不里士和伊朗北部的其他城市建立工厂，几百名苏联地质学家被派往该地区寻找石油。7月7日，克里姆林宫命令进行南阿塞拜疆“分离行动”，使其接受阿塞拜疆加盟共和国首府巴库（Baku）的管辖。一个新的政党——阿塞拜疆民主党成立，负责领导这场运动；其他的宣传力量还有报纸、出版社以及遍及当地的委员会网络。党内激进分子收到指示，要组织“集会、示威、罢工，并解散不适合我们的选举委员会”，民族主义政党的建立，对阿塞拜疆人的吸引力超过了先前作为苏联宣传工作媒介的秉承马克思列宁主义的伊朗人民党。斯大林依靠的是“进步的神职人员、地主、商人和知识分子”[9]的支持，当然还有忠诚的共产党员。他非常清楚，相比共产主义，民族主义具有更强大的驱动力，至少在伊朗和他的出生地高加索地区就是这样。

斯大林选择的新政党领导人是赛义德·贾法尔·皮谢瓦里（Sayyed Ja'far Pishevari），前记者和激进分子。送到苏共中央政治局的一份报告确认，他曾在阿塞拜疆加盟共和国工作过很长时间，并在 1927 年作为共产国际的特工派往伊朗。他在伊朗国
254 王的监狱里待了 10 年，直到 1941 年苏联军队打过来之后才被释放。他的两个兄弟都是苏联公民，其中一个是红军军医。皮谢瓦里被召唤到巴库，接受阿塞拜疆共产党领导人的指示。

事件按照莫斯科和巴库的幕后领导人设计的剧本开始进行，如果有人见识过布加勒斯特、华沙、里加或索非亚（Sofia）发生的类似事件，那么他会对这个剧本感到很熟悉：给政治上的支持者分发“2 万支枪和 200 万发子弹”[10]，并确保它们不是苏联制造的；组建人民委员会或苏维埃，取代现有的行政管理体系；通过承诺彻底重新划分土地赢得农民支持；从阿塞拜疆加盟共和国派遣特工，准备发动武装起义；建立印刷厂，控制大众媒体，因为宣传是极为重要的。英国驻大不里士的领事在一份月度报告中说道：“俄国人在阿塞拜疆策动的活动，从始至终没有哪一次能脱开宣传，阿塞拜疆人都成了靠开场白预测行动的高手。当然，所有苏联官员都是宣传家：私下交谈中看上去最平常的谈话都带有指示意味。”[11]

这部戏的第一幕——夺取伊朗北部——于1945年11月完成。全副武装的民主党激进分子在当地占领了一个又一个警察局，很快就控制了所有主要道路。苏联驻军阻止伊朗中央政府向北方增派援军，在农场和公共建筑中竭力抵抗的地主及地方长官都被消灭。“人民议会”顺利召开，宣布成立“自治共和国”，由皮谢瓦里担任“总理”。计划中还包括组建“国家人民军”，确定突厥语①而不是波斯语为官方语言，大搞土改，人人有工作，实行宗教自由。

在马可·波罗时代享有世界最大都市美誉的大不里士，现在已经成了穷乡僻壤。在成片由泥巴堆砌而成的小屋当中，一些皇家建筑群挺立其上，提醒着人们它曾作为通往东方大门的荣光。新总理搬进先前属于伊朗总督的宏伟宫殿，宫殿四周花园环绕，他在一个巨大的会客室里接待访客，会客室里只有几把路易十六风格的椅子。透过窗户，可以看到苏联骑兵以4人或8人一队，在没有铺砖的街道上疾驰而过。根据美国副领事罗伯特·罗索（Robert Rossow）的描述，皮谢瓦里看上去“很 255
具有欺骗性，不像是个无情的共产党地方长官②。他身高约5英尺5英寸，长着一头钢刷般的灰色头发，鹰钩鼻下面留着一撮小胡子，身着亮蓝色哔叽西装和彩色衬衣，衣服袖口磨破了，领子脏兮兮的，衬衣扣子都扣上了，却没有系领带。他的双手满是老茧，和农民的手一样粗糙，指甲缝里也黑乎乎的”[12]。

罗索觉得幕后掌权的人是宣传部部长穆罕默德·比里亚（Mohammed Biriya），苏维埃阿塞拜疆之友会会长。身材不高，结实精悍的比里亚以前是长笛乐手，还是大不里士街道清洁工

---

① 阿塞拜疆语也属于突厥语系。——译者注

② 此处原文用的是德语gauleiter，指纳粹党中的省级大区领袖。——译者注

工会共产主义运动领导人和“恐怖大师”。打着为友好协会招募新成员的招牌，他手下的“武装分子”集体在乡间出没，收集要求和苏维埃阿塞拜疆共和国合并的请愿书签名，任何拒绝签字的人都会“遭到毒打”。

驻伊朗的西方外交官几乎不用猜就知道是谁在幕后操纵这一切，英国驻德黑兰大使里德·威廉·布拉德（Reader William Bullard）在 7 月 23 日的报告中说，苏联“正抢在驻军撤出期限到达之前，花大力气获得对波斯的统治权……苏联大使的所作所为让人觉得他像是波罗的海国家的人民委员，而不是一个来自外国的外交官”[13]。身处大不里士的英国领事约翰·沃尔（John Wall）源源不断地发出关于此次缓慢政变进展的系列报告，8 月他得出结论说，“俄国人比以前更加坚定地保持着对该地区的控制权[14]”，他们没有撤出部队，反而加强了兵力。众所周知，皮谢瓦里“每天要花好几个小时待在苏联领事馆中”[15]，民主党报纸上的文章是用巴库方言而非大不里士本地的突厥语写成，这说明报纸是苏联印制的。

“没有通往德黑兰的铁路，但有一条优质的铁路通往巴库，现在看上去这就是阿塞拜疆自治政府的前进方向。”沃尔在 1945 年 12 月底发出的报告中这样写道，“自治的阿塞拜疆感觉更像是苏联而不是伊朗的一部分。”[16]

* * *

欧洲胜利日之后的几周内，对斯大林的东欧帝国凝聚力的最大威胁来自他在雅尔塔对罗斯福做出的草率承诺。很快，他就必须兑现自己“自由选举”的诺言，否则就会有和战时同盟
256 产生裂痕的危险。在大部分地区，共产党人是唯一能遵循莫斯

科命令的政治势力，对他们来说，唯一能获得多数人支持的方法是和其他左翼政党组成“人民统一战线”之类的联盟。托庇于苏联红军的力量，共产党人已经控制了波兰、罗马尼亚和保加利亚等国的首要权力机构，监管了安全部队和司法部门。他们将使用所谓的“香肠战略”慢慢巩固权力，不引人注意地一片一片将香肠切下来，当世界上其他国家惊觉到正在发生什么事情的时候，整根香肠已经被吞掉了。

“好吃，太美味了。”莫洛托夫日后满足地回忆说，“到目前为止我们没有比这更好的策略了。”[17]

由于斯大林和莫洛托夫不想凡事都靠运气，他们坚持政党联盟要在选举之前完成，而不是选举之后，那些“进步的”党派将会作为一个整体参加选战。议会席位和部长职位都已提前分配，保证了共产党人对政府的控制权，管他投票的结果如何。为了让这个策略能够生效，需要其他左翼政党领袖的合作，作为献出自己独立性的回报，这些政治家得到许诺会分享一部分权力，当然这要在共产党人的领导下。但总是有人不愿意合作，有许多方法可以让这些顽固派归顺。

早期的抗议者之一是保加利亚反对党领袖格奥尔吉·季米特洛夫（Georgi Dimitrov），在保加利亚人们都用他姓名的首字母叫他格米托（Gemeto），这样做是为了将他和另一个名叫格奥尔吉·米哈伊洛维奇·季米特洛夫的人区别开来，后者是共产国际执行委员会总书记，斯大林内部圈子中备受信赖的一员。作为农民党领导人，格米托带领着几百万忠诚于他的保加利亚农民，成为该国最受欢迎的领导人。他曾被右翼的保加利亚国王鲍里斯三世囚禁和拷问，国王在二战期间和希特勒结成盟友。作为一位具有慑人魅力的演说家，格米托不愿意让自己的党派屈从于共产党①领导的“祖国阵线”（Fatherland Front），他的蔑视终于招致破门而入的搜捕，以及反对“格米托主义者”的宣传运动。格米托分子很快就和“法西斯分子”“叛徒”有了相同的意思，任何有嫌疑的人都被从农民党中剔除出去，而农民党本身也遭到清洗，成为附庸。

257 5月23日，身患支气管炎的格米托逃至一个英国外交官的公寓，让冲进他家中的搜捕者扑了个空。这让英国陷入两难的境地，丘吉尔曾承诺过让斯大林对保加利亚拥有80%[18]的控制权，这是英国获取在希腊可以自由行动的交易的一部分。不想违反协议的英国人把流亡的反对派领导人带到美国代表的官邸，位于索非亚城南三英里外的维托沙山麓（Mount Vitosha）。美国外交官梅纳德·巴恩斯（Maynard Barnes）前一夜“喝得有点多”[19]，这会正鼾声雷动，当他终于醒过来后，立刻把这位不速之客带到客房，还给了他一套睡衣。在公使看来，事情已经再明显不过了，斯大林想要在保加利亚和其他东欧国家建立起一党制国家，[20]对美国来说，“为了维护和平，反抗侵略”，已经到了“在我们感兴趣的所有领域最大限度地对抗俄国人的企图的时候了”。

当共产党内政部长发现格米托的去处后，不出所料地暴跳如雷，他派出武装民兵包围了美国人的驻地，命令对所有进出的人严格盘查。作为应对措施，巴恩斯调来六名盟军管控委员会（Allied Control Commission）的美国士兵，把他们安置在自

① 此时的所谓共产党还是保加利亚工人党，一直到1948年12月，保加利亚工人党才改名为保加利亚共产党，季米特洛夫当选为保加利亚共产党总书记和部长会议主席。——译者注

己的官邸周围。一楼的窗户都拉上百叶窗，格米托手握步枪守在二楼房间的窗户旁。他后来写道，那时“我已经准备好用手中的步枪与想要占领此处的人战斗至死，这群践踏了我们人民自由和独立的暴徒”[21]！巴恩斯给华盛顿发电报寻求指示，国务院赞扬了他为格米托提供保护的决定，但是警告他不要对“企图武力带走格米托的行动”进行抵抗。

关于格米托命运的流言在城内满天飞，任何被怀疑帮助他逃跑的人都遭到逮捕和审讯。5月30日，内政部宣布他的前秘书马拉·拉切娃（Mara Racheva）从警察总局四楼跳窗自杀。一位给她验尸的医生报告说，她身上有无数遭受折磨的痕迹，不可能是从窗户跳出去时造成的。[22]

关于格米托的僵局持续了两个半月，巴恩斯已经开始对这 258
个“来吃早饭的男人”[23]感到不耐烦了。每天都和一个“保加利亚政治难民（不管多么迷人和有趣）及至少两个美国大兵”待在一起，最终会变得让人厌恶，而这一切还导致巴恩斯的房子成为一座“小型堡垒”。这个困境在9月5日被打破，当天保加利亚政府允许持不同政见的农民党领袖搭乘美国人的飞机离开索非亚，由巴恩斯负责护送。最终，议会选举在两个月后举行，共产党主导的“祖国阵线”获得了近90%的选票。另一个格奥尔吉·季米特洛夫——斯大林的朋友——被任命为共和国首任总理①。

---

① 1944年9月9日，保加利亚君主制被推翻，保加利亚工人党和祖国阵线成立了祖国阵线政府。1945年11月4日，季米特洛夫结束流亡返国。1946年9月，保加利亚举行全民投票，废除了君主制，建立共和政体，11月，季米特洛夫出任共和国第一任总理。作者在原文中的叙述不够严谨。——译者注

* * *

很多像格米托这样在东欧诸国制造麻烦的人，都被用这样或那样的方法解决掉了。6 月 18 日，对两个多月前被红军逮捕的 16 名波兰国内军和地下组织领导人的审判在莫斯科开始了。装甲车把这些人从卢比扬卡监狱送到位于莫斯科中心附近的圆柱大厅①（Hall of Columns），十月革命前这座金碧辉煌的大厅曾举办过俄国贵族的盛大舞会，现在成为斯大林举办公审大会的地方。摄像机的灯光和照相机的闪光灯不停地照在粗糙的木栅栏隔成的被告席上，犯人们在座位上坐成四排，在现场的西方记者眼中，他们看上去像是一群“既困惑又恐惧的小镇扶轮社”[2]成员。审判长是军事法官瓦西里·瓦西里耶维奇·乌尔里希（Vasily Vasilievich Ulrich）上将，“一个圆脸双下巴、眼睛闪闪发光的男人，脸上总是带着愉悦的笑容，这笑容有时看上去会变成冷笑”。隐藏在这副和善面容后面的是他的凶名，在 1937 年对红军展开的“大清洗”中，他曾把成千上万的前同事送进鬼门关。观众是一排排军官，他们的制服上挂着勋章和金色绶带，还有少量外国外交官和身穿深色西装的新闻记者。

第一被告是现在依然效忠于伦敦流亡政府的前波兰国内军
259 总司令利奥波德·奥库利茨基准将，在地下组织中被称作“熊崽”的奥库利茨基曾是被纳粹镇压的华沙起义领导人之一。他现在被控有罪，罪名包括在红军后方组织武装抵抗活动，非法操作无线电台，由其主导的破坏活动至少造成 594 名苏联军人

① 它的正式名称是联盟宫（House of the Unions），也叫工会大厦，用于召开苏联党代会以及领导人的葬礼，自列宁开始到安德罗波夫为止，历届苏共领导人的遗体在被送去红场安葬前都曾在此供人瞻仰。——译者注

死亡等。在为自己辩护的过程中，他想在否认下达发动恐怖袭击的命令和为自己下属的行为承担责任之间，找到一条折中路线。他是个非常有尊严的人，自称是“遵循自己政府命令的士兵”。审判过程中，他承认给国内军维持过“秘密落脚点”[25]，并且没有向苏联占领军上缴“武器弹药和无线电台”。

检察官：你怎么看待这些事情？

奥库利茨基：我觉得这是没能执行红军司令部的命令。

检察官：目的是什么？

奥库利茨基：目的是为未来保留所有东西。

检察官：最终目的是什么？

奥库利茨基：在对波兰造成威胁的事件中，为了未来的斗争。

检察官：对抗谁？

奥库利茨基：对抗那些带来威胁的人。

检察官：你心里想的是哪个国家？

奥库利茨基：是苏联……

检察官：最后一个问题，你是否承认你所有的活动都是与红军和苏联作对？

奥库利茨基：我承认，但做这些是因为我们相信苏联对波兰的独立是一个威胁。

有罪判决是肯定的，为了抚慰盟友，判决已经比原定的要轻一些：奥库利茨基被判处10年有期徒刑，其他的地下组织成员分别被判处5~8年有期徒刑，不太重要的成员刑期较短，还有3名被告被宣布无罪。通过推进西方抗议的审判，斯大林达

到了自己的目的，表明他不会允许任何挑战苏联对波兰统治权
260 的行为，同时他又成功避免了与美国和英国的公开决裂。西方国家对 16 名波兰人遭到审判感到沮丧，但得知波兰的联合政府中包含米科瓦伊奇克之后，安慰感又平衡了沮丧的情绪。不过，即将上任的副总理很快就发现他的政治影响力极小，他的同僚①对他提出的向克里姆林宫请愿，释放地下组织领导人的请求置之不理。

“这会让斯大林生气的。”波兰总统、前共产国际特工博莱斯瓦夫·贝鲁特（Boleslaw Bierut）强调说，“另外，现在波兰也用不着这些人了。”[26]

* * *

在斯大林那张碍事人员名单上，写的可不仅仅是敌人的名字。他明白必须整治一下那些在战争中出尽风头的元帅和将军们，他们分享了最终胜利的荣耀。像朱可夫这样的人很容易成为中央政治局的另一个权威，正如拿破仑在法国大革命以后开始对抗督政官一样。朱可夫元帅享有很高的人望，不仅在军队，在普通民众中他也和救星一样，是他率部把德国人从莫斯科、列宁格勒和斯大林格勒城下击退的。

领袖已经采取了措施，让红军的领导人待在自己的位子上，他任命朱可夫为苏军驻德集群总司令，但其身边总是有政工人

① 米科瓦伊奇克是 1945 年 6 月 27 日回到波兰的，担任临时政府第二副总理兼农业和土地改革部长。当时波兰共产党还未重建，由共产主义者组建的党派叫波兰工人党，1943 年 12 月，波兰工人党、波兰社会党左派、农民党、民主党和其他激进组织的代表秘密成立了全国人民代表会议，结成反法西斯的民族阵线，作者在原文中说共产党人在波兰毫无民意基础并不客观。——译者注

员和内务人民委员部的特工陪伴。克里姆林宫的万能外交纠纷调解员安德烈·维辛斯基时常伴随朱可夫的左右，贝利亚的副手伊万·亚历山大罗维奇·谢罗夫（Ivan Alexandrovich Serov）则担任苏联驻德军事管理委员会的民政事务长官。谢罗夫不停地往莫斯科发回报告，诽谤朱可夫“为自己取得的胜利骄傲自大，甚至在计划军事阴谋”[27]。和朱可夫职位相同的西方官员觉得理所当然地应该拥有的权力，他却得不到，美国人很快就得出结论说，“是维辛斯基这个文官，而不是朱可夫正在做出有政治意义的决议，而这些决议艾森豪威尔可以，且已经在自主决定了”[28]。朱可夫常常不知道在自己的管辖区域内发生了什么事情，很多年以后他才吃惊地发现，原来就在他告诉西方记者说元首可能已经逃亡的时候，希特勒的遗体早就已经落入内务人民委员部的手中。

在雅尔塔，斯大林曾经话有所指地提醒军队将领们，战后
他们“很快就会被遗忘”[29]。这一天正在飞快地到来，但首先 261
他要让他们享受最后的荣光。

斯大林正计划在6月24日那天，也就是柏林陷落后的第七周在红场举行一次胜利阅兵式，每个攻入纳粹德国的集团军都将由一个完整的作战团作为代表。从沙皇时期开始，俄国的传统便是由三军统帅骑马检阅部队，为此人们特地为斯大林准备了一匹华贵的白色种马，但领袖显然不是个好骑手。当他登上马背试骑的时候，马扬起蹄子反抗，把他摔在地上。恼怒的斯大林把朱可夫召到自己的乡间别墅，问他是否还记得怎么骑马。

“是，我还记得，”朱可夫回答道，年轻时他就是个出色的骑兵，“我现在有时还骑马。”[30]

“很好，你来检阅胜利阅兵式。”

“非常感激能有这样的荣幸，但是您亲自检阅不是更好吗？您是最高统帅，无论从权力还是职责上来说，都应该是您进行检阅。”

“对阅兵式来说，我已经太老了。你更年轻。你来检阅吧。”

几天以后，斯大林的次子瓦西里向朱可夫透露了这个“大秘密”，他的父亲原计划亲自检阅阅兵式，但是因为“马受惊”而取消了。对这位柏林的征服者来说，这是个友好的警告，提醒他不要在这个重要的日子里让自己蒙羞。当朱可夫在预定的时间来到斯帕斯基门骑上马背时，觉得自己的“心跳加快”，红场上的鹅卵石因为大雨变得有些湿滑。身穿军大衣的斯大林登上列宁墓的台阶，身后跟着贝利亚和其他政治局领导人。斯帕斯基门上的大钟指向 10 点，朱可夫纵马奔入红场，他牢牢控制着胯下这匹夺目的白色种马。曾在“大清洗”中受过迫害的波兰和东普鲁士征服者罗科索夫斯基元帅，骑在一匹同样气势非凡的黑马上从相反方向向他飞奔过来。每位元帅身后几步远处都跟着一名助手，用看上去相同的步伐前进，当他们在陵墓前相遇时，一万人口中同时发出声势浩大、响彻广场的欢呼声，头上的倾盆大雨仿佛被抛在脑后。乐队演奏了格林卡的爱国赞歌《光荣颂》（Slavsya）。

和 5 月 9 日民众的即兴庆祝活动不同，这是一次专门为几
262 百名高级官员准备的阅兵。红场上布满了斯大林和列宁的画像，斯大林的追随者们从光滑的石板路上走过，在他们眼中，“钢铁般的男人”看上去如同神一样。

“你看到他了吗？”[31] 战地记者亚历山大·阿弗杰延科（Alexander Avdeenko）对骑在自己肩膀上的儿子喊道。

“啊!”男孩激动得叫起来，“他站在雨里面，那个老人，他不会被淋湿吗?”

“千锤百炼的钢铁不会害怕雨水。”

“他真的是钢铁做的人吗? 这就是他名叫斯大林的原因吗?”

“他是个普通人，但是有钢铁般的意志。”

小男孩注意到“人民的慈父”皱起了眉头，脸上显露出不悦的阴影。

“爸爸，他为什么不高兴? 是有人惹他生气了吗?”

“也许是上帝，没有给我们送来一个好天气。”

“那为什么斯大林没有命令上帝给我们一个好天气呢?”

当200名穿着军礼服的军官迈着正步把缴获的德国军旗和纳粹旗帜丢在斯大林面前时，庆祝活动达到了高潮。当晚在克里姆林宫举办的招待会上，元帅们建议斯大林晋升为大元帅，这是红军先前从没有设立过的军衔。领袖谦虚了一番，说他配不上这样的荣誉，但是助手们注意到他也没有否定这个想法，就这样他成为大元帅。和5月24日那天一样，他再次举杯向普通人祝酒，赞颂了军事机器中的“小螺丝钉和螺丝帽”[32]，“没有他们，我们所有人，包括前线和部队中的元帅及将军们，将一钱不值”。他这是在以他的方式提醒将领们，同共产党和总书记代表的人民相比，他们什么都不是。莫斯科很快就流传起许多由内务人民委员部故意散播出去的笑谈，内容都是关于新“军人阶层”的自负行为。

当然，人民是没法发出自己声音的，普通的莫斯科市民已经厌倦了战争，厌倦了恐惧，急切地想要恢复到正常状态。当天晚些时候，英国外交官休·伦吉（Hugh Lunghi）回到红场，看到一小群苏联人正盯着被雨水浸透的纳粹旗帜看。这些旗帜都被胡乱地堆在陵墓前面，没有胜利的喜悦，也没有人践踏旗帜，相反，只有对战争造成的巨大损失的深切悲痛。

“就这样结束了。那么，”一位老妇人盯着纳粹失败的象征说道，“我们现在需要一个新的开始。”[33]

263 伦吉和这位妇女握手的时候，深受触动，他意识到胜利和悲伤总是如影随形。

* * *

在红场胜利阅兵式后不到一个星期，美国人就对苏联有了直接认识。6 月 28 日，美国国务院宣布，根据《雅尔塔协议》，154 名作为战俘关押在新泽西州迪克斯堡（Fort Dix）的苏联公民将被遣返苏联。在被美军俘虏的时候，他们身上都穿着德国军装，实际上却是一支杂牌军。其中有些战俘是叛逃到德军一方的前红军指战员，如父亲和哥哥都被内务人民委员部枪杀的卡拉尔比·巴舍夫（Karalbi Baschew）中尉；其他人，如前白俄罗斯游击队员列兵瓦西里·塔拉修克（Wassily Tarrasuk），是在违背其个人意愿的情况下被强征入德军的。但这些细节对斯大林来说没有区别，他将这些人都视作“祖国的叛徒”。1941 年 8 月，在德国入侵后不久他就发布了“第 270 号命令”，明确表示苏联官兵“在陷入包围的情况下，应战斗至死”，那些投降的人将会“被以任何可能的方式消灭，并将剥夺对他们家人的抚恤”。

迪克斯堡的战俘们非常清楚，如果被强制遣返，等待他们的将是什么样的命运。一位 40 岁的德军军官告诉美国看守：“我知道我是个叛徒，因为当我还是红军指挥员的时候，我就向我的部队宣读过这些命令。”[34]战俘们连夜拟订了一个集体自杀的计划，他们拆除了营房里的铁床，制成简易棍棒。他们还用刀子武装自己，那是偷藏在衣服里从食堂带出来的。第二天早上9点，战俘营主管用德语命令他们从营房出来，到院子里准备办理移交。

“不，不。”战俘们喊道。

他们把自己关在房间内，拒绝任何出来的要求。有烟雾从窗户飘进来，卫兵们拿到防毒面具和催泪弹，对营房发起攻击。一大波战俘挥舞着自制武器，从后门冲了出来。

“向我们开枪!”[35]他们大喊，一边攻击卫兵，一边指着自 264
己的心脏。

最终，战俘营看守成功地用催泪弹和枪维持住了秩序，当他们进入营房时，发现了3名上吊自杀的苏联俘虏的尸体，另外还有15条吊索已经拴在门框和窗框上。

第二天，迪克斯堡暴动成了可怕的头条新闻，促使人们对杜鲁门政权的强制遣返政策进行反思。对于遣返苏联后的战俘们的命运将会如何，已经没有人还心存幻想。西方外交官不断给华盛顿发送令人不安的报告，都是关于被迫在德国工厂和矿山劳作的红军战俘及奴隶劳工们的恐怖遭遇。在文件记录的案例中，有的战俘刚到达敖德萨，就被赶到一个仓库后面就地枪决。如果不是集体处决，就有可能在古拉格劳改营长期服苦役，美国驻莫斯科大使馆在6月11日的电报描述了“装满遣返者的火车”[36]经过莫斯科向东驶去，前往未知的目的地。“考虑到苏联对待投降者的态度，这些战俘很可能会被冠以叛逃罪，除非他们能出示减轻刑罚的切实证据。”大使相信，关在密封车厢里的“大批遣返者”会被送往西伯利亚或中亚的“强制劳改营”。

强制遣返震惊了美国战争部长亨利·史汀生，他在一则备忘录中写道："首先要知道，我们要对俄国人被大规模杀戮的事件负责。"一群在欧洲的美国军官预言，如果他们被迫认可遣返行动的话，将会引发"一波负面的公众舆论"。国务院的法律顾问理查德·弗卢努瓦（Richard Flournoy）也表示强烈反对，他认为该政策违反了《日内瓦公约》中关于如何对待战俘的"精神和意图"[37]，表示"把这些不幸的苏联公民送回苏联，几乎可以肯定他们会被清算，在公约中我没有看到这种政府行为有什么必要性和正当性"。弗卢努瓦的意见遭到国务院高级官员的否决，他们害怕苏联会对在欧洲和亚洲的美国战俘采取报复行为。如果苏联对日宣战，数千名被日军关押在中国东北的美国战俘将会落入红军的掌控之中。

265 战俘身上发生的悲剧，起源于《雅尔塔协议》中将"被苏联指挥下的军队解放的美国公民"和"被美国指挥下的军队解放的苏联公民"[38]同等看待，实际上这两者并没有可比性。对美国战俘进行强制遣返没有任何问题，因为他们都急切地想回到自己的美国老家，对于美国政府来说，保证这些人顺利回家是人道主义工作中的一项重中之重。然而，对苏联俘虏来说情况可就不是这样了，特别是那些加入德军的战俘，无论其是志愿还是被迫。当时有许多人迫切地想回到自己家中，其他人却对秘密警察心存恐惧。5 月 11 日，就在欧洲胜利日后的第三天，斯大林发布命令要在中欧设立 93 个战俘营，对红军战俘进行甄别，把叛徒从这些懦夫中找出来。多数情况下，内务人民委员部直接接管了纳粹建造的用来关押犹太人、持不同政见者和其他"堕落分子"的集中营。

斯大林非常清楚遣返战俘对西方政府的重要性，并把这当作讨价还价的筹码。他灵活地运用手腕，当盟军抱怨《雅尔塔协议》中关于战俘的协议迟迟得不到履行时，同样也会受到克里姆林宫的抗议。苏联官方抱怨盟军中转营内“让人无法忍受”[39]的生存条件，大量食物和酒精中毒，还有谋杀苏联战俘的事件。最后，美国和英国被迫答应了苏联的要求。迪克斯堡的战俘中有七人经确认不是苏联公民，被取消遣返，其他人在经历了两个月的严密自杀防范以后，于8月底秘密运往欧洲，移交给苏方。那两个月里他们被允许使用床垫，但是没有床架——床上的部件可能会被当作“自残工具”[40]。此后再也没有收到他们的任何消息，估计他们加入了约180万人[41]的前战俘队伍，交由内务人民委员部进行特殊甄别。这个数字约为从德国战俘营中存活下来的红军战俘总数的三分之一。

斯大林坚持要求遣返那些被鄙夷的战俘，用现实政治可以 266
解释其部分动机。他想清除那些“讨厌的反共（行为）见证者”[42]，即那些在苏联以外的国度生活过的人，以震慑其他潜在的“叛徒”。但他还被一种复仇的渴望驱使着，根据他女儿斯维特兰娜的叙述，每当斯大林怀疑有人不知道什么原因背叛了他或是让他失望，就会被一种“精神变态”[43]所控制。这时候，“内心的魔鬼”就会窃窃私语“我不再认识你了”，多年的友谊，甚至家庭亲情都要从属于政治需求。

在斯维特兰娜眼中，斯大林“冷酷、执拗的天性”，可以在他对待自己的长子雅科夫（Yakov）的方式中得到证明。他的长子34岁，是名炮兵中尉，在战争初期被德军俘虏。根据“第270号命令”，领袖立刻把自己的犹太儿媳关进监狱。当有人问起他被纳粹俘虏的儿子时，他回答：“我没有叫雅科夫的儿子。”[44]他拒绝了德国人提出的用雅科夫交换在斯大林格勒被俘的德国陆军元帅的请求，他告诉身边人他为自己的儿子感到可惜，但是别无选择，如果同意了德国的请求，“我就不再是斯大林——‘钢铁般的人’了”。

差不多就在迪克斯堡事件发生的同时，一支英美情报小组找到了雅科夫在德国的档案，包括他被关押在萨克森豪森战俘营的记录。档案显示雅科夫一直处于英国和苏联战俘频繁冲突的中心，一位苏联室友证实，由于父亲拒绝用他交换弗里德里希·冯·保卢斯（Friedrich von Paulus）元帅，他感到非常痛苦。

1943 年 4 月 14 日晚，他在设法通过环绕集中营的铁丝网时被发现，当他来到电网边时，冲着党卫军卫兵大喊：“别像个懦夫，开枪，开枪。”[45]卫兵朝他头上开了一枪，与此同时，苏联领袖的儿子握住了高压电线①。

美国国务院官员就是否给斯大林观看关于雅科夫的档案进行讨论，最后决定，由于内容实在太令人“不悦”[46]，而且可能引起“尴尬”，最好还是不要分享了。实际上，在得知自己儿子自杀的公开消息后，领袖感到很满意。通过选择死亡，“祖国的叛徒”终于实现了父亲的期待。

① 另有资料说雅科夫想逃离集中营，被卫兵发现后用机枪打死，身中多发子弹。——译者注

下　篇

“没有和平的和平”

——乔治·奥威尔

1945 年 7~8 月

16
柏林
7月4日

“需要关注国内事务了，”瓦尔特·恩斯特·乌布利希（Walter Ernst Ulbricht）带着浓重的萨克森口音对他的属下说道，“但是我们必须掌控一切。”[1] 269

他们自称乌布利希十人组（Ulbricht Group），是一伙在希特勒掌权后逃往苏联的共产主义者，他们在莫斯科度过了战时岁月，负责审讯德军战俘和宣传广播。离开故土十多年后，现在他们又回到柏林，身上带着堂堂的苏联红军军官证和少校食物配给卡，其任务是按照斯大林批准的方针建立起一个新的德国政府。当前，他们得到的指示是待在幕后。这些手握“反法西斯”护身符的“资产阶级代表们”将被安置在新的市政管理部门最显要的位置上，与他们在一起的还有战前受到纳粹迫害的社会民主党代表。不过，每个区的关键岗位，包括那些负责管理警察和人事事务的职位，必须由“完全可靠的同志”占据。私下谈话的时候，苏联官员们已经明确说明乌布利希十人组将是未来德国的统治者。

柏林在红军占领两个月后，表面上似乎已经恢复了常态，烧毁的军用车辆和大堆乱石瓦砾在首都还随处可见，但是废墟中已经出现了生机。看上去似乎已经完全被摧毁的公寓大楼中， 270

灯泡发出微弱的光亮；残垣断壁间拉起了晾衣绳；尽管“露天的阴沟”[2]中散发着“死尸和腐烂物的酸臭气息”，但沿着施普雷（Spree）河河岸还是陆陆续续出现了简易的商店。为了方便苏联军人，街道上立起了特大号的俄文指示牌，苏联女兵穿得像个军乐队女队长，脚蹬皮靴，腰系皮带，站在主要的十字路口用红旗和黄旗指挥寥寥无几的车辆。勃兰登堡门上方飘荡着一条写有“向柏林的苏联征服者致敬”的红色横幅，布告板上贴满了从斯大林演讲中摘录出来的语句，其中包括一条安慰性的宣传信息——“希特勒们来来去去，但是德意志民族和德国却一直存在”。斯大林、杜鲁门和丘吉尔的巨幅肖像矗立在蒂尔加滕公园中；1939 年，就在这里，希特勒曾在 200 万崇拜他的柏林人面前庆祝自己的 50 岁生日。

占领初期的恐怖——醉醺醺的红军官兵在城内游荡制造事端——已经渐渐平息。“手枪不再是求爱的语言了”[3]，红军中尉格里戈里·索洛莫诺维奇·波梅兰茨（Grigory Solomonovich Pomerants）调侃说，现在红军指战员用配额食物和衣服来赢得德国女人的好感。尽管抢劫依然是个问题，但他们不再仅仅是被复仇心理驱使，一位瑞士大使馆的工作人员在 7 月初报告，“在苏联占领区戴手表出门依然是非常危险的”[4]。自行车是另一种重要财物，任何时候都容易被抢走。

斯大林明白乌布利希和他的追随者根本没有希望赢得选举，他嘲笑说“共产主义在德国就像牛身上的马鞍”[5]。他在德国推行的政治策略和在其他东欧国家类似，即建立起“进步”政党的联盟，由共产主义者占据其中的关键岗位。6 月 10 日，苏联驻德军事管理委员会发布了“第 2 号令”，授权在严密监控的情况下，恢复德国苏占区内的政治活动。斯大林希望能利用社会民主党的声望，该党一直声称自己在柏林拥有最强大的支持者，待时机成熟，社会民主党将会和德国共产党合并，形成单一的“工人阶级政党”，遵循保加利亚的先例，那里的共产党人正在吸收农民党成员。斯大林命令乌布利希小组施行一项政治计划，最大限度地获得选民支持。马克思和恩格斯的名字 271
从党章中剔除，其他任何关于社会主义的词语也一并删除。这个政党的计划是要求“在私有制的基础之上，发展完整且不受限制的自由贸易和私人企业”[6]。

意识形态的一时背弃可以被忽略，只要政党成员按照他们说的做就行，和斯大林一样，乌布利希把服从看作最高美德。他是一个裁缝的儿子，在魏玛共和国的最后几个月里，他组织了暗杀柏林警官的行动。苏联领导人很瞧不起他，贝利亚觉得他是一个“彻头彻尾的蠢货”[7]，还是个“可以杀害自己父母的恶棍”，不过这话从一个卑鄙的秘密警察头子口中说出来似乎有点可笑。乌布利希在莫斯科期间一直忙着勾结并告发他的流亡同伙，这丝毫没有给斯大林添乱，得知乌布利希唯一的才能是“写告密信”之后，领袖唯一的问题是：“他没有写错别字吧？”不管他有什么缺点，心胸狭窄的乌布利希是个可以信任的执行命令的人。作为共产国际的特工，他忠实地执行了克里姆林宫每一项反复多变的政策，从迫害西班牙内战中反斯大林的共和主义者，到 1939 年推动《莫洛托夫 - 里宾特洛甫条约》签字。他具有卓越的组织才能和应对繁重工作的非凡能力。

乌布利希在 1945 年 5 月回到柏林后的首要工作之一，就是扼杀基层的政治积极性。希特勒被打败以后，许多德国城市自发组建了反法西斯委员会，很多委员会的领导人是在纳粹统治时期转入地下的共产党人，或是从集中营解放的人。对于这些戴着红袖章到处乱跑的独立活动家，斯大林心中只有蔑视，他指示乌布利希取缔他们。他以一贯的热情完成了此项任务，把这些委员会描述成“滑稽表演”。

“让他们立刻解散，”他告诉下属，“无论是不是暂时的，整个表演必须结束。”[8]

为了控制民众，乌布利希十人组恢复了让人深恶痛绝的纳粹制度——“街区长”（*Blockleiter*），并将其发展为每家每户的“家长”（house leaders）。街区长负责组织清理垃圾，管理食物配给卡，执行卫生条例。但用一位美国官员的话说，他们也形
272 成了一张“密探、暴徒和基层专权者”[9]的网络。街区长制度让苏联可以在美国和英国接管西方占领区之后，还能对其保持控制。

在美国和英国进驻之前，还有不少其他工作要完成。“把所有东西都从西柏林带走，”负责德国战争赔偿工作的苏联驻德军事管理委员会参谋长弗拉基米尔·瓦西里耶维奇·库拉索夫（Vladimir Vasilyevich Kurasov）上将发布命令，“全部带走！拿不走的就毁掉，什么也别留给盟军：别说机器，就连一张床、一个尿壶都不能留下。”[10]据美国人估计，苏联人搬走了柏林盟军占领区内80%的工业设备。“他们拆走屠宰场的冷藏设施，把炉子和管道也从饭店厨房里拆下来，搬走工厂里的机器，并且在我们到达之前，把美国胜家（Singer）缝纫机厂偷得干干净净。”[11]一位美国占领区官员抱怨说。许多轻轨地面铁路网和轨道也以类似的方式被拆除，一起拆掉的还有一条柏林到波茨坦的铁路和市中心的大部分电话交换机，数千头马和牛被赶到苏联占领区。

在占领柏林初期，苏联人说自己做出了一些贡献也是有道

理的。他们清理了城市废墟，恢复了供水、供电和其他基本服务设施，成立了平民政府。街上重新开始卖报纸，歌剧院恢复了演出，还有电影院和体育馆也向公众开放。但是对大多数亲身体验过红军暴行的德国人来说，这些贡献显得微不足道，如果推行更人道的占领政策，可能会赢得大量战败国人民的支持。此前，柏林人怪罪西方盟军而不是苏联人，通过空袭把自己居住的城市炸成废墟，那会红军还离得远着呢。“俄国人是我们的敌人，但是他们至少没有朝我们扔炸弹”[12]，经常会听到人们发表这样的议论。但是借助西方盟友之手树立苏联良好形象的机会，却在最初的强奸和抢劫的狂欢中白白浪费了，在处理公共关系方面，红军是他们自己的最大敌人。

到6月底，苏联情报机构的报告也发现了这个显而易见的事实。“除了少数真正的反法西斯主义者，整个国家都对红军出现在德国领土上感到不悦，希望并祈祷美国人或英国人的到来。”[13]那一天很快就要到来了。

* * *

6月17日破晓，美军第一支先头部队出发前往柏林，指挥 273
官是来自费城的弗兰克·利奥·豪利（Frank Leo Howley）上校，他从前是一名广告商，现在被指派担任驻德国首都的美国军政长官。豪利是个性格冲动的爱尔兰裔，他就像一位来德国传播“盎格鲁-撒克逊司法信条”和美国生活方式的传教士。他觉得苏联人都是些“高大、快乐和会弹三弦琴的小伙子，而且伏特加酒量大得惊人，还喜欢在客厅里摔跤”[14]。他对自己的能力和美国的实力信心十足，料想这种艰难境况下也不会有很多麻烦，问题当然会有，但是都会本着盟军友好的精神得到解决。

豪利乘坐黑色豪华轿车穿过易北河上的浮桥，汽车右侧挡泥板上方有一面星条旗迎风飘扬，桥上竖着列宁和斯大林的巨幅画像，还有“欢迎来到祖国”的标语牌。上校决定乘坐霍希牌（Horch）敞篷汽车完成自己进入德国首都的盛大仪式，这款车是“德国最大和最好的汽车”，是从一位前纳粹领导人那里收缴的。护送他的是一支由 120 辆军用车辆和大约 500 名官兵组成的侦察部队，包括架着机枪的装甲运兵车，但这支气势非凡的车队进入苏占区不到 1 英里就被拦截下来，“一根红白相间的栏杆横在路中间”[15]。豪利很不耐烦地听着护送他的红军解释需要遵守的几项“礼节”，干了几杯酒以后，苏联人声称根据“《柏林协议》”，美国的先遣队规模限制为“37 名军官，50 辆汽车和 175 名士兵”，不允许携带重型武器。豪利从来没听说过这个协议，但也没法劝说东道主让步，他花了整整 6 个小时才完成了对辎重行李的调整，未获得授权的车辆只得又回到美国占领区。

下午的时间过去了一半，车队终于重新上路，眼前的景象让美国人很是吃惊，他们看到“一队队苏联军人像吉卜赛人一样在田野中放牧牛羊”[16]。抵达柏林后，美国人的吉普车和卡车被拦住去路，挡路的是“亚洲式的马车队，马车看上去就像安了车轮的船一样”。这让豪利想起褪色的美国内战时期的照片上，那些老旧的美军补给车队。“这是我见过的最贫穷的军队，”他后来回忆道，“士兵身上穿着破破烂烂的棉衣，和我们车队乘员光鲜的制服形成了鲜明对比。而且他们太脏了！有三分之一的人有明显的蒙古人种特征。”出乎豪利的预料，美国人未被允
274 许进入柏林，而是被带到一个叫巴伯尔斯贝格（Babelsberg）的

地方。此地距离柏林市中心大约有10英里，靠近波茨坦的皇城，战前巴伯尔斯贝格曾是德国电影工业的中心，是普鲁士版的好莱坞。

豪利来到柏林，是希望能为这座城市的美国占领区做后勤方面的安排。除此之外，还有一项让他感到兴味索然的新任务——给将要在7月中旬参加波茨坦三巨头会议的代表们翻修别墅。巴伯尔斯贝格的“美国军营”被持枪的内务人民委员部士兵包围，他们接到的命令是不允许任何人外出，豪利和他的部下成为“事实上的俘虏”。美军有关部门发布了长长的规定，要求豪利和苏联人搞好关系，这只能加剧他们的挫败感。规定中的主要禁令有：

- 绝对不要招待苏联人吃自助餐（食物会在几分钟之内被抢光）。
- 绝对不要只给苏联人酒喝却不给他们食物。
- 绝对不要和苏联人讨论政治，绝对不要抨击他们的政府。
- 不要太刨根问底。
- 不要问苏联对日本作战的问题。
- 想尽一切办法和苏联人友好相处，他们是我们的盟友。

“我们在请求和俄国人讲话前是否应该先跪下来？”豪利讽刺地问道。[17]

到达巴伯尔斯贝格一周之后，豪利借口去滕佩尔霍夫机场，才获准快速浏览了一番柏林。尽管已经习惯了死亡和破坏，他还是被眼前的一切震惊了，城市看上去像是启示录式电影中世界末日的景象，被炸毁的建筑物残骸触目惊心地矗立在地上。柏林人看上去在“身体和精神上都遭到了鞭笞”，除了主干道，“街道上堆满了瓦砾，而且多数情况下已经辨认不出这原先是什么地方”。豪利很难理解美国为什么还要坚持分享这座已经被摧毁的城市，还不如把柏林交给苏联人，保留美国在战争最后几周里占领的农业大州萨克森和图林根，尽管它们是苏联计划占领的一部分。

275 “柏林已经成了废墟。”上校告诉士兵们，“还比不上一块能放牛的好地值钱。我觉得明智的做法是我们占领的归我们，俄国人占领的就归他们，各自原封不动。”[18]

他的上级们还有其他想法。自杜鲁门以下，美国领导人依然对战后的东西方合作抱乐观态度，新总统否决了丘吉尔提出的用易北河以西的土地和斯大林谈判的建议。苏联的势力已经侵入了“西欧心脏地区，并且在我们和东方之间拉起一道铁幕”[19]，英国人对此感到惊慌。他想拉着美国人一起退避，“如果一定要这样做的话”，以此来“促成能为真正的世界和平打下根基的诸多大事”。在杜鲁门看来，各方都应该遵守领土方面的协议，他担心丘吉尔的做法会“对我们和苏联的关系造成重大的不利影响”[20]。6 月 29 日，美国高级将领和朱可夫元帅会面，最终确定了美军进驻柏林的安排，同时从萨克森州和图林根州撤退。

各国在德国和柏林占领区的分界线早在 1943 年就确定好了，那时红军正在快速推进，而炒得沸沸扬扬的第二战场还停留在纸面上。拟定战后规划的任务，交给一个不为人知的官僚机构——欧洲咨询委员会（European Advisory Commission）负责，这个委员会在伦敦秘密召开了会议。罗斯福政府对委员会的工作几乎没有兴趣，所以英国人只好承担起领导责任，由外交部提出分割德国的计划，达成分别由英国、美国和苏联进行管理的目的。为了保证与斯大林的合作，英国的计划制订者划拨给苏联40%的德国领土、36%的人口和33%的生产资源，地处德国东部的柏林是苏联占领区的一部分，但是会由三方势力共同占领。计划制订者使用德国现有的行政区界划分城市，将八个区划归苏联，美国和英国各占六个区（后来英国又将自己的两个区分给法国），勃兰登堡门和菩提树下大街都在苏联占领区之内。

6月29日那天，代表美国在朱可夫的卡尔斯霍斯特司令部与其会面的，是美国驻德占领军副司令①卢修斯·杜比尼翁·克莱（Lucius DuBignon Clay）中将。克莱是个手不离烟的工作狂，每天还要至少喝20杯咖啡，是艾森豪威尔麾下驻德美军先遣部队的指挥官，享有"问题解决者"的美誉。吉米·伯恩斯 276
极力推荐他，声称他这位前战争动员局的下属能在六个月内学会如何运营"通用汽车或美国钢铁集团"[21]。克莱很快就和朱可夫在后勤方面达成协议，从绰号"地狱之轮"的美军第2装甲师抽调3万人②的部队进驻柏林。两位指挥官达成临时协议，允许英国和美国军队使用哈雷-柏林高速公路，一条铁路线，以及两条空中航线。

他们几乎没有考虑如何永久地连通柏林的西方占领区和德国境内的其他西方占领区，这似乎成了个纯理论的问题，三个

---

① 当时美国驻德占领军总司令是艾森豪威尔。——译者注

② 此处原文可能有误，怀疑是3000人，因为美军第2装甲师的满编人数也就15000人左右。——译者注

战时盟国计划以“军事管制指挥部”（Kommandatura）的形式共同管理这座城市。如果双方都表现出善意，这种事情当然会得到解决，但是克莱不想留下任何可能会动摇自由往来原则的文件，他认为 1943 年的协议已经隐含了自由往来的意思。他并不认为自己有权借美国从德国东部的大片地区撤军一事，（和苏联人）谈论连通路线的问题，这个失误让西方盟国在接下来的几十年里一直不得安宁。

美军主力部队在 7 月 1 日开上哈雷的高速公路，同时红军开始向相反方向移动，这条豪利口中的“通往疯人院的高速公路”[22]上挤满了坦克、卡车、货车和各种军用车辆。一些苏联人很热情，只想和美国盟友们共饮伏特加，其他人则“表现得像个小政委”。豪利高兴地看到一位美国将军在他的兵被红军路障挡住之后，把“一个特别爱嚷嚷的红军军官”推进了沟里。美军抵达柏林的时候天上下起大雨，由于被限制在巴伯尔斯贝格区域内，豪利无法给美国占领军安排驻扎的营房，不得不让部队在格鲁讷瓦尔德（Grunewald）森林滴着雨水的大树下安营扎寨。“有史以来，在所有强大的征服国武装力量进驻战败国首都的行动中，这绝对是最不起眼的一次。”一名副官后来回忆说，“此时此刻，全体美军官兵的心中开始积聚起一种对俄国人的怨恨情绪，这种情绪从此再也没有消失过。”[23]

* * *

《圣经》中描述的那种难民危机正等待着新近到来的美国和英国军队，柏林现在到处都是失魂落魄的人，他们在战争的
277 最后几个星期被赶出家门，漫无目的地从一个地方游荡到另一个地方。每个街角都能看到“流浪者”的身影，他们可怜兮兮

地把头靠在包裹上休息，包裹里是用粗麻布打包的财物。无论天气是冷是热，他们都会把破衣烂衫套在身上，不然就要用手拿着这些衣服。许多人看上去忧愁不堪，大睁的眼睛中满是迷惑和气馁，还有些人长着不合比例的大脑袋、四肢肿胀，这意味着他们是从西里西亚和苏台德地区烈焰冲天的城镇及乡村中长途跋涉数百英里来到这里的，已经处于饿死的边缘。还有很多孤儿，在其亲身经历的恐惧中过早地成熟起来。难民中还有成群"背井离乡的人"，来自苏联、波兰、法国和比利时的奴隶劳工在战争期间被迫为第三帝国劳作，现在正在努力寻找回家的路。

难民悲剧最引人瞩目的地方是在被轰炸摧毁的柏林火车站，那里成为大量流离失所的绝望人群的居所。每天都会有列车从东面过来，原先用来运输牲口的棚车车厢里挤满了"瞎眼的残疾士兵、无家可归的男孩、满身虱子忍饥挨饿的母亲和婴幼儿"[23]。一户户家庭都蹲坐在棚车顶上，年迈的男人和戴头巾的女人摇摇欲坠地抓住车厢两侧，不时有人因为力气耗尽而掉下去。每天，红十字会的工作人员都要从火车上搬下来数十具尸体，鼻子中满是尸体散发的恶臭。在美军驻德国的政治顾问罗伯特·丹尼尔·墨菲（Robert Daniel Murphy）眼中，火车站的景象让他想起达豪集中营和布痕瓦尔德集中营的场景。"这是更大规模的惩罚，但惩罚的不是纳粹党头子（Parteibonzen），而是女人和孩子，穷人和弱者。"[25]他在给国务院的报告中这样写道。火车没有时刻表，只能断断续续地前进，因为苏联人已经把大段的铁轨拆掉了，从但泽到柏林的250英里路程，可能需要走上两个星期。

流浪者们一拨又一拨地涌来，像一股悲惨的洪流横扫拥挤不堪的城市。第一拨到来的人是因为害怕红军，抢在红军之前来到这里的，后者在 1944 年底到 1945 年初横扫了东普鲁士和波美拉尼亚；第二拨难民来自苏台德地区，因为战争末期捷克人开始对曾在 1938 年热情欢迎希特勒的日耳曼少数民族采取报复行动；最后一拨来自波兰，缘于共产主义者主导的政府占领了原先德国人居住的西里西亚地区，用来补偿东部被割让给苏联的领土损失。当迁徙和驱逐渐渐平息，至少约有 1200 万日耳曼人已经背井离乡，大约 100 万人在逃亡过程中死于疾病、饥
278 饿或是被迫进行的死亡行军。接连不断的种族清洗永远改变了欧洲版图，大约有 4.4 万平方英里的土地——大小接近英国的国土面积——从 1933 年 1 月开始由希特勒掌权的德国身上割让掉了。

重新划定各民族本是斯大林的专长之一，但是捷克人、波兰人和南斯拉夫人基本上不需要任何鼓励就开始纠正战争的错误。察觉到有机会一劳永逸地解决几个世纪以来的民族争端，他们也开始驱逐日耳曼人，其行为的残暴程度甚至连他们的苏联恩主都感到汗颜，被迫害者几乎在一夜之间就变成了迫害者。

在捷克斯洛伐克，政府仅仅把纳粹起草的反犹太人的规章制度拿过来用在苏台德地区的日耳曼人身上：日耳曼人被命令身穿左胸缀有字母“N”（Niemiec，波兰语中德国人的意思）补丁的衣服，任何与纳粹组织有关系的人，都要在衣服背后印上标记；商店只能在捷克斯洛伐克顾客全部走完，即将关门的最后一个小时里，才允许日耳曼人进去买东西；不允许他们乘坐公共交通工具、到公园游玩，或是在 20 点以后离开住所；从苏联或捷克斯洛伐克官员身边经过的日耳曼人，要“摘下他们

的帽子，保持合适的间距”[26]。纳粹建在特莱辛施塔特（Theresienstadt，今捷克泰雷津）的中转集中营，原先是用来关押送往奥斯威辛集中营的犹太人的，现在成为等待被驱逐出境的日耳曼人的营房。他们几乎没有费心思去区分“坏日耳曼人”和“好日耳曼人”，在爱德华·贝奈斯（Edvrd Benes）政权的眼中，他们全部都有罪。天主教会也持相似的立场，高堡（Vysehrad）① 的圣彼得和圣保罗大教堂的主教大人博胡米尔·斯塔谢克（Bohumil Stasek）欣喜若狂：“一千年了，这次终于能和日耳曼人算总账了，他们是邪恶的，要‘友爱你的近邻’这样的训诫不能用在他们身上。”[27]

正如之前德国人对待犹太人那样，留给即将被驱逐的日耳曼人的准备时间也仅有15分钟。他们必须交出自己房子的钥匙，并且把大部分财物留下，任何人只要表现出一丝犹豫立刻会遭到毒打，常常会被打死。美国的一项学术研究发现“日耳曼人被倒挂在树上，身上浇满汽油，然后再点火。在这场不折不扣的屠杀中，捷克民兵在城镇和乡村中横冲直撞，随心所欲地枪杀日耳曼人”。1945年5月30日晚，布尔诺（Brno）城内的全体日耳曼人被命令在大街上集合，健壮男性已经全部被驱逐，留下来的是约3万名妇女、儿童和老弱病残。在武装卫兵的押送下，日耳曼人像牲口一样被赶向35英里外的奥地利边 279
境，任何掉队的人都被推进沟里等死，大约1700人没能走完这趟死亡行军。

尽管斯大林认可了驱逐行为，但7月4日那天内务人民委

---

① 高堡位于布拉格城内伏尔塔瓦河畔陡峭的山崖上，是一座建立于公元10世纪的城堡，堡内有著名的圣保罗和圣彼得圣殿，以及长眠着诸多捷克名人的公墓。——译者注

员部还是抱怨说驱逐行为“毫无组织，且未预先通知我方指挥官”[28]。7 月 9 日刚刚从国家安全二级政委①转为陆军上将的伊万·谢罗夫从柏林发给贝利亚的电文中，报告说每天都有 5000 名日耳曼人从捷克斯洛伐克来到柏林，“大多数是女人、老年男子和孩子”。他说很多被驱逐的人都选择了“割腕自杀”[29]，某个苏联军官一次就发现了“71 具割腕自杀者的尸体”。绝望中，日耳曼人最后向红军寻求庇护，躲避更为残暴的捷克人。

西方政治家们不知道该如何应对大量从东欧涌来的德意志人，不管罗斯福还是丘吉尔，都支持通过大规模人口迁徙来建立单一民族国家的原则，如在奥斯曼帝国瓦解后遵循的“希腊人－土耳其人”的划分原则。1944 年 12 月，在下议院的一次演讲中，丘吉尔表示驱逐适用于阿尔萨斯－洛林那样的“民族混杂”地区，该地区给法国和德国造成了“无数麻烦”。“那里将会被清理得干干净净，”他预言说，“我并不担心按照不同民族划分人口的前景，也不担心这些大规模迁徙的问题，通过现代手段已经比以前更容易了。”[30]西方官员担心如果他们反对驱逐，将会失去捷克斯洛伐克和波兰等国的民心，因为这种行为得到了普通捷克人和波兰人的支持。

另外，这种驱逐的手段却让很多西方人良心不安。1945 年夏天，饿得奄奄一息的德裔难民的悲苦照片开始出现在报纸和杂志上，促使英国人和美国人开始自我反省。一位美国军事情报官员成功地穿越到丘吉尔口中的铁幕之后，发回了关于苏台德区日耳曼人遭受残酷对待的报告。“捷克人对待日耳曼人的方

---

① 苏联红军政工人员及国家安全部门的人员各有一套自己的独特军衔体系和称谓，到 1945 年才和普通军队的军衔逐渐统一。——译者注

式，和德国人对待犹太人的方式非常类似。”[31]在一份广为传播的报告中，约翰·贝克（John Backer）中尉写道，“用错误来更正错误，只会错上加错。欧洲的痛处之一在于不公正的行为和经济上的不稳定，这将会成为政治局势向危险方向发展的导 280
火索。”西方政府的底线是可以接受不可避免的大规模族群清洗，但是想让它以更文明和有序的方式开展。

这些努力没能给几百万涌入柏林和其他德国城市的难民带来任何安慰，一路上他们不停地遭遇骚扰和劫掠。一个在柏林的美国将军注意到，难民们只能“携带很少的东西，理所当然会选择带走他们认为最值钱的物品。这些人聚集在火车站，自然引起抢劫犯的极大兴趣”[32]。出于偶然，柏林的大部分火车大站都在美国占领区内，靠近与苏联占领区的分界线，流浪者们很容易成为持枪歹徒的猎物。

* * *

红军和美军指挥官原定将7月4日作为美军正式履职柏林相应占领区的时间，可是最后时刻发生了变故，朱可夫宣布管理权的移交必须等到军事管制指挥部，即盟军联合指挥部成立之后。被激怒的美国人决定直接按计划占领六个行政区的办公大楼，“我们在破晓时进驻，成立军管政府。”豪利告诉属下，“俄国人中午之前是不会起床的。”[33]

冲突马上爆发了，豪利手下的士兵刚张贴布告宣布成立美国占领军军管政府，朱可夫手下的士兵就去把布告撕下来。当一位红军上校想要强行冲进一家美国占领区内的银行，寻找什么“丢失的东西”时，却发现第2装甲师的坦克挡在他的面前。柏林人幸灾乐祸：他们早就盼着占领者之间翻脸了。在好几天时间里，这里有“两个军管政府——美国的和苏联的”。后来苏联人不再去撕美国人的布告，豪利暂时取得了优势，他为自己掌握了“既成事实，这个俄国人最喜爱的手段”的艺术而沾沾自喜，但是他很快就在更大、更重要的对决中一败涂地。

7 月 7 日，朱可夫召集英军和美军指挥官到自己在卡尔斯霍斯特的司令部开会，两个月前他就是在这里接受了德国投降。西方人还以为自己是被邀请来参加什么社交聚会的，但是元帅却另有所图，借助自己的经济专家提供的数据，他表示食物储
281 备已经寥寥无几。面粉和糖将会在五天内耗尽，谷物还能撑六天，肉能吃一个星期，煤炭储备也几乎用完了。当现有补给耗尽之后，各国的占领军将承担起自己占领区内的食物和能源供给责任。

“食物难题必须立即解决。”朱可夫警告说，“不然，人民将会饿死。”[34]

面对苏联人出人意料的最后警告，美国人和英国人目瞪口呆，他们还以为柏林会继续从东部富饶的农场输入食物，这些农场都位于红军占领下的波美拉尼亚，煤炭则来自德国东部的传统煤炭产区西里西亚省。没有任何警告，也没有任何准备，西方盟军发现他们不得不承担起供应 200 万柏林人食物和燃料的责任。他们被迫从西欧每月搜集 2.1 万吨食物——那里的补给状况已经捉襟见肘——并经由被炸毁的桥梁和拆除的铁路，穿越几百英里的苏联占领区送达柏林。雪上加霜的是，他们刚刚放弃了农产品丰富的易北河西岸地区，这里是供应首都食物的另一个重要来源，突然降临到美国人头上的是“一个几乎无法解决的补给难题”[35]。

代表美国出席会议的高级官员是克莱中将，美国军队中的

后勤管理高手，他告诉朱可夫美国占领区内同样存在食物短缺的情况。“运输和组织方面都有困难，就算我们愿意提供食物和煤炭，困难也不可避免，因为在易北河上已经没有大型桥梁了”。

苏联人不为所动，朱可夫解释说战争造成的巨大人口变动，已经使柏林不可能继续依赖传统的食物补给方式。波美拉尼亚和西里西亚现在是波兰领土，以前居住在这些地方的德国人现在全都“逃跑”了，涌进了苏联占领区，与这些人在一起的还有400万从西方遣返的苏联公民，已经没有多余的食物。苏联这样做，就能在任何时间通过推迟运送食物和燃料，来控制已成为人质的西柏林人民。

“我方政府同意德国人必须自己养活自己，必须把这个国家当作一个整体来看待。”克莱的政治顾问罗伯特·墨菲无力地表示抗议，在美国人看来西里西亚依然属于苏联在德国的占领区。

挑明严酷政治现实的任务落到朱可夫身上，“德国已经不存在了，德国人必须依靠盟国政府来养活”。描述完极端困难的食 282
物处境之后，他邀请盟军将领们“喝茶”，豪利不高兴地说道：“当然，朱可夫给我们的根本不是茶，那是成堆的鱼子酱和流淌成河的伏特加、啤酒及其他俄国人称作茶的酒水，因为它们是在四五点钟的下午茶时间端上来的。”[36]

美国人收到的处置战后德国的秘密指示，使他们的问题更加恶化。一份编号为JCS 1067的五角大楼文件指示说，美国占领军“不许采取措施”[37]帮助该国的经济重建，德国将被当作一个永远不会成为“世界和平威胁”的“战败国”对待。这意味着将严格控制德国的重工业，而且只能发展自给自足的自然经济，主要依靠畜牧业；对于生铁、钢铁、化工、机械部件和汽车的生产施行配额制，禁止美国人和德国人保持友好关系；前纳粹党成员不仅被禁止担任行政职务，也不许成为技术工人。清除纳粹分子的过程使得想找到合格的工人来运转铁路系统非常困难，迫使美国人在关键岗位上使用无法胜任的人员。

这些限制的初衷是防止军事工业复苏，造成的实际效果却是扼杀了德国经济最具生产力的产业。进口足够的食物以防柏林和其他德国城市出现饥荒所需的花费，必须由美国纳税人来承担。克莱和他的顾问们很快就明白 JCS 1067 号文件正在束缚他们的手脚，但是他们无法违背总统亲自批准的指示。“这玩意儿肯定是经济白痴们搞出来的。”克莱的首席经济专家刘易斯·威廉斯·道格拉斯（Lewis Williams Douglas）抱怨说，“在所有物资极度短缺的大陆上，禁止欧洲技术最好的工人尽其所能地生产，这简直毫无道理！”[38]不用说，其他盟友可不会将这份五角大楼的禁令奉为圣旨，在苏联占领区，前纳粹党成员已经成群结队地加入了新近重建的德国共产党。苏联人正忙着辛勤开发德国，美国人却收到指示不要这样做。

华盛顿的政治领袖和外交官的意图，与被征服的柏林的现实情况之间的差异日益明显。政治家发布命令说在德国只能有一套名为“盟国管制理事会”（Allied Control Council）的治理机构，其中包括美国、苏联、英国和法国的代表，他们将通过
283 协商达成决议。在划分好的四国占领区内将沿用相同的政治和经济政策，没多久所有人就发现，在如何组织德国经济和如何管理这个国家等基本问题上，从未达成过一致意见。

化为废墟的柏林成为最奇特的社会试验的温床，这是前所未有的——融合了美国的自由市场，与苏联的中央指导和管控的计划经济理念。关于食品供应方面的争端可以一窥将来可能

会发生的问题，正如《经济学人》（*Economist*）杂志在7月14日的报道中所说：“盟国之间愿意且能够达成关于德国的满意可行政策的概率从来就不高，而且显然越来越小。”高级将领们必须做力所能及的所有事情来确保联合占领的成功，即便他们的下属都同意西方记者表达出的悲观疑虑。

当豪利大胆地表示，在美国人和苏联人之间还有很多永远无法达成一致的问题时，克莱对他怒目而视。

“你完全错了。”这位美国的驻德“总督”冷冷地说道，“我刚从华盛顿来，我国政府的意向毫无疑问是想在意见一致的基础上管理柏林。”[39]

* * *

从华沙到维也纳，从布达佩斯到布加勒斯特，到处都能感受到这场地缘政治地震的余波，就像两个代表对立意识形态的构造板块发生碰撞，在被战争摧毁的大地上产生了强烈震荡。西方观察家们很难对苏联占领区内的许多时事进行追踪，因为他们被禁止在波兰和匈牙利等国自由行动，相反，随着上万名美国和英国军人以及文职管理人员的进驻，柏林成为一个开放的城市。在这里，敌对政治和经济体系间的碰撞最为尖锐和明显，不同国家的占领军每天都会发生冲突。

“俄国人依然盘踞在美国占领区，像一群蝗虫一样有组织地抢劫各种物资。”[40]欧洲胜利日两个月后的7月中旬，一位美国官员做过这样的汇报，无论身处柏林的任何一个地方，都很难避开苏联人打砸抢的行为和无端的暴力。罗伯特·墨菲搬进达勒姆的一栋先前被苏联军官占据的新房子，据年迈的女管家说，之前的俄国房客在藏有2000瓶酒的豪华酒窖里喝得昏天黑地。他们 284

自娱自乐的方式是“每天晚上四处开枪，天花板上、墙上，还有家庭照片上全都是枪眼，俄国人特别喜欢射击水晶吊灯”[41]。女管家说，那天晚上苏联军官来的时候，发现沙发上躺着一个重伤的德国士兵，“然后立刻开枪打死了他”。就算是在美国人当作总部的办公楼里，也能看到红军已经先到一步的迹象：家具中有套漂亮的皮质座椅的椅背和座位上都是洞，后来发现苏联士兵将每把椅子上的皮面都割下来做靴子。

和美国人一样，英国人也受到苏联人的冒犯。理查德·布雷特－史密斯（Richard Brett-Smith）为盟国关系的迅速恶化感到震惊，这位陆军军官后来写道：“几周内，失望、惊慌、幻灭、厌恶、痛苦，甚至毫不掩饰的憎恨都在双方的大部分军人中滋长。大多数英国军人在来到柏林之前对俄国人并没有任何偏见，就算有偏见，也是在公众媒体不停赞扬影响下的积极看法。我认识的英国军人中，没有一个在离开柏林的时候对俄国人还有一丝好感，最正面的评语是‘不能信任他们’，几乎所有人都对他们抱有极端情绪。”[42]根据戈伦韦·里斯（Goronwy Rees）——年轻时被马克思主义观点吸引过的情报官员——的说法，来一趟德国绝对能矫正“对任何带有共产主义特色的事物抱有的同情”[43]。1945 年 7 月，里斯结束了在英国占领区的六天行程，得出结论说：“俄国人和民主国家之间的战争正在逼近，实际上已经开始了。”

与杜鲁门一样，斯大林也公开认可德国应该由各占领国组建联合管制政府统一管理的看法，他已经摒弃了早先的想法，五个月之前他在雅尔塔还提出要分割德国。现在他希望战败国能够变成一个“民主、反法西斯”的国家，由共产党及其社会民主党盟友主导的左翼联合政党领导，只要有任何可能从德国获得巨额赔款——在雅尔塔他提到100亿美元这个数字——斯大林就完全有理由坚持一个德国的原则。直到1946年2月，这位苏联领袖都一直强调“统一德国”的原则，他告诉乌布利希：“统一是正确的。”[44]

而斯大林也是个极端的现实主义者，无论发生了什么，他
都下定决心要保持对红军征服地区的个人控制权。尽管不是他 285
想要的结果，但是依然有可能，甚至是很大可能德国的东西两部分会分裂开来。在1945年6月和乌布利希及其他德国共产主义者的会议中，斯大林给出了充分暗示。

“将会有两个德国，”他预言道，“尽管盟国之间还会保持团结。”[45]

17

终点

7 月 16 日

286 7 月 16 日星期一，如往常一样，哈里·杜鲁门很早就起床了，这是他担任总统的第 96 天。他发现自己躺在陌生的湖边小屋里的小床上，窗户上没有纱窗，成群的蚊虫整晚都在骚扰他。他和莱希将军——他的幕僚长——共用走廊尽头的洗手间，二楼的总统套房包含一间摆着架大钢琴的客厅、一间早餐室、一间大办公室，从办公室可以溜达到俯瞰湖面的阳台上。这幢三层别墅装修奢华，但品位糟糕，看上去没有什么地方是搭调的。现代装饰艺术的扶手椅突兀地放置在巴洛克风格的笨重家居旁边，彩色地毯和碎花墙纸相冲，又和深色的天鹅绒窗帘毫不搭配。“法式或奇彭戴尔式——也可能是两者风格融合的桌椅”[1]放置在楼下餐厅里，旁边是“一个 2 吨重的德国餐具柜”。杜鲁门断言这个地方绝对是室内装潢师的“噩梦”，但是除了蚊子，这里“四处都很舒适”。

早上 6 点 30 分，他起床用早餐，接着四处逛了逛，看到这
287 栋“柏林白宫”是“脏兮兮的黄色和红色”后很是不爽。他发现房子有法国城堡的风格，但是任何看上去统一的建筑风格都被“德国人想要掩盖法国风格的努力给毁了，他们在门廊两边竖起墓碑式的烟囱，以遮挡漂亮的城堡屋顶和塔楼”。产生的整

体效果让杜鲁门想起堪萨斯城火车站，“这个地方看上去丑极了，但还是纯粹的德国风格”。加分项目是一个漂亮的独立花园，里面有杉树和垂柳，一直延伸到狭长的格里贝尼茨湖（Griebnitzsee）边。星条旗飘扬在湖边高高的旗杆顶上，湖水从转角处向右方流去，湖面约有 100 码宽，对面的湖岸上覆盖着茂密的松树林，呈现出一幅优美祥和的画面。

美军在房子四周设立了 18 处岗哨，由腰束亮眼的白色皮带、打着绑腿的宪兵把守，仅仅在湖边就有 5 处岗哨，湖面上还有摩托艇巡逻。杜鲁门从恺撒大街（Kaiserstrasse）2 号踱出来，悠闲地走上大街，特勤人员紧随其后。街道边是一排排迷人的两层或三层别墅，都是 19 世纪末期为富有的企业家和贵族们建造的。巴伯尔斯贝格竟然奇迹般毫发无伤地避开了战火，使它成为接纳政治领导人、外交官和将军们的绝佳场所，这些人是受邀来参加在邻近的波茨坦召开的三巨头会议的。上个月，苏联人给美国人准备了一百多栋房屋，只给了先前住在这里面的人 30 分钟时间搬出去。庞大的军事机器满足了新住户的日常需求，从通宵干洗、擦鞋，到理发和修脚，每天还有两班邮政服务。

早晨散步回来以后，总统在办公室里等待和温斯顿 · 丘吉尔的首次会面，首相就住在沿路 600 码以外的托斯卡纳风格的粉色别墅里，同样能够俯瞰湖面。上午 11 点，他出现在恺撒大街 2 号的门前，身穿皱巴巴的白色夏季西装，上面还洒着雪茄烟灰。杜鲁门觉得很好笑，因为这竟然是这位传奇的英国战时首脑十年来起床最早的一次。这天晚些时候，他在日记中记下了对丘吉尔的第一印象：

我们之间的谈话再愉快不过了，他是个极富魅力和非

> 常聪明的人，我说的聪明是英国人的那种聪明，不是肯塔基州人说的那种。他胡扯了很多关于我的国家是多么伟大
> 288 的话，还说他是多么热爱罗斯福，而且也想爱我，等等等等。好吧，我尽我所能给了他最热情的欢迎，扮演出一副天生（我希望是那样）讲究礼貌和好脾气的样子。我确定我们会相处得很好，只要他不对我说太多奉承话。[2]

丘吉尔不理会杜鲁门想要讨论会议议程的企图，说“我不需要”[3]，与往常一样，他相信自己能随机应变地把事情处理好。过去的几个星期里，他一直在法国南部度假画画，拒绝审阅呈递给他的简报和从伦敦发来的没完没了的电报。“我很抑郁，”[4]他告诉自己的医生，“我什么都不想干。我缺乏干劲，我怀疑还能不能恢复到以前那样。”他这种不愉快的情绪，部分原因是担心英国议会选举的结果，这将决定他作为英国首相的未来。投票是在 7 月 5 日进行的，还需要三周时间才能公布结果，因为确定驻欧洲军人的投票数量是项很复杂的后勤工作。大多数观察员都预测保守党会获胜，但是丘吉尔不敢确定。

“在选举结果出来之前，我只能算是半个人。”他说，“我听说女人都支持我，但是男人都反对我。”

他的妻子提醒他，在妇女参政运动期间，他曾激烈反对让女性担任内政大臣。“的确如此。”他忧郁地承认道。

首相在步行回住所的路上，对自己的女儿说他“非常喜欢总统”[5]，确信他们可以合作，杜鲁门“愉快、严谨、活跃的作风，和显而易见的决断力”让他印象深刻。玛丽“差点因为高兴和感激哭了出来”，她的父亲终于从最近“情绪低沉”的状态中恢复过来，再一次变得“放松和自信”。

由于斯大林所在何处依然是个秘密，所以两位领导人都利用下午的时间游览观光。杜鲁门在15点40分乘坐敞篷林肯轿车离开巴伯尔斯贝格，几个特勤人员乘坐一辆非敞篷的开道车走在前面，车上挂着二星少将标志，这些人的作用是“糊弄那些也许会将总统座车当作射击练习目标的人”。在令人窒息的高温下，清新的微风让人稍感快慰。第2装甲师的坦克和士兵在高速公路旁集合，他们曾在巴顿将军的带领下杀入捷克斯洛伐克西部，杜鲁门和他的高级助理们挤在一辆车上的样子，让总统想起“一辆没有顶盖的强盗马车”[6]。在格鲁讷瓦尔德森林旁，他们花了22分钟从列队的官兵面前缓缓驶过，这支部队由1200辆谢尔曼坦克和半履带车组成。

“这是我见过的最强大的地面部队，”莱希五星上将赞叹 289
道，“如果他们真的想到哪里去，我看不出有什么人能阻止他们。”[7]

“还没有人挡住过他们。”指挥官骄傲地回答道。

到柏林的18英里车程中，植被发生了显著变化。在巴伯尔斯贝格，植被又厚又茂盛，但是到格鲁讷瓦尔德就变得稀疏了，而当杜鲁门到达蒂尔加滕——位于市中心的大公园时，映入眼帘的只剩下可怜的树桩，连树皮都被剥干净了。植被已被有组织地清除掉，先是大轰炸，然后是伐木生火。在胜利大道（Siegesallee），总统一行人路过一把公园长椅，上面依然写着“NICHT FÜR JÜDEN”的标语，意思是“犹太人禁用”。他们很快就来到国会大厦的废墟和勃兰登堡门前，那里是通往苏占区的入口，红军指挥官们向他们敬礼。最后，他们停在威廉大街（Wilhelm Strasse）上的帝国总理府外，欧洲领导人曾到这里对希特勒表示敬意。在伯恩斯和莱希的陪伴下，坐在豪华敞篷轿

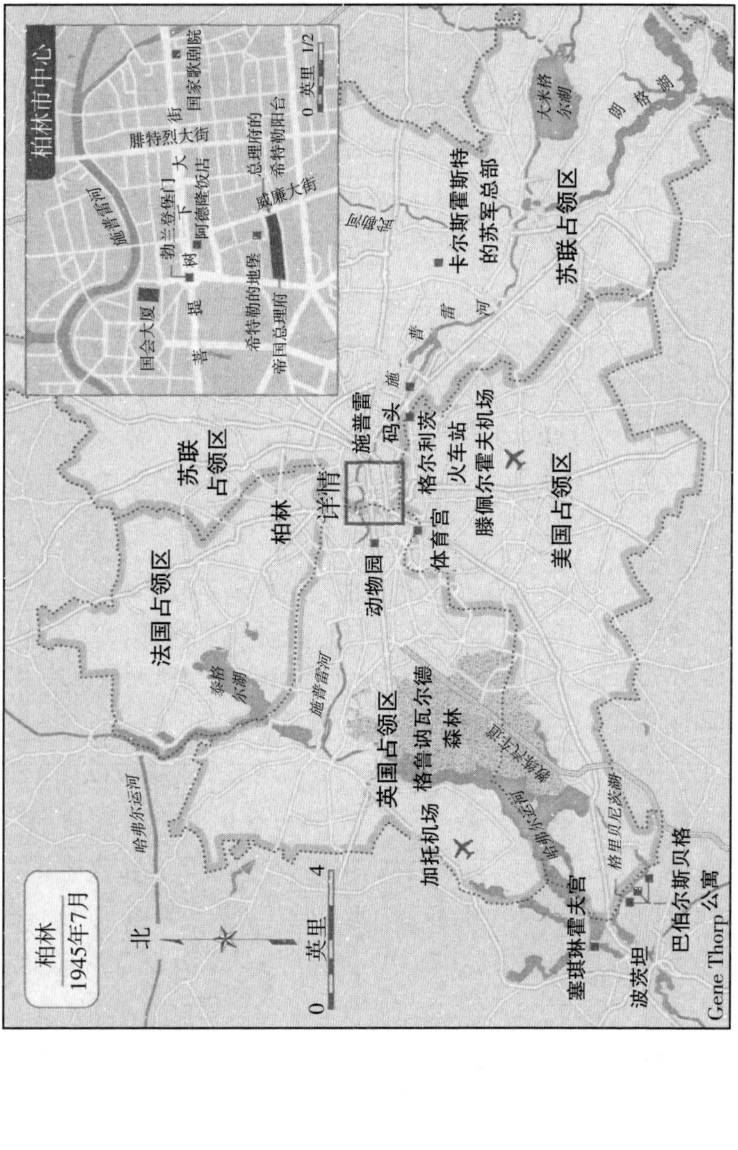
柏林
1945年7月
北
0 英里 4
哈弗尔运河
法国占领区
泰格尔湖
施普雷河
苏联占领区
柏林
详情
动物园
英国占领区
格鲁讷瓦尔德森林
加托机场
哈弗尔运河
塞琪琳霍夫宫
波茨坦
巴伯尔斯贝格公寓
格里贝尼茨湖
体育宫
格尔利茨火车站
施普雷码头
滕佩尔霍夫机场
美国占领区
施普雷河
卡尔斯霍斯特的苏军总部
苏联占领区
大米格尔湖
朗格湖
柏林市中心
施普雷河
国会大厦
勃兰登堡门
菩提树下大街
阿德隆饭店
腓特烈大街
国家歌剧院
希特勒的地堡
帝国总理府
总理府的希特勒阳台
威廉大街
0 英里 1/2
Gene Thorp

车中的杜鲁门凝视着石质阳台，昔日元首曾在这里激励他的追随者们成为狂热的民族主义者。大街上有一大堆乱石——乱石 290
上方突兀地放着一把扶手椅——就是在这条街上，数以万计的纳粹党员举行过火炬游行。总统不想从车里出来，相反他的脑海中忧郁地想象着“迦太基、巴勒贝克（Baalbek）、耶路撒冷、罗马、亚特兰蒂斯（Atlantis）、北京、巴比伦和尼尼微（Nineveh）”之类的国家和城市，还有“拉美西斯二世（Rameses Ⅱ）、提图斯（Titus）、赫尔曼、谢尔曼、成吉思汗、亚历山大和大流士（Darius）大帝”等征服者，他之前从来没见过如此规模的毁灭。

“他们自食恶果，”他告诉簇拥在车周围的记者，“这只是证明了一个人索求过多时会如何。”[8]

总统从另一条路返回巴伯尔斯贝格，路过波茨坦大街上被炸毁的体育馆，1933 年 2 月希特勒在这里发表了第一次总理演讲，元首当时扬言“必须从头重新建设德国”。10 年过去了，在斯大林格勒的灾难发生后，戈培尔就是在这里问德国人是否已经准备好进行“一场超出我们想象的更加全面和激烈的战争”；问他们是不是愿意服从希特勒的任何命令。他们高声回答：“元首，下命令吧，我们服从您。”

比摧毁的建筑物更让杜鲁门痛苦的是似乎无穷无尽的队伍，其中有“年迈的男人、年老的妇人、年轻的女人，从蹒跚学步的孩子到背着包裹的青少年，或推着车，或拉着车”，沿着柏林偏僻的道路行进。明显能看出队伍里面没有年轻男性，不清楚这些难民来自哪里，也不知道他们去往何方，只知道他们是在远离苏联占领区，朝着任何能找到食物和庇护所的地方前进。几乎没有人对呼啸而过的总统车队有兴趣，杜鲁门记录道：“最让人悲伤的是那些希特勒曾经的臣民，当然是俄国人绑架了那些壮丁，我估计是强迫他们去当工人了。他们还洗劫了所有幸存下来的房屋，把赃物送回苏联，但是希特勒也对他们做过同样的事情。”[9]

总统离开10分钟后，丘吉尔也在安东尼·艾登的陪伴下乘坐敞篷吉普车来到被摧毁的帝国总理府，不同于杜鲁门，他决定好好查看一下眼前的可怕景象。出乎他的意料，一小群德国人看到他身穿军装、嘴上叼着雪茄走过来，竟然“开始欢呼”[10]。“他们的臣服让我心中恨意全消，其表现让我感动，众人憔悴的外貌和身上的破衣烂衫也触动了我。”他后来写道。

291 苏联士兵护送首相和他的随从穿过一座庭院，庭院中散落着烧毁的装甲车、坦克和其他战争残迹，他们登上台阶进入总理府，在成堆的马赛克碎片和掉落在地的吊灯中穿行。阿尔伯特·施佩尔（Albert Speer）设计了这条走廊，使其长度达到凡尔赛宫镜厅的两倍，借此让希特勒的客人们预先感受到“德意志帝国的力量和伟大”[11]。现在走廊中间有“一个最优雅的弹坑”[12]，“贯穿了两层楼板，上面是大量断裂的管道和一些摇摇晃晃的设备”。穿过满是瓦砾的大厅，丘吉尔查看了希特勒那间曾经给人留下深刻印象的书房，他的翻译注意到苏联人留在墙上的涂鸦，写的都是些“极尽侮辱性的言辞”。苏联卫兵把元首的大理石书桌砸成碎片，一人分一块当成纪念品。艾登回忆起1935年希特勒曾在旁边的餐厅里款待他，不久后德国军队就开进了莱茵兰非军事区。丘吉尔忍不住要调侃一下他的外交大臣。

“你可算是为那顿饭付了钱，安东尼。”[13]他大声说。

一行人又向下走了段楼梯，来到传说中希特勒和爱娃·布劳恩（Eva Braun）自杀的地堡内，那里又黑又潮，他们不得不借助火把四处摸索。地板上遍布“毁坏的家具、散落的书本和纸张，还有从桌子里掉出来的私人物品，毁坏的保险柜门、打碎的照明灯和碎玻璃”，堆在这里的残骸有 6 英尺高，散发出尸体的腐臭气味。他们回到上面，丘吉尔在一把镀金椅子上坐下，抹掉额头上的汗水。“希特勒肯定是到这里来透一下气，结果听到枪声越来越近。”[14] 他自言自语道。

他凝视着传说中希特勒的尸体被烧毁的地方，在离开之前，他低下头，右手飞快地做了个 V 字手势。他对死去的独裁者突然生出一丝同情，“如果他们赢得了这场战争，这些事情就会发生在我们身上，在地堡里的就会是我们。”[15]

*　　*　　*

恺撒大街上的临时白宫里，晚餐在能够看到湖面的大房间中举行，第 2 装甲师的军乐队在外面齐整的草坪上奏乐。杜鲁门的客人中有埃夫里尔·哈里曼和约瑟夫·戴维斯，分别代表了杜鲁门矛盾的对苏政策的两方。作为自豪的列宁勋章获得者， 292
戴维斯担心总统身边的人会散播关于苏联的负面谣言，他怀疑哈里曼想和苏联“立刻开战”[16]。而从哈里曼的立场来看，他同样对这位百万富翁律师心存不满，在得知他的对手正利用其幕后关系组织总统和斯大林的会面时，他感到很沮丧。原来领袖已经在那天早上秘密抵达波茨坦，并通过维辛斯基和戴维斯，传达了想尽快和杜鲁门会面的想法。哈里曼觉得这种安排应该是现任大使的职责，而不是前任的。

晚餐后，总统正在喝咖啡，这时候有人告诉他战争部长想见他，有“重要事宜”。亨利·史汀生主动要求来到波茨坦，他察觉到将会产生关于对日战争至关重要的决定。他想亲自告知杜鲁门第一枚原子弹的试验结果，试验计划于当天早上 5 点 30 分（柏林时间下午 14 点 30 分）在新墨西哥州的沙漠中举行。史汀生在巴伯尔斯贝格自己的别墅中焦急地等待着，这里和“小白宫”就隔着一个半街区。晚上 19 点 30 分，终于收到了华盛顿的电报，他直接把电报拿给总统。电报署名是乔治·哈里森（George Harrison），他是一名保险公司高管，担任史汀生关于曼哈顿工程所有事务的特别助理。

最高机密

> 哈里森发出，史汀生亲阅
>
> 今晨已实施手术，诊断还未完成，但结果似乎令人满意，且超出预期。需要本地媒体进行报道，因为影响深远。格罗夫斯医生很高兴，他将于明天返回，详情后报。

当杜鲁门回到客人们身边，他看上去既欣慰又疲惫。信息的内容很隐晦，但是他明白它要表达的意思，世界进入了核武器时代。

“一切都还顺利?”戴维斯问。

“是的，很顺利。”

“这里，还是国内?”

“国内。”

293 戴维斯催促总统同意斯大林要求当晚见面的请求，他已经告诉维辛斯基说总统会“很乐意”接受，但是还必须确认一下。让他“震惊”的是，杜鲁门对和斯大林的晚间会面毫无兴趣。以原子弹的消息作为结束，这已经是完整、辛苦的一天了。

他习惯于早睡，告诉戴维斯尽量把会面推迟到次日早晨。

这突然的变故让特使感到惊愕，他在“小白宫”和相距三分钟车程的苏联总部之间来回穿梭，往常很友好的维辛斯基听到他解释计划变更的时候，变得“像冰一样冷漠”[17]。现在已经过了22点，戴维斯再次找到总统进行了一次“交心”谈话，说他可能会冒和苏联领导人闹翻的风险。杜鲁门让步了，同意立刻和斯大林会面，但此时大元帅已经改主意了，第二天再会面也不错。

杜鲁门必须安抚一下装腔作势的戴维斯，后者开始“好奇（总统）接下来想要对苏联采取什么样的政策”，他担心那些“小人物”——这是他对哈里曼和国务院的戏称——正在掌控局面。戴维斯提出，如果总统已经失去了对他的信任，他会“一句话也不说”就回去。

“您连我的影子都不会看到。”

“我正在尽力挽救和平。”杜鲁门真诚地回应，“我还希望在会议桌旁有你陪在我身边。”

*　　*　　*

在1949年拍摄的苏联宣传电影《攻克柏林》（*The Fall of Berlin*）中，斯大林搭乘巨大的民航飞机，在一架战斗机护航下抵达德国首都。飞机飞过柏林时，欢腾的红军指战员冲到街道上欢迎领袖，兴高采烈的德国人也加入进来，人们蜂拥至机场，手中挥舞着红色条幅，让人想起谢尔盖·米哈伊洛维奇·爱森斯坦（Sergei Mikhailovich Eisenstein）镜头下攻占冬宫的场面。电影中斯大林的角色，由斯大林最喜爱的格鲁吉亚演员米哈伊尔·格里戈里耶维奇·戈洛瓦尼（Mikheil Georgievich Gelovani）

扮演，他身着醒目的白色军装从飞机上走下来，犹如上帝从天堂降临人间。先前被关押在集中营里的人们，此时身上还穿着条纹囚服，正向他们的解放者欢呼致敬。大元帅英俊的脸上挂着淡淡的笑容，回应正在欢呼的人群。

当然，事实上这一切并没有发生过，斯大林对坐飞机旅行
294 极为恐惧，而且从来没有踏上过柏林的土地。在连夜从莫斯科出发后，一列装甲列车把他直接送到波茨坦火车站，他于 7 月 16 日中午抵达，迎接他的是朱可夫元帅和几个亲密助手。斯大林明确表示不能有“伴随着军乐队的仪仗队”[18]欢迎他到来，他向来迎接的人“简单地挥了挥手”，然后乘坐帕卡德豪华轿车前往巴伯尔斯贝格的住所。轿车车窗上装着厚厚的防弹玻璃，和他在雅尔塔乘坐的汽车一样。与杜鲁门和丘吉尔不同，斯大林并没有兴趣参观被摧毁的德国首都。

从莫斯科到波茨坦 1195 英里的铁路行程预期要花几个星期的时间，途经德国和波兰境内的 516 英里铁路线被全部改装成苏联轨距较宽的铁路，以避免领袖在布列斯特－立托夫斯克换乘火车的不便。安全工作甚至比在雅尔塔的时候还要严密，因为斯大林正冒险在苏联境外旅行，要穿过反共产主义游击队依然活跃的区域。沿线由 1.7 万内务人民委员部的精锐安全部队，以及成千上万的常规部队官兵担任警卫，在波兰和德国境内的每英里铁路线上都有 30 名士兵设岗，防止发生破坏行动，内务人民委员部部队的八列装甲列车在不停地巡逻。

巴伯尔斯贝格的别墅区就像个迷你柏林一样，也划分成苏联、美国和英国区域，每个区域都由本国部队把守和巡逻，苏联军人在任何他们觉得合适的时候进入美国和英国区域巡逻，

但是不允许盟友进入苏联区域。“每个人都像老虎一样，在笼子里一圈一圈地溜达。”[19]英国外交官亚历山大·贾德干在给自己妻子的信中抱怨，“如果走出英国区域，每走一步都要受到身背汤姆森冲锋枪的俄国哨兵们的干涉。”三位领导人的别墅都在格里贝尼茨湖沿岸，斯大林的住所是恺撒大街27号，比杜鲁门和丘吉尔的房子要小，但是屋后有一条精致的半圆形游廊。和杜鲁门一样，斯大林也可以从二楼办公室登上俯瞰湖面的露台，这些建筑属于新艺术派风格：其建筑师阿尔弗雷德·弗雷德里克·格雷南德（Alfred Frederik Grenander）还设计过柏林地铁站，名声在外。别墅先前的主人是一位富有的百货公司老板，为了给斯大林腾地方被赶到大街上。

“房屋设施齐备，”贝利亚在斯大林抵达前两周向他汇报说，“这里有个通信中心。有大量野味、家禽、珍馐、杂货和饮品储备，在距离波茨坦7英里的地方建成了三个辅助补给站， 295
那里有牲畜和家禽农场，还有蔬菜仓库。这里有两家面包房，所有的员工都来自莫斯科。”[20]

会议期间，巴伯尔斯贝格的前住户都从人们的眼前消失了，大多数人住到附近的“悲惨世界”[21]之中，与任何愿意给他们提供庇护的人待在一起。他们受到警告不许到街上去，实际上是被软禁起来，“小白宫”和斯大林的住所在同一条街上，其主人的悲惨遭遇足够典型。苏联人告诉杜鲁门，这幢别墅的原主人是纳粹电影业的领导人[22]，“眼下正在苏联的某处劳改营里”。实际上，房子属于杰出的出版人古斯塔夫·米勒-格罗特（Gustav Müller-Grote），是他父亲在1896年建造了这座房子，多年以后这位出版商的儿子在给杜鲁门的信中描述了红军到达后发生的事情：

> 在您入住这所房子十周之前，住在里面的人就处于惊慌和恐惧当中。来抢劫的苏联士兵不分昼夜、不停地进进出出，当着父母和孩子的面强奸了我的妹妹们，毒打我的父母。所有的家具、衣橱和箱子等等物品都被刺刀和枪托戳烂、打烂，里面的东西散落一地，然后用极其野蛮的方式毁掉。苦心经营的家庭财富，几个小时之内就被悉数毁灭……5 月中旬，就在投降后不久，房屋的主人和住户被下了一个小时内搬出去的最后通牒，只允许携带最少量的生活必需品。

苏联人抢走了米勒－格罗特家里原先使用的家具和大师油画，使用从附近别墅和城堡里没收来的家具重新装饰了房间，这也让他们可以在这栋房子最重要的房间里安装窃听器，包括总统办公室。窃听“依然在计划中”[23]，谢尔戈·拉夫连季耶维奇·贝利亚（Sergo Lavrentiyevich Beria）① 写道。就像在雅尔塔时一样，斯大林熟知美国和英国在波茨坦的谈判立场。窃听报告的内容，同华盛顿和伦敦的苏联间谍窃取的国务院及外交部的电报互相补充印证。有时候，斯大林对于西方国家的政策比他们自己的领导人知道的还要多，这让他把对方在保密方面的大胆尝试当作笑料。

* * *

296 7 月 17 日星期二中午，“小白宫”外面响起一阵警卫摩托车的轰鸣声，宣告乘坐帕卡德防弹汽车的斯大林已经到来。总

① 他是拉夫连季·贝利亚的儿子。——译者注

统的军事助理哈里·霍金斯·沃恩（Harry Hawkins Vaughan）准将像欢迎“扶轮社的伙伴”[24]一样跑下台阶去欢迎领袖，苏联警卫人员似乎被他过分亲密熟悉的行为吓了一跳，但还是允许沃恩护送他们的领袖上了楼。杜鲁门正在可以看到湖面的二楼办公室恭候客人的到来，在他的客人进入房间后，他从雕刻精致的木制书桌前站起身来迎接。大理石边框的壁炉上方挂着一幅有水果和死鸭子的静物画。

和往常一样，寒暄时略显尴尬，杜鲁门还学着罗斯福的样子尝试用“乔大叔”的称呼开玩笑，但据担任翻译的奇普·波伦说，“这甚至没有换来一丝笑容”[25]。伯恩斯又用斯大林晚起的习惯打趣，这让斯大林身后的莫洛托夫显得局促不安。格鲁吉亚鞋匠之子身穿简单的卡其色制服，红色条纹裤子，纽扣束腰外衣；前密苏里州男装经销商则身穿浅色双排纽扣西装，双色皮鞋，圆点蝴蝶领结以及与其花色相配的手帕。

两位领导人闲扯了一阵才谈起正事，斯大林说他愿意遵守在雅尔塔做出的承诺，对日宣战并进攻被日本占领的中国东北。“他将会在8月15日开始对日开战，”杜鲁门当天晚上在日记中写道，“到时候就将日本人结果掉。”[26]作为回报，领袖也有自己的地缘政治需求，他对西班牙仍然存在一位法西斯独裁者感到不悦，想让美国同苏联一起断绝和弗朗西斯科·佛朗哥的关系。他还表示了对意大利在非洲殖民地的兴趣，如利比亚和厄立特里亚。“这可是爆炸性的，”杜鲁门忠实地记录道，“但是我也有爆炸性的东西，只是现在还没有引爆。”深思熟虑之后，他觉得自己能“和斯大林打交道，他很坦诚，但是精明得很”。斯大林给他留下了很好的印象，包括礼貌、幽默感以及“同你讲话的时候看着你眼睛”[27]的做法。

一时兴起，杜鲁门邀请他的新朋友共进午餐，斯大林虽然说他很忙，但还是接受了对方的规劝。已经没有时间准备任何特色菜肴了，厨子们急急忙忙“增加了鹅肝和培根的数量”[28]，这是原计划给总统的主菜。第一道菜是奶油菠菜汤和全麦黑面包，美国人担心这些家常便饭不会让人满意，当看到斯大林吃
297 鹅肝和培根时满意地摸着胡子，他们很开心。斯大林非常喜欢这里的酒，甚至“特地问是从哪里搞来的”，杜鲁门心领神会，挑了 30 瓶尼尔施泰因白葡萄酒（Niersteiner）和摩泽尔白葡萄酒（Moselle）送到大元帅的总部。

午餐时的话题在不断变换，当问到对希特勒死亡的看法时，斯大林还是坚持那个告诉哈里·霍普金斯的故事。他说元首可能还活着，躲藏在“西班牙或阿根廷”[29]，他没有提及那份苏联的验尸报告，报告的结论是希特勒确实在元首地堡中自杀了。相反，他声称经过仔细搜查并没有找到“任何希特勒的遗骸”或是证明他死亡的有力证据，这是他对杜鲁门撒的许多谎中的第一个。

* * *

波茨坦会议的全体开幕大会计划于周二 17 点开始，苏联选择了一座德国皇家乡间庄园作为会议的召开地点。这座名为塞琪琳霍夫宫（Cecilienhof）的“宫殿”更像乡间别墅，被英国官员描述为“一位股票经纪人理想中的天堂”[30]，它是在 1914 ~ 1917 年之间耗费巨资为皇储威廉夫妇建造的，这位皇储是狂热的亲英派。建筑风格仿照都铎式建筑，有暴露的横梁、突出的山墙和高高的烟囱，还有几个仿哥特式尖塔以及彩色玻璃窗。在庭院里，苏联人用数千颗秋海棠摆成一颗巨大的红星形状。

宫殿四周是一座风景优美的公园，里面是皇储的宠物猫狗们的墓碑，还有在苏联进攻波茨坦过程中阵亡的德国军人的简陋坟墓。

为了到达塞琪琳霍夫宫，杜鲁门需要乘车经过斯大林下榻的恺撒大街 27 号，穿过一座横跨格里贝尼茨湖的摇摇晃晃的单车道浮桥，进入柏林的美国占领区。然后再通过一座在哈弗尔河上搭建的临时木桥，从柏林来到波茨坦，到达苏联占领区；与这座木桥平行的是一座钢悬索桥，在战争的最后几天里被炸毁了。和古老的皇家统治者一样，每位领导人都经由自己单独的入口来到这座有 176 个房间的宫殿中：杜鲁门从前厅进入；丘吉尔从有宽阔的环形车道的庭园进入；斯大林则从后门进入，一道拱门被急急忙忙架在通往走廊的法式大门上，作为领袖的正式入口。这座宫殿也被划分成苏联、美国和英国区，就像在 298
巴伯尔斯贝格和柏林已经熟悉的做法一样。每位领导人都分到一间书房和餐厅，还有单独的门通往会议大厅，会议大厅原先是两层的宴会厅。由于宫殿布局错综复杂，从会议大厅到丘吉尔进出的那道门需要很不方便地绕行一段昏暗的走廊，英国官员努力劝说苏联指挥官允许丘吉尔使用一道双扇大门，这样可以直接通往会场。答复是“不可能”[31]，“他们得用三道小门，一人一道”。双扇大门被紧紧锁住，按照礼节的要求，代表团的领导人要从大小完全相同的门中进出。

到了指定时间，三位领导人步入用橡木板装饰、挂着各战胜国国旗的会场。位于房间中央的会议桌有 12 英尺宽，呢子桌布是从莫斯科卢克斯（Luks）家具厂专门定做的，桌子旁摆着 15 把椅子。领导人所用的三把扶手椅一模一样，都带有小丘比特的图案，他们的身边是翻译和三位高级助手。代表们在会议开始之前四处游逛，“被照相机和摄像机的闪光灯闪得几乎失明”[32]，照相环节是对记者的小小让步，来到柏林报道代号为“终点”（Terminal）的三巨头会议的记者数以千计。会议期间，记者们都在柏林的酒吧中度过闲暇时光，用丘吉尔的话说，他们一直喝酒便逐渐进入了对新闻管制“义愤填膺的状态”。10 分钟以后，摄影师们退场，斯大林恢复了会场秩序，和在雅尔塔一样，他提议由美国总统主持会议。

首次会议的大部分内容都是讨论议程，杜鲁门和斯大林的讲话言简意赅、直入主题，丘吉尔的讲话则显得冗长且内容华而不实，让他的助手们很无奈。“他动不动就插嘴，说了大量毫不相关的废话。”贾德干告诉他的妻子，“杜鲁门反应最快也最有条理，他在首次会议中只是在努力建立我们必须解决的问题清单。每谈及一个，丘吉尔都要大发雷霆，杜鲁门和安东尼（艾登）两人合起来都没法拦住他。”[33]

斯大林再次证明了自己是个谈判大师。在戴维斯敬仰的眼神中，他“坐在椅子里，几乎闭着眼睛倾听着。当他发言的时
299 候，内容简明扼要，言简意赅，大刀阔斧地砍掉了修饰辞藻。他的见解犹如机枪一样发射出来，他的记性很好。在陈述反对意见的时候，他先分析和论述对方的要点，然后再逐一用反面论据进行反驳”。杜鲁门的主要优势是谦逊和果断，“他警觉、敏锐、头脑清醒、积极且坦诚。”[34]戴维斯记录道。

总统直截了当地表示行动比语言更重要，他告诉其他人，“我不想只是讨论，我想做出决定”。他进一步提出想在每天 16 点开会，而不是 17 点。

“遵命。”身穿上校制服的丘吉尔回答。

这提示斯大林开始谈论交易。德国海军剩下的还可利用的

力量——3艘巡洋舰，15艘驱逐舰，还有12艘鱼雷艇——现在都在英国人手中，大元帅也想分一杯羹。

“如果您今天心情够好的话，首相先生，我想知道您是否愿意和我们分享德国舰队。”

舰队要么被共享，要么被摧毁，丘吉尔回复说，战争武器是“可怕的东西”。

“德国海军应当被瓜分掉。”[35]斯大林主张，“如果丘吉尔先生想沉掉这支海军的话，他可以随时沉没他那部分，可我没有打算沉掉我这部分。”

对美国和英国来说，有时候苏联的野心似乎无穷无尽。在会议间歇，哈里曼对斯大林说他肯定会觉得“在柏林非常满意”，领袖轻蔑地看着他。“亚历山大沙皇，”他最后说道，“到过巴黎。”[36]

*　*　*

哈里森从五角大楼连夜发来第二封电报，为杜鲁门和他的高级助手们高度关注的神秘“行动”提供了更多细节，对美军通信中心的解码员而言，这封电报的内容几乎没有任何意义。

> 医生刚刚回来，心情振奋，信心百倍，小男孩和他的大哥一样健壮。他眼中的光亮从这里到海霍尔德（Highhold）都能看见，他的叫喊声从这里都能传到我的农场。

7月18日星期三上午，史汀生怀着激动的心情把消息带到 300
街对面的“小白宫”。他把电报的意思向杜鲁门解释了一下，这颗钚原子弹在新墨西哥州阿拉莫戈多（Alamogordo）附近试爆，（威力）超出了所有预期，格罗夫斯（医生）相信它至少和它的“大哥”有同等威力——大哥指的是还未测试的铀原子弹。7 月 16 日原子弹爆炸发出的光亮在 250 英里以外都能看到，这个距离是华盛顿到海霍尔德的路程，而海霍尔德是史汀生在纽约长岛的乡村别墅；爆炸声在 50 英里以外都能听到，这是从华盛顿到哈里森在弗吉尼亚州农场的距离。总统“非常高兴”[37]。

杜鲁门约请丘吉尔共进午餐，他把哈里森的电报揣在口袋里，轻快地步行至 6 分钟路程的戒指路（Ringstrasse）23 号，准备把电报给丘吉尔看。两位政府首脑单独享用午餐时谈及原子弹，一个大问题是该不该把这个秘密透露给斯大林——如果需要的话，什么时候合适。杜鲁门觉得最好等到会议结束，而丘吉尔觉得越早越好，以免他问及“你为什么以前没同我们讲过这件事”，这个逻辑让杜鲁门印象深刻。他同意丘吉尔的看法，觉得应该只揭示原子弹存在的基本事实，而不涉及具体细节。

“最好是在某次会议之后告诉他，我们有了一种全新的炸弹，这种炸弹超乎常规，我们认为这对日本继续把仗打下去的想法会产生决定性影响。”[38]

杜鲁门原计划那天下午晚些时候礼节性地回访斯大林，他的车队从丘吉尔的别墅出发，只花了 2 分钟，也就是 15 点 04 分停在大元帅的官邸门前。总统沮丧地发现这里还有另一桌酒席在等着他，尽管他刚从午饭桌前离开。一如既往的繁杂祝酒过后，两位领导人私下找个地方聊天。斯大林递给杜鲁门一份日本政府备忘录的复印件，这是经由日本驻莫斯科大使传来的，声称日本帝国愿意就结束战争进行谈判。他指出苏联现在和日本并未处于交战状态，最好能通过要求日本人提供投降条件的更多细节，“把日本人哄睡着”[39]。这回轮到杜鲁门装模作样了，当时美国的密码破译员破解了日本的外交密码，他已经知道东京的和平意向，但是他却装作毫不知情。

“令人满意”的答复一定要语意模糊，他告诉斯大林。

会议进展缓慢，甚至在战后德国版图这类基本问题上三巨头都无法达成一致。斯大林抢走了一大块德国领土，没有同盟 301
友们商量一下就把这块领土划归波兰，他坚称德国现在“就是战争结束后的样子，没有其他的德国存在了”。

“为什么不是1937年的德国？”杜鲁门问。

“得减去它丢掉的地方，”斯大林回应道。“我们不能无视战争的结果。”

“但是我们得从一个起点算起。”

已经无路可走的斯大林这才不情愿地同意把“1937年的德国”作为“起点”，但是他很快就加上了个限制条件——“这仅仅是个先期假设”。

“那么，大家都已经同意将1937年的德国作为谈判起点了。”杜鲁门说，他现在急于想要任何形式的进展。

仅仅在柏林待了三天，杜鲁门就已经“对整个事情感到厌烦”了，但是他依然有信心能“成功”[40]。他决心避免美国被斯大林和丘吉尔愚弄，坚守罗斯福发表的“持续和平”的目标。“我做好了起跑准备，然后告诉他们从哪里出发，他们才出发。”7月19日，在结束了毫无进展的一天后，他在给贝丝的信中说，“每天我至少得向他们非常明白地讲一次，对我这个总统而言，圣诞老人已经死了，我首要关心的是美国。我想赢得对日战争，而且我想要他们俩都参与进来，然后我想要和平——世界和平——我会尽我们所能来达到这个目标。但是当然，我不会在这里再成立一个欧洲政府，赔付赔款，养活世界，但除了遭受嘲弄却什么都得不到。”

三位领导人私下相处得很好，那天晚上杜鲁门在“小白宫”设宴招待大家，到敬酒时间后，斯大林和丘吉尔开始了很幽默的称赞普通人的竞赛。斯大林的发言强调战争胜利的果实应当属于“劳苦大众”[41]，这已经成为他最喜欢的论调，用不太隐晦的方式贬低朱可夫和其他元帅的贡献，他指出“劳苦大众”包括“普通士兵和水手”。丘吉尔举起手做投降状，他提出自己也“向劳苦大众敬酒，不管他们是士兵、水手还是工人，保守党还是自由党，黑人还是白人，保王党还是共和党，甚至是共产党”。斯大林笑了。

302 晚餐后，总统领着客人来到能俯瞰湖面的游廊。这时天还很亮，柏林现在采用的是和莫斯科相同的时区（莫斯科时间），夏天的太阳直到午夜时分才会落下。杜鲁门请来一位专业钢琴演奏家，演奏肖邦、肖斯塔科维奇和柴可夫斯基（Tchaikovsky）的作品。他亲自上阵，用钢琴弹奏帕德列夫斯基的小步舞曲，并帮助尤金·利斯特（Eugene List）中士翻乐谱。他在给贝丝的信中说当晚非常成功：“斯大林很友好，甚至在钢琴家专门为他弹奏‘茨可夫斯基（Tskowsky）’（是这样拼写的吧）的作品时向他敬酒。这个老家伙喜欢音乐，他告诉我明天他会替我将苏联最伟大的钢琴家请来。我们哥儿几个相处得很好。”

* * *

7 月 21 日星期六清晨，一位五角大楼派出的信使抵达巴伯尔斯贝格，带来了阿拉莫戈多核试验的详细报告。史汀生预约15点30分在“小白宫”与总统见面，他再次坚持大声朗读这份12页的报告。格罗夫斯少将描述说在试验地点升起了“巨大的火球”[42]，把一座用来模拟12层建筑物的铁塔炸成碎片，“爆炸把铁塔连根拔起，扭曲变形并将其撕成碎片，散落到地上”。火球产生的蘑菇云有一万英尺高，将近200英里外的阿尔伯克基（Albuquerque）和埃尔帕索（El Paso）都能清楚地看到。随后格罗夫斯引用了他的副手托马斯·弗朗西斯·法雷尔（Thomas Francis Farrel）准将的一份备忘录，托马斯当时在爆炸地点以南6英里处的控制掩体里。

> 掩体内的景象简直无法用语言来形容……所有人立刻察觉到爆炸远远超出了科学家最乐观的估计和最疯狂的期望。所有人都感觉站在一个新时代的开端……产生的效果完全可以用空前、壮丽、出色、惊人和可怕来形容。从来没有人造现象有如此巨大的威力，产生的光亮用语言无法形容，整个地区都被刺眼的光芒照亮，比正午的阳光还要明亮许多倍。那是金色、紫深红色、紫色和蓝色的光芒。它以难以形容的清晰和华美照亮了附近山区的所有山峰、沟谷和山脊，只有亲眼所见才能体会，这种美丽存在于伟大诗人的梦中，但是形容它的词语却是如此贫乏和不足。爆炸后30秒，第一道冲击波重重击打在人和物体上，接着 303
> 立刻传来像是宣告世界末日般的猛烈、持久而可怕的惊天巨响。

“我们完全能意识到真正的目标还摆在我们眼前。”格罗夫斯最后说，“在对日战争中的战斗测试才是关键。”

按照史汀生的说法，这份报告让杜鲁门“非常振奋”[43]。就任总统100天以后，他现在掌握了“世界上有史以来最恐怖的炸弹”，这是巨大的责任，但是这也给了他“全新的自信”。战争部长第二天给丘吉尔阅读这份报告的时候，也感到了类似的反应，首相激动地说：“史汀生，火药算什么？微不足道；电算什么？毫无意义。原子弹是天罚的再次降临。”[44]丘吉尔确定，新武器“会弥补和俄国人之间的实力平衡”[45]，并且会完全改变会议的“外交均势”。他梦想能与斯大林谈条件：“如果你坚持要做这做那，我们可以直接抹平莫斯科，接下来是斯大林格勒，然后是基辅，再然后是古比雪夫（Kuibyshev）。”

在塞琪琳霍夫宫的会议厅里，美国和英国立刻明显精神高涨，战争部长助理约翰·杰伊·麦克洛伊（John Jay McCloy）在日记里说，杜鲁门和丘吉尔像“私底下藏了个大红苹果的小男孩一样”[46]。丘吉尔觉得杜鲁门在听史汀生读报告后“变了个人”[47]，“他以最引人注目和果断的方式与俄国人对抗。他告诉俄国人从哪里开始，到哪里结束，基本上掌控了整个会议”。罗伯特·墨菲亦同意他的看法。“我们明确察觉到总统态度的转变，”他在回忆录中提到7月21日傍晚的全体会议时说，“他看上去自信多了，更倾向于参与激烈讨论，挑战斯大林的一些主张，很显然有什么事情发生了。”[48]

会议一开始杜鲁门就发出警告，除非通过自由选举并“在合适的基础上组建”，否则美国将拒绝承认罗马尼亚、保加利亚、匈牙利和芬兰的政府。此外，他提醒斯大林曾承诺在波兰进行自由选举。他抱怨苏联人正试图在波兰西部边界造成既定事实。罗斯福和丘吉尔在雅尔塔同意的是补偿波兰对苏联损失

的领土，但是没有同意波兰和德国的新边界如何划定。六个月 304
过去了，美国谈判人员终于搞清楚了西尼斯河和东尼斯河之间的区别。两条河之间的区域差不多有马萨诸塞州那么大，其中包含西里西亚首府布雷斯劳，这座城市几个世纪以来都在德意志人手中，拥有整个国家产量最高的煤矿和大农场。

将西里西亚和波美拉尼亚划归波兰改变了战后规划人员的经济考量，一直以来这些地区都在为德国首都供应煤炭和粮食，现在的不足必须从德国西部补齐——同时还要给苏联几十亿美元战争赔款。基于对第一次世界大战结束后发生的事情的推测，杜鲁门害怕最后还是要山姆大叔来付账，雪上加霜的是，从德国东部来的难民正蜂拥至西方盟国的占领区，养活这些人的责任落到了美国人和英国人的肩上。

“在德国被部分割让出去的情况下，我们无法认可赔偿。”杜鲁门把话挑明了，并提醒斯大林他已经同意将“1937 年的德国”作为对战后局势进行谈判的“起点”。

领袖尝试在讨论中掺入一点地缘政治方面的事实，“在给波兰的领土中已经是一个德国人都没有了……他们全都逃跑了”，这些领土现在都被波兰人占据了。

莱希将军俯身对总统低语，在奥得河 - 尼斯河以东当然已经没有德国人了，“他们全被杀光了”[49]。

坐在总统另一侧的戴维斯为谈话的急剧转变感到惊慌，他写了张纸条递给总统。

“我觉得斯大林的感情受到了伤害，请对他友善点。”[50]

丘吉尔也加入讨论，对杜鲁门表示支持，他希望一旦局势好转，难民就可以回去了，斯大林轻蔑地做出了回应。

“如果他们胆敢回去，波兰人就会绞死他们。”他对“恶棍和战争罪犯”没有同情心。

“不可能 850 万人都是战争罪犯。”丘吉尔回答道。与杜鲁门一样，他不想挑起“大量德国饥民”这副担子。

305 养活饥饿的德国人与斯大林没有关系，他给他的资本主义对手们做了一次关于马克思主义理论中帝国主义的扼要演讲：“德国的工业越差，你们的商品市场就越大，我们已经摧毁了你们的竞争对手。”

会议在不和谐的意见中画上句号，杜鲁门画了一条红线，如果苏联人继续在他们占领的德国地盘上为所欲为，美国和英国将会把他们的占领部分当作独立实体对待。没有从东部运来的粮食和燃料，西部就不会支付给苏联任何赔款，《雅尔塔协议》中提到的由战时同盟共同占领和管理的战败但统一的德国，正在渐渐远去。

18

战利品

7 月 23 日

埃德温·温德尔·波利（Edwin Wendell Pauley）命令司机 306
把车子径直开往施普雷河北岸，那里有大片的货场和码头，位于柏林的苏联占领区内。这位前石油商人和民主党财务主管收到下属的详细报告，红军正在劫掠德国的工业设备和日用品。他的助手们发现，通过《租借法案》援助给苏联的美制大卡车一队队地开进一大片用围墙围起来的场地，里面堆满了“木工机械、面包烘烤炉、织布机、发电机、变压器还有电讯设备”[1]。据说有数千名苏联军人，在强制征召的德国劳工帮助下正在把这些战利品装上火车，发往苏联。战利品大至印刷机和冲压机械之类的工业设备，小到成堆的家具和打包的衣服。波利想要亲自去看看到底是什么情况。

波利来自加利福尼亚①，身高 6 英尺 4 英寸，梳着黑色的背头，是个既能文又能武的人物。他的职业生涯从油田的石油钻井工人起步，在一次飞行事故中他摔断了脊梁骨和脖子，还断了 30 根骨头，花了 1.9 万美元治疗费。受到和脊髓灰质炎抗争的罗斯福的鼓舞，他从意外中走了出来，创建了自己的石油公

① 波利出生于印第安纳州印第安纳波利斯，毕业于加州大学伯克利分校。——译者注

307 司。1944 年，他为罗斯福的总统竞选筹措资金，协助策划提名杜鲁门为副总统。当杜鲁门接替罗斯福担任总统后，作为回报他让波利担任盟军赔偿委员会的美国代表，让这位强硬的能说会道的商人去和苏联人就赔偿协议进行谈判。

“你就像打牌时对付我一样对付俄国人，那么一切就好办了。”[2] 总统指示说。

42 岁的波利把他的警卫留在身后，自己爬上一堵砖墙，从那里能看到运货场和铁路。攀上墙头后他看到几百节货运车厢，里面装满了工业设备，他拿出一台 16 毫米摄像机开始拍摄眼前的景象，但很快就被一名红军中士给打断了，后者大声喊叫着，疯狂地打着手势向他冲过来。波利决定不做无畏的冒险，从墙头上爬了下来，不料却遇到那名从大门里冲出来的脸色通红的红军中士。波利说他有着“蒙古人”的长相，而且“很明显不懂英语”。

苏联人用上了刺刀的步枪指着他，还腾出一只手去抢他的摄像机。他抓住了波利，想要逮捕他，波利大声呼救，但是他的警卫——一个美军上校——还在几个街区以外。

直到杜鲁门的特使被中士带走，上校才终于意识到发生了什么，他拿着上了膛的点 45 口径自动手枪和红军通行证跑去营救波利。中士知道对方级别比自己高，于是跑去找更高级别的军官。“不用说，我们一刻也没有停留。”[3] 波利后来回忆说，“我们头也不回地快速离开了运货场。”

波利读过的多份报告都认为苏联对恢复德国经济并无兴趣，但是目睹劫掠过程的感受则完全不同，他震惊地发现，许多美资企业里的机器也都被拆下来运走了。7 月 4 日，就在美军进入柏林之前，红军搜刮战利品的队伍抢走了国际电话电报公司

(ITT) 在西柏林工厂里的所有机器设备，“甚至连小工具”[4]都没有放过。他们现在盯上了通用电气（GE）在柏林东部的子公司，那里属于苏占区，波利的助手报告说，靠近工厂的街道“被封锁了约两个街区，并有卫兵把守。里面全都是小车床、绕 308
线机以及其他设备，都用油纸包裹或已经装箱……当我们经过（工厂）时，一辆满载精致办公家具的货车正驶离行政大楼的大门。”

“看上去这些拆除行动完全背叛了努力维持‘无战争潜力’的德国工业的意图。拆除行为将完全消灭这个地区的就业机会，我们看到的是大量有组织的破坏行动，不仅仅针对德国，还针对美国占领军。”[5]波利在7月27日给国务卿伯恩斯的备忘录中抱怨道。他的助手们拟出了20家被红军没收了厂房和机械的美国公司的名单，包括国际商用机器公司（IBM）、吉列公司、福特汽车、伍尔沃斯（Woolworth）零售公司和派拉蒙电影公司。

就理性而言，波利能够理解苏联在索赔方面的立场，尽管他很排斥这种执行手段。此前他刚刚在苏联访问了一个月，其间与同自己职位对等的苏联官员伊万·迈斯基进行了友好商谈。曾经担任记者和驻英国大使的迈斯基能讲一口流利的英语，而且“完全适应英国的社交场合”[6]，他了解如何用资本主义和帝国主义者的话语同他们交流。他的山羊胡子、无可挑剔的举止和略微矮胖的身材，让他看上去有一种“泰然自若的文艺知识分子”的气质。在波利眼中，迈斯基就是“人们期盼的盟军赔款委员会中最令人愉快的苏联代表人选”。

除了盛情款待波利并带他观看莫斯科大剧院芭蕾舞团的演出，迈斯基还坚持邀请他去斯大林格勒参观，1942年苏联红军曾在这里遏制了希特勒部队的进攻，苏联人认为斯大林格勒是战争中的关键战役。当波利乘坐的飞机在这座伏尔加河畔的城市上空盘旋时，他对这场史诗级战役的规模有了更难忘的印象，参加这场战役的双方官兵有上百万人、上万辆坦克和成群的战斗机。放眼望去，目力所及之处都是一堆堆瓦砾、扭曲的钢铁残骸和凋零的植被。迈斯基带领波利到斯大林格勒，是为了用这种并不太隐晦的方式表明，他的国家“在德国人的魔掌中遭受了如此之多的苦难，现在提出任何形式的赔偿基本上都是合
309 理的”[7]。斯大林让苏联人民付出了无数代价，才将苏联建设成一个工业化国家，他的毕生努力却在纳粹的战争机器面前付诸东流，战争赔偿，让这位领袖再次有机会来实现自己缩小和西方国家差距的诺言。在斯大林眼中，他别无选择。“我们和发达国家之间有 100 年的距离，” 1931 年他告诉他的工业领导人们，“我们必须在 10 年内解决这个差距。要么成功，要么他们就会碾压我们！”

作为一个冷静的商人，波利并没有让他对苏联人民的同情干扰他捍卫美国经济利益的决心。他向迈斯基解释了自己的立场：他把德国比喻成一头奶牛，美国和苏联都有兴趣保证让这头奶牛产出充足的牛奶。为了达到这个目标，就必须为这头奶牛提供一定量的饲料，这需要用一部分牛奶来偿付，而剩下的牛奶就可以用来支付战争赔款。美国无法接受苏联取走所有牛奶，却只让美国提供饲料，也无法接受让奶牛饿死。波利的观点很清晰：战时同盟必须先同意如何饲养奶牛，然后才能分牛奶。也就是说，必须为德国经济输入“预付费用”，然后才能给苏联赔款。

美国认为德国经济增长是偿付赔款的关键，迈斯基对这一观点不为所动：共产主义者更关心如何分配财富，而不是创造

财富。他提醒波利，罗斯福在雅尔塔曾同意将200亿美元这个数字作为战后赔款的“讨论基础”，盟国间达成的共识是苏联将会获得总赔款数的50%，即相当于100亿美元的赔偿。对迈斯基来说，所有事情再简单不过：美国正背离他们在雅尔塔许下的诺言。他把波利关于奶牛的比喻看作是个把戏，想把谈判重点从具体的美元数字转移到模糊的百分比数字上。美国依然愿意支付给苏联总赔款数的50%，甚至是55%的金额，但是并不能明确总赔款数字是多少。更过分的是，他们现在坚持把保障德国工厂运行的花费——即奶牛比喻中的“饲料”——作为对德国经济的“预付费用”[8]，然后才是对苏联的赔款。等支付了这些输入物资的费用之后，可能就剩不下什么东西可以分了，数学不用太好的人也知道0的55%还是0。谈判陷入了绝对的僵局。

*　*　*

乍看起来，斯大林成功劝说杜鲁门和丘吉尔在德国的苏联 310
占领区中心的波茨坦和他会面，似乎是取得了不小的胜利。征服了半个欧洲以后，领袖在自己的地盘上招待西方盟友，并由红军提供保卫。就像中世纪时的王子被召集去觐见帝王，他们是为他而来，而不是他为他们。

实际上，这是牺牲巨大的胜利。邀请西方领导人到柏林来，是给他们提供机会窥视铁幕之内的帝国，结果数千名美英外交官和军官有生以来第一次接触到苏联统治的真实一面。抵达柏林的许多盟军官员在见识了纳粹集中营的恐怖之后，一开始都很尊敬苏联并痛恨德国，然而看到苏占区正在发生的事情后，他们很快改变了自己的看法。先前被布痕瓦尔德集中营的景象恶心得不行的西方官员们，现在讨论的都是苏联军队洗劫德国工厂和强奸德国妇女的事情。

对苏联人所作所为的愤怒情绪，蔓延到一些美国高级官员身上，他们先前还倾向于假定他们的苏联盟友是无辜的。亨利·史汀生就改变了自己最初想和苏联人分享原子弹研究成果的想法，他在 7 月 19 日那天悲观地写道："我越来越清楚地意识到，像我们这样一个拥有言论自由和其他各方面自由的国家，是不太可能永远和一个严格管控言论，采用秘密警察的铁腕手段的国家相处下去的。"[9] 在多年以后他写的第三人称自传中，他说自己"第一次目睹了苏联这样运转中的集权国家……感到非常不安。部分是亲身感受，部分是通过军官们的汇报，这些军官在占领德国的头几个月里近距离目睹了苏联人的所作所为。史汀生现在认清了苏联是多么的粗暴，以及苏联领导人对自由的全面压制，这种压制首先是针对他们自己的人民，然后是针对他们占领区内的人民。'警察国家'这个名词给他带来了直接而又恐怖的感受，那都是些什么样的人呢，想要和他们在原子能时代共筑和平"？[10]

杜鲁门尽管和斯大林相处得很好——他承认"我喜欢那个小混蛋"[11]——再三考虑后他觉得苏联人"出身贫寒"。他在接受传记作家采访时，回忆起苏联军人洗劫德国家庭时什么东
311 西都抢，从床、炉子到落地式大摆钟。"他们破坏了大部分东西，俄国士兵从来没见过这么舒服的床，不知道怎么处理或怎么使用它"。总统愿意相信这些故事，这让死硬的亲苏派约瑟夫·戴维斯很是郁闷。"这是刻意造谣，"他在 7 月 21 日的日记中抱怨说，"整个气氛都被它给破坏了。"[12]

关于抢劫的报告并没有让从莫斯科来到柏林的美国外交官

太过惊讶，埃夫里尔·哈里曼告诉所有人，苏联是“能够把任何移动物体吸进去的真空”，并断定“我们无法阻止俄国人从他们自己的地盘上拿走他们想要的任何东西”[13]。他坚定地认为“我们不应该从西方国家占领区给他们任何东西，否则美国纳税人就必须为养活德国人埋单，这些德国人由于所有的工业设备都被运到苏联，已经无法自力更生了”。大使的助手罗伯特·米克尔约翰（Robert Meiklejohn）满意地表示，美国负责赔款的官员们“很快就学会了和苏联人打交道”。在听取哈里曼的一个报告后，美国海军部部长詹姆斯·福里斯特尔在日记中吐露，“所有人”[14]都对苏联在赔款方面的立场感到厌恶。“他们到处抢劫所有能搬走的物资，同时又要求赔偿，并把他们搬走的物资当作战利品。他们开枪逼迫德国人从美国占领区离开。”

柏林的苏联军人肆意抢夺有价值物资的景象，促使美国官员重新思考针对鲁尔区的政策。鲁尔区是德国工业的心脏地带，现在是英国占领区的一部分。斯大林和迈斯基要求对鲁尔区实行“国际化”，认为这些滋养了纳粹军国主义的经济资源——煤矿、钢铁厂和化工厂——不应继续在德国的掌控之中。就在几周前，杜鲁门政府还愿意至少考虑一下苏联的部分需求，他们一直试着考虑将德国“农牧化”，这是罗斯福的财政部部长小亨利·摩根索提出来的。消灭德国西部的工业潜力看上去不再是个好主意，因为这样他们就要养活几百万快要饿死的德国人。把这个国家分成单独的经济区，阻止苏联从西方国家占领区获得赔偿，就会和《雅尔塔协议》相抵触，并且不可避免地分裂德国和欧洲，不过这可能是两害相权取其轻的一种办法。 312
约翰·麦克洛伊在7月23日的日记中说，“俄国人在我们的占领区出没，我们清楚他们的作为，但我们并不会去他们的占领区，如此就引发了猜忌和争执”[15]，与其如此，还不如分裂德国。

> 最好是有个清晰的分界线，并且在分界线的基础上进行谈判。这对欧洲有重要意义，但是考虑到当前在柏林进行谈判的氛围，其他安排更加险恶且未必完全有利……分歧如此之大，又缺乏互相理解，我看不出还有其他办法。

无论柏林的美国占领军觉得与苏联人相比自己的道德优越感有多强，他们都必须向一个让人不舒服的事实妥协，即苏联红军——而不是美军——在付出了惨痛的生命代价后杀进这座固若金汤的城市。仅仅在攻打柏林的战斗中，红军阵亡或失踪人数就达到近 8 万人，[16]相对而言美军在战争最后几周的推进过程中只损失了 9000 人，从莱茵河到易北河一路上几乎没有遭遇有效的抵抗。在战争中死亡的 550 万德国军人中，约有 350 万在东线阵亡，相比之下在西欧、意大利和北非战场的阵亡人数还不足 100 万（剩余的人死于巴尔干半岛的游击战或成为战俘后死亡）。

在餐厅的谈话中，很多美国军官都轻蔑地谈论红军，说他们军容不整、装备低劣，经常违反军纪。同时，美国人也会实话实说，对斯大林的军队对抗着希特勒的主力部队心存感激。美军驻柏林部队副参谋长约翰·伦纳德·怀特洛（John Leonard Whitelaw）准将，就对众多美国人谈到苏联人时的那种“挖苦、蔑视或讽刺”[17]的口气感到厌恶，他写信给美国家中的妻子时说道：“他们身上的确是臭烘烘的、部队管理不善还干点抢劫的事，但同样是这些散发着体臭的哥萨克人，就凭借他们低下的组织能力把德国军队打得满地找牙，而那时候我们还在田纳西州拿着木枪瞎比画。后来，在得到我们的帮助之后，他们摧毁了希特勒的军队。”

一系列的军事胜利，加上超出大多数美国人想象的巨大牺牲，让红军将领和士兵心中充满了强烈的特权意识。苏联军队 313
的指挥官给士兵做出了贪婪的榜样，敛聚了大量劫掠的物资。当朱可夫失宠后，内务人民委员部的秘密警察在他的乡间别墅中发现了十几个箱子，装满了银器和水晶器皿，还有 44 条地毯和挂毯、55 幅“价值连城的经典画作”[18]、323 张各种毛皮，以及 400 米长的天鹅绒和丝绸。朱可夫声称他是用自己在红军任职的军饷买下的这些东西，准备送给亲戚当礼物。内务人民委员部的报告中说别墅全部用“各种外国奢侈物品”装饰，在元帅卧床的上方还挂着一幅“绘有两个裸体女人的巨幅油画。除了铺在大门前的擦鞋垫，没有一样东西是在苏联国内制造的”①。

毫无疑问，斯大林知道属下的抢劫行为，他把这看作对他们的奖赏，也可以当作未来收拾他们的把柄。斯大林的侍卫长弗拉西克中将②利用在波茨坦的时间，亲自搜集了一些战利品，回莫斯科时他带走一套 100 件装的瓷器，还有几十个水晶瓶和

① 原文列举的这些财物数据引自《阿巴库莫夫关于秘密搜查朱可夫住所一事致斯大林的报告》，日期是 1948 年 1 月 10 日，报告说对朱可夫在莫斯科的住宅和莫斯科附近乡间别墅进行的秘密搜查中搜出了大量财物及珍贵艺术品，大多数是德国货，其中还不包括他在敖德萨的住宅和朱可夫妻子随身携带的皮箱内的贵重物品。作者只引用了报告中的个别内容和数字，其中关于天鹅绒和各类绸缎面料的数字是 4000 多米，而非作者所写的 400 米。——译者注

② 1945 年 7 月 12 日晋升中将。——译者注

酒杯。在 1952 年底被捕后，他声称参加会议的苏联安全部门的高级官员全都收到了类似的瓷器礼品，水晶器皿则是在他不知情的情况下被塞进他的行李。更难以解释的是，在他的白俄罗斯老家发现了两头奶牛、一头公牛和一匹马，弗拉西克说这些牲口是“红军赠予的礼物”[19]，为了补偿德国人占领白俄罗斯期间从他亲戚那里掠夺走的家畜。这些弗拉西克私人占有的牲口是从德国农场充公的，然后运到为出席波茨坦会议的代表们提供食物的内务人民委员部的农产品储藏基地。

“运到德国的包裹中装满苏联货的日子结束了，”一位排长兴高采烈地说，“现在要倒过来了。那些叫俄国名字的女人——妮娜、玛鲁西娅、托尼娅和其他很多人——将会收到来自亲爱的丈夫、未婚夫和朋友的包裹，她们会因为红军的胜利而欢欣鼓舞，并诅咒我们的敌人。”[20]军衔越高，回报越高。1945 年 6 月，由斯大林签署的一项法案授予每位红军将军和元帅一辆“战利品汽车”[21]，比如梅赛德斯或欧宝，级别低一些的军人得到的是摩托车或自行车。

314 苏联统计人员一丝不苟地记录了所有从德国获得的物资，每隔两个星期就向克里姆林宫发送详细报告。在苏联占领德国的最初几个月内，40 万节车皮的战利品从德国运往苏联，其中包含但不仅限于 60149 架钢琴、458612 台收音机、188071 条地毯、941605 件家具、3338348 双鞋，以及 1052503 顶帽子。和这些家庭用品一起运走的，还有 24 节车皮的博物馆藏品、154 节车皮的毛皮和珍贵玻璃器皿、200 多万吨谷物、2000 万升酒。到 1946 年，总共有 2885 家德国工厂被指定拆除送往苏联。在俄国历史学家弗拉季斯拉夫·祖博克（Vladislav Zubok）看来，“对苏联人而言，德国就像个大型购物商场，而且不用为任何东西付钱"[22]。

当要求解释苏联的掠夺行为时，朱可夫也亲自罗列出美国和英国的罪行清单，从拆除科学实验室，到开走铁路车辆，再到德国科学家和关键技术文件的失踪。在给杜鲁门的报告中，波利承认苏联所列清单中"也许大部分都是正确的"，但他辩解说美国的征收行为仅限于"能够立即用于战争和战时生产的德国最新技术"，这些"显然是战利品"[23]。相比之下，苏联人还拆走了重建（德国）国民经济所需的设备，如农业机械和纺织机械。部分西方历史学家承认朱可夫确实说得有道理，起码在争夺德国的科学技术和工艺方面，通过名为"曲别针行动"的最高机密行动，数千卓越的德国科学家和技术人员被诱拐至美国。这项行动至少有部分是为了防止他们为苏联效力，按照某种计算方式，这些未记录在案的"智力赔偿"[24]的价值接近100亿美元，这个数字是苏联对德国要求赔偿的基础数额。但是"曲别针行动"不是那么引人注意，所以与红军"战利品旅"① 的掠夺行动相比，普通德国人也没感到那么震惊。

"战利品旅"的狂热行为也让一些苏联官员感到尴尬，特别是那些在德国负责管理占领区的官员。他们非常清楚，这种丑陋的占领体制将会破坏普通德国人对苏联仅存的友善，损害这个将来的代理人国家的经济。内务人民委员部在报告德国工人对苏联军队过激行为的抗议时不无同情，这些行为包括在普 315
劳恩（Plauen）市发生的一起事件，"没有列入拆除计划的机器和配件都被拆迁队伍严重破坏，已经无法再使用"[25]。更糟糕

① 1943年，苏联成立了以伏罗希洛夫元帅为首的战利品委员会，各方面军组建了战利品旅，用于在解放的领土上及时发现、统计、收集、储存并送缴遗弃的武器、设备、饲料及废金属。——译者注

的是，苏联士兵经常强迫德国工人当壮丁，拆除他们自己的工厂，并把它们运往苏联。内务人民委员部列举了第 9 战利品旅的例子，他们包围了一个足球场，终止比赛后把观众拉去拆除一座工厂；他们还中断电影甚至是舞会来为拆迁行动募集劳力。德国人编了顺口溜来表达自己对占领者的不满，这引起苏联军管政府的注意：

欢迎，解放者！
你们拿走了我们的鸡蛋，
肉和黄油，牲口和饲料，
还有手表，戒指，好多好多东西。
你们把我们从所有东西那里解放出来，从汽车和机器身边。
你们带走了火车和铁路。
从这些垃圾中，你们解放了我们！
我们高兴得哭了。

苏联驻德军事管理委员会的官员抱怨搜刮战利品部队的行为削弱了他们为占领政权建立起民意支持的努力。一位红军政治军官指着柏林街头的一排新民居，对一同参观的德国共产党高级官员沃尔夫冈·莱昂哈德（Wolfgang Leonhard）说：

“这是敌人居住的地方。”[26]

“谁，纳粹分子？”莱昂哈德惊奇地问道。

“不是，他们更坏——是我们自己的索赔团伙。”

其他苏联人则五味杂陈：对自己国家成就的自豪，对西欧优越生活条件的嫉妒，对美国人说教的怨恨，以及对更多的个人自由的渴望。政治方面的精神分裂在著名摄影师叶甫根尼·安纳尼耶维奇·哈尔杰伊（Yevgeny Anan'evich Khaldei）身上就能得到证实，他曾经拍摄了苏联士兵把红旗插上柏林国会大厦的标志性照片。“法西斯分子杀害了我的母亲和三个妹妹。他们不仅朝她们开枪，还把她们和其他75000人一起活埋”，哈尔杰 316
伊永远也忘不了这一幕。行走在成为废墟、余烬未消的城市中，哈尔杰伊为美国和英国大规模轰炸造成的损失感到震惊，他觉得西方盟军根本没有资格对英勇的红军指手画脚，说他们残酷对待平民。对那些苏联人强奸德国妇女的报告，他认为“根本没有必要去强奸她们，因为她们会自己送上门来”。

与此同时，与他在红军内的同行一样，哈尔杰伊也对外部世界非常好奇。他相信自己已经获得了己方政权的信任，当参加波茨坦会议的美国记者邀请苏联记者到他们的宾馆喝酒时，他的第一反应就是答应下来。他向苏联大使馆的新闻专员进行确认，专员告诉他要征得副外交人民委员维辛斯基的同意。

维辛斯基说他觉得没有问题，但是他要问一下莫洛托夫，而这会儿外交人民委员正在睡觉。

“没人敢去叫醒莫洛托夫，”哈尔杰伊在几十年后回忆说，“所以我们没去成，这真让人伤心。”[27]

* * *

如果参加波茨坦会议的代表们需要领教一下在德国推行的两种不同的经济制度是多么不相容，只要到柏林市中心逛一逛就知道了。昔日被公园和林荫道环绕的游览胜地蒂尔加滕，成为一位代表口中的“绝无仅有的黑市”[28]，黑市上的人们从美国的资本主义和苏联式计划经济的差额中牟利。一位心中已经不再存有幻想的美军牧师说，柏林成为“世界上最不道德的城市”[29]，任何踏足的人都会被腐蚀。

“每天都有成群结队的军人聚在这里做买卖，既有合法的也有非法的。”[30]《生活》杂志如是报道，并刊登了四页照片，照片中鬼鬼祟祟的红军士兵正从兴高采烈的美国大兵手中购买手表和香烟，“德国人把自己的家庭财产装在小车或背包中，满怀希望地在蒂尔加滕逛荡，他们想要食物、香烟和外汇。红军士兵拖着成箱的钞票，里面是几年来他们拿到的薪饷，他们想要照相机、衣服，特别是手表。美国人、英国人和法国人开着车过来，口袋里塞得满满的都是些便于出售的小玩意儿，他们想要钱。”

对于执行占领任务的美国士兵来说，销售从美国军人服务
317 社中购买的消费品利润高得吓人：一条好彩（Lucky Strike）香烟能卖 100 美元（1945 年的价格），比原来的价格上涨了整整 100 倍；米老鼠手表在军人服务社中卖 3 美元 95 美分，被苏联士兵以 500 美元一块的价格抢购一空；照相机能卖到 1000 美元或更高。美国人将手表贩卖给苏联士兵赚取的利润，回到美国后都能买辆汽车了。美国军队向柏林输送了大量手表、香烟和糖果，以满足这种激增的需求，这种需求远远超过了美国在世界其他地区服役军人的消费水平。军人服务社的军官抱怨说，杜鲁门的特勤局分遣队人员“清洗”[31]了大部分库存，“成打地买手表、相机和类似商品”。

一开始，美国军队的财务官员不了解黑市活动的运行机制，但他们最终还是搞清楚了正在发生的事。本着盟军间合作的精神，美国人和苏联人共享占领区内的货币，双方都发行了自己的纸币，但在实际操作中对两方来说没有差别。美国士兵可以

把这些“假币”按照10∶1的官方汇率将占领区马克兑换成真正的美元，同样，红军士兵的军饷也用占领区马克支付，但他们一回国这些马克就一文不值了，因为不能换成卢布。于是苏联人要在柏林街头花光自己所有的薪水，豪购手表，在昂贵的夜总会吃饭。蒂尔加滕附近的物价随着供需关系的变化狂涨，什么东西都可以买卖，从口香糖到军用吉普车。

倒霉的美国军队实际上为黑市产业链的产销两头都提供了支持，它提供了香烟等可供出售的商品，然后又用现金买回一钱不值的白条。一段时间里，所有人都很开心，但是财务官员发现美国军人向国内寄回了大量现金，而靠他们的军饷是不可能有这么多钱的。用一位军官的话来说，“进入柏林以后，美国人收到的苏联印刷的盟军马克（Allied Mark）数量增长惊人……（美军部队的）资金流向战区外的金额[32]超过了军饷和津贴的6到7倍”。看上去，有些人正在敲诈山姆大叔。货币系统本质上的分裂，接受截然不同的发行方的领导，为投机提供 318
了契机。让情况更加混乱的是，旧的帝国马克毫无价值，使得香烟成为占领区内实际流通的货币。

以物易物是柏林人满足自己日常需求的唯一方式。“麻烦的是，”一位美国官员说，“美国香烟作为交换的媒介，导致美国人和德国人做生意的时候价格完全虚高；如果有能力运输的话，几条香烟就能买到一架钢琴。”[33]

在波茨坦会议开始的那一周，军方也漫不经心地做了几次想取缔柏林黑市的尝试。宪兵接到指示，记下在蒂尔加滕地区出没的美国军车的车牌号，该地区属于英国占领区。7月20日和21日，德国警察被派到公园去检查行人身份证，并逮捕可疑的黑市商人。身穿老式普鲁士束腰外衣，头戴有穗饰的圆帽，这些非武装宪兵看上去像是刚从滑稽戏舞台上走下来。作为安保力量他们并不是特别有效，但他们还是扣押了 3000 名可疑人员，其中还有十几名美国大兵。从盟军的基层士兵到指挥链上层，黑市对他们来说利润太丰厚，非武装的德国警察队伍已无法阻止它了。

除了最守规矩的高级官员，几乎所有人都找到了赚外快的办法。约翰·怀特洛准将就预先体会到了部队将要面对的诱惑，当时他的军车正行驶在通往柏林的高速公路上，被“一个拿着一卷能噎死一头公牛的钞票的俄国人”拦截下来。苏联人给他相当于 500 美元的占领区马克，要买下他的手表，并以 5 美元一包的价格买香烟。“他手里就拿着现金，”准将在给妻子的信中惊呼道，“我们没有和他交易，他看上去非常气恼。我被告知说我们很幸运，因为他没有携带武器。”

聪明的美国人都利用德国平民来替他们进行黑市买卖，给他们分一点油水，他们还在苏联占领区寻找交易地点，这些地方的价格一直比西方国家占领区高 20%。大规模的黑市商人被叫作 BTO（big time operator），即“一流行家”[34]。黑市活动和情报收集工作相重叠，作为允许继续交易的回报，德国黑市商人要向西方情报官员提供关于他们接触到的红军高级军官的有价值情报。一位美军刑事犯罪调查处的官员因从投机商那里揩
319 油而出名，而且他还威胁涉足黑市交易的貌美女性，以此与她们发生性关系。

大规模黑市活动的触角甚至延伸到巴伯尔斯贝格的“小白宫”，总统的军事助理沃恩准将——就是在会议第一天热情欢迎斯大林的那位——用他的旧衣服和一名苏联士兵交换了“几千美元”。总统专机“圣牛”号上的机组人员，利用非工作时间

和当地的 BTO 们抢生意，总统的行李飞机里塞满了黑市物资，包括“一架完全被肢解的德国飞机”[35]，还有“至少一辆摩托车”。一名机组人员扬言说他靠出售手表和其他货物挣了 6500 美元，差不多是他年薪的两倍。就连杜鲁门总统也被美军服务社中极低的物价给打动了，在家信中他告诉夫人贝丝她最喜欢的香水香奈儿 5 号已经卖光了，但是他“想办法搞到了另一种”[36]，价格是每盎司 6 美元。“他们说这个和香奈儿 5 号一样好，在国内卖每盎司 35 美元，所以就算你不喜欢也可以靠它赚点钱”。

* * *

杜鲁门一直为自己是个精明的“密苏里生意老手”而自豪，无论在军人服务社还是在和苏联人的谈判过程中，他信奉用力杀价的原则。但是在波茨坦，他把大部分争论都留给了他的国务卿来处理，国务卿在和政治家谈判及掩盖分歧方面很有经验。“能干而又阴险”的伯恩斯极为擅长通过非正规渠道达成协议，通过灵巧的手腕打压对手，还能给他们留下体面的台阶，他似乎是洞穿“无情的机器人”[37]维亚切斯拉夫 · 莫洛托夫的理想人选。

杜鲁门的部分助手不信任伯恩斯，他们都觉得他首先是被自己的个人利益驱使，莱希简洁地把他称为“脓包”[38]。哈里曼觉得他实在太过于心甘情愿地想和苏联妥协了，“貌似他到波茨坦来，心中想的和在参议院中一样，就是为了做成一笔好买卖”，大使很是抱怨了一番，“出现争论的时候他就会从中调解”。但是总统依然对他有信心，两位政客一起穿过大西洋，住在相邻的房间，照相的时候还手挽着手。“头脑敏锐的是他而不

320 是我，”在结束了一次关于赔偿的讨论之后，杜鲁门在 7 月 7 日的日记中敬佩地写道，“而且他很诚实。不过所有国家的政治家都类似，他们都确信其他政治家在讨论时会拐弯抹角，当他们被清楚地告知事实后从来就不相信，有时这是个优点。”[39]

7 月 23 日，星期一，伯恩斯让莫洛托夫一大早就带着翻译来塞琪琳霍夫宫堆满书的王储书房会晤。他精心布局，想让美国从雅尔塔会议时对斯大林做出的 100 亿美元的赔偿承诺中脱身，于是提到了苏联想把德国的大片领土划归波兰的做法，并说这样做将会“使占领区内的英国人和美国人面临总体赔款计划的风险”[40]。既然 1937 年的德国已经不复存在，他“盘算着这样会不会更好些”：让每个占领国从各自的占领区内获得赔偿。根据美国的计算，约 50% 的德国财富落在苏联占领区内，所以这种安排不会让斯大林损失任何东西。如果苏联想要鲁尔地区的机械和设备，那么他们就要拿西里西亚的煤来交换。

美国的新谈判立场有力地结合了赔偿事宜和波兰未来西部边界的问题，后者也和苏联吞并波兰东部的利沃夫周边领土相联系。在美国人看来，赔偿只是在雅尔塔达成的庞大外交协议中的一部分，其中还包括许多政治承诺，比如在被解放国家实行自由选举，以及公平地解决边界事宜。莫洛托夫下定决心不放弃领土，开始在赔偿方面进行妥协。他告诉伯恩斯，斯大林元帅依然非常想要达成德国的总体赔偿计划，但是为了达成协议，也愿意减少苏联要求的 100 亿美元赔偿。

在下午进行的外交部长会议中，莫洛托夫甚至做出了更大让步。参加那次会议的还有波利和迈斯基，伯恩斯向他求证美国官员所见是否属实——苏联战利品部队正从他们的占领区拆走大量设备和材料，还有“家用器具，比如水管、银器和家具”[41]。

被克里姆林宫的同僚称作“石臀”的男人不情不愿地承认，说“有一定数量的财产”已被运走。用宽宏大量的口气，他提出可以“用运走的各种物资，抵销掉3亿美元”。

这并没有让伯恩斯满意，他说美国为了支持盟军，在二战 321
中的花费已经超过4000亿美元。

“苏联愿意将要求的100亿美元减到90亿美元，来抵销已经运走的物资，并就此解决这个问题。”莫洛托夫回应说。

内部备忘录[42]显示，伯恩斯和莫洛托夫在数字的计算方面都没有说实话，伯恩斯擅自加大了美国对苏联占领区内相对财富的估计。基于德国1937年的边境线计算，美国经济学家认为苏联占领区内包含其39%的工业和采矿业，以及48%的德国农业，而不是伯恩斯说的占总体的50%。同时，苏联专家告知莫洛托夫，到1945年7月8日，苏联从德国获得了约15亿美元的战利品，这大约是他给伯恩斯列出的数字的5倍。

伯恩斯还没打算和莫洛托夫达成协议。自战争结束以来，约500万德国难民涌入美国占领区，据美国经济学家计算，养活这些人将会花费15亿美元，这还仅仅是第一年。

莫洛托夫变得更加妥协，但他决心在某些方面做个了断。“我们准备把我们的索赔数字缩减到85亿美元，甚至是80亿美元，但是我们必须坚持在鲁尔获得固定数额的赔偿，”他要求道，“比如20亿美元。”

安东尼·艾登插嘴说，西方盟国的占领区在即将到来的冬季会面临“大规模饥荒”，很显然苏联“不愿意从他们希望送给波兰的土地上交出食物和煤炭”。

“石臀”看上去更窘迫了：“这个问题，可以讨论。”

19

“终结”

7 月 26 日

322 温斯顿·丘吉尔情绪紧张，甚至是暴躁，英国大选——他喜欢称其为“血腥选举”[1]——“像笼罩在未来之上的面纱”。7 月 25 日，他要飞回伦敦听取投票计数结果，过去的三个星期里这项工作一直在进行着。他的助手们向他保证，保守党会在下议院占据绝大多数席位，但是首相无法摆脱选举焦虑症。上周六，他的工党对手克莱门特·理查德·艾德礼（Clement Richard Attlee），在蒂尔加滕的胜利阅兵式上受到英国军队的热烈欢迎。起初，丘吉尔还以为人们是为他喝彩，举起手来做了个 V 字手势向他们致意。当他听到“艾德礼”的欢呼声时，把手放了下来，“怒气冲冲地望着前方”。他的助手们受到了“明显意外”[2]的打击，“要不是这位伟大的战时领袖，我们根本不可能来到柏林，他得到的欢呼声竟然明显少于”不起眼的艾德礼。但是出于礼貌，他们没有再提及这件事情。

在最近 10 天里，丘吉尔在波茨坦只是靠自己越来越漫无边际的讲话奋力促成协议，杜鲁门和斯大林礼貌地听着他冗长的
323 题外话，为他的笑话大笑，但是几乎不关心他担心的问题。他们看上去就像在专心研究大人事情的成年人，允许一个早熟的孩子插插话，让他们开心一笑。尽管表现得很强硬，丘吉尔还

是痛苦地发现战争让大不列颠欠了美国一屁股债，还要依靠这块前殖民地的慷慨施舍。大英帝国正受到种族骚乱和民族起义的折磨，处在分崩离析的危机中，皇家海军依然力量强大，但是战线过长的英国军队已经无法和红军相提并论了。如果没有美国军事力量的长期存在，西欧在俄国熊面前将毫无还手之力。

个人的不适加重了这位英王首席大臣的恶劣情绪。与杜鲁门和斯大林一样，丘吉尔也分配了一幢俯瞰湖面的大宅院，然而英国卫兵穿过庭院时钉靴底踩踏地面的声音从窗户传进来，打扰了他的清梦。他要求他们换上橡胶底的鞋子，到他听力范围以外的地方去。7月22日傍晚，一场暴风雨袭击了巴伯尔斯贝格，街道上“都是倾倒的树木”，戒指路23号丘吉尔宅邸外的一棵百年老菩提树被狂风吹倒，拔出下面的一根水管。“首相因为无法洗澡而非常心烦，”一位英国高级外交官在日记中写道，“他说这是‘上帝最无理的行为’。”[3]

风暴到来的时间正好是在首相最不方便的时候，他在7月23日那天晚上安排了一场与杜鲁门和斯大林的庆祝晚宴。他怀着戏谑的心情期待着这个机会，这样他就能把另外两位政府首脑在早些时候强加于他的“音乐马拉松”给“扯平”[4]了。杜鲁门在首次宴会上招来一位钢琴家和一位小提琴手，作为回应斯大林加码至两位钢琴家和两位小提琴手，都是从莫斯科专门飞过来给客人们提供消遣的。总统对他们的音乐才能印象深刻——如果不是他们的外表的话。“他们很出色，”他承认，在给母亲和妹妹的信中说，“他们的脸很脏，而且女孩们都很胖。”[5]正相反，首相觉得“无聊透顶”，他更喜欢激昂的军队进行曲，而不是典雅的钢琴协奏曲。他和莱希将军待在角落里，一边抱怨一边谋划报复，报复的方式是招来一整支皇家空军管弦乐队。他挑选的节目明显很低俗，开场曲是名为《啊，啊，啊》（Ay - Ay - Ay）的墨西哥小夜曲，以《爱尔兰舞曲》（Irish Reels）和《斯凯岛船歌》（Skye Boat Song）结束。

324 丘吉尔的晚宴比杜鲁门和斯大林的都要盛大，就算帝国已然衰颓，起码社交风范的面子不能丢。首相让英军工兵特别打造了一张桌子，能够舒适地容纳 28 位宾客，包括盟军三方的参谋长。他布置了一支苏格兰仪仗队，手握上了刺刀的步枪在别墅入口前欢迎宾客，大部分来宾都身穿军装。

在斯大林抵达前半小时，全副武装的苏联军人就来到别墅四周警戒，为了避免突发事件，丘吉尔的数量上不占优势的卫士们都退到别墅里面。领袖在一溜豪华轿车的陪伴下，从位于街角处的住所行驶 1 分钟后来到这里。他身穿崭新的元帅制服，那是一件带金穗衣领的白色外套，佩戴着苏联英雄的金星，格外耀眼；裤子是蓝色正装裤，从上至下有两条红色条纹，与原先的低调风格截然不同。一位英国官员觉得这身衣服让他看上去“像蹩脚音乐喜剧中的奥地利君主”[6]，但是他的持枪护卫却显得孔武有力，斯大林生硬地举起手向丘吉尔的仪仗队回礼。与此同时，杜鲁门低调地步行进入别墅，他是从“小白宫”直接溜达过来的。三位领导人在门廊前一起站了一会儿，相互握手让摄影记者拍照。

宴会照例有热情洋溢的祝酒，每个人都在互相赞美，这些赞叹声时常被隔壁皇家空军军乐队的音乐淹没。丘吉尔称赞了杜鲁门的“真诚、坦率和决断力”；总统则用谦虚的语气，把自己描述为一个胆小的“密苏里乡村男孩”，被身边的“像首相和斯大林元帅之类的伟人”压倒；斯大林回应道，这种个人的谦虚是一个人“品质的真正体现”，与之相结合的还有“实力”和“诚实守信的宗旨”。

斯大林好像非常开心，他的眼中闪烁着幽默的光芒，对丘吉尔的翻译阿瑟·伯尔斯（Arthur Birse）说他喜欢英国晚宴的“尊贵”风格，并把美英将领和苏联将领做了一番善意的比较。

“我们的将领还缺乏教养。”他一边抱怨，一边看着桌子另一头的朱可夫元帅，“他们不懂礼貌，我们的人还有很长一段路要走。”[7]

领土扩张显然是斯大林在宴会上思考的问题，在毗邻达 325
达尼尔海峡的马尔马拉海畔加强苏方力量的需求被丘吉尔拒绝后，他又提出在爱琴海建设军事基地。不想对客人无礼的首相只好圆滑地给出回应，“我一整年都会支持苏联要求的海上自由”[8]。大元帅毫不掩饰自己在远东的野心，他当着一群管理人员和侍者的面——更不用说就在隔壁的皇家空军军乐队——透露了自己攻打日军的计划，这让丘吉尔和杜鲁门大吃一惊。苏联现在还没有对日本宣战，而且至少在理论上还要受到互不侵犯条约的约束，条约要到 1946 年 4 月才失效。

宾客们不时更换地点开怀畅谈，其乐融融，晚餐结束时，斯大林从椅子上站起来沿着桌子让人们在他的菜单上签名。“我从没想到会看到他向别人索要签名。”丘吉尔后来回忆起这一幕。很快，所有人都开始向其他人索要签名，作为三巨头会议的纪念。斯大林和杜鲁门都进入了邻近的房间，向管弦乐队敬酒，并要他们演奏自己最爱的曲子。

丘吉尔心里想的是选举结果，以及他自己的政治命运。他向艾德礼举杯，提议祝福“反对党的下一任领导人——无论他可能是谁”。

*　*　*

哈里·杜鲁门急切盼望的电报在7月23日星期一发到巴伯尔斯贝格，当时他正在与斯大林和丘吉尔互相敬酒。电报用美国官方使用的隐晦语言讨论了有史以来最可怕的武器，原子弹这回成了“病人”，还使用了很多医学词汇，如对日本使用原子弹被描述为“手术”。战争部给出的首要可能目标是广岛，这座城市曾免遭柯蒂斯·李梅的狂轰滥炸。

> 根据病人的准备情况和大气环境，手术可以在8月1日以后的任何时间进行。仅从病人自身而言，8月1日到3日都可以考虑，8月4日到5日很有把握，在8月10日之前几乎可以肯定不会有意外复发。[9]

326 电报收件人是战争部长，第二天上午9点20分，亨利·史汀生步行来到恺撒大街，将消息告知住在“小白宫”的总统。他发现杜鲁门总统正身处这座“糟糕透顶的房子”的二楼书房，俯瞰着湖面，听到消息后杜鲁门显得“非常开心”[10]。他现在能够发布正式的最后通牒，让日本政府在接受“无条件投降”和被“迅速彻底的毁灭”之间做出选择。

“这就是我想要的。”总统激动地说。

两个人都觉得远东的军事平衡因为原子弹而发生了转变，苏联参与对日战争——这一度是避免成千上万美军伤亡的唯一方法——现在已经不重要，甚至不必要了。总统和他的顾问们希望原子弹能够迫使日本投降，避免苏联“大开杀戒”[11]并借此要求大片的领土。“我们应该在苏联人插手之前解决掉日本问题”[12]，这是伯恩斯现在的观点，“他们一旦出兵，再让他们退兵就不那么容易了”。在听取了伯恩斯关于原子弹最新进展的简报后，丘吉尔断定“美国当前没必要要求苏联加入对日作战”[13]。推动日本的最终投降成为一场竞赛，参赛双方是美国的空中力量和技术创新，以及正在中国边境大规模集结的苏联红军地面部队。

史汀生劝说杜鲁门不能把炸弹丢在日本旧都京都，这个城市具有特别的历史重要性。总统在日志中写道，武器会用来对付“陆军和海军”[14]，而不是“妇女和儿童”，美国人不会堕落到和敌人处于一个水平线上。“就算日本人凶暴、残忍、无情又疯狂，我们作为世界共同福祉的领头人，也不能把可怕的炸弹丢到老首都或新首都去。”

“他和我意见相同，”提及史汀生时杜鲁门写道，“目标将是纯军事的，而且我们会发出警告，要求日本人投降以避免伤亡。我确定他们不会这么做，但是我们会给他们机会。对世界来说，希特勒的团伙或斯大林没有研发出原子弹真是件好事，这似乎是人类发现的最可怕的东西，但可以起到最重要的作用。”

广岛几乎不能算是杜鲁门所说的“纯军事”目标，尽管这 327
里是重要的海军基地，但美国投弹手不可能分辨出哪是军工厂，哪是民用住宅。目标指南明确说明要袭击“城市工业区”[15]，目的是“对日本产生最大的心理作用”，根据推测，炸弹将会“几乎完全摧毁方圆三英里范围内的物体”。广岛是个特别让人中意的目标，因为“它这样的规模使得城市大片地区都会遭到严重破坏”。毗邻的群山可能会产生“聚焦效应，会显著加大爆炸的破坏性”。

尽管杜鲁门后来将 7 月 24 日描述为关于原子弹的“决定日”[16]，但其实他从来没有正式发布过总统令，摧毁广岛或其他日本城市。S－1 工程自有其运行的动力，该工程雇用了 13 万人，有 30 多个基地和 20 亿美元投资，总统只是这台无情运转的机器上的一个小零件。从担任总统两周后杜鲁门首次被告知新武器的情况起，他就预计这“可能让日本以最快的速度投降”，他担心的唯一问题是它会不会起作用，经过新墨西哥州的测试，这个问题已经解决。按照他的军事助理乔治·麦基·埃尔西（George McKee Elsey）的说法，关于原子弹“不需要做任何决定”[17]，杜鲁门“无法阻止它”，就像他无法阻止“一辆在铁轨上行驶的火车一样”。

向日本投掷原子弹的一系列命令[18]由格罗夫斯少将在华盛顿起草，并送交在波茨坦的史汀生和马歇尔将军批准。命令发布人是战争部长和陆军参谋长，目标的顺序如下：广岛、小仓、新潟、长崎。

意识到“世界历史上最可怕的炸弹”现在已经成为军事现实，杜鲁门受其鼓舞，在其后的会谈中和斯大林发生了最为激烈的争执。前一天晚上的敬酒，已经被有关欧洲未来的冷静谈判所取代。从北边的波兰一直到南边的保加利亚，杜鲁门和丘吉尔都对苏联建立起一系列卫星国家感到担忧。斯大林允许波兰政府容纳一些在伦敦流亡的波兰人，作为交换杜鲁门和丘吉尔承认了波兰共产党人主导的政府，但他们还要求斯大林在匈牙利、罗马尼亚和保加利亚做出更大让步。总统告知大元帅，其他卫星国家的政府必须“按照民主原则”得到认可，正如在雅尔塔同意的那样。

328 斯大林坚持认为苏联卫星国比美国和英国操纵的意大利

“更民主”，他指出自从希特勒的盟友贝尼托·墨索里尼被推翻以来，意大利还没进行过任何选举。在斯大林看来，“如果一个政府不是法西斯政府，它就是民主政府”。

丘吉尔为意大利人进行了辩护，他说在意大利没有审查制度：他本人就经常被意大利报纸攻击，“民主选举”很快就会举行。“欢迎苏联官员到意大利，可以随便到哪里去”，相比之下，西方代表被禁止在保加利亚和罗马尼亚自由行动。他抱怨在布加勒斯特的英国军事代表团“被以严密拘禁的方式关押”，他抛出了一直在不停斟酌的话。

“他们周围已经竖起铁栅栏。”[19]

“天方夜谭。”斯大林反驳道。

“政客们可以互相说对方是天方夜谭，如果他们愿意的话。”

“意大利的情况没什么不同。”

“这不准确，在意大利你想去哪儿都行。”

莱希将军和杜鲁门隔着两把椅子，他觉得会议陷入了“彻底的僵局”[20]。他通过逐日反思三巨头外交策略的记录，断言此时代表了“美苏冷战的开端”。

杜鲁门则更乐观，他告诉妻子贝丝，经过“最近几天的全力以赴”，“干成了很漂亮的一笔买卖”。[21]他提到建立了外长会议和“德国政府”，不过他也承认“有些事情没能达成一致，我们仍然坚决反对承认德意志轴心国的警察政府。我告诉斯大林，除非我们能够自由来往于这些国家，并且恢复我们国民的财产权，否则我们绝不接受。我狠狠地打击他，他好像还挺喜欢这样的”。

斯大林颇不耐烦地拒绝了杜鲁门将欧洲主要水路国际化的

热切想法，这让总统感到不快。这位第一次世界大战时期的炮兵上尉确信，如果欧洲人能够互相进行自由贸易，那么他们之间将不再有纷争。“我不想 20 年后再打一场仗，只是因为在多瑙河上有纷争。”[22] 他在 7 月 23 日那天已经告诉过斯大林和丘吉尔，“我们想要的是一个繁荣昌盛、自给自足的欧洲，一个破
329 产的欧洲对任何国家都没有好处，对世界和平也没有好处。”一想到美国船只会沿着多瑙河一路穿过苏联控制下的罗马尼亚、南斯拉夫和匈牙利的场面，斯大林就感到了无生趣。

为了引诱丘吉尔，并把注意力从多瑙河上引开，斯大林把讨论扩大到通往印度的海路，而印度是大英帝国的明珠。

“苏伊士运河该怎么处置呢？”他质问道。

英国“斗牛犬”突然发现自己处于被动。

“它将会开放。”

“国际控制呢？”

“现在还没有提出这个问题。”

“我正在提出这个问题。”

丘吉尔不屈不挠地说对于当前的部署还“没有人抱怨”，目前设想的是这条运河至少到 1956 年都由英国进行管控。关于西方政权的伪善，斯大林说得很有道理，西方国家在符合自己利益的时候才愿意进行国际控制，而不是相反的情况。他把这件事先放到一边。

对于航道的问题，他告诉杜鲁门和丘吉尔，“讨论时机尚不成熟”[23]。

整个会议过程紧张而又火药味十足，但最后还有一件事要处理。当会议在 19 点 30 分结束的时候，杜鲁门没有带翻译就走到斯大林旁边，看上去只是为了说几句没意义的玩笑话。为

了不让别人怪罪他在原子弹方面的不诚实，总统决定告诉苏联盟友原子弹的存在，但是不披露任何细节。通过斯大林的翻译弗拉基米尔·巴甫洛夫，他说——尽量用漫不经心的口气——美国发明了“一种拥有超常破坏力的新式武器”。

“听到这个很高兴，”大元帅回答说，“我希望你们能好好用它来对付日本人。”[24]

丘吉尔在房间里关注着这次“重要谈话”，他已经从杜鲁门那里得知了他的想法，并密切注意着斯大林的反应。斯大林的表情依然“兴奋又和蔼”[25]，看上去他没能领会到正在发生的“世界事务的变革”，丘吉尔确信苏联领导人“没有意识到被告知事情的重要性”，杜鲁门和他最亲密的助手们也有类似的印象。如果斯大林对原子弹的威力有些许认知的话，他一定会要求美国提供更多的信息，相反，他看上去几乎没有兴趣。

“怎么样？”在塞琪琳霍夫宫外面等车的时候，丘吉尔问杜 330
鲁门。

“他什么都没问。”

* * *

斯大林脸上的迷惑表情其实是个计谋，自打来到波茨坦，他就一直在等着杜鲁门向他透露原子弹的秘密。当杜鲁门用这种隐晦的方式告诉他时，他感到又好气又好笑。依靠遍布美国的原子间谍网络，他比接任总统之前的杜鲁门更加了解曼哈顿工程。苏联情报机构仅仅在洛斯阿拉莫斯就招募到三名间谍，并且已经得到了原子弹的初步蓝图，三人中的德国物理学家克劳斯·埃米尔·富克斯（Klaus Emil Fuchs）告诉苏联方面的联络人，首枚原子弹试爆将在“7 月 10 日左右”[26]进行，后来试爆被推迟到 7 月 16 日。

领袖已经花了很大心思考虑，如果总统告诉他关于原子弹的事情，他该做何反应，权衡再三，他决定“装作没有听懂”[27]，并表现得一点都不好奇。他不想让美国人觉得新武器给自己造成了很大震动，并因此受到政治胁迫，斯大林毫不怀疑美国政府是想用原子弹来讨价还价，他不允许自己被欺侮或敲诈。

尽管斯大林装作没有发生什么大事的样子，他其实还是个极端的政治现实主义者，不停地算计着马克思列宁主义喜欢谈论的“实力对比”。他立刻知道世界范围内的力量均衡已经发生了转变：就算美国和英国继续遣散自己的军队，现在他们也有办法抵消掉苏联在常规力量方面的巨大优势。

和杜鲁门交谈过后，斯大林回到巴伯尔斯贝格，给苏联原子弹计划的负责人伊戈尔·库尔恰托夫打了个电话。苏联科学家进行原子弹方面的研究已经超过两年，由于无法保证成功，研发工作的规模一直较小。领袖害怕从洛斯阿拉莫斯传出的情报有可能是假的，用来把苏联的资源转移到其他无用的军事项目去，他现在命令库尔恰托夫“加快进展”[28]。苏联的原子弹
331 至少还要两年才能完成，但是他从间谍那里得知美国的裂变材料只够生产 2 ~ 3 枚原子弹，这让苏联还有机会赶上来。

和身边几个亲密助手私下相处时，斯大林开始对西方伙伴的伪善大加挞伐。他确信杜鲁门和丘吉尔口气强硬地拒绝苏联在东欧以及战后赔款方面的规划，和这个新型超级武器有关系，美国人竟还有脸抱怨苏联在抢劫，他们自己正在把“最好的设备和所有的文件”运回美国。

“苏联正被欺骗。”他怒气冲冲地说，“杜鲁门甚至都不知

道什么是公正。”[29]

“美国人一点都没有向我们透露他们在原子弹研发方面的工作。”莫洛托夫说。

“我们还是盟友呢。”斯大林又尖刻地加了一句。

起初，他说话很冷静，但是随后就开始“用粗俗的语言”诅咒杜鲁门、丘吉尔甚至罗斯福。斯大林很清楚美国人和英国人的策略，帝国主义者想利用美国在核武器方面的垄断来威吓俄国母亲。

“在影响欧洲和世界的问题上，他们想迫使我们接受他们的计划。哼，这种事情不会发生的。”

他的助手想讲讲其他领导人的笑话，让他冷静下来，苏联驻华盛顿大使安德烈·葛罗米柯将英国首相描绘成色狼的形象：“丘吉尔目不转睛地盯着我们穿着完美制服的女交警看，看得衣服上都撒满了雪茄烟灰。”

这还是会议中头一次，领袖允许自己露出了笑容。

* * *

斯大林几乎无法从杜鲁门和丘吉尔那里把鲁尔区的财富撬走，但是他在波兰处于优势，那里完全被红军控制住了。他在几个月之前就做出决定，允许，甚至是鼓励波兰去接收4万平方英里的德国领土，把西部边界划定在奥得河和西尼斯河。他还决心确保华沙政府依然处于莫斯科培养的波兰共产主义者的掌控之中，他们都完全忠诚于他，美国和英国可以尽情地要求选举自由和言论自由，但是斯大林绝不会允许波兰逃出自己的手掌心。他的立场实际上和先前的沙皇亚历山大一世是一样的， 332
在1815年的维也纳大会上，后者明确对西方政客们说，波兰问题“只能用一种方式解决，那就是占领它”[30]。

斯大林组建了一个波兰领导人代表团，作为自己的新波兰政体的传声筒。他们将接受老牌共产党人博莱斯瓦夫·贝鲁特的领导，他曾长期担任内务人民委员部的特工，并从那场消灭了他大部分同志的“大清洗”中存活下来。作为现任的波兰总统，西方政治家已经了解了他对斯大林的谄媚态度，他为证明自己的忠诚，强烈呼吁把波兰东部利沃夫周围的地区划归苏联。孤独的斯坦尼斯瓦夫·米科瓦伊奇克在后面踽踽独行，这位前流亡政府总理现在只是个顾全贝鲁特政权面子的遮羞布。

波兰人没有接到邀请参加塞琪琳霍夫宫的全体会议，但他们轮番向参会的各国外交部长和高级官员们背诵长长的统计数据，来证明他们对大片德国领土的请求是合理的。丘吉尔很高兴自己有了忠实的听众，给了他们近两个小时的时间，杜鲁门只花了 15 分钟就把他们打发走了，自己跑去与首相和大元帅汇合。

在和英国人的对话中，贝鲁特嘲笑丘吉尔担心民主在波兰岌岌可危。他指出在战争之前波兰有“23 个政党，比大英帝国的还要多”[31]，他们都被允许参加选举，而且选举将在外国记者们的眼皮下进行。米科瓦伊奇克私底下告诉英国人，贝鲁特想“建立一个一党政府”[32]，只要苏联军队和内务人民委员部还待在这个国家，自由选举就不可能进行，而且他们根本没有要离开的迹象。波兰军队中少校以上的领导岗位都被“穿着波兰军服的俄国人”占据了，其中很多人甚至都不会说波兰语。成千上万的波兰游击队员依然藏在波兰东部的森林中，他们不敢出来，害怕被一网打尽。但是米科瓦伊奇克全力支持贝鲁特对西里西亚和波美拉尼亚的领土要求。

和波兰人打交道让西方官员们——特别是英国官员——觉得幻灭和沮丧，贾德干在日记中抱怨道：“除了米科瓦伊奇克，他们全都是可怕的人。”[33]甚至连喜欢提醒斯大林英国是为了波兰才对希特勒宣战的丘吉尔，也对无休止的外交争吵失去了胃口，他告诉自己的私人医生查尔斯·威尔逊，“我受够了该死的 333
波兰人”。在私下聊天时他把三位波兰最高领导人叫作“狐狸、毒蛇和臭鼬”[34]，他在官方自传中承认了这个让人悲伤的地缘政治事实——“英国在1939年为之而战的那个波兰已经不复存在了”[35]。

* * *

和波兰人见完面以后，丘吉尔晚上做了一个既真实又恼人的梦。“我梦到了生命结束。”[36]7月25日星期三的早上，他告诉自己的医生威尔逊，“我看到了——很真实——我的尸体上面盖着一块白布，躺在一个空房间的桌子上。我认出了我的脚，它从白布下面伸了出来，那看上去像真的一样。”他停了一会儿，思考这个梦的含义，“也许这就是结束了”。

和平常不同，那天早上他很早就从床上爬起来，处理一些最后时刻的事情，然后飞回伦敦等待选举结果。上午10点，他和贝鲁特进行了第二次会面，向他讲述了“自由选举”[37]的重要性，这位共产党领导人热切地点着头，向丘吉尔保证波兰不想“复制苏联的制度”。当被问到苏联的秘密警察何时从波兰撤出，贝鲁特回答说“波兰并没有内务人民委员部的人”，波兰有自己独立的安全警察。丘吉尔并不相信，但是已经疲于同他辩论，他催促波兰领导人“好好把握现在的机会”，并且和米科瓦伊奇克“处好关系”。

上午 10 点 45 分，三位领导人抵达塞琪琳霍夫宫，迎接他们的是一大群摄像师和摄影记者。按计划全体会议将于 11 点开始，在此之前他们同意在宫殿花园里集体合影，在洒满阳光的草坪上摆着三把藤椅，椅子之间的距离精确地设置为一英尺。作为会议主席，杜鲁门坐在中间的椅子上，同其他两位政府首脑的距离相等。斯大林身穿华丽的白色元帅外套，坐在总统左手边的椅子上，丘吉尔身穿上校军服，他不关心椅子是如何安排的。在转身面对摄影师的时候，他偷偷抓住身后的椅子，把椅子朝左边移了一英尺，两位民主国家领导人看上去——而且也象征性地——联合在一起，而苏联的领袖则独自坐在一英尺以外的地方。吃惊的杜鲁门想把自己的椅子移回中间，但是他
334 现在已经完全坐在椅子里面，几乎无法挪动。丘吉尔好像很自得，就像一个把老师拉到自己这边的学生一样，他的椅子把戏做得很娴熟，看上去除了杜鲁门以外没人注意到，斯大林则冷冷地注视着前方。

大会上丘吉尔和斯大林互相对牛弹琴，而杜鲁门则尽力裁决，每个人都在重复着先前说过的话，就像是固执的忠实于剧本的演员一样。丘吉尔抱怨苏联和波兰掠夺了西尼斯河沿岸土地，并干预对柏林的食品供应，波兰人和苏联人正“把德国人丢进美国和英国占领区找吃的”。作为回击，斯大林询问将钢铁和煤炭从鲁尔区运往德国的苏联占领区事宜，他认为这件事比如何养活德国难民“重要得多”。丘吉尔回答说这里面得有互惠关系：如果鲁尔区的矿工吃不上饭，他们就没法开采煤炭。

“德国还有很多油水。”[38] 斯大林嘲弄地说道，停止来自富饶的波美拉尼亚地区的食物供应，是“因为这片地方划归波兰”。

受到相同话语的阻挠，丘吉尔另辟蹊径，他告诉斯大林英国正面临一个“无火的冬天”[39]。斯大林毫不同情地说苏联煤炭短缺，其他所有物资都特别贫乏，首相如果了解苏联人民的绝望处境，会“哭泣”的。

“我没话说了。”丘吉尔最后说道，接着把手举起来作投降状。

斯大林说：“真遗憾。”

“我们休会，直到星期五 17 点。”杜鲁门飞快地说道。

没必要正式告别，所有人都期待丘吉尔能在 48 小时内回到波茨坦。斯大林向不起眼的克莱门特·艾德礼打了个招呼，后者正弯着腰和苏联代表们坐在一起，这位秃顶的工党领袖胡须修剪整齐，戴着圆片眼镜，看上去更像银行经理而不是未来的英国首相。“披着羊皮的羊”[40]，丘吉尔喜欢拿他开涮，苏联最高领导人对他也同样不感兴趣。

“在我看来艾德礼先生不像一个渴望权力的人。”[41]

全体会议结束后，丘吉尔回到自己的别墅待了一小会儿，接着就急急忙忙赶到加托机场。他的妻子、弟弟和政治助手约翰·乔克·科尔韦尔（John Jock Colville）都在伦敦附近的诺索尔特（Northolt）皇家空军基地欢迎他的到来，所有人对选举结果依然持乐观态度。科尔韦尔在他的日记中说，那天晚上工党内部人士“预计会在政府中得到 30 席的多数”[42]，这比先前预 335
计的要少，但是依然数量可观。丘吉尔在唐宁街 10 号上床睡觉的时候，心里“相信英国人会希望我继续我的工作”。他计划邀请艾德礼加入另一个国家联合政府（national coalition government），席位在新的下议院中按照代表比例分配。

第二天，7 月 26 日星期四，丘吉尔在黎明前醒来，感觉

“几乎全身都痛”[43]，突然被一种恐慌的感觉攫住。“一种迄今一直存在的失败感从潜意识里冒出来并占据了我的身心。”他后来回忆说，“塑造未来的力量将被剥夺。我积累的知识和经验，我在如此多的国家获得的权威和友善，将会烟消云散。”他翻了个身继续睡觉，直到上午 9 点才醒来。

在唐宁街附属建筑的地图室里，他的助手设立了一个选举结果中心，过去四年里他一直都在地图室追踪盟军和敌军的动向。地图室负责人皮姆上尉在墙上贴满了按照字母顺序排列的所有议会选区，还有丘吉尔政府的大臣们，名字后面会打钩或叉来表示是否再次入选，计分板上记录的是主要政党得到的或者失去的总席位数量。10 点刚过，丘吉尔身穿他战时的连衫裤工作服走进地图室，地图室工作人员已经开始根据电传打字机获得的信息填列第一批结果，一个又一个保守党选区落到工党手里。起初，丘吉尔看上去“没有明显的惊讶或激动”[44]，每出来一个结果他都点一下头，尽管这些数字和所有报纸预测的数字都不一样。他的助手安慰他说，只要乡村选区的选票计算完毕，势头很快就能转到他这边，但这一直都没有发生。

到中午，一切宣告结束，丘吉尔一家人坐在餐桌旁，“笼罩在一片漆黑中”。最后克莱门蒂娜打破了沉默。

“温斯顿，塞翁失马，焉知非福。”[45]

老战士勉强对妻子挤出了一丝笑容。

“现在确实是马失前蹄了。”

他不停重复说选举结果代表了“人民的意志”，但是无法掩饰浓重的被背叛的感觉。“我向他们求爱，他们却唾弃我。”他告诉他的大臣们，“我应该从他们的眼中看到这个的。”

丘吉尔一家在契克斯首相别墅度过了最后一个周末，温斯

顿“努力使自己高兴起来”，和客人们打牌，玩槌球，他看了 336
一部美国宣传电影，还有一部记录波茨坦会议初期阶段的纪录片。但是“阴郁的乌云”很快就降临了，没有最高机密通讯文件需要审阅，没有提着红箱子的信差。“没有工作，什么事都没有。”他生气地说道。

他的女儿用留声机给他放音乐，包括他最喜欢的歌剧《吉尔伯特和沙利文》中的乐曲，但是几乎没有什么帮助。最后，午夜已经过去很久，他们都上床睡觉去了。第二天，在离开前每个人都在契克斯的访客录上签了字。

丘吉尔坚持最后签名，在他的签名下面，也就是页面的最底端，他写了一个词：

“终结”（FINIS）。

20

广岛

8月6日

337 领袖怀疑自己被出卖了，他已经决定要对日宣战，信守他在雅尔塔对罗斯福的承诺。作为对日本军国主义施以决定性打击的回报，苏联将会得到一系列领土方面的权益，包括从萨哈林岛（库页岛）到中国东北主要港口的控制权。斯大林甚至还希望能联合控制日本本土，让一名苏联军官担任盟军最高指挥官麦克阿瑟五星上将的副手。

突然间，在没有任何说明的情况下，所有事情都改变了。杜鲁门不再像他两周前刚来波茨坦时那么渴望苏联参战了，给日本发出的最新版最后通牒里面，删除了“苏联强大军事力量”[1]的内容，这原本是最初起草的文件中的一部分内容。取而代之的是在其中暗示了一种新式武器的存在，会保证“彻底摧毁日本本土”，同时也会“彻底摧毁日本的军事力量”[2]。这种隐秘地提及原子弹存在的方式对日本人来说可能太隐晦，但对斯大林来说却再清楚不过了，这得归功于他在洛斯阿拉莫斯的间谍们。他知道，苏联和美国现在正处于横跨欧洲和亚洲的
338 大规模地缘战略竞争之中，当前的关注重点是日本投降。美国会在红军闪击日军控制中国东北之前，就用新型炸弹成功毁灭日本吗？

7月26日深夜，莫洛托夫从伯恩斯那里收到《波茨坦公告》的正文，文件上有杜鲁门、丘吉尔以及中华民国国民政府主席蒋介石的签名，蒋介石是通过电报表示赞同的。苏联在认可蒋介石作为中国合法领导人方面没有任何问题，但是他们想在命令日本投降方面有话语权。莫洛托夫的助手们立刻着手起草另一份四方宣言，确认苏联准备加入对抗“日本军国主义”的战争。“日本必须明白继续抵抗已经徒劳无益。”苏联起草的宣言中声称，“日本必须结束战争，放下武器，并无条件投降。”[3]

莫洛托夫的助手弗拉基米尔·巴甫洛夫在7月26日午夜零点前5分钟给美国代表打了个电话，要求推迟三天[4]发布公告文件，以便对内容进行讨论。他联系的美方人员15分钟后回电说已经太晚了，美国西海岸的无线电台在柏林时间23点就已经开始播报公告的全文，用英语和日语进行广播。在进行播报的时刻，公告签署人之一其实已经离职，英国广播公司在21点——柏林时间22点——的晚间新闻中宣布丘吉尔卸任。

7月27日没有举行三巨头会议，因为英国人还没有从伦敦返回，杜鲁门利用这天的时间飞到法兰克福去检阅美军部队。莫洛托夫在18点给伯恩斯打电话，强调说斯大林对将其排除在《波茨坦公告》之外感到恼怒。伯恩斯找了个蹩脚的理由：“我们没有咨询苏联政府是因为你们并没有和日本开战，我们不想让你们觉得尴尬。”[5]

“我无权再继续讨论这个问题。”莫洛托夫冷冷地回答道。

7月28日召开的下一次全体会议推迟到22点30分，以便给克莱门特·艾德礼留出时间到达柏林。英国的新首相抽着烟斗深陷在椅子里，陪同他开会的外交大臣欧内斯特·贝文

339 （Ernest Bevin）做了大部分发言，总统和大元帅对他不屑一顾。杜鲁门在给女儿的信中描述艾德礼和贝文是两个“讨人嫌的家伙”[6]，他已经适应了和“又肥又老的温斯顿”在一起，尽管他喜欢夸夸其谈。“他知道自己的英语，他讲的半个小时里，至少有一句令人重视的话，也许还有两个想法，这用四分钟就能表达”。丘吉尔走了之后，杜鲁门也急着想回家了。

斯大林疑惑地盯着艾德礼和贝文，他吃惊的不仅仅是英国选民的忘恩负义，还有丘吉尔竟没能改变结果。他曾私下告诉丘吉尔说希望他继续担任首相，以“约 80 席”[7]的绝对多数席位当选。“这次对我们英国民主的这种奇怪表现超出了俄国人的理解范围，”[8]英国驻莫斯科大使阿奇博尔德·克拉克·克尔在给克莱门蒂娜·丘吉尔的慰问信中说，“对于俄国人来说，他们难以理解的是人民竟然被允许刻意让一个人下台，而这个人曾带领他们度过该国历史上最黑暗的时期，走向辉煌的胜利。”克拉克·克尔发现他周围的“俄国人都议论纷纷，不知所措”，想要得到解释。特别是莫洛托夫对选举结果“明显非常不悦”，“挥舞着肥胖的双手问‘为什么，为什么’?”

怀着幸灾乐祸的想法，克尔想象斯大林晚上回到住所，脱下“他最新（而且炫目过头）的制服”，仔细思索“在苏联如果进行自由且不受限制的选举的话，他的结局会如何”。从一位波兰官员那里，克尔得知斯大林对丘吉尔落选的第一反应是英国人已经“厌倦了战争，他们把自己的注意力从击败日本这样的国际问题上转移到内政上去了，这可能会让他们更加友善地对待德国人”。领袖不想自己的人民受到类似干扰。

斯大林迫不及待地想要强调他对《波茨坦公告》的不悦，[9]一开始就说他从日本政府那里收到了新的和平意向，他觉得有“义务”告知盟军——尽管他们没有预先告知他对日最后通牒的事情。斯大林态度强硬地宣布，苏联将会拒绝日本的调停请求。盟军之间的团结姿态并没有他试图使其听起来的那么坦荡，他知道美国人已经成功破译了日本的外交密码，能够获悉东京和莫斯科之间的通信电文内容。

斯大林改变对美国态度的确切迹象，是他决定加快进攻日军的准备工作，苏方将领告诉他们的美国同行，红军准备在 8 340
月的下半月攻打中国东北。斯大林决心不能再让美国人先发制人，这回他发布了秘密指令，战斗要在 10 到 14 天内开始。[10]他还认命亚历山大·米哈伊洛维奇·华西列夫斯基元帅为苏联远东军队最高指挥官，击败日本的竞赛正一丝不苟地进行着。

斯大林对西方盟友的不满，远不止日本问题一个方面，他坚信杜鲁门正在背弃罗斯福在雅尔塔做出的承诺。在和最支持他们的美方对话者戴维斯的交谈中，斯大林的助手们抱怨说，苏联人来之不易的胜利果实被打劫了，莫洛托夫想知道为什么美国改变了赔款方面的立场。他以少有的激动情绪说，希特勒的军队从苏联“掠走了所有值钱的东西”，“他们在残忍的集中营中奴役妇女和孩子，他们折磨、杀害了成千上万的人，他们摧毁了整座城市”。在莫洛托夫看来，美国人似乎更关心被击败的德国人的福祉，而不是苦难深重的苏联盟友，他无法理解为什么“自雅尔塔会议以来会发生如此大的态度转变”。

“我们信赖罗斯福总统，所以听他的话，”莫洛托夫怏怏不快地说道，“我们很难理解你们的新总统。”[11]

* * *

吉米·伯恩斯察觉到达成协议的时机已经来临。“我知道怎么和俄国人打交道，”他对自己的幕僚夸口，“这就像在美国参议院一样。你在他们的国家建个邮局，他们也会在我们的国家建个邮局。”[12]

这份可能的《波茨坦协议》的框架既明确又好笑，三方都将继续拥有他们已经到手的东西，只是在一些宏大而又虚无缥缈的概念方面做了一些象征性的让步，例如“盟军合作”“一个统一的德国”和“雅尔塔精神”之类。斯大林不会允许对他的新东欧帝国的稳定团结有任何威胁，他也不会在波兰边境线方面做出妥协，现在波兰正在红军的完全掌控之中。杜鲁门同样也无意放松对美、英的德国占领区的掌控，他不会允许斯大林在赔款方面为所欲为，无论罗斯福给予苏联什么暗示和承诺。
341 就杜鲁门而言，只要苏联人继续在这个国家里他们的占领区掠夺，就“不会有任何赔款”[13]。

7 月 29 日，星期天，杜鲁门和伯恩斯邀请斯大林及莫洛托夫到巴伯尔斯贝格的“小白宫”私下会晤。莫洛托夫独自到来，被领至二楼俯瞰湖面的总统书房。他解释说他的上司“感冒了，医生不让他离开房间”[14]。美国人无法确定大元帅的病情到底有多严重，也不知道这到底是真的，或只是外交托词。一想到斯大林去世可能造成的政治影响时，杜鲁门就非常揪心和警惕。他在第二天的日记中若有所思地写道：“这将是最初的三巨头的落幕，先是罗斯福去世了，接着是丘吉尔在大选中落败，然后是斯大林……如果有什么蛊惑人心的政客贸然控制了高效的苏联战争机器，他会在短时间内对欧洲和平造成严重破坏。我很好奇是否有人具备必要的能力和足够的追随者，接替斯大林的位置维持国内的和平与团结，一般来说独裁者们不会培养在掌控权力方面能赶上自己的领导人。”[15]总的来看，总统觉得西方最好还是和这位已经了解的对手打交道，而不是其他人。

杜鲁门想尽快离开这个“被上帝遗弃的国家”[16]，他让伯恩斯来应付大部分谈判工作。国务卿列出了两个最重要的问题：波兰的西部边界和赔款，一旦解决了这些问题，会议就可以宣告结束了。为了让谈判打开局面，他提出德国鲁尔区“能够用于赔款”[17]的工业设备可以给苏联25%，并划定一个以东尼斯河为界的波兰新边界。但这没能让同样精明的莫洛托夫满意，他指出“数量无法确定的25%意味着价值很低”，他要求一个“固定的数额”，即价值20亿美元的赔款。他还坚持沿西尼斯河划定波兰边界，此种安排会让波兰额外从德国那里得到8000平方英里领土。拒绝了美国提出的初始价码后，莫洛托夫驱车沿着恺撒大街行驶了四分之一英里，去咨询斯大林。

伯恩斯和莫洛托夫在7月30日16点30分再次见面，这回是在塞琪琳霍夫宫里，杜鲁门没参加；斯大林依然“有恙在身”。美国国务卿宣布他准备接受以西尼斯河为波兰边境线，他还提出西方在认可一些国家政府方面达成妥协的可能性，这些政府包括罗马尼亚、匈牙利、保加利亚和芬兰，但是他明确表 342
示这些让步必须是包含赔款协议在内的一揽子协议的一部分。

17点，王储宫殿大厅里外交部长会议中的争论依然在持续，察觉到自己必须做出妥协后，莫洛托夫把从鲁尔区要求的工业设备物资的价值从20亿降到8亿。

伯恩斯重复了“不可能”确定任何形式的固定数额的意见，“我们没有关于能用于偿付赔款的设备数量的任何信息”[18]。

意识到自己碰到了硬钉子之后，莫洛托夫转变了方向，他想知道谁能够决定有多少设备“可用于赔款”。苏联人想把这个权利交给一个中央“管制理事会”，由它代表所有占领国家，而美国和英国决心保持在自己占领区内的权利，要拿走多少设备要由他们说了算。

“我们无法认同剥夺占领区指挥官否决权的做法。”伯恩斯强调。他提醒莫洛托夫，美国在西尼斯河边境线方面已经给予苏联很大让步。

“这个让步是给波兰的，不是给我们的。”苏联人答复。

最终协议还是要交给三巨头来达成，或者说交给“两个半巨头”[19]，这是英国人对缺了丘吉尔的三巨头的戏称。斯大林在 7 月 31 日回到谈判桌前，他的“抱恙”显然没有给他造成任何影响。领袖成功地敲定了赔偿的内容，德国给苏联的大部分赔款将从苏联占领区获得，但是数额无法确定的工业设备将在满足“德国和平经济”[20]的需求后从西方占领区获得；苏联将有权获得“10% 的此类工业设备”作为赔偿，“不用进行任何形式的支付或交换”；苏联人还可以通过从西方占领区交易食物和原材料，进一步获得德国西部 15% 的多余工业设备。可获得工业设备的数量将由管制理事会确定，该理事会将服从于“设备来源地的占领区指挥官”，西方盟军保留否决权。

杜鲁门巧妙应付了斯大林加入对日战争的正式请求，他淡化了苏联起草的协议中用外交术语将美国描绘成“请求者”的
343 内容。他准备做出的最大让步是签署一份文件，声明苏联按照新起草的《联合国宪章》，有义务在消除日本对世界安全的威胁方面“与其他主要国家洽谈和合作”。而按照研究波茨坦会议的历史学家的说法，“他听起来更像是个提醒健忘的小学生该做作业的老师”[21]。

与此同时，一份来自史汀生的绝密电报发到巴伯尔斯贝格，他现在已经回到华盛顿。战争部长告知杜鲁门，对日本进行原子弹轰炸的准备工作已经基本到位，日本政府已经宣称将“无视”盟军的最后通牒。总统先前已经口头批准了轰炸，他现在唯一要做的工作就是“尽快”授权相关媒体发布公告。他告诉助理乔治·埃尔西，他计划8月2日一早离开波茨坦，在他离开之前不许把消息放出去。“我不想回答斯大林的任何问题。”他解释说。[22]他起草了一个给史汀生的回复，交给埃尔西，让他发给华盛顿。

“准备好就发布，但是不要早于8月2日。哈里·S. 杜鲁门。”

在召开了最后两次全体会议后，波茨坦会议在8月1日闭幕。德国的外国资产处置方式，预示了欧洲的政治分裂方式。斯大林和杜鲁门几乎没有提出任何意见就同意了“从波罗的海到亚得里亚海”[23]的假想分界线，这和盟军不同部队的推进情况相对应，这条线以东的所有德国资产都归苏联所有，以西的一切资产都归美国和英国。

在离开波茨坦之前，总统决心提出最后一个问题，以此证明他能推动自己最在意的外交提议向前发展——该提议是在欧洲范围内将内陆的水路航运系统纳入国际管辖。斯大林以不切实际为由否决了这个想法，但是杜鲁门想在最后的公告中提及此事，将自己称作“天真的理想主义者”[24]的他坚信运河和河流是美国经济发展的关键，也能对被战争摧毁的欧洲起相同的作用。他表示自己已经“在会议期间接受了许多妥协”，在这里向斯大林提出一个“私人请求”，要求至少认可自由通航的想法在波茨坦曾经“讨论过”。大元帅对杜鲁门的诚挚不为所动。

“这个问题没有讨论过。”他冷冰冰地说。

344 “但是我在三个不同场合详细提出了这个问题。”

斯大林指出，公告中并没有提及苏联要求沿达达尼尔海峡建立要塞的事情，他认为对他的国家安全来说，这比水路国际化要重要得多。当杜鲁门提出将这两个问题都加进声明中时，明显能看出斯大林的恼怒。

“不!”他用俄语厉声说道，然后说了句英语，那是他在波茨坦说的唯一一句英语，“不！我说的是不!”[25]

遭到拒绝的杜鲁门脸色瞬间涨得通红。“真搞不懂这个人。”他自言自语地说。然后转向坐在自己右边的国务卿，“吉米，你意识到我们在这里已经待了整整 17 天了吗？哎，17 天啊，什么事情都应该能定下来了!”

接下来只剩下照例带着感激和友好的表情结束会议，午夜以后不久，斯大林向伯恩斯表达了私人感谢，说他“可能比我们中的任何一个人都更努力地想让会议取得成功”。杜鲁门暗下决心绝不再经历这样的外交折磨，表示他希望下次在华盛顿召开会议。

“上帝允许的话。”[26]世界第一个无神论者国家的领导人回答说。

总统和大元帅握了握手，从此后会无期。

* * *

在纸面上，波茨坦会议保持了德国的统一。聚集在塞琪琳霍夫宫的三国领导人宣布被占领的“德国将会当作单一经济体看待”[27]，并要求“对德国境内的所有德国公民一视同仁”，但现实却大相径庭。波茨坦做出的决议无情地将这个国家划分成两个对立的实体——主导它们的是对立的意识形态、地缘政治关系、经济和政治制度。由于决定让各国的占领军指挥官全权负责辖下占领区内的占领政策，统一的目标在一开始就遭到了破坏，管制理事会如果没有得到各国指挥官的认可将无法作为，指挥官在各自的管辖区内享有最高权力。

美国和苏联的决策者从来就没能在最基本的问题上达成一致：是养活战败的德国人还是让他们饿肚子。这个问题的答案决定了其他一切：德国“和平时期经济”运行所需的资源、德国工业的复兴和民主制度的建立。英国情报官员诺埃尔·吉尔 345
罗伊·安南（Noel Gilroy Annan）相信赔偿决定塑造了“德国的未来，所有关于中央政府的谈话——重新统一、去纳粹化、边境问题及其他——都要屈从于赔款的决定，该决定明确了西方势力将要对他们占领区内的德国经济负责”[28]。美国和英国只是象征性地把工业设备运往苏联占领区，斯大林一旦意识到已经无利可图，就失去了对统一德国的兴趣。

赔款以及供养柏林方面的分歧，产生了把“欧洲一分为二的经济铁幕”[29]效应，这话出自杜鲁门的一个经济顾问的口中。英美国家的将领们现在要负责养活200万难民，出于政治和经济原因这些人都逃到了美国和英国在德国的占领区，将军们无法在拆除德国工厂并把物资运往东部的同时，还要满足占领区内民众的基本生活需求。抱怨对方违背诺言变得越来越常见，负责处理日常经济危机的盟军军官很快就得出结论，已经没有剩余物资可以用来交给苏联人了。“我们正在阻止德国的任何经济（复苏）行为，同时又要对报纸和广播电台说许多关于民主原则的瞎话”，驻柏林的美军副司令官抱怨道，贯彻波茨坦协议中的经济条款如同“往死人身上戳刺刀”[30]。

7 月中旬，苏联切断传统的补给来源之后，向柏林输送食物和原材料成了后勤方面的噩梦。面粉需要从荷兰运来，煤炭来自鲁尔区，土豆来自汉诺威，火车在马格德堡就要掉头，因为红军拆除了铁路线。马格德堡是美国和苏联占领区的唯一中转点，为了养活柏林人，美国人驱赶牛群穿过边界来到苏联占领区，却找不到苏联军方机构“接收没有饲料和水的牛群”[31]。五角大楼的一份报告讽刺地记录了“美国占领区内的德国农民明显不乐意运送牲畜”到柏林去，往柏林的西方占领区输送煤炭成为“摩擦和争端持续不断的源泉”。花了几个月的时间才建立起稳定储备。

下级军官的抱怨渐渐传到占领区总负责人卢修斯·克莱中
346 将的耳中，他最初忠实地执行了《波茨坦公告》中统一德国的规定，但是却有心无力。克莱在 1946 年 5 月给上级的报告说：“在占领了一年之后，占领区已经各自变成密不透风的区域，几乎没有物品、人员和思想上的自由交流。德国现在包括四个小型经济体，相互之间只能通过谈判往来。”[32]没有自由贸易和自由市场，施行赔款计划将“绝对不可能”，而这会导致“经济混乱”。

* * *

距离美国和苏联军人在易北河畔相互拥抱，发誓友谊长存的日子过去还不到一百天，但看上去已经完全是两个时代了。当三国最高领导人在波茨坦摆好姿势拍摄好似家庭合影的照片，发布胜利公告的时候，仅仅在 15 英里以外，占领柏林的各方就已经互相开枪了。征服者共同占领战败但统一的德国的梦想已让位于超级大国之间相互竞争的现实，两国军队从来没有在什么地方比在希特勒首都的废墟中相距更近，争夺更激烈。

7月31日下午，就在杜鲁门和斯大林在塞琪琳霍夫宫争论德国赔款问题的时候，美国宪兵收到报告说苏联军人在柏林格尔利茨（Gorlitzer）火车站打劫。红军官兵打劫成千上万从西里西亚涌来的难民，这种现象已经司空见惯。难民火车都严重超载，车顶和门外都挂满了人，当火车抵达柏林时，乘客被苏联军人用枪逼着搜身，寻找珠宝、手表和其他值钱的财物。由于格尔利茨火车站位于柏林的美占区，美国人觉得有责任保护这些难民。

当美军宪兵在17点抵达的时候，苏联人已经在火车站宾馆霸占了一间房间，苏联军官拒绝美军搜查房间，他们声称自己是在“休息”，马上就要上火车了。美军召来了援军——宾馆很快就被美军装甲车包围，此时3名苏联人决定离开，不理会想要逮捕他们的命令。

“站住！”一个刚刚抵达的美国士兵喊道。他拿手枪指着苏 347
联人，其中两人停下脚步，第三名苏联人，米哈伊尔·科洛梅茨（Mikhail Kolomets）少校继续向前走去。美国人再次大喊“站住”[33]，并抓住科洛梅茨的肩膀，他看到苏联人把手伸到后兜里并“用滑稽的眼神看着我”。

“住手。”美国人喊道，用手枪朝着这名红军少校射击，科洛梅茨腹部中枪，两天后死亡。

随着美国人和英国人想在他们的柏林占领区树立权威，这种事件也越来越普遍。每天都会有新的报告，内容都是关于苏联军人抢夺、绑架政敌、强奸、枪击、武装抢劫，以及数不清的醉酒案件。柏林唯一的一家夜总会在全副武装的美国和苏联军人发生冲突后，被迫关闭，许多冲突都以流血和高层相互指责收场。

“你们必须控制并惩戒你们的部队。”美国指挥官对苏联指挥官说，“你不能指望他们在我们的占领区里撒野、抢劫、开枪，而我们却无动于衷。”[34]

“也许是他们喝了点酒，而酒精让他们失去控制昏了头。”苏联将军承认，“但是美国人到我们占领区来的时候，我们不会开枪打他们。”

美国将军解释说，先开枪是“美国传统，源于开拓边疆的时代”，那时候“先开枪的人才能活下来”。而苏联人对这个明显的狡辩做何反应，就没有历史记录了。

错也不全在苏联人这边，美国的高级军官在家信中承认自己手下有些人很“好战”。约翰·杰克·怀特洛准将就曾抱怨说，自战争结束以来美军的平均素质急剧下降，“我们在这里已经没有军队了，部队里只有许多想家的男孩和一些不受管束的流氓”[35]。在另一封信中他告诉妻子：“在我们的地盘内有太多的俄国抢劫者被打死……苏联人不会放弃任何他们认为对自己的幸福至关重要的东西，除非打一架，我说的是‘战斗’。如果我们也想要的话，最好是做好准备，我认为美国并不想和唯一一个没有与我们打过仗的国家开战。但也许我想错了，我的确发现自己的周围有恶棍和白痴，一意孤行就想惹麻烦。”

德国人和苏联人都抱怨美国人先开枪后问问题的习惯，关
348 于美国士兵胡乱开枪的事情，在军管政府截获的德国信件汇编的审查报告中比比皆是。“有些（美国人）就像强盗一样，”[36]这是住在柏林市郊采伦多夫（Zehlendorf）地区的中产阶级居民的典型抱怨，“就在我们这里，他们把人拖进树林毒打一顿，再

将他们洗劫一空。”一名住在施泰格利茨（Steglitz）的男子描述了他的两个朋友如何被美国士兵袭击并抢劫的过程：“他们挨了几拳，被推倒在地上，对方抓着他们的头撞墙，还用脚踢他们的肋骨。”

最恶名远扬的事件，是柏林爱乐乐团指挥列夫·利沃维奇·莱奥·博尔夏德（Lew Ljewitsch Leo Borchard）① 在美国军事检查站被枪杀。这位乐队指挥深夜时分乘车回家，开车送他的是一位邀请他赴晚宴的英军上校，亦是位音乐爱好者。上校没有发现这里有个检查站，而美军士兵被车灯闪花了眼，没有认出英国军车。尽管他瞄准了轮胎，却打中了博尔夏德的头部，音乐家当场身亡。

在进驻柏林的头五个月里，美军共射杀了10名苏联人，打伤7人，他们自己则无一人伤亡。美国驻柏林的军管政府负责人豪利上校试图解释这种差异：

- 俄国人把武器当作武力胁迫的工具，并不想真开枪；[37]
- 就算他们开枪，他们也是朝天放枪，而不是对着盟军士兵；
- 苏联的小型手枪和巴掌差不多大，是射击精度很低的武器；
- 在大多数情况下，苏联军官和士兵都喝得大醉，已经无法仔细瞄准。

美国官员怀疑德国人正在尽他们所能地让各国占领军互相争斗。“他们让部队埋怨和责备所有的困难都是俄国佬造成的，”[38]第82空降师师长詹姆斯·莫里斯·加文（James Maurice Gavin）少将抱怨说，他的师于8月初进入柏林，“德国

---

① 博尔夏德出生于莫斯科，从小在圣彼得堡接受音乐教育，于1920年移居德国，父母都是德国人，所以他有德国人的姓，俄国人的名字。——译者注

人会感到失望，而且我相信他们会感到惊讶，如果我们在冬天结束前还没有和俄国佬互相打起来的话。”

* * *

349 杜鲁门感到很开心，他终于可以在 8 月 2 日星期四吃完早餐后马上离开波茨坦了。他飞抵英国西南部的普利茅斯（Plymouth），那里停泊着“奥古斯塔”（Augusta）号重巡洋舰，他将搭乘这艘舰船完成穿越大西洋的五天旅程。最初三天风平浪静，海面波澜不惊，总统利用这个机会放松身心，欣赏船上的管弦乐队演奏他最喜欢的古典曲目。8 月 5 日晚上，他观看了米高梅公司最新热播的电影《疑云风波》（The Thin Man Goes Home），主演是威廉·鲍威尔（William Powell）和玛娜·洛伊（Myrna Loy）。巡洋舰保持着 26.5 节的航速。

第二天，8 月 6 日，星期一，杜鲁门决定到甲板下面和船员共进午餐。“奥古斯塔”号这时正在加拿大新斯科舍（Nova Scotia）半岛以南约 200 英里，距离弗吉尼亚州的纽波特纽斯（Newport News）只有一天的航程。快到中午的时候，海图室值班军官弗兰克·格雷厄姆（Frank Graham）上尉递给总统一封刚刚从华盛顿战争部发来的紧急电报。杜鲁门一边阅读电报，一边脸上绽开了大大的笑容，16 个小时之前，一枚原子弹已经投向日本。“华盛顿时间 8 月 5 日 19 点 15 分，广岛在云层覆盖量仅为十分之一的情况下遭到轰炸，”电文中说，“没有遭遇敌方战斗机，也没有高射炮……结果在各方面明显获得了成功，目测效果超过任何测试。”

“这是历史上最伟大的事件！”[39] 杜鲁门一边兴高采烈地说，一边拍着传信人的手。

几分钟之后，史汀生发来第二封电报，确认了第一封电报的内容：“首批报告中表示完全成功，比先前的试爆效果更为显著。”

总统高兴地跳了起来，在餐厅里冲着伯恩斯喊道：“我们回家的时候到了。”他得意地在国务卿面前挥舞着手中的解码电报，后者正在对船员讲话。他毫不怀疑对日本的战争实际上已经结束，珍珠港的大仇已报。

“请在座诸位好好听我讲几句，我有件事情要宣布一下。我们已经向日本投掷了一颗新式炸弹，威力超过 2 万吨 TNT 炸药，这是一次无与伦比的成功。”

船员们报以掌声和欢呼，拍打着他们面前的桌子。“总统先生，我猜这意味着我们现在能早些回家了！”一个水兵高声喊道。船上的广播系统开始播报华盛顿发来的激动人心的新闻， 350
一份总统文告把曼哈顿工程描述为“历史上最伟大的科学赌博”[40]。

> 这是对宇宙基本能量的利用，从太阳获得能量的力量，被用来对付那些将战争带到远东的人……我们现在准备更迅速、更彻底地消灭日本所拥有的每一个生产企业……这样可以把日本人民从 7 月 26 日波茨坦发布的最后通牒所说的彻底摧毁中解救出来。如果他们现在不接受我们的条件，等待他们的将是从天而降的毁灭之雨，这将是地球上前所未有的景象。

声明明确表示，起码在可预见的未来，美国和英国不会与苏联盟友共享原子弹的秘密。“在当前环境下，不便泄露生产技术工艺或所有军事应用，直到进一步试验可能的方法，保护我们和世界其他地区免遭突然毁灭的危险。”

对很多美国人来说，马上就要击败日本的喜悦还掺杂了几分不祥的预感。《芝加哥论坛报》发表社论说，原子能的发现“是本次战争期间最伟大的科学成就，而且可能是有史以来最伟大的成就”[41]，“这也许意味着文明的毁灭随着这项发现成为可能”。《华盛顿邮报》描述了听到这个新闻后有一种“不知所措的敬畏”，“我们必须互相关爱，或者灭亡”，报纸发出警告，“否则，就会如已故的阿瑟·詹姆斯·鲍尔弗伯爵（Arthur James Balfour）① 曾提到的，人类的故事将会成为‘一个小星球上短暂而又不愉快的插曲’”。《纽约时报》军事分析员汉森·韦特曼·鲍德温（Hanson Weightman Baldwin）警告说，原子弹的“负面效应”——他还不熟悉“辐射”这个词——会让从爆炸之初中活下来的人“受伤或残疾、失明、失聪、生病”。

> 昨天，人类投放原子弹来摧毁人类，人类历史掀开了新的一页。在这一页中，怪诞、奇异和恐惧变得陈腐和显而易见。昨天，我们拥抱了太平洋上的胜利，但也播下了猛烈旋风的种子。

351 欧洲和英国的反应也同样矛盾，英国外交官皮尔逊·约翰·狄克逊（Pierson John Dixon）总结出一个让人吃惊的可能，简洁地记录在当晚写的日记中：“这是乌托邦的黎明，或是世界的末日。”[42]

---

① 1902 年 7 月至 1905 年 12 月担任英国首相，第一次世界大战期间曾担任过第一海军大臣和外交大臣。——译者注

*　*　*

斯大林乘坐防卫森严的装甲列车穿过波兰回到莫斯科，波兰随随便便就被移动了位置，仿佛它也在火车车厢上一样，向西移动了近200英里。8月6日，从柏林回来的那天晚上，他在昆采沃的别墅里收听到广岛被摧毁的消息（莫斯科时间比华盛顿时间快7个小时，比东京时间慢6个小时）。他的女儿斯韦特兰娜来到别墅里给他看自己刚出生的儿子，她给孩子起名叫约瑟夫，向她的父亲表示敬意。但斯大林当时太心不在焉了，无法给他的第一个外孙或者唯一的女儿太多关注，他不停地受到给他带来原子弹报告的“常客们”[43]的打扰。

在斯大林和他的高级助手们心中，杜鲁门的真实意图已经不用怀疑。领袖发现广岛“撼动了整个世界，平衡被摧毁”[44]，莫洛托夫同意上司的想法，觉得原子弹的“目标不是日本，而是苏联”[45]。美国人实际上好像是在说：“记住你们没有原子弹，而我们有，如果你们走错一步，这就将是你们的下场！”

作为对轰炸广岛的回应，斯大林进一步加快了进攻日军的计划，8月7日晚上，他命令华西列夫斯基元帅在当地时间8月9日午夜开始攻击日本占领下的中国东北。晚上22点10分，他在克里姆林宫接见了由行政院长宋子文领队的中国代表团。已经没有时间在进攻开始之前和中国就苏联在中国东北的行动达成一致了，国民政府依然反对苏联控制旅顺港、大连港以及沙皇时期连通中国港口、哈尔滨和符拉迪沃斯托克（Vladivostok，海参崴）的铁路线的要求。斯大林盘算着一旦苏联人用坦克把日本人赶出中国东北，中国人就会更理智些。他已经下定决心要得到所有罗斯福在雅尔塔承诺的领土权益，作为加入远东战场的回报，苏联军队要抢在日本被美国人的炸弹恫吓投降之前占领中国东北，这至关重要。

352 苏联媒体还在等待如何报道原子弹新闻的指示，《真理报》在 8 月 8 日当天的报纸第 4 版底端刊载了五段关于杜鲁门声明的梗概，而旁边是一篇长得多的文章——《19 世纪的列宁主义和先进的俄国文化》；头版头条的新闻关注的是乌克兰的丰收。然而苏联公民早已经训练有素，善于从报纸上不起眼的角落去搜寻真实的新闻。一位名叫安德烈·德米特里耶维奇·萨哈罗夫（Andrei Dmitrievich Sakharov）的 24 岁的年轻物理学家①，在去面包房的路上扫了一眼报纸，他目瞪口呆，腿都“不听使唤。毫无疑问我的命运以及很多人的命运，甚至是全世界人的命运，已经在一夜之间改变了。有全新的了不起的东西进入我们的生活中，这是科学界最伟大的发明，也是我崇敬的学科的最伟大发现”[46]。

尽管信息匮乏，普通苏联民众还是和他们的领导人一样快速体会到原子弹的重要性。英国记者亚历山大·沃思（Alexander Werth）报告说原子弹是莫斯科人整天谈论的唯一话题，“新闻对所有人都产生了强烈的抑制作用，人人都很清晰地意识到这是世界大国政治中的新事实，原子弹对苏联造成了威胁。几个苏联悲观主义者在那天同我谈话时都阴郁地表示，苏联不顾一切取得的对德国的胜利，现在‘就像被浪费了一样’”。从上到下，苏联人都确信原子弹的“真实意图……是威胁苏联”[47]。

斯大林也采取措施大规模地拓展苏联自己的核武器项目。

---

① 后来他成为苏联“氢弹之父”。——译者注

他把代号为“一号任务”的原子弹工程委派给秘密警察头子拉夫连季·贝利亚；后者曾在管理苏联的劳改营方面展现出他的组织技巧。领袖明确表示，要不惜一切代价打破美国的垄断，一支由50万人组成的奴隶劳工大军将被用来建造工厂和处理制造原子弹所需的铀矿。库尔恰托夫为从已经崩溃的国民经济中转移资源感到不安，斯大林打消了他的疑虑。“如果孩子不哭，母亲就不知道他需要什么，”他厉声说道，“需要什么就要什么，不会拒绝你的。”

他只要求一个回报：“在最短的时间内，给我们提供核武器。”[48]

8月9日拂晓前，150万苏联红军从2730英里长的边境线涌入中国，从六个不同的方向进攻。他们越过戈壁沙漠朝北京推进，跨越中国东北的高山河流进军哈尔滨，在日本海沿岸茂 353
密的森林中穿梭。这是第二次世界大战中的最后一次大规模精密部署行动，苏联军队占据的“纸面优势在兵力方面为2∶1，坦克和大炮方面为5∶1，飞机方面为2∶1”[49]。苏联军队在喀秋莎火箭炮和坦克铺天盖地的火力掩护下，势不可当地冲向日本守军。由于缺少近期日本人对苏联平民施暴的事迹，为了激励士兵，红军指挥官们唤醒了1905年日俄战争期间的记忆，那场战争以俄国惨败而告终。政工人员告诉他们的部队，时间已经到了，“让我们抹去祖国历史上的污点吧”[50]。

和在欧洲一样，进攻部队后面紧跟着战利品部队，他们拆除工厂厂房和政府建筑，再把设备运回苏联。杜鲁门的赔偿委员会负责人埃德温·波利不久后就去巡查，据他估计，苏联红军对中国东北经济造成的破坏约为20亿美元。波利口中的“蝗虫行动”[51]表面上是针对日本在中国东北的业主，但实际上日

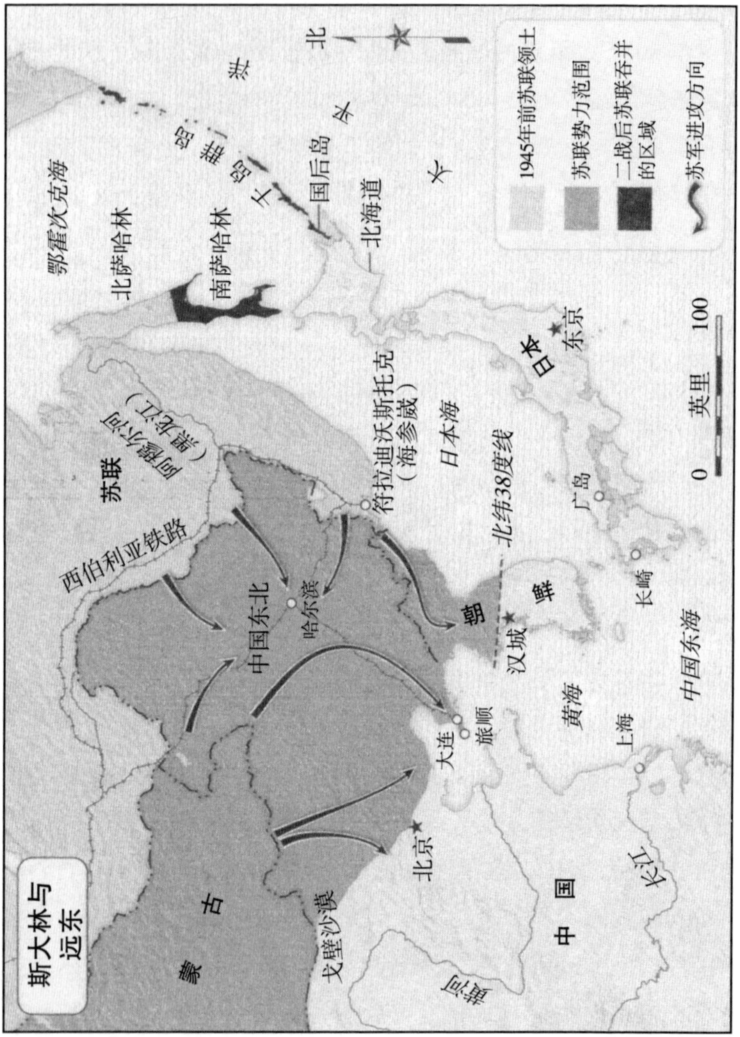
斯大林与远东
鄂霍次克海
北萨哈林
南萨哈林
千岛群岛
国后岛
北海道
太平洋
北
1945年前苏联领土
苏联势力范围
二战后苏联吞并的区域
苏军进攻方向
苏联
阿穆尔河（黑龙江）
西伯利亚铁路
符拉迪沃斯托克（海参崴）
日本海
日本
东京
北纬38度线
广岛
长崎
0 英里 100
中国东北
哈尔滨
朝鲜
汉城
黄海
中国东海
大连
旅顺
上海
北京
蒙古
戈壁沙漠
中国
长江

本人和中国人遭受的待遇“几乎没有不同”。

在苏联泰山压顶般的攻势面前，兵力不足的日本军队很快 354
就发现自己被分割成几个不同的部分。日本人仓皇逃跑，甚至都没能信守承诺让伪满洲国的傀儡皇帝溥仪撤离；他被红军抓获并送往苏联。在占领了中国东北东部以后，红军还横扫朝鲜半岛，并按照和美军的协议，停在汉城（Seoul，首尔）以北的三八线附近。（几天前的深夜，在五角大楼查看了一份《国家地理》杂志的地图以后，两位美军上校建议将三八线作为盟军在朝鲜半岛行动时的“方便的分界线”[52]。）

在竭力推动苏联参与对日战争后，杜鲁门对事件发生的方式一点都不开心。“他们在抢跑，不是吗？”听到从中国东北传来的消息时，他对他的幕僚长评论说。[53]

“是啊，该死的，”莱希海军五星上将说道，“原子弹起作用了。他们希望在一切都结束前插手。”

斯大林的行动很及时，就在红军进攻中国东北10个小时之后，美国陆军航空队的B-29轰炸机在长崎投下了第二枚原子弹。6天后的8月15日，日本宣布投降，在给日本最后一击的竞赛中——苏联陆军对美国陆航——实际上打成平手。第二次世界大战终于结束了，取代它的是新型的全球性冲突，这场冲突将会消耗掉整整一代美国人和苏联人的生命、精力及意识形态的热忱。从二战盟友到冷战对手的完全转变，只用了六个月的时间。

21
原子弹之后

355 1989 年 11 月 9 日，柏林墙的倒塌标志冷战的结束，但没有一件像这样的具体事件标志着冷战的开始。对这场使世界濒临核毁灭的对峙，历史学家根据各自的意识形态偏好以及个人对事件的解读，给出了不同的开始时间。有些人将 1948 年 2 月捷克斯洛伐克的共产党政变当作欧洲被不可避免地分裂为两个对立阵营的时间；其他人则将时间定于 1947 年 3 月，杜鲁门决定为希腊和土耳其提供军事援助，以兑现自己的承诺——支持“各国自由人民抵抗少数武装分子或外来压力所施行的征服活动”。传统历史学家将 1946 年 3 月斯大林拒绝履行从伊朗北部撤军的承诺，视作第一次重大冷战对抗。修正主义者则认为起点是 1945 年 8 月广岛的原子弹爆炸——杜鲁门通过施行“原子弹外交”对抗苏联，引起了数十年的超级大国对抗。

上述这些相互矛盾的历史版本背后的前提是一个或另一个意识形态阵营的政治领导人应该对“冷战”负责。外交史学家
356 们将政治家放在他们叙事的中心，因为他们假设这些伟人决定了大事件的进程。有时候也许的确如此，但有时历史也会按照自己的规律，将最具领袖能力的人做出的决定踩在脚下，向着与他们意愿相反的方向发展。历史可能会被偶发事件劫持，像大公被刺杀，统治者坠入情网，以及天气突然变化。有时候，

它内部的逻辑让深陷矛盾洪流中的人迷惑不已，可是在旁观者看来却清晰明了。

“冷战”就是这样一个历史事件的完美例子，它在一个多世纪以前就已经被预言过，可是却让同时代的人措手不及。在共同对抗纳粹德国的同时，托克维尔笔下的“两个大国”有理由保持同盟并掩盖任何纠纷，但是只要他们共同的敌人被打败，在他们开始直接接触的时候，其政治和意识形态兴趣就会严重相左。事件发展往往是旁观者清，当局者迷。希特勒对历史作用力的把握是扭曲的，偶尔却相当出色，他正确地推断出第三帝国的败亡将会造成“仅有两股能够互相抗衡的势力——美国和苏联”。[1]他进一步预言说“历史和地理的规律将迫使两大势力进行一场角力，无论在军事上还是在经济和意识形态上……同样可以确定，两大势力迟早会发现他们需要欧洲唯一现存的伟大民族——德国人民——的支持”。

实际上，“冷战”早期的所有分水岭事件都可以回溯到1945年2月到8月间的6个月内，这段时间覆盖了罗斯福去世、二战结束、反希特勒同盟的瓦解以及欧洲分裂为对立的政治集团。捷克斯洛伐克的政变，沿袭了雅尔塔会议结束后几周内的罗马尼亚模式，共产主义者利用他们对警察和安全部队的控制，完全掌握了政权。杜鲁门对希腊和土耳其亲西方政权的支持，是在坚定地遵循他早先反对苏联在达达尼尔海峡和地中海建立军事基地的计划。1948年对柏林的封锁①，则是起源于波茨坦

① 这里指的是第一次柏林危机，原文写的是1949年，其实是始于1948年6月24日。当时苏联在获悉美英法三国的占领区内要发行新的德国马克，却将苏联排除在外之后怒不可遏，迅速切断与三国占领区及西柏林的所有公路、铁路及运河连接，并开始封锁柏林，直到1949年5月12日结束。——译者注

会议期间从德国西部进入柏林城的通行权争论。与此同时，斯大林开始明白苏联在战后重建方面几乎得不到西方的任何帮助，
357 他只有一个选择：让已经长期忍受痛苦与折磨的苏联民众做出更多牺牲。这全都和欧洲有史以来最大的一次族群清洗相关，在这期间强制放逐或重新安置了约 2000 万人，主要是日耳曼人，但也有波兰人、犹太人、匈牙利人和其他民族。造成的后果是地缘政治分裂更为严重，波兰需要依赖苏联来保卫它新的西部边界，德国西部被从东部涌入的难民压垮，迫使西方盟国放弃遵守向苏联赔款的承诺。

在雅尔塔和波茨坦由三巨头敲定的临时领土规划，最后形成“冷战”的前线。勃兰登堡门成为德国分裂的象征，横跨哈弗尔河的格利尼克桥，曾是杜鲁门、斯大林与丘吉尔每日来往于巴伯尔斯贝格和波茨坦的 20 分钟通勤路线的一部分，“冷战”时期这座桥成为交换间谍的地点。1 英里宽的无人区里布满哨岗和铁丝网，蜿蜒着穿过大地，标志着丘吉尔（以及约瑟夫·戈培尔）命名的“铁幕”。在亚洲，斯大林成功地将萨哈林岛（库页岛）和千岛群岛纳入苏联版图，成为与日本新一轮领土争端的舞台。朝鲜半岛上，三八线成为亚洲的“柏林墙”，分隔了社会主义的朝鲜和资本主义的韩国。二战刚结束，东西方对峙最重大的转变是在伊朗北部，意识到苏联红军战线过长，而且被突然崛起的杜鲁门政权施以巨大压力后，斯大林对“南阿塞拜疆”的支持戛然而止。1946 年 5 月，在原定时间表过去了 3 个月后，最后一支苏联军队撤出伊朗北部，自治共和国迅速土崩瓦解。

“冷战”这个词直到 1947 年才进入政治词典，让它流行起来的是美国金融家伯纳德·曼内斯·巴鲁克（Bernard Mannes

Baruch）和政治评论家沃尔特·李普曼（Walter Lippmann），但这个词的使用可以追溯到 1945 年 10 月 19 日乔治·奥威尔（George Orwell）的文章，他是新近出版的反极权主义讽刺小说《动物庄园》的作者。写到进入原子弹时代时，奥威尔警示了对立的超级大国之间的僵局，双方都具备了摧毁世界的能力。一旦一个国家掌握了原子弹，它将变得不可征服，结果就会出现“像古代的奴隶帝国一样稳固的时代”，以持久“冷战”状态为特征的“没有和平的和平状态”[2]。

政治家在左右事态的发展方面力量有限，他们中最冷酷和 358
最固执的约瑟夫·斯大林，也不过是造就了他的力量的囚徒。有充足的证据证明他更愿意同资本主义列强缓和一段时期，用来为十年或二十年后的新战争做准备。他准备做一些妥协，以便让自己有选择的余地，但是不会牺牲他的任何核心利益：包括新到手的帝国的统一，苏联政权的延续，以及消除威胁到他的苏联最高领导人权威的一切。但是，即便如此，也并不意味着他可以做任何他想做的事情。最了解他的美国人埃夫里尔·哈里曼觉得，“认为斯大林与希特勒一样只是坐在克里姆林宫里发号施令是一种荒谬的想法，他采取的是另一种不同的控制方式”[3]。大使举了东欧的例子，当地的领导人依靠苏联提供的保护来对抗他们自己国家中“反苏和反共的”民众，大使坚信斯大林给这些领导人的建议是，“如果你敢举行自由选举，你就将失去这个国家”。

斯大林否定了任何在东欧复制苏联政权的企图，他发明了一个新名词——“人民民主”，这让他帝国的每一部分都按照与自己的民族传统一致的步伐向社会主义迈进。共产主义者在任何地区都是少数，他们的统治方式是和其他“进步”势力联合，一旦这些新政权认可苏联的领导地位，他们就会获准有一定程度的政治自治权。只要可以在自己认为重要的问题上随心所欲，斯大林就非常愿意和人民选举出的资产阶级政治家打交道，如捷克斯洛伐克总统爱德华·贝奈斯（Edvard Benes）。然而这是件办不到的事情，问题就在于苏联的统治在波兰、匈牙利、捷克和罗马尼亚无法得到普遍的认同。如果有机会自由表达自己的观点，他们会拒绝克里姆林宫提供的受限的变异主权，斯大林在 1945 年 11 月允许匈牙利进行一次相对自由的议会选举，眼睁睁看着他的盟友只得到 17% 的选票。无法命令大多数人支持，苏联人和他们的东欧追随者被迫依靠不断减少的少数族裔。总有一边会占上风，随着事件发展的逻辑变得明晰，进行政治操纵的空间也越来越小，从华沙到布拉格，到布达佩斯，再到索非亚，一党专政成了唯一的解决办法。

359 斯大林不允许在东欧举行自由选举更加剧了他和西方国家的困境。美国领导人至少和苏联领导人一样有自己的意识形态，他们以自己的方式致力于前总统威尔逊所说的必须使世界“对民主无害”，美国是一座“高山上的闪光城市”，它的灯塔将会照亮其他人类。无论是否态度鲜明，美国人总表现得想要世界上所有国家都采用他们的自由人民、自由市场，以及自由言论的那一套混合体，对自由民主的普遍化信仰深深根植于美利坚民族的灵魂之中，但是却不能为斯大林所接受，因为这危及了他权力的根源。“这场战争不同以往，”他告诉南斯拉夫共产主义者米洛万·吉拉斯，“无论谁占据了一片土地，就会将自己的社会制度加诸其上。他的军队走多远，其制度就能走多远，没有例外。”[4]

美国试图规避领袖的大国政治铁律，苛求在他们从来没有征服过的土地上举行自由选举。

到1945年夏天，美国和苏联都积攒了大量证据指责对方没能遵守《雅尔塔协议》中的约定。苏联人在东欧违背了他们的誓言；美国人在赔款方面回避他们的承诺。安抚的花言巧语和措辞含混不清的公告费力地掩饰着战时同盟之间根深蒂固的分歧，而这一切，只是在时机合适时为他们提供互相攻击的弹药。

波茨坦会议之后，苏联和西方盟友的关系急剧恶化。9月，莫洛托夫在伦敦会见了美国国务卿，但在美国拒绝让苏联在战后的日本事务方面发挥实质性作用后，双方陷入了僵局。斯大林已经决定是时候摘下西方“友善的面纱”[5]了，“这是美国一直渴望保持的假象”。他指示莫洛托夫在东欧问题方面“坚定立场”[6]，“盟军正在对你施压，动摇你的意志，让你妥协”[7]，他从莫斯科给“石臀”发加密电报，“很显然你需要表现出决不妥协的劲头”。斯大林觉得最好是让伦敦会议以失败告终，而不是和“自称是我们盟友的人”达成另一个协议来掩盖已经不可调和的分歧，会谈最后确实是失败了。

10月24日，斯大林和哈里曼最后一次会面，疲惫的苏联领导人正在格鲁吉亚北部高加索山脉脚下加格拉的海滨别墅“休假”，此次休假已经推迟很久了，不过他还是同意会见杜鲁 360
门的特使。就私人层面而言，会面非常顺利，尽管斯大林还在抱怨日本问题没有咨询他的意见，他觉得如果要坦率行事的话，“苏联应该退出日本，而不是像一件家具一样摆在那里”。然而不妙的是，他提到了苏联可能会采取孤立的对外政策，他告诉哈里曼自己从来都不想采取这种政策，但是现在觉得“这也没什么不好”[7]。哈里曼明白他说的孤立主义并不是美国人惯常理解的那个意思，即一个大国在处理己方事务的时候只考虑自己，而是“增强战斗性和自力更生”。

美方的态度也正在变得强硬，在 1946 年 2 月乔治·凯南从莫斯科发回的电报中，他们发现了这种态度，这份电报后来被称作“长电报”。哈里曼离开后，留下来独自照料莫斯科大使馆的乔治·凯南给自己定了个目标，他要告诉华盛顿的上司们苏联的本质到底是什么。这封长达 5350 个单词的电文内容几乎全是他在国务院备忘录中的老生常谈，备忘录尘封在档案中无人问津，不同的是这回他终于得到一个人的认同。在伊朗北部危机的刺激下，杜鲁门政府的高级官员终于开始关注一直不受重视的外交系统的诉求。凯南描绘了一幅黯淡的画面：用心险恶的极权主义势力决心要摧毁“我国的国际权威”，以及“我们社会的内部和谐”，但是他也提供了解决办法。他发现克里姆林宫“不会冒没必要的风险，他们对于理性逻辑无动于衷，但是对武力却非常敏感。出于这个原因，如果在任何地方遭遇强烈抵抗的话，它很容易便会退缩，通常情况也正是如此”。凯南的处方成为称为“遏制政策”的美国新外交政策理论的基础。

如果冲突的结果很明晰的话，在瓜分二战战利品方面达成和平妥协也许还是有可能的，但是情况却并非如此。苏联和美国的利益在世界很多地方都有重叠，斯大林痛恨失去了处置战后日本的话语权；杜鲁门则不愿意承认匈牙利、罗马尼亚和保加利亚等由苏联主导的政权；斯大林坚持要求在利比亚进行“托管统治”——或者叫半殖民地化；杜鲁门决心牢牢抓住美国在柏林的立足之处。在外交谈判中，双方都遵循的原则是“我的是我的，你的我也要抢过来”。潜在的冲突爆发点比比皆
361 是，从朝鲜半岛到伊朗北部，从巴尔干半岛到战败的第三帝国的中枢。

1947～1949 年的激烈对抗紧随着 1945 年的欢愉、失望和动荡而至，就像夜晚紧随黄昏而来一样。历史记录显示没有一位政要想要“冷战”，杜鲁门、丘吉尔、罗斯福和斯大林都在以自己的方式竭力避免把世界分裂为意识形态对立的军事阵营。但就算是最强有力的军阀，也无法撼动亚历克西·德·托克维尔在一个多世纪之前说的“上天的意志”。

致　谢

不夸张地说，我就是个“冷战”的孩子。1950 年，托我外交官父母的福，我在 8 周大的时候就来到苏联，那时候斯大林还如日中天，对邪恶的帝国主义者进行口诛笔伐。我童年时的记忆包括在红场上观看阅兵，被克格勃监视，在古巴导弹危机期间等待核战爆发。在回到“铁幕”另一边的旅程中，我仍然能把一些颜色和气味同苏联的共产主义联系起来，激发起那些令人吃惊的清晰感觉。以这样或那样的方式，我在人生中总是在思考着“冷战”，不管是作为一个在莫斯科和华沙长大的男孩，还是作为报道共产主义解体的记者，抑或是作为一个钻研丘吉尔、杜鲁门、肯尼迪、赫鲁晓夫、里根和戈尔巴乔夫文献的历史学家。

本书的出版完成了我的“冷战三部曲”。我从终点开始写起，在 1997 年的《打倒老大哥》（*Down with Big Brother*）一书中描述了苏联解体的奇特故事。在我的上一本书《午夜将至》[①]（*One Minute to Midnight*）里，我研究了冷战的高潮，即 1962 年 10 月世界处于被核武器毁灭边缘的时刻。本书《1945 年的六个月》（*Six Months in* 1945）描述了一切是如何开始的，关注的是

① 《午夜将至》已由社会科学文献出版社甲骨文工作室于 2015 年出版。——编者注

从二战盟友转变为“冷战”对手的历史性事件。这三本书总体上是为了抓住20世纪意识形态冲突的明确轨迹，覆盖了欧洲大陆在44年的时间里的分裂和重新统一。

一路上如果没有别人的帮助和鼓励，这项工程将不可能成功。感谢我的父母，让我了解了苏联和东欧，并让我走上记者和作家的道路。感谢我曾工作过的地方，特别是《华盛顿邮报》，它赞助了我在“铁幕”后的报道活动，尤其是1988～1993年在莫斯科供职的5年。我在美国一流大学中度过的时间，包括哈佛大学、普林斯顿大学和密歇根大学，极大地加深了我对“冷战”的理解。最近，我又从华盛顿的威尔逊国际学者中心及美国和平研究所受惠，他们通过奖学金和经费来支持我的研究。

在研究叙事史学的过程中，收获的快乐之一就是能有机会追随书中人物的脚步，想象自己从天花板上凝视正在做出重大决定的他们。有时候你想鼓掌，有时候你会为他们的错误和误算摇头叹息，但总是令你着迷。通过不同的名义，我参观了书中描述的大部分地点，从雅尔塔的里瓦几亚宫和波茨坦的赛琪琳霍夫宫，到莫斯科的克里姆林宫和华盛顿的白宫。万分感谢威廉·德罗兹迪亚克（William Drozdiak）、加里·史密斯（Gary Smith）和已故的理查德·霍尔布鲁克（Richard Holbrooke），帮我申请了资金考察在本书最后四章中描述的地点；乌尔丽克·格拉尔夫斯（Ulrike Graalfs）和斯特凡妮·布里（Stephanie Buri）安排我到巴伯尔斯贝格的斯大林和杜鲁门居所，以及卡尔斯霍斯特的苏联军事博物馆参观，这是1945年纳粹德国投降的地方。在柏林的时候，我还在易北河畔度过了美妙的一天，追寻二战最后几周美国和苏联先头部队在托尔高附近会师的路线。

为了搜寻档案，我专程去了柏林联邦档案馆、英国剑桥大学的丘吉尔档案馆、伦敦国家档案馆、密苏里州独立城的杜鲁门图书馆，还到了纽约海德公园的罗斯福图书馆。踏上归途前，我还在马里兰大学美国国家档案馆新馆、国会图书馆手稿部以及宾夕法尼亚州卡莱尔的美国军事历史研究所度过了一段很长的快乐时光。虽然无法将帮助过我的人一一列举出来，但我想特别感谢杜鲁门图书馆的萨姆·卢谢（Sam Rushay）、军事历史研究所的戴维·基奥（David Keough）、国会图书馆的约翰·海恩斯（John Haynes）和丘吉尔档案馆的艾伦·帕克伍德（Allen Packwood）。在伍德罗威尔逊中心，我的勤劳能干的助理研究员亚历山大·乔尔内（Oleksandr Chornyy）帮助我查证了美国陆航在波尔塔瓦失败的行动，这些文件都保存在乌克兰安全机构中。

冷战爱好者和朋友们的活跃见解让我获益良多，他们中包括马蒂·舍温（Marty Sherwin）、戴维·霍洛韦（David Holloway）、梅尔文·莱弗勒（Melvyn Leffler）、罗纳德·苏尼（Ronald Suny）、玛莎·李普曼（Masha Lipman）和谢尔盖·伊万诺夫（Sergei Ivanov）。和我写前几部书时一样，国家安全档案馆的汤姆·布兰顿（Tom Blanton）和斯韦特兰娜·萨夫兰斯卡娅（Svetlana Savranskaya）给我提供了非常宝贵的鼓励和支持。我们一起参观格鲁吉亚哥里（Gori）的斯大林博物馆，给我留下了美好的回忆，那座博物馆收藏着将苏联领导人送往雅尔塔和波茨坦的火车车厢。里克·阿特金森（Rick Atkinson）为二战最后的战斗提供了无价的见解，阿维斯·波伦和西莱斯特·波伦分享了他们的父亲查尔斯·波伦的回忆录，他是本书中的人物之一。我很感激邻居们对我们的款待和友爱，保罗和史蒂芬妮·泰勒，还有戴维和阿妮塔·恩索尔，他们来自苏联和东欧，与我志趣相投。

和我同名的远房表兄被我们家的人称为“假迈克尔·多布斯”，其实他是更广为人知的热播电视剧《纸牌屋》的编剧，他收到了很多原本是发给我的电子邮件，再耐心地转发给我。我现在已经有了自己的网站——www. coldwartrilogy. com——他知道后会很高兴的，从这里读者可以直接与我交流。我俩都对探寻家族在爱尔兰的老家很感兴趣，还对温斯顿·丘吉尔很着迷。我很感激我的弟弟杰弗里·多布斯（Geoffrey Dobbs），他是获得巨大成功的斯里兰卡加勒文学节的创办者，是他让我们聚在一起，通过小说和非小说家的眼光来讨论丘吉尔。在家庭方面，我还必须提一下我能干的侄女蕾切尔·多布斯（Rachel Dobbs），她帮我创建了社交网站以推广我的二战书籍。当然，还有我的母亲玛丽·多布斯（Marie Dobbs），1947 年她来到莫斯科时还是个充满好奇心的澳大利亚年轻人，后来在这座城市逗留的时间远超过她最初的预期。我对苏联战争刚结束时的见解，有很大一部分都是在和母亲及我已过世的父亲的谈话中成型的。

还要特别感谢克诺夫出版社（Knopf），他们是我的三本冷战书籍的出版商。我在克诺夫的首位编辑是传奇人物阿什贝尔·格林（Ashbel Green），他是安德烈·萨哈罗夫（Andrei Sakharov）和米洛万·吉拉斯（Milovan Djilas）的图书出版人。接替阿什贝尔的则是更出色的安德鲁·米勒（Andrew Miller），他提供了非常棒的建议，并一丝不苟地关注细节。安德鲁·卡尔森（Andrew Carlson）和马克·奇乌萨诺（Marc Chiusano）负责本书的制作过程，协助他们的是制作经理莉萨·蒙特贝洛

（Lisa Montebello），制作编辑玛丽亚·马西（Maria Masey），设计师玛吉·欣德斯（Maggie Hinders），还有文字编辑休·贝茨（Sue Betz）。感谢贾森·布赫（Jason Booher）提供了精美的封面（风格很像他给畅销的《午夜将至》设计的封面），还要感谢米歇尔·萨默斯（Michelle Somers）在出版方面的帮助。我在《华盛顿邮报》的前同事，吉恩·索普（Gene Thorp）在地图方面做了出色的工作。我还要一如既往地感谢我的经纪人雷夫·萨加林（Rafe Sagalyn），他无数次指引我到正确的方向上去。需要感谢的还有许多前《华盛顿邮报》的记者。

最后，我要感谢我的妻子莉萨，以及我的孩子们，他们让这一切成为可能，忍受了我的痴迷和长期外出。这本书是献给我的儿子约瑟夫·塞缪尔（Joseph Samuel）的，这个名字来自他的爱尔兰祖父和俄国犹太人曾祖父。有了这笔遗产，世界将向他敞开大门。

注　释

注释中的缩写

ARB	Anna Roosevelt Boettiger
CNN CW	Cold War program transcripts, King's College, London
CWIHPB	*Cold War International History Project Bulletin,* Woodrow Wilson International Center for Scholars, Washington, D.C.
FDRL	Franklin D. Roosevelt Library, Hyde Park, N.Y.
FRUS	*Foreign Relations of the United States,* multivolume diplomatic papers series published by United States Department of State (see bibliography)
FRUS YALTA	*The Conferences at Malta and Yalta, 1945*
FRUS POTSDAM	*The Conference of Berlin (Potsdam conference), 1945,* vols. 1 and 2
FRUS 1945	*Diplomatic Papers, 1945,* vols. 3, 4, and 5
HSTL	Harry S. Truman Library, Independence, Mo.
HST1	Harry S. Truman, *Year of Decisions,* vol. 1 of *Memoirs*
HST2	Harry S. Truman, *Off the Record: The Private Papers of Harry S. Truman*
HST3	Harry S. Truman, *Dear Bess: Letters from Harry to Bess Truman, 1910–1959*
HSY	Henry Stimson diary, Yale University Library
LCD	Joseph Davies Collection, Library of Congress
LCH	Averell Harriman Collection, Library of Congress
LCS	Cortland Schuyler Collection, Library of Congress
LCV	Dmitri Volkogonov Collection, Library of Congress
MED	Manhattan Engineer District records, NARA
MHI	Military History Institute, Carlisle, Pa.
NARA	National Archives and Records Administration, College Park, Md.
NYT	*New York Times*
OH	Oral history
PRO	Public Record Office, London
WSC CC	Winston S. Churchill Papers, Churchill College, Cambridge

WSC TT Winston S. Churchill, *Triumph and Tragedy,* vol. 6 of *The Second World War*

WSC7 Martin Gilbert, *Road to Victory,* vol. 7 of *Winston S. Churchill*

WSC8 Martin Gilbert, *Never Despair,* vol. 8 of *Winston S. Churchill*

1 罗斯福

1 Jim Bishop, *FDR's Last Year,* 300; William Leahy, *I Was There,* 295–96.

2 Anna Roosevelt Boettiger diary, FDRL; Robert Meiklejohn diary, 620, LCH.

3 Robert H. Ferrell, *The Dying President,* 89.

4 Doris Kearns Goodwin, *No Ordinary Time,* 494–95; Jean Edward Smith, *FDR,* 602–5.

5 Howard Bruenn notes, February 4, 1945, FDRL; Ferrell, *Dying President,* 104.

6 ARB diary, February 3, 1945, FDRL; Michael F. Reilly, *Reilly of the White House,* 211–12.

7 Averell Harriman and Elie Abel, *Special Envoy to Churchill and Stalin,* 391.

8 Harriman and Abel, 346.

9 Kennan letter to Bohlen, January 26, 1945, Princeton Mudd Library.

10 WSC7, 1171.

11 Charles Moran, *Churchill at War, 1940–1945,* 267.

12 ARB diary, February 3, 1945, FDRL; Secret Service report on FDR's trip to Yalta, July 5, 1945, FDRL.

13 Pierson Dixon, *Double Diploma,* 137.

14 Harry Hopkins to FDR, January 24, 1945, FDRL; Winston Churchill to FDR, January 26, 1945, FDRL.

15 Laurence S. Kuter, *Airman at Yalta,* 114.

16 Maureen Clark notes on Yalta, Ralph Edwards Papers, REDW 2/20, WSC CC.

17 ARB letter to husband, John Boettiger, February 4, 1945, Boettiger Papers, FDRL. See also FDR report to Congress, March 1, 1945.

18 Sarah Churchill, *Keep On Dancing,* 74.

19 Meiklejohn diary, 613, LCH.

20 ARB diary, February 3, 1945, FDRL.

21 Admiral Wilson Brown, unpublished manuscript, 185, FDRL.

22 Alexander Cadogan, *The Diaries of Sir Alexander Cadogan, O.M., 1938–1945,* 702.

23 Reilly, 212.

24 ARB diary, February 3, 1945, FDRL.

25 "Sekretnaya Operatsiya Argonavt," *ForPost* (Sevastopolonline newspaper), June 10, 2009.

26 Norris Houghton, "That Was Yalta, Worm's Eye View," *New Yorker,* May 23, 1953.

27 Kathleen Harriman letter to Pamela Churchill, February 7, 1945, cited in Jon 1945, cited in Jon Meacham, *Franklin and Winston,* 316.

28 Frank McNaughton notes, March 1, 1945, HSTL.

29 Greg King, *The Court of the Last Tsar,* 440–51.

30 King, 437.

31 Meiklejohn diary, 625, LCH.

32 ARB diary, February 4, 1945, FDRL.
33 ARB diary, January 25, 1945, FDRL.
34 FDR address to American Youth Congress, February 11, 1941.
35 FDR to Churchill, March 18, 1942, FDRL.
36 Georg Tessin and Christian Zweng, *Verbände und Truppen der deutschen Wehrmacht und Waffen-SS im Zweiten Weltkrieg, 1939–1945.*
37 Max Hastings, *Armageddon,* 97–98.
38 Rüdiger Overmans, *Deutsche militärische Verluste im Zweiten Weltkrieg,* 336.
39 Speech to the House of Commons, August 2, 1944.
40 Speech to Oglethorpe University, May 22, 1932.
41 FDR letter to Edgar Snow, January 2, 1945, PSF: Russia, FDRL.
42 John Gunther, *Roosevelt in Retrospect,* 356.
43 Charles Moran, *Churchill: The Struggle for Survival, 1940–1965,* 143.
44 Harriman and Abel, 369–70.
45 Houghton, "That Was Yalta."

2 斯大林

1 许多历史学家错误地报道斯大林抵达雅尔塔是在2月4日凌晨。但斯大林在2月1日发给丘吉尔的电报中说他已抵达"会议所在地"。see Fleece 77. PREM 4/78/1, PRO.
2 Kathleen Harriman interview, *Cold War* (CNN TV series), CNNCW; Dmitri Volkogonov, *Stalin,* 488; Harriman memo, September 24, 1944, FRUSYALTA, 5.
3 A. H. Birse, *Memoirs of an Interpreter,* 178. The railway car is on display at the the Stalin museum in Gori, Stalin's birthplace.
4 Beria report to Stalin, January 8–27, 1945, reprinted in *Istoricheskii Arkhiv,* No. 5, 116–31, 1993.
5 Laurence Rees, *World War II Behind Closed Doors,* 253.
6 Norman M. Naimark, *Fires of Hatred,* 102; Rees, 267–71.
7 Gerard Pawle and C. R. Thompson, *The War and Colonel Warden,* 357–58.
8 Beria, January 27, 1945, *Istoricheskii Arkhiv.*
9 Quoted in Robert Tucker, *Stalin as Revolutionary,* 460.
10 Svetlana Alliluyeva, *Only One Year,* 359–61, 372.
11 Melvyn Leffler, *For the Soul of Mankind,* 29.
12 Pavel Sudoplatov et al., *Special Tasks,* 222.
13 U.S. Department of State, *Conferences in Cairo and Tehran,* 583; Harriman and *ran,* 583; Harriman and Abel, 276.
14 FRUS YALTA, 582.
15 Zhukov to Stalin, January 29, 1945, LCV.
16 NYT, Feb. 5, 1945.
17 Tony Le Tissier, *Zhukov at the Oder,* 40.
18 Russian minutes, in Andrei A. Gromyko, ed., *Sovetskii Soyuz na Mezhdunarodnikh Konferentsiyakh Perioda Velikoi Otechestvennoi Voiny,* vol. 4, 48–49.
19 WSC TT, 347–49.
20 Volkogonov, *Stalin,* 475.
21 Vladimir Pavlov, autobiographical notes, *Novaya i Noveishaya Istoriya,* no. 4 (2000), 109.

22 Charles H. Donnelly, unpublished manuscripts, 719, MHI.
23 Charles E. Bohlen, *Witness to History,* 180.
24 Frances Perkins, *The Roosevelt I Knew,* 85.
25 Bohlen minutes, FRUS YALTA, 570–73; Gromyko, ed., *Sovetskii Soyuz,* 49–51. Unless otherwise noted, Yalta conference quotes are from FRUS YALTA. In some cases, I have changed reported speech to direct speech.
26 Harriman to FDR, September 24, 1944; FRUS YALTA, 5.
27 Secret Service log, FDRL.
28 King, 451.
29 ARB to John Boettiger, February 9, 1945, FDRL; Wilson Brown manuscripts, 185, 185, FDRL.
30 Contemporaneous diary quoted by Denis Richards, *The Life of Marshal of the Royal Air Force, Viscount Portal of Hungerford,* 287.
31 Milovan Djilas, *Conversations with Stalin,* 61.
32 Richards, 288.
33 Kuter, 138; Houghton, "That Was Yalta."
34 Houghton, "That Was Yalta."
35 Harriman and Abel, 395; ARB Yalta diary, FDRL.
36 Bohlen, 174; Edward R. Stettinius Jr., *Roosevelt and the Russians,* 111; Kathleen Harriman to Pamela Churchill, February 7, 1945, quoted in Geoffrey Roberts, *Stalin's Wars,* 238. Pamela Digby Churchill later married Averell Harriman.
37 Field Marshal Lord Alanbrooke, *War Diaries, 1939–1945,* 657; John Martin, unpublished diary, WSC CC.
38 Bohlen notes, FRUS YALTA, 589–91; Stettinius, 111–15. Acopy of the dinner menu can be found in FDRL.
39 WSC7, 1175.
40 Anthony Eden, *The Reckoning,* 593.
41 Edvard Radzinskii, *Stalin,* 470. Stalin scribbled the word "teacher" on his copy copy of Alexey Tolstoy's play *Ivan the Terrible,* which was published in 1942.

42 Maureen Perrie, *The Cult of Ivan the Terrible in Stalin's Russia,* 87.

3 丘吉尔

1 Message from John Martin to Private Office, Jason 117, February 4, 1945, PRO.
2 Pawle and Thompson, 352.
3 Fleece 139, Jason 137, PREM 4/78/1, PRO.
4 Jean Edward Smith, *FDR,* 543.
5 Charles Moran, *Churchill at War, 1940–1945,* 274.
6 Marian Holmes Spicer diary, February 3, 1945, WSC CC.
7 Churchill appointment diary, WSC CC.
8 Winston Churchill, *The Gathering Storm,* 421.
9 Mary Soames, *Clementine Churchill,* 317.
10 Cadogan, 703.
11 Sarah Churchill, 75.
12 丘吉尔在他的自传《胜利与悲剧》的第六卷中，对沃龙佐夫与赫伯特的关系给出了一个不准确的解释。叶卡捷琳娜·沃龙佐娃是谢苗·沃龙佐夫伯爵的女儿，也是米哈伊尔·沃龙佐夫唯一的妹妹，于1808年嫁给了彭布罗克第11世伯爵乔治·赫伯特。

13 Moran, *Churchill at War, 1940–1945,* 264.
14 Martin Gilbert, *Finest Hour,* 1273.
15 John R. Colville, *The Fringes of Power,* 564.
16 WSC TT, 353.
17 WSC TT, 226–28.
18 WSC broadcast, June 22, 1941, see Richard Langworth, ed., *Churchill by Himself,* 146.
19 January 24, 1944, Downing Street, WSC; Langworth, ed., 144.
20 Isaac Deutscher, *Stalin,* 490.
21 Soames, *Clementine Churchill,* 399.
22 WSC7, 664.
23 George F. Kennan, *Memoirs, 1925–1950,* 524–26.
24 October 1, 1939 (radio broadcast); Langworth, ed., 145.
25 FRUS YALTA, 621; see also James Byrnes, *Speaking Frankly,* 27. 作为一名训练有素的法庭速记员，伯恩斯在雅尔塔会议上的笔记，有时比官方的笔记更完整。
26 Cadogan, 704.
27 Martin Papers, WSC CC.
28 Maureen Clark Papers, REDW2, WSC CC.
29 Dixon, 137–38; Joan Bright Astley, *The Inner Circle,* 194–95. I have also drawn on the diaries of Maureen Clark and Elizabeth Onslow, WSC CC.
30 Richards, 286–87.
31 Kuter, 122.
32 WSC7, 1167.
33 Sarah Churchill, 76.
34 Joint press conference with FDR, Quebec, Canada, September 16, 1944.
35 WSC TT, 343.
36 Brian Lavery, *Churchill Goes to War,* 8.
37 Bohlen, 174.
38 Robert Hopkins, *American Heritage,* June/July 2005.
39 Winston Churchill, *The Grand Alliance,* 432.
40 Patrick Kinna, OH, WSC CC; Warren F. Kimball, ed., *Churchill and Roosevelt,* vols. 1, 4.
41 Colville, 624; Moran, *Churchill at War,* 277.
42 Cadogan, 705; ARB to John Boettiger, February 7, 1945, FDRL.
43 William M. Rigdon, *White House Sailor,* 150–51. 1月24日，霍普金斯给罗斯福发了一条关于沃森的讽刺性消息，称他很遗憾听到总统的军事顾问“像往常一样晕船”。

4　波兰

1 Jean Edward Smith, *FDR,* 591.
2 WSC TT, 368.

3 Maisky diary, published in O. A. Rzheshevskii, *Stalin i Cherchill,* 506.
4 FRUS YALTA, 686; see also Eden, 593–94.
5 Bohlen, 188.
6 ARB to John Boettiger, February 7, 1945, FDRL.
6 Byrnes, *Speaking Frankly,* 59.
7 ARB to John Boettiger, February 7, 1945, FDRL.
8 Seweryn Bialer, ed., *Stalin and His Generals,* 619.
9 Stephen F. Cohen, *Bukharin and the Bolshevik Revolution,* 346.
10 V. I. Chuikov, *The Fall of Berlin,* 120. 在苏联杂志刊登的一篇早期文章中，崔可夫说这段对话发生在2月4日。在朱可夫质疑原始记录的准确性之后，他更改了日期。
11 WSC7, 1187.
12 FRUS YALTA, 232. See also map on population transfers, 233.
13 Alfred M. de Zayas, *Nemesis at Potsdam,* 66; Alexander Werth, *Russia at War,* 965.
14 Cadogan, 706.
15 Feliks Chuev, *Molotov Remembers,* 54.
16 Alliluyeva, *Only One Year,* 390; Roman Brackman, *The Secret File of Joseph Stalin,* 331.
17 Rees, 185.
18 Djilas, 61.
19 Deutscher, 517.
20 FRUS YALTA, 379–83, 896–97.
21 Sergo Beria, *Beria, My Father,* 93, 104–5.
22 Rigdon, 153.
23 Andrei Gromyko, *Memoirs,* 89. The State Department paper on the Kuriles was prepared by George H. Blakeslee, December 28, 1944, FRUS YALTA 379–83. See also Tsuyoshi Hasegawa, *Racing the Enemy,* 34–37.
24 V. M. Berezhkov, *At Stalin's Side,* 240.
25 Bohlen, 195–99.
26 Donnelly, 721, MHI; FRUS YALTA, 769–71.
27 Donnelly, 721, MHI.
28 Byrnes, *Speaking Frankly,* 32; FRUS YALTA, 790.
29 ARB to John Boettiger, February 9, 1945, FDRL.
30 Sarah Churchill 77.
31 Alanbrooke, 660.
32 Nikita S. Khrushchev, *Khrushchev Remembers,* 300–301.
33 Svetlana Alliluyeva, *Twenty Letters to a Friend,* 137; Alliluyeva, *Only One Year,* 384.
34 Gromyko, *Memoirs,* 368.
35 Dinner menu, PSF: Crimean Conference, FDRL.
36 WSC TT, 361–64, 391; FRUS YALTA, 797–99.
37 Richards, 288.
38 Kathleen Harriman, OH, CNN CW.
39 Kathleen Harriman to sister, February 9, 1945, LCH.
40 FRUS YALTA, 798; WSC TT, 363.
41 Richards, 288; Birse, 184. 波伦在他28年后出版的回忆录中（第182页）说这是戏言。我所依赖的是同时代的波特尔的记录，伯尔塞也持此看法。

43 Holmes diary, WSC CC; WSC7, 1195.
44 Bruenn notes, February 8, 1945, FDRL.

5　大规划

1 Stettinius, 204.
2 Ferrell, *The Dying President,* 85.
3 ARB to John Boettiger, February 9, 1945, FDRL.
4 Elbridge Durbrow, OH, May 1973, HSTL.
5 John Morton Blum, ed., *From the Morgenthau Diaries,* 197.
6 George M. Elsey, *An Unplanned Life,* 42; Leahy, 314.
7 FDR press conference, April 7, 1944, cited by Bishop, 19.
8 FDR press conference, February 23, 1945, FDRL.
9 James Reston, *Deadline,* 164; see also Vandenberg speech to the U.S. Senate, January 10, 1945.
10 Stettinius, 204.
11 Eden, 595.
12 Eden, 337; for Stalin's failure to read the proposed UN charter, see FRUS YALTA, 666; Byrnes, *Speaking Frankly,* 36–37.
13 FRUS YALTA, 862, 977.
14 巴扎诺夫引用斯大林的话说，在1923年的党代会之前，“我认为党内的哪个人投票或怎么投票完全不重要，重要的是谁来计票，以及如何计票。”
15 Kuter, 172.
16 Bruenn notes, February 10, 1945, FDRL.
17 Leahy, 315–16.
18 FRUS YALTA, 920.
19 FRUS YALTA, 851, 846.
20 Hugh G. Gallagher, *FDR's Splendid Deception,* 205; Eden, 599.
21 ARB to John Boettiger, February 10, 1945, FDRL.
22 Chuev, 51.
23 Ralph B Levering et al., *Debating the Origins of the Cold War,* 15.
24 Chuev, 46.
25 FDR letter to Stalin, October 4, 1944, quoted in Susan Butler, ed., *My Dear Mr. Stalin,* 260.
26 Djilas, 91.
27 WSC TT, 391.
28 Marian Holmes diary, WSC CC; see also Hugh Lunghi interview, CNN CW; Nina Sturdee Papers, ONSL1, WSC CC.
29 Stettinius, 206.
30 WSC TT, 392.
31 Pim recollections, cited in WSC7, 1209.
32 Stettinius, 279; see also Dixon, 146–47.

33 Meiklejohn diary, 630, LCH.
34 *Life,* March 12, 1945.
35 Sarah Churchill, 77–78; Holmes OH, WSC CC.

6 欢愉

1 Dixon, 148; WSC7, 1216; Clementine Churchill to WSC, February 13, 1945, WSC CC.
2 Martin diary, February 13, 1945, WSC CC; WSC7, 1214.
3 WSC TT, 394–95.
4 Robert E. Sherwood, *Roosevelt and Hopkins,* 871.
5 Crimea conference folder, FDRL.
6 Sherwood, 870.
7 Kennan memorandum, February 14, 1945, Kennan Papers, Princeton University.
8 February 4, 1945, plenary, FRUS YALTA, 583; see also FRUS YALTA, 557, and Hastings, *Armageddon,* 336.
9 Colville, 562.
10 ARB OH, Columbia University; Geoffrey C. Ward, ed., *Closest Companion,* 395–96.
11 WSC7, 1222–23; FRUS YALTA, xi.
12 Samuel I. Rosenman, *Working with Roosevelt,* 523–24.
13 Sherwood, 874.
14 Colville, 560.
15 Władysław Anders, *An Army in Exile,* 86.
16 HQ Eighth Army memos, February 17 and March 5, 1945, PSF Poland, FDRL; British war office memos, WO 204/5560, PRO.
17 Alanbrooke, 665.
18 WSC TT, 759; Polish communiqué, reported in NYT, February 14, 1945.
19 Anders, 256.
20 Hugh Dalton, *The Second World War Diary of Hugh Dalton,* 836.
21 Churchill draft, CHAR 9/206 A, WSC CC; *Hansard,* February 27, 1945.
22 Colville, 562.
23 Lord Strang, "Potsdam After Twenty-Five Years," *International Affairs* 46, July 1970.
24 WSC TT, 400.
25 David Reynolds, *From World War to Cold War,* 243.
26 *Hansard,* February 27–28, 1945.
27 Frank McNaughton notes, March 1, 1945, HSTL.
28 "Roosevelt Shaped 2 Yalta Solutions," NYT, February 14, 1945.
29 Stettinius memorandum for FDR, March 13, 1945, FDRL.
30 Fraser Harbutt, *Yalta 1945,* 348–49.
31 Adolf A. Berle, *Navigating the Rapids,* 477.

7 维辛斯基同志

1 *Life,* February 19, 1940, 70.
2 Evan Thomas, *The Very Best Men,* 20.

3 Robert Bishop and E. S. Crayfield, *Russia Astride the Balkans,* 96.
4 Bishop and Crayfield, 101.
5 OSS report on Major Robert Bishop, April 30, 1945, OSS personnel records, RG 226, NARA; Eduard Mark, "The OSS in Romania, 1944–45," *Intelligence and National Security,* 9, no. 2 (April 1994), 320–44.
6 Captain L. E. Madison report, May 30, 1945, OSS Bucharest Files, RG 226, NARA.
7 Burton Hersh, *The Old Boys,* 208. See also Bishop and Crayfield, 123–28; OSS analysis, "The Rădescu Cabinet," June 1, 1945, Bucharest embassy records, RG 84, NARA.
8 "The National Democratic Front and the Crimea Conference," *Scânteia,* February 18, 1945.
9 Burton Berry, "The Drive for a National Democratic Front Government in Romania," dispatch no. 152, March 13, 1945, U.S. Embassy, Bucharest Confidential Files 800, RG 84, NARA.
10 T. V. Volokitina et al., eds., *Tri Vizita A. Ia. Vyshinskogo v Bukharest,* 123–24.
11 Cortland Schuyler diary, February 23, 1945, LCS.
12 Berry, March 13, 1945, dispatch. 该文件还包含伤亡人员名单、政府和反对派公报，以及罗马尼亚军事官员翻译的官方报告。大使馆的档案中包括美联社记者利维乌斯·纳斯塔（Livius Nasta）关于二月事件的笔记和经过审查的报道。
13 现在的罗马尼亚联合广场，在齐奥塞斯库政权统治期间被纳入议会宫周围的巨型建筑群之中。这座皇宫现在是罗马尼亚国家艺术博物馆。共产党执政时期，内政部大楼是共产党中央委员会办公室所在地。宫殿广场现在叫革命广场，1989年12月对尼古拉·齐奥塞斯库的首次抗议活动就在这里爆发，最终导致他的政权垮台。他在前内政部的阳台上发表了最后一次公开演讲，然后乘直升机从屋顶逃离。
14 Silviu Brucan, *The Wasted Generation,* 45.
15 NDF communiqué, enclosure no. 9, March 13, 1945, report.
16 Arkadii Vaksberg and Jan Butler, *Stalin's Prosecutor,* 245–46.
17 Harold Macmillan, *The Blast of War,* 388.
18 Macmillan, 392.
19 Alfred J. Rieber, "The Crack in the Plaster," *Journal of Modern History* 76 (March 2004), 64. See also Perry Biddiscombe, "Prodding the Russian Bear," *European History Quarterly* 23 (1993), 193–232, and Volokitina et al., eds., *Tri Vizita,* 118–21.
20 *Life,* February 19 1940, 76.
21 Burton Y. Berry, *Romanian Diaries, 1944–1947,* 89; FRUS 1945 V, 487–88.
22 Arthur Gould Lee, *Crown Against Sickle,* 107.
23 FRUS 1945 V, 504.
24 Terence Elsberry, *Marie of Romania,* 245.
25 Vyshinsky speech, Arlus reception, March 9, 1945.
26 Schuyler diary entry, March 9, 1945, LCS.
27 FRUS 1945 V, 504. 1947年12月30日，当共产党政府宣布成立人民共和国时，米哈伊国王最终被迫退位，四天后离开了这个国家。

28 Foreign Office minutes and Stevenson cables, FO 371/48538, PRO.
29 See Eduard Marc comments, *H-Diplo Roundtable Reviews* 10, no. 12 (2009). 1945年3月14日，外交部的备忘录含糊地提及了英国人收集的信“表明苏联人可能是他们对勒代斯库将军的政府采取行动的真正原因”。FO 371/48538。德国方面的故事包含在比迪斯库姆（Biddescombe）的《刺激俄国熊》（“Prodding the Russian Bear”）一文中。
30 Foreign Office minutes on “Romania,” February 27, 1945, FO 371/48537.
31 Churchill-FDR correspondence on Romania is published in FRUS 1945 V, 505–10.

8 “看不透的面纱”

1 Kathleen Harriman to Mary Harriman, March 8, 1945, LCH.
2 Kathleen Harriman to Pamela Digby Churchill, March 20, 1945, LCH.
3 “Yalta at Work,” *Time*, March 19, 1945.
4 Walter Isaacson and Evan Thomas, *The Wise Men*, 219; Harriman diary, October 21, 1943, LCH.
5 Harriman and Abel, 302, 327.
6 Harriman and Abel, 344–45.
7 Harriman and Abel, 310.
8 Harriman and Abel, 291.
9 Thomas Brimelow, OH, WSC CC, article 58, paragraph 4.
10 Kathleen Harriman to Marie and Mary Harriman, November 17, 1943, LCH.
11 Birse, 198–99.
12 Durbrow, OH, May 1973, HSTL; Kathleen Harriman to Mary Harriman, March 8, 1945, LCH.
13 Rudy Abramson, *Spanning the Century*, 361.
14 Frank Stephens memo, January 15, 1945, Moscow Embassy Files, RG 84, NARA.
15 C. L. Sulzberger, *A Long Row of Candles*, 253.
16 Unsent cable, April 10, 1945, LCH.
17 Isaacson and Thomas, 243.
18 Polish Commission minutes, February 27, 1945, LCH; FRUS 1945 V, 135.
19 FRUS 1945 V, 145, 159.
20 FRUS 1945 V, 171–72.
21 Unsent Harriman cable, March 21, 1945, LCH.
22 FRUS 1945 V, 813.
23 John R. Deane, *The Strange Alliance*, 192. For overview on Ameri-can POWs, see Timothy Nenninger, “United States Prisoners of War and the Red Army,” *Journal American Military History*, 66 (July 2002), 761–82.
24 Harriman memo, “Prisoners of War,” March 13, 1945, LCH.
25 Colonel C. E. Hixon memo, April 19, 1945, U.S. Military Mission to Moscow Re-cords, POWS, boxes 22–23, RG 334, NARA.
26 James D. Wilmeth, “Report on a Visit to Lublin, February 27–March 28, 1945,” POWS, boxes 22–23, RG 334, NARA.
27 Wilmeth, “Report on a Visit to Lublin.”

28 James D. Wilmeth memo to Major General John R. Deane, April 13, 1945, POWS, boxes 22–23, RG 334, NARA.

29 Hixon memo, NARA.

30 Beria memo to Stalin, April 17, 1945, published in V. N. Khaustov et al., eds., *Lubyanka: Stalin i NKVD, 1939–1946,* 507–9; Hastings, *Armageddon,* 258–59.

31 Zbigniew Stypułkowski, *Invitation to Moscow,* 211. For Russian account, see NKVD reports in A. F. Noskova and T. V. Volokitina, eds., *NKVD i Polskoe Podpole, 1944–45,* 111–29.

32 Stypułkowski, 226.

33 Stypułkowski, 229.

9　总统之死

1 Simon Sebag Montefiore, *Stalin,* 369; "Glavdacha SSSR," *AiF Moskva,* February 8, 2006.

2 Deutscher, 596.

3 Alliluyeva, *Twenty Letters,* 171.

4 Alliluyeva, *Only One Year,* 373.

5 Montefiore, 283.

6 Juozas Urbšys memoir excerpted in *Litanus* 34, no. 2 (1989). See also articles on Stalin's Kremlin apartments by Aleksandr Kolesnichenko, *Argumenty i Fakty,* June 17, 2009, and Aleksandr Gamov, *Komsomolskaya Pravda,* March 13, 2008.

7 Antony Beevor, *Berlin,* 194. For casualty figures, see Janusz Przymanowski, "Novye dokumenty o liudskikh poteriakh vermakhta vo vtoroi mirovoi voine," *Voenno-istoricheskii zhurnal,* no. 12 (1965), 68.

8 Susan Butler, ed., 305–7; Beevor, 144.

9 Roberts, 243; Susan Butler, ed., 316–17.

10 Beevor, 200.

11 Beevor, 147.

12 Iurii Gorkov, *Gosudarstvennyi Komitet Oborony Postanovliaet, 1941–1945,* 461. Photocopies of the original Poskrebyshev logs are in LCV.　朱可夫在回忆录中错误地将会面时间写成了3月29日。他的行程记录发表在《军事历史》杂志1991年第10期上，记录显示他于3月29日离开前线，但飞机于13点20分在明斯克迫降。他在20点20分乘火车前往莫斯科，于3月31日抵达。他在莫斯科一直待到4月3日。

13 Bialer, 436–38; Georgi Zhukov, *Marshal Zhukov's Greatest Battles,* 13.

14 Montefiore, 389.

15 Montefiore, 389; Georgi Zhukov, *The Memoirs of Marshal Zhukov,* 283.

16 Zhukov, *Memoirs,* 587–90. I have retranslated some quotes from the Russian edition.

17 Bialer, 516–20.

18 William D. Hassett, *Off the Record with FDR, 1942–1945,* 328; Reilly, 227.

19 Eleanor Roosevelt, *This I Remember,* 343.

20 ARB notes, Boettiger Files, FDRL; Joseph Lash, OH, FDRL; Joseph E. Persico, *Franklin and Lucy,* 325.

21 Ferrell, *The Dying President,* 114.

22 Arthur M. Schlesinger, *The Cycles of American History,* 167. 施莱辛格援引了安娜·罗森堡·霍夫曼（Anna Rosenberg Hoffman）的证词。3月24日，在罗斯福前往海德公园和沃姆斯普林斯之前，安娜和他曾在华盛顿共进午餐。关于压制对苏联的批评，请参阅罗斯福于1945年3月24日写给前总统特使乔治·厄尔的信，该信发表在1947年12月9日的《纽约每日新闻》上。

23 Alanbrooke, 680.

24 Grace Tully, *F.D.R., My Boss,* 359.

25 Ward, ed., 413; Elizabeth Shoumatoff, *FDR's Unfinished Portrait,* 101–3.

26 Ward, ed., 414.

27 Hassett, 332.

28 Jean Edward Smith, *FDR,* 55.

29 Kimball, 630. An annotation in the Map Room log for April 11 records that the president "wrote this message," Map Room Files, FDRL.

30 Shoumatoff, 114; Blum, ed., 415–19.

31 Ward, ed., 418; Hassett, 333–35; Shoumatoff, 115–18.

32 Susan Butler, ed., 320–22. Original cables are in Map Room Files, FDRL.

33 Meiklejohn diary, 649, LCH; Harriman cable to Stettinius, April 13, 1945, LCH; B. I. Zhilaev et al., *Sovetsko-Amerikanskie Otnosheniia, 1939–1945,* 644.

34 Unsent Harriman dispatch, April 10, 1945, LCH.

35 Harriman-Stettinius cables, Stalin meeting notes, April 13, 1945, LCH.

10 新总统和人民委员

1 HST1, 19.

2 Margaret Truman, *Letters from Father,* 106.

3 "an obscure vice-president": Bohlen, 212.

4 Margaret Truman, 141; Frank McNaughton, notes for *Time* cover story, April 14, 1945, HSTL.

5 Letter to Bess, November 10, 1913, HST3, 143. "coldest man": Thomas Fleming,

6 "Eight Days with Harry Truman," *American Heritage,* July–August 1992.

7 McNaughton, notes for *Time* cover story, HSTL.

8 NYT, June 24, 1941, 1–7.

9 HST1, 51.

10 Bohlen minutes, FRUS 1945 V, 231–34; Harriman and Abel, 447–50.

11 Elbridge Durbrow, OH, HSTL.

12 Interview with Robert Harris, Memoirs File, HSTL.

13 Bohlen notes, FRUS 1945 V, 252–55.

14 Stimson diary entry, April 23, 1945, HSY.

15 James Forrestal, *The Forrestal Diaries,* 49.

16 FRUS 1945 V, 256–58; Leahy, 351–53; NYT, April 24, 1945.

17 Chuev, 55; Bohlen, 213–14.

18 Joseph Davies journal, April 30, 1945, LCD.

19 HST1, 82.

20 Eben E. Ayers Papers, box 10, HSTL; Truman Memoir Files, HSTL. For further discussion, see Geoffrey Roberts, "Sexing Up the Cold War," *Cold War History,* April 2004, 105–25.

21 Stimson diary, March 13, 1944, HSY.
22 HST1, 10.
23 HST1, 85.
24 Stimson diary, April 25, 1945, HSY; HST1, 87–88.
25 Richard Rhodes, *The Making of the Atomic Bomb,* 625.
26 HST1, 89.
27 HST1, 87, 11.
28 Volkogonov, *Stalin,* 339; Radzinskii, 461.
29 Donald Rayfield, *Stalin and His Hangmen,* 260; Khrushchev, 58.
30 Montefiore, 34.
31 Montefiore, 35.
32 Gromyko, *Memoirs,* 315.
33 Churchill, *Gathering Storm,* 329–30.
34 Chuev, 46; AP report on Molotov visit, June 21, 1941.
35 *Chicago Tribune,* April 26, 1945; HST1, 94–95.
36 Montefiore, 473.
37 Bohlen, 214; NYT, April 28, 1945.
38 Harriman and Abel, 456–57.
39 Forrestal diary, May 11, 1945, Princeton Mudd Library; Harriman and Abel, 454; Chuev, 71.
40 Jonathan R. Adelman, *Prelude to the Cold War,* 225–27.
41 Bohlen, 215; Eden, 620; Noskova and Volokitina, 114.
42 WSC TT, 574–75.

11　会师

1 "The Russian-American Linkup," World War II Operations Reports, RG 407, NARA. Unless otherwise identified, all quotes taken from contemporaneous report written by Captain William J. Fox.
2 AP report by Don Whitehead and Hal Boyle, *Washington Post,* April 28, 1945.
3 Mark Scott and Semyon Krasilschik, eds., *Yanks Meet Reds,* 22.
4 *Stars and Stripes,* April 28, 1945, reprinted in Scott and Krasilschik, eds., 84.
5 Aronson, OH, CNN CW.
6 Colonel Walter D. Buie, letter, May 26, 1945, Charles Donnelly Papers, MHI.
7 Major Mark Terrel, Report on Task Force 76, May 15, 1945, MHI.
8 Forrest Pogue, report on "The Meeting with the Russians," World War II Operations Reports, NARA.
9 Scott and Krasilschik, 117.
10 Scott and Krasilschik, 125, 132.
11 John Erickson and David Dilks, eds., *Barbarossa,* 266.
12 S. M. Shtemenko, *The Last Six Months,* 36.
13 Extracts from wartime diaries cited by Oleg Budnitskii, RFE program, "Mifi i Reputatsii," February 22, 2009; see also Budnitskii, "The Intelligentsia Meets the Enemy," *Kritika,* Summer 2009, 629–82.
14 Norman M. Naimark, *The Russians in Germany, 1945–1949,* 78.
15 Nikita V. Petrov, *Pervyj Predsedatel KGB Ivan Serov,* 44.

16 Lev Kopelev, *No Jail for Thought,* 53.
17 Budnitskii, "Intelligentsia," 657.
18 Georgi Solyus diary, German-Russian Museum, Karlshorst.
19 History of 272nd Infantry Regiment.
20 Thomas A. Julian, "Operations at the Margin," *Journal of Military History,* October 1993, 647.
21 William L. White, *Report on the Russians,* 189.
22 William R. Kaluta, historical report, April–June 1945, Operation Frantic Files, box 66, RG 334, NARA. All quotes taken from this report unless otherwise indicated.
23 Harriman memo on conversation with Stalin, April 15, 1945, LCH.
24 SMERSH report to Stalin, April 2, 1945, LCV.
25 Stalin Order 11075, April 23, 1945, LCV.
26 Lieutenant John Backer, "Report on Political Conditions in Czecho slovakia," October 19, 1945, Robert Murphy Files, RG 84, NARA.
27 Djilas, 87.
28 Stalin Order 11072, April 20, 1945, LCV.
29 Petrov, 49.
30 Beria, 337.

12 胜利

1 Shtemenko, 409–11.
2 Marshal N. N. Voronov, memoir, translated in Bialer, 557–58. 与某些报道相反，苏斯洛帕罗夫并没有消失在古拉格集中营里。他以军事外交学院的讲师身份结束了职业生涯。
3 Zhukov, *Memoirs,* 630–31.
4 Deane, 180; R. C. Raack, *Stalin's Drive to the West, 1938–1945,* 117–18.
5 Vassily Grossman, *A Writer at War,* 340.
6 Budnitskii, "Intelligentsia," 660.
7 Wolfgang Leonhard, *Child of the Revolution,* 298.
8 David Samoilov, *Podennye Zapisi,* 224.
9 Werth, 969.
10 C. L. Sulzberger, "Moscow Goes Wild over Joyful News," NYT, May 10, 1945.
11 Kennan, *Memoirs,* 242.
12 Kennan, *Memoirs,* 244. 这句话出自《纽约时报》前记者拉尔夫·帕克（Ralph Parker），他后来为苏联工作。凯南在回忆录中称帕克的报道是"捏造的"，但并未对此提出具体质疑，这句话与他承认的说法相呼应。
13 Kennan, *Memoirs,* 11.
14 Kennan, *Memoirs,* 57.
15 Kennan, *Memoirs,* 74.
16 Kennan, *Memoirs,* 54.
17 Kennan, *Memoirs,* 544.
18 Kennan, *Memoirs,* 258.
19 Bohlen letter to Kennan, February 1945, Kennan Papers, Princeton University.
20 Kennan, *Memoirs,* 195.

21 Isaacson and Thomas, 229.
22 Written in May 1945; reprinted in Kennan, *Memoirs,* 532–46.
23 Colville, diary entry, May 14, 1945, 599.
24 Colville, diary entry, May 1, 1945, 595.
25 Colville, diary entry, May 17, 1945, 599.
26 WSC TT, 572.
27 “铁幕”一说并非是丘吉尔发明的。1945年2月25日，约瑟夫·戈培尔在纳粹官方出版的《帝国报》的一篇文章中使用了这个词。他预言，雅尔塔协议将导致一道“铁幕”（eiserner Vorhang）落到“苏联控制的大片土地之上，铁幕后方的国家会被打击”。“eiserner Vorhang”一词指的是欧洲剧院为防止火势从舞台蔓延到观众席而安装的铁质安全幕。
28 WSC TT, 429.
29 Marian Holmes Spicer diary entries, May 11–13, 1945, WSC CC.
30 Churchill broadcast, May 13, 1945.
31 Montgomery Papers, Imperial War Museum, London, BLM 162; David Reynolds, *In Command of History,* 476.
32 WSC TT, 575.
33 CAB 120/691/109040, PRO; Alan Brooke diary entry, May 24, 1945, King’s College, London.
34 WSC TT, 455–56.
35 HST to Martha and Mary Truman, May 8, 1945, HSTL.
36 HST to Martha and Mary Truman, May 8, 1945, HSTL. The letter is reprinted in HST1, 206, without the adjectives “fat old.”
37 Joseph E. Davies, *Mission to Moscow,* 44, 270, 340–60.
38 Davies letter to Truman, May 12, 1945, LCD.
39 Davies journal, May 13, 1945, LCD; Walter Trohan report, *Chicago Tribune,* May 12, 1945; Eben Ayers diary, May 12, 1945, HSTL.
40 HST1, 228.
41 HST2, 35.
42 Todd Bennett, “Culture, Power, and Mission to Moscow,” *Journal of American History,* September 2001; Bohlen, 123.
43 Frank McNaughton notes, March 1, 1945, HSTL; Elizabeth Kimball MacLean, *Joseph. E. Davies,* 27.
44 Davies diary entry, June 4, 1945, LCD.
45 Bohlen, 44; Kennan, *Memoirs,* 83.
46 Davies journal, May 13, 1945; letter to HST, May 12, 1945, LCD.

13　“拯救世界”

1 Clifton Daniel, NYT, May 27, 1945.
2 Harold Hobson, *Christian Science Monitor,* May 29, 1945.
3 Truman diary entry, May 22, 1945; HST2, 31–35.
4 Eden, 623–24.
5 Davies to wife, May 28, 1945, LCD.

6 Davies report to Truman, June 12, 1945. 戴维斯于1945年6月12日给杜鲁门的报告。与丘吉尔会晤的描述摘自该报告，戴维斯写给妻子的信和日记，所有内容均可在国会图书馆的约瑟夫·戴维斯收藏中心里找到。
7 David Carlton, *Churchill and the Soviet Union,* 140.
8 May 27, 1945, memo, WSC TT, 579.
9 Sherwood, 887. 舍伍德的书中包括了斯大林与霍普金斯在莫斯科会晤的记录副本。For description of getting lost over Berlin, see Meiklejohn 672–74, LCH; Kathleen Harriman letter, May 29, 1945, LCH.
10 HST2, 31.
11 Henrik Eberle and Matthias Uhl, eds., *The Hitler Book,* 283.
12 Benjamin Fischer, "Hitler, Stalin, and Operation Myth," *CIA Center for Study of Intelligence Bulletin,* no. 11 (Summer 2000).
13 NYT, June 10, 1945.
14 Heinz Linge, *With Hitler to the End,* 213.
15 Lev Bezymenskii, *Operatsiia "Mif,"* 148.
16 Gorkov, 171–72; Adelman, 225–29, Roberts, 325.
17 Volkogonov, *Stalin,* 504.
18 NKVD report submitted to Stalin, May 17, 1945, reprinted in Noskova and Volokitina, 187–90.
19 Bohlen, 339.
20 NYT, May 25, 1945.
21 For a detailed account of the Hopkins visit, see Sherwood, 886–912.
22 Bohlen, 219.
23 Stanisław Mikołajczyk, *The Rape of Poland,* 118; WSC TT, 583–84.
24 Meiklejohn diary, LCH, 679.
25 Kathleen Harriman to Mary Harriman, June 4, 1945, LCH.
26 Hopkins memo, June 1, 1945, LCH.
27 Meiklejohn, 680; Edward Page memo on caviar, May 29, 1945, LCH.
28 Bohlen, 222; Sherwood, 922.
29 Kennan, *Memoirs,* 212.

14 核武器牌

1 James Byrnes, *All in One Lifetime,* 230.
2 Spencer Weart and Gertrude Szilard, "Leo Szilard, His Version of the Facts," *Bulletin of the Atomic Scientists,* May 1979; Rhodes, *Making of the Atomic Bomb,* 638.
3 Byrnes, *All in One Lifetime,* 284.
4 Stimson diary, May 14, 1945, HSY.
5 Notes of Target Committee, May 28, 1945, MED; Rhodes, *Making of the Atomic Bomb,* 638.
6 Rhodes, *Making of the Atomic Bomb,* 640.
7 Notes of Interim Committee, May 31–June 1, 1945, MED; Stimson diary, May 30–June 1, 1945, HSY.
8 Rhodes, *Making of the Atomic Bomb,* 649.
9 Len Giovannitti and Fred Freed, *The Decision to Drop the Bomb,* 109.
10 Rhodes, *Making of the Atomic Bomb,* 607–9.

11 Groves memo to Marshall, March 7, 1945, MED.
12 Spaatz memo to Marshall, March 19, 1945, MED.
13 Lieutenant Colonel John Lansdale memo, July 10, 1946, MED.
14 Leslie R. Groves, *Now It Can Be Told*, 243.
15 Thomas Powers, *Heisenberg's War*, 425.
16 Groves, 243; Powers, 426.
17 David Holloway, *Stalin and the Bomb*, 91.
18 Naimark, *Russians in Germany*, 209.
19 Kurchatov notes, early 1946, cited in Vladimir Gubarev, "Bely Arkhipelag," *Nauka y Zhizn*, no. 1 (2004). The first Soviet nuclear reactor went critical in December 1946.
20 Holloway, 78.
21 Nikolaus Riehl and Frederick Seitz, *Stalin's Captive*, 71.
22 Pavel V. Oleynikov, "German Scientists in the Soviet Atomic Project," *Nonproliferation Review*, Summer 2000.

15 红色帝国

1 Holloway, 152.
2 Georgi Dimitrov, *The Diary of Georgi Dimitrov, 1939–1949*, 136.
3 Chuev, 73.
4 Jamil Hasanli, *SSSR—Turtsiya*, 201.
5 N. K. Baibaikov, *Ot Stalina do El'tsina*, 81.
6 Vladislav Zubok, *A Failed Empire*, 41.
7 Bruce R. Kuniholm, *The Origins of the Cold War in the Near East*, 195–96.
8 Chuev, 74.
9 Jamil Hasanli, *At the Dawn of the Cold War*, 70; an English translation of Stalin's directives was published in CWIHPB, no. 12/13, Fall 2001.
10 Hasanli, *At the Dawn of the Cold War*, 79.
11 Wall letter to Bullard, August 23, 1945, FO 371/45478, PRO. Wall later became a successful novelist, using the pen name Sarban.
12 Peter Lisagor and Marguerite Higgins, *Overtime in Heaven*, 148.
13 May 13, 1945, dispatch, printed in Reader Bullard, *Letters from Tehran*, 280.
14 Wall letter to Bullard, August 12, 1945, FO 371/45478, PRO.
15 Tabriz diary, no. 17, October 4–25, 1945, FO 371/45478, PRO.
16 Tabriz diary, no. 19, November–December 1945, FO 371/52740, PRO.
17 Chuev, 75.
18 The original stake was 75 percent, but Molotov negotiated it upward to 80 percent. Roberts, 218–19.
19 Charles A. Moser, *Dimitrov of Bulgaria*, 225.
20 Barnes to secretary of state, June 23, 1945, copied to Moscow embassy, NARA.
21 Moser, 229.
22 Colonel S. W. Bailey to Foreign Office, June 12, 1945, FO 371/48127,PRO, quoted in Moser, 232.
23 Moser, 231–36; FRUS 1945 IV, 314.
24 *Time*, July 2, 1945.

25 Trial transcript, published by People's Commissariat of Justice of USSR; see also Werth, 1012–16.
26 Mikołajczyk, *Rape of Poland,* 128.
27 Amy W. Knight, *Beria, Stalin's First Lieutenant,* 128–29.
28 Robert Murphy, *Diplomat Among Warriors,* 258.
29 WSC TT, 363.
30 G. K. Zhukov, *Vospominaniia i Razmyshleniia,* 353.
31 E. I. Zubkova, *Russia After the War,* 32–33.
32 Werth, 1003.
33 Lunghi interview, CNN CW.
34 "Fort Dix and the Return of Reluctant Prisoners of War," NYT, November 24, 1980.
35 POW records, 1942–45, MLR P 179B, RG 165, NARA.
36 U.S. Embassy, Moscow, cable, June 11, 1945, LCH.
37 Mark R. Elliott, *Pawns of Yalta,* 87.
38 FRUS Yalta, 985–87.
39 Deane message to Eisenhower, June 7, 1945, U.S. military mission to Moscow, RG 334, NARA.
40 Elliott, 89.
41 Catherine Merridale, *Ivan's War,* 303.
42 R. J. Overy, *Russia's War,* 359.
43 Alliluyeva, *Twenty Letters,* 78.
44 Alliluyeva, *Only One Year,* 370; Montefiore, 395.
45 "The Death of Stalin's Son," *Time,* March 1, 1968; Radzinskii, 478.
46 State Department memos, 800.1, Stalin File, Robert Murphy Files, RG 84, NARA.

16 柏林

1 Leonhard, *Child of the Revolution,* 303.
2 Richard Brett-Smith, *Berlin '45,* 118.
3 Grigorii Pomerants, *Zapiski Gadkogo Utenka,* 202.
4 "Conditions in Berlin," July 21, 1945, Perry Laukhuff report to Robert Murphy, Office of the U.S. Political Advisor to Germany, Classified General Correspondence 1945, RG 84, NARA.
5 Mikołajczyk, *Rape of Poland,* 79.
6 Leonhard, *Child of the Revolution,* 329.
7 Beria, 89.
8 Leonhard,*Child of the Revolution,* 319; notes from Initiative Groups meeting with Stalin, June 4, 1945, quoted in Dirk Spilker, *The East German Leadership and the Division of Germany,* 55.
9 Laukhuff report, Murphy Files, RG 84, NARA.
10 Giles MacDonogh, *After the Reich,* 478.
11 Frank L. Howley, *Berlin Command,*44; report to Murphy, U.S. Political Advisor Classified Correspondence, July 19, 1945, NARA.
12 Wolfgang Leonhard, OH, CNN CW.

13 Merridale, 301.
14 Howley, *Berlin Command*, 11.
15 Howley, *Berlin Command*, 29.
16 John J. Maginnis journal, MHI.
17 Maginnis journal, MHI.
18 Howley, *Berlin Command*, 41.
19 Churchill to Truman, June 4, 1945, quoted in WSC TT, 603.
20 Truman to Churchill, June 12, 1945, quoted in Harry S. Truman, *Defending the West*, 119–20.
21 Byrnes, *All in One Lifetime*, 272.
22 Howley, *Berlin Command*, 42.
23 Maginnis journal, July 1, 1945, MHI.
24 Alexandra Richie, *Faust's Metropolis*, 637.
25 Memo, quoted in Richie, October 12, 1945, 637.
26 Zayas, *A Terrible Revenge*, 90.
27 Naimark, *Fires of Hatred*, 115.
28 Serov memo to Beria, July 4, 1945, reprinted in T. V. Volokitina et al., eds., *Sovetskij Faktor v Vostochnoj Evrope*, vol. 1, 212.
29 Serov memo to Beria, June 14, 1945, reprinted in T. V. Volokitina et al., eds., *Vostochnaia Evropa v Dokumentakh Rossiiskikh Arkhivov*, 1 (1944–48), 223.
30 Naimark, *Fires of Hatred*, 110.
31 Backer memo, October 19, 1945, U.S. Political Advisor Classified Correspondence, NARA.
32 Brigadier General P. L. Ransom report, November 28, 1945, General Correspondence, AG 250.1, OMGUS, RG 260, NARA.
33 Howley, *Berlin Command*, 49.
34 Minutes of July 7, 1945, meeting, U.S. Political Advisor Classified Correspondence, NARA. See also Murphy memo on meeting, reprinted in FRUS POTSDAM I, 630–33; Howley, *Berlin Command*, 57–60; Murphy, 27–29.
35 FRUS POTSDAM I, 632.
36 Howley, *Berlin Command*, 60.
37 JCS 1067, revised April 26, 1945, FRUS 1945 III, 484–503.
38 Murphy, 251.
39 Howley, *Berlin Command*, 54.
40 W. Alexander Samouce, "Report on Visit to Berlin," July 11, 1945, MHI.
41 Murphy, 264.
42 Brett-Smith, 156.
43 Rees tour diary, FO 1056/540, PRO.
44 Spilker, 65.
45 Wilhelm Pieck notes, quoted in Spilker, 31.

17 终点

1 Truman diary entry, July 16, 1945, reprinted in HST2, 50.
2 HST2, 51.
3 FRUS POTSDAM II, 35.

4 Moran, *Churchill at War,* 313.
5 WSC8, 61; WSC TT, 630.
6 HST2, 52.
7 Leahy, 395.
8 NYT, July 17, 1945.
9 HST2, 52.
10 WSC TT, 630.
11 Albert Speer, *Inside the Third Reich,* 103.
12 Meiklejohn diary, 709, LCH; Birse, 205.
13 People section, *Time,* July 30, 1945.
14 Moran, *Churchill at War,* 333. 莫兰说，丘吉尔并没有一直下到地堡里面，丘吉尔自己说他下去了（WSCTT，631），同时期的新闻也是这么报道的（参见1945年7月30日的《时代》）。莫兰是个不可靠的证人，因为他的回忆录（据称是一本日记）是在战后30年写成的；Donnelly diary, July 21, 1945, MHI。
15 WSC8, 61; "Minuet at Potsdam," *Time,* July 30, 1945.
16 Davies journal, July 15–17, 1945, LCD.
17 Davies journal, July 1945, LCD; for Vyshinsky's version, see *Sovetskii Soyuz na Mezhdunarodnikh Konferentsiyakh Perioda Velikoi Oteche stvennoi Voiny,* 6, 723–24.
18 Zhukov, *Memoirs,* 668.
19 Cadogan, 771.
20 Volkogonov, *Stalin,* 498.
21 Dietrich Müller-Grote letter, February 10, 1956, Truman Post-Presidential Files, HSTL.
22 Presidential log, FRUS POTSDAM II, 9.
23 Beria, 118. For examples of documents stolen by Sovietspies, see Khaustov et al., eds., 525.
24 Elsey, 87.
25 Bohlen, 228; see FRUS POTSDAM II, 43–46, for contemporaneous Bohlen notes; Bohlen 1960 memo is published in FRUS POTSDAM II, 1582–87.
26 Truman diary entry, July 17, 1945, HST2, 53.
27 Truman interview for memoir, May 1954, HSTL.
28 Rigdon, 197.
29 Byrnes, *Speaking Frankly,* 68; Leahy, 396.
30 Birse, 206; Astley, 217.
31 Astley, 218.
32 Davies letter to wife, July 19, 1945, LCD.
33 Cadogan, 765.
34 Davies letter to wife, July 19, 1945, LCD.
35 Russian transcript of July 17 session, published in Gromyko, ed., *Sovetskii Soyuz,* 6, 352. The American transcript can be found in FRUS POTSDAM II, 39–63. I have drawn on both sources to create a composite record of the conference.
36 Harriman, OH, Columbia University Oral History Collection.
37 Stimson diary, July 18, 1945, HSY.
38 WSC TT, 640.
39 Bohlen memo, FRUS POTSDAM II, 1587–58; original Bohlen notes, FRUS POT-

SDAM II, 87.
40 July 20, 1945, letter to Bess, HSTL; HST3, 520.
41 Davies journal, July 19, 1945, LCD.
42 Groves memo to Stimson, July 18, 1945, MED records, RG 77.
43 Stimson diary, July 21, 1945, HSY; Truman diary, July 25, 1945; HST2, 55.
44 Harvey H. Bundy, *Atlantic Monthly,* March 1957.
45 Alanbrooke, 709.
46 McCloy diary entry, July 23–24, 1945, Amherst College Archives.
47 Stimson diary, July 22, 1945, HSY.
48 Murphy, 273.
49 HST1, 369.
50 H. Freeman Matthews, OH, June 1973, HSTL.

18　战利品

1 Pauley, unpublished memoir, HSTL.
2 Pauley, unpublished memoir, HSTL.
3 Pauley, unpublished memoir, HSTL.
4 FRUS POTSDAM II, 875, 889.
5 FRUS POTSDAM II, 889, 902–3.
6 Pauley, unpublished memoir, HSTL.
7 Pauley, unpublished memoir, HSTL.
8 Pauley letter to Maisky, July 13, 1945, FRUS POTSDAM I, 547–48.
9 Stimson diary entry, July 19, 1945, HSY. Henry L. Stimson, *On Active Service in*
10 *Peace and War,* 638.
11 Unsent letter to Dean Acheson, March 15, 1957, see HST2, 349; interview for memoir, HSTL.
12 Davies diary, July 21, 1945, LCD.
13 Harriman and Abel, 484.
14 Forrestal, 79; Meiklejohn diary, 707, LCH.
15 McCloy diary entries, July 23–24, 1945, John J. McCloy papers, Amherst College Archives and Special Collections.
16 Erickson and Dilks, 266.
17 John L. Whitelaw letter, August 25, 1945, MHI.
18 Pavel Knyshevskii, *Dobycha: Tainy Germanskikh Reparatsii,* 126–28.
19 General Vlasik-Telokhranitel Stalina, *7 dnei,* Belorus magazine online; *Voenno-Istoricheskii, Zhurnal,* no. 12 (1989), 92; Knyshevskii, 134.
20 Budnitskii, "Intelligentsia," 658.
21 Knyshevskii, 120.
22 Zubok, 9; statistical data from Knyshevskii, 20.
23 FRUS POTSDAM II, 905.
24 John Gimbel, *Science, Technology, and Reparations,* 170.
25 Naimark, *Russians in Germany,* 180–81.
26 *Child of the Revolution,* 345.
27 Khaldei interview, CNN CW.
28 Donnelly diary, July 22, 1945, MHI.

29 Chief of staff diary, July 23, 1945, U.S. HQ Berlin District, RG 260, NARA.
30 *Life,* September 10, 1945.
31 Donnelly diary, July 22, 1945, MHI.
32 Berlin District Finance Officer, Report of Operations, May 8, 1945–September 30, 1945, U.S. HQ Berlin District, RG 260, NARA.
33 Donnelly diary, July 22, 1945, MHI.
34 Leonard Linton, "Kilroy Was Here Too," unpublished MS, 29–30, MHI.
35 Meiklejohn diary, 713, LCH; Charles L. Mee, Jr., *Meeting at Potsdam,* 241.
36 Letter to Bess Truman, July 22, 1945, HSTL; HST3 520.
37 Eden, 634.
38 David G. McCullough, *Truman,* 479; Harriman and Abel, 488.
39 HST diary, July 7, 1945, HST2, 49.
40 FRUS POTSDAM II, 274–75.
41 FRUS POTSDAM II, 295–98.
42 FRUS POTSDAM II, 877–81; M. Z. Saburov et al. note to Molotov, July 10, 1945; G. P. Kynin and Jochen Laufer, *SSSR i Germanskii Vopros, 1941–1949,* vol. 2, 180. 苏联的估算是基于每吨设备370美元的平均成本计算得出的。

19 “终结”

1 Moran, *Churchill at War,* 342–43.
2 WSC8, 81; "Minuet in Potsdam," *Time,* July 30, 1945.
3 Cadogan, 770; "Minuet at Potsdam," *Time,* July 30, 1945.
4 Leahy, 412.
5 HST letter, July 23, 1945, HSTL.
6 Hayter, 28; Pawle and Thompson, 396–97.
7 Birse, 209.
8 WSC8, 93.
9 FRUS POTSDAM II, 1374.
10 Stimson diary, July 24, 1945, HSY.
11 Hasegawa, 158.
12 Forrestal, 78.
13 Rohan Butler et al., ed., *Documents on British Policy Overseas,* series 1, vol. 1, 573.
14 HST diary, July 25, 1945, President's Secretary File, HSTL, HST2 55–56.
15 Target Committee minutes, May 10–11, 1945, MED, RG 77, NARA; Rhodes, *Making of the Atomic Bomb,* 700.
16 McCullough, 442.
17 McCullough, 442; Elsey, 89.
18 Exchange of messages between the War Department and Marshall, July 24–25, 1945, MED, RG 77. 7月25日清晨，在杜鲁门与史汀生会晤后，华盛顿方面的消息传递到了波茨坦。命令的授权时间是在柏林时间9点45分（格林尼治时间6点45分）发出的，就在杜鲁门与马歇尔10点会面之前。有可能是马歇尔在命令发出之后告知了总统。
19 FRUS POTSDAM II, 362, 371. There were two American note takers at the m-

eeting.

20 Leahy, 416.
21 Letter to Bess, July 25, 1945, HSTL; HST3, 521.
22 FRUS POTSDAM II, 313.
23 FRUS POTSDAM II, 373.
24 HST1, 416.
25 WSC TT, 670; see also Bohlen, 237.
26 Soviet intelligence report, quoted by Joseph Albright and Marcia Kunstel, *Bombshell,* 141.
27 Beria, 118–19.
28 Zhukov, *Memoirs,* 675; Chuev, 56.
29 Gromyko, *Memoirs,* 109.
30 Lord Castlereagh dispatch, Charles K. Webster, ed., *British Diplomacy 1813–1815,* 208.
31 Mikołajczyk notes from conversation with Eden, July 24, 1945.
32 British notes on conversations with Mikołajczyk, FO 934/2, PRO.
33 Cadogan, 771.
34 Kathleen Harriman letter, June 18, 1945, LCH; Moran, *Churchill at War,* 349.
35 WSC8, 103.
36 Moran, *Churchill at War,* 351.
37 WSC8, 101.
38 WSC8, 103; Mee, 176.
39 FRUS POTSDAM II, 390.
40 Cuthbert Headlam, *Parliament and Politics in the Age of Churchill and Attlee,* 474.
41 Cadogan, 772.
42 WSC8, 105.
43 WSC TT, 674.
44 Pawle and Thompson, 399.
45 Soames, 424.

20 广岛

1 FRUS POTSDAM II, 1275.
2 FRUS POTSDAM II, 1475–76.
3 V. P. Safronov, *SSSR, SShA i Iaponskaia agressiia na Dal-nem Vostoke i Tikhom okeane, 1931–1945,* 331–32.
4 Vladimir Miasnikov ed., *Russko-Kitaiskie Otnoshenii v XX Veke,* vol. 4, book 2, 146.
5 FRUS POTSDAM II, 449–50.
6 HST letter to Margaret Truman, July 29, 1945, HSTL.
7 WSC TT, 634.
8 Letter to Clementine Churchill, July 27, 1945, WSC CC; Birse, 211.
9 FRUS POTSDAM II, 459–60, 466–67. For U.S. sharing of MAGIC intercepts with Russia, see Bradley F. Smith, *Sharing Secrets with Stalin,* 238.
10 Hasegawa, 177.

11 Davies journal entries, July 28, 1945, LCD.
12 Wilson D. Miscamble, *From Roosevelt to Truman,* 253.
13 Truman diary entry, July 30, 1945, HSTL.
14 FRUS POTSDAM II, 471.
15 Truman diary, July 30, 1945; HST2, 57.
16 HST letter to mother, July 28, 1945, HSTL; Cadogan, 775.
17 FRUS POTSDAM II, 473.
18 FRUS POTSDAM II, 486.
19 Cadogan, 778.
20 See Potsdam final protocol, FRUS POTSDAM II, 1478–98. Reparations paragraphs are on page 1486.
21 Mee, 258. FRUS POTSDAM II, 1334.
22 Elsey, 90. Elsey donated the handwritten "release" document to the Truman Library in 1979.
23 FRUS POTSDAM II, 567.
24 HST2, 348.
25 Murphy, 279; FRUS POTSDAM II, 577–78.
26 FRUS POTSDAM II, 601.
27 FRUS POTSDAM II, 1481, 1484.
28 Noel Annan, *Changing Enemies,* 146.
29 Samuel Lubell memo, quoted by Mee, 190.
30 Whitelaw letters, October 7 and 27, 1945, MHI.
31 William H. Draper memo, July 1945, on food situation in Berlin, Floyd Parks Papers, MHI.
32 Clay memo to Eisenhower, May 26, 1946, Lucius D. Clay, *The Papers of General Lucius D. Clay: Germany, 1945–1949,* 213.
33 "Incidents-Russian" File, Records of U.S. Occupation Headquarters, Office of the Adjutant General, General Correspondence, box 44, RG 260, NARA.
34 Howley, *Berlin Command,* 69.
35 Jack Whitelaw to R. S. Whitelaw, October 27, 1945; see also Whitelaw letters to wife, August 30, 1945, October 8, 1945, MHI.
36 William Stivers, "Victors and Vanquished," published in Combat Studies Institute, *Armed Diplomacy,* 160–61.
37 Howley diary entry, August 9, 1945, MHI.
38 Major General James M. Gavin diary, August 8, 1945, MHI.
39 Rigdon, 207.
40 FRUS POTSDAM II, 1377.
41 editorials in *Chicago Tribune, Washington Post,* NYT, August 7, 1945.
42 Dixon, 177.
43 Alliluyeva, *Twenty Letters,* 188.
44 Holloway, 132.
45 Chuev, 58.
46 Andrei Sakharov, *Memoirs,* 92.
47 Werth, 1037, 1044.
48 Richard Rhodes, *Dark Sun,* 178–79.
49 Max Hastings, *Nemesis,* 530.
50 Hastings, *Nemesis,* 531.

51 Pauley, unpublished memoir, HSTL.
52 Dean Rusk, *As I Saw It,* 123–24.
53 Elsey, 92.

21　原子弹之后

1 Hitler political testament, April 2, 1945; see Alan Bullock, *Hitler,* 955.
2 George Orwell, “You and the Atomic Bomb,” *Tribune,* October 19, 1945.
3 Harriman and Abel, 517.
4 Djilas, 90.
5 Radzinskii, 511.
6 Vladimir Perchatnov, “The Allies Are Pressing on You to Break Your Will,” CWIHP Working Paper No. 26, September 1999.
7 Harriman and Abel, 514.

参考文献

美国原始文献

Berle, Adolf A. *Navigating the Rapids, 1918–1971*. New York: Harcourt, Brace, Jovanovich, 1973.

Berry, Burton Y. *Romanian Diaries 1944–1947*. Edited by Cornelia Bodea. Iaşi: Center for Romanian Studies, 2000.

Bishop, Robert, and E. S. Crayfield. *Russia Astride the Balkans*. New York: R. M. McBride, 1948.

Blum, John M., ed. *From the Morgenthau Diaries: Years of War, 1941–1945*. Boston: Houghton Mifflin, 1967.

Bohlen, Charles E. *Witness to History, 1929–1969*. New York: W. W. Norton, 1973.

Butler, Susan, ed. *My Dear Mr. Stalin*. New Haven, Conn.: Yale University Press, 2005.

Byrnes, James F. *All in One Lifetime*. New York: Harper, 1958.

——. *Speaking Frankly*. Westport, Conn.: Greenwood Press, 1974.

Clay, Lucius D. *The Papers of Lucius D. Clay: Germany, 1945–1949*. Bloomington: Indiana University Press, 1974.

Davies, Joseph E. *Mission to Moscow*. New York: Simon and Schuster, 1941.

Deane, John R. *The Strange Alliance*. New York: Viking, 1947.

Elsey, George M. *An Unplanned Life*. Columbia: University of Missouri Press, 2005.

Forrestal, James. *The Forrestal Diaries*. New York: Viking, 1951.

Groves, Leslie R. *Now It Can Be Told*. New York: Harper, 1962.

Harriman, W. Averell, and Elie Abel. *Special Envoy to Churchill and Stalin*. New York: Random House, 1975.

Hassett, William D. *Off the Record with FDR, 1942–1945*. New Brunswick, N.J.: Rutgers University Press, 1958.

Howley, Frank L. *Berlin Command*. New York: Putnam, 1950.

Kennan, George F. *Memoirs, 1925–1950*. Boston: Little, Brown, 1967.

Kimball, Warren F., ed. *Churchill and Roosevelt.* Princeton, N.J.: Princeton University Press, 1984.

Kuter, Laurence S. *Airman at Yalta.* New York: Duell, Sloan and Pearce, 1955.

Leahy, William P. *I Was There.* New York: Whittlesey House, 1950.

Lisagor, Peter, and Marguerite Higgins. *Overtime in Heaven.* Garden City, N.Y.: Doubleday, 1964.

Murphy, Robert D. *Diplomat Among Warriors.* Garden City, N.Y.: Doubleday, 1964.

Perkins, Frances. *The Roosevelt I Knew.* New York: Viking, 1946.

Reilly, Michael F. *Reilly of the White House.* New York: Simon and Schuster, 1947.

Rigdon, William M. *White House Sailor.* Garden City, N.Y.: Doubleday, 1962.

Roosevelt, Eleanor. *This I Remember.* Westport, Conn.: Greenwood Press, 1975.

Rosenman, Samuel I. *Working with Roosevelt.* New York: Harper, 1952.

Rusk, Dean. *As I Saw It.* New York: W. W. Norton, 1990.

Sherwood, Robert E. *Roosevelt and Hopkins.* New York: Harper, 1948.

Shoumatoff, Elizabeth. *FDR's Unfinished Portrait.* Pittsburgh, Pa.: University of Pittsburgh Press, 1991.

Stettinius, Edward R., Jr. *Roosevelt and the Russians.* Garden City, N.Y.: Doubleday, 1949.

Stimson, Henry L. *On Active Service in Peace and War.* New York: Harper, 1948.

Sulzberger, C. L. *A Long Row of Candles.* New York: Macmillan, 1969.

Truman, Harry S. *Dear Bess: The Letters from Harry to Bess Truman, 1910–1959.* Edited by Robert H. Ferrell. Columbia: University of Missouri Press, 1998.

——. *Defending the West: The Truman-Churchill Correspondence.* Edited by G. W. Sand. Westport, Conn.: Praeger, 2004.

——. *Off the Record.* Edited by Robert H. Ferrell. Columbia: University of Missouri Press, 1997.

——. *Year of Decisions.* Vol. 1 of *Memoirs.* New York: Doubleday, 1955.

Truman, Margaret. *Letters from Father.* New York: Arbor House, 1981.

Tully, Grace. *F.D.R., My Boss.* New York: Scribner's, 1949.

United States Department of State. Foreign Relations of the United States. *1945.* Vols. 3, 4, and 5. Washington, D.C.: GPO, 1967–68.

——. Foreign Relations of the United States: *The Conferences at Malta and Yalta, 1945.* Washington, D.C.: GPO, 1955.

——. Foreign Relations of the United States: *The Conferences at Cairo and Tehran, 1943.* Washington, D.C.: GPO, 1955.

——. Foreign Relations of the United States: *The Conference of Berlin (Potsdam Conference), 1945.* Vols. 1 and 2. Washington, D.C.: GPO, 1960.

Ward, Geoffrey C., ed. *Closest Companion.* New York: Simon and Schuster, 2009.

White, William L. *Report on the Russians.* New York: Harcourt, Brace, 1945.

PRIMARY SOURCES—BRITISH

Alanbrooke, Field Marshal Lord. *War Diaries, 1939-1945*. Berkeley: University of California Press, 2001.

Anders, Władysław. *An Army in Exile*. London: Macmillan, 1949.

Annan, Noel. *Changing Enemies*. London: HarperCollins, 1995.

Astley, Joan Bright. *The Inner Circle*. Boston: Little, Brown, 1971.

Birse, A. H. *Memoirs of an Interpreter*. London: Michael Joseph, 1967.

Brett-Smith, Richard. *Berlin '45*. London: Macmillan, 1966.

Bullard, Reader. *Letters from Tehran*. London: I. B. Tauris, 1991.

Butler, Rohan, et al., eds. *Documents on British Policy Overseas*. London: HMSO, 1984.

Cadogan, Alexander. *The Diaries of Sir Alexander Cadogan, O.M., 1938-1945*. Edited by David Dilks. New York: Putnam, 1972.

Churchill, Sarah. *Keep On Dancing*. London: Weidenfeld and Nicolson, 1981.

Churchill, Winston. *The Gathering Storm*. Vol. 1 of *The Second World War*. Boston: Houghton Mifflin, 1948.

——. *The Grand Alliance*. Vol. 3 of *The Second World War*. Boston: Houghton Mifflin, 1950.

——. *Triumph and Tragedy*. Vol. 6 of *The Second World War*. Boston: Houghton Mifflin, 1953.

Dalton, Hugh. *The Second World War Diary of Hugh Dalton, 1940-45*. Edited by Ben Pimlott. London: Cape, 1986.

Dixon, Pierson. *Double Diploma*. London: Hutchinson, 1968.

Eden, Anthony. *The Reckoning*. Boston: Houghton Mifflin, 1965.

Hayter, William. *The Kremlin and the Embassy*. London: Hodder and Stoughton, 1966.

Langworth, Richard M., ed. *Churchill by Himself*. London: Ebury, 2008.

Macmillan, Harold. *The Blast of War, 1939-1945*. New York: Harper and Row, 1968.

Moran, Charles. *Churchill at War, 1940-1945*. New York: Carroll and Graf, 2002.

——. *Churchill: The Struggle for Survival, 1940-1965*. Boston: Houghton Mifflin, 1966.

Pawle, Gerald, and C. R. Thompson. *The War and Colonel Warden*. New York: Alfred A. Knopf, 1963.

Soames, Mary, ed. *Winston and Clementine: The Personal Letters of the Churchills*. Boston: Houghton Mifflin, 1999.

苏联/东欧的原始文件

Alliluyeva, Svetlana. *Only One Year*. New York: Harper and Row, 1969.

——. *Twenty Letters to a Friend*. New York: Harper and Row, 1967.

Baibaikov, N. K. *Ot Stalina do El'tsina*. Moscow: GazOil Press, 1998.

Berezhkov, V. M. *At Stalin's Side*. Secaucus, N.J.: Carol, 1994.

Beria, Sergo. *Beria, My Father*. London: Duckworth, 2001.

Chuev, Feliks. *Molotov Remembers*. Chicago: Ivan R. Dee, 1993.

Chuikov, V. I. *The Fall of Berlin*. New York: Holt, Rinehart and Winston, 1968.

Dimitrov, Georgi. *The Diary of Georgi Dimitrov, 1933–1949*. Edited by Ivo Banac. New Haven, Conn.: Yale University Press, 2003.

Djilas, Milovan. *Conversations with Stalin*. Harmondsworth, U.K.: Penguin, 1969.

Gorkov, Iurii A. *Gosudarstvennyi Komitet Oborony Postanovliaet, 1941–1945*. Moscow: OLMA-Press, 2002.

Gromyko, Andrei A. *Memoirs*. New York: Doubleday, 1989.

Gromyko, Andrei A., ed. *Sovetskii Soyuz na Mezhdunarodnikh Konferentsiyakh Perioda Velikoi Otechestvennoi Voiny*, vols. 4 (Yalta) and 6 (Potsdam). Moscow: Politizdat, 1979–80.

Grossman, Vasily. *A Writer at War*. Edited by Antony Beevor and Luba Vinogradova. New York: Pantheon, 2005.

Khaustov, V. N., et al., eds. *Lubianka: Stalin i NKVD, 1939–1946*. Moscow: Mezhdunarodnyi Fond "Demokratiia," 2006.

Khrushchev, Nikita S. *Khrushchev Remembers*. Boston: Little, Brown, 1970.

Kopelev, Lev. *No Jail for Thought*. London: Secker and Warburg, 1977.

Kynin, G. P., and Jochen Laufer. *SSSR i Germanskii Vopros, 1941–1949*. Moscow: Mezhdunarodnye Otnosheniia, 2000.

Leonhard, Wolfgang. *Child of the Revolution*. Chicago: H. Regnery, 1958.

Linge, Heinz. *With Hitler to the End*. New York: Skyhorse, 2009.

Miasnikov, Vladimir, ed. *Russko-Kitaiskie Otnosheniiav XX Veke*. Moscow: Pamiatniki Istoricheskoi Mysli, 2000.

Mikołajczyk, Stanisław. *The Rape of Poland*. Westport, Conn.: Greenwood Press, 1972.

Noskova, A. F., and T. V. Volokitina, eds. *NKVD i Polskoe Podpole, 1944–1945*. Moscow: RAN, 1994.

Pomerants, Grigorii. *Zapiski Gadkogo Utenka*. Moscow: Moskovskii Rabochii, 1998.

Riehl, Nikolaus, and Frederick Seitz. *Stalin's Captive*. Washington, D.C.: American Chemical Society, 1996.

Rzheshevskii, O. A. *Stalin i Cherchill*. Moscow: Nauka, 2004.

Safronov, V. P. *SSSR, SShA i Iaponskaia Agressiia na Dalnem Vostoke i Tikhom okeanes, 1931–1945 gg*. Moscow: Institut Rossiiskoi Istorii RAN, 2001.

Sakharov, Andrei. *Memoirs*. New York: Alfred A. Knopf, 1990.

Samoilov, David. *Podennye Zapisi*. Moscow: Vremia, 2002.

Shtemenko, S. M. *The Last Six Months*. Garden City, N.Y: Doubleday, 1977.

Stypułkowski, Zbigniew. *Invitation to Moscow*. New York: Walker, 1950.

Sudoplatov, Pavel, et al. *Special Tasks*. Boston: Little, Brown, 1994.

Volokitina, T. V., et al., eds. *Sovetskij Faktor v Vostochnoj Evrope*. Moscow: Rosspen, 1999.

———. *Tri Vizita A. Ia. Vyshinskogo v Bukharest*. Moscow: Rosspen, 1998.

———. *Vostochnaia Evropa v Dokumentakh Rossiiskikh Arkhivov*. Moscow: Sibirskii Khronograf, 1997.

Zhiliaev, B. I., et al., eds. *Sovetsko-Amerikanskie Otnosheniia, 1939–1945*. Moscow: Materik, 2004.

Zhukov, G. K. *Vospominaniia i Razmyshleniia*. Moscow: Novosti, 1990.

Zhukov, Georgi. *The Memoirs of Marshal Zhukov*. New York: Delacorte, 1971.

二次文献

Abramson, Rudy. *Spanning the Century: The Life of W. Averell Harriman*. New York: William Morrow, 1992.

Adelman, Jonathan R. *Prelude to the Cold War*. Boulder, Colo.: Rienner, 1988.

Albright, Joseph, and Marcia Kunstel. *Bombshell*. New York: Times Books, 1997.

Beevor, Antony. *Berlin*. London: Penguin, 2003.

Bessel, Richard. *Germany 1945*. New York: Simon and Schuster, 2009.

Bezymenskii, Lev. *Operatsiia "Mif."* Moscow: Mezhdunarodnye Otnosheniia, 1995.

Bialer, Seweryn, ed. *Stalin and His Generals*. New York: Pegasus, 1969.

Bishop, Jim. *FDR's Last Year*. New York: William Morrow, 1974.

Bowie, Beverly Munford. *Operation Bughouse*. New York: Dodd, Mead, 1947.

Brackman, Roman. *The Secret File of Joseph Stalin*. London: Frank Cass, 2001.

Brucan, Silviu. *The Wasted Generation*. Boulder, Colo.: Westview Press, 1993.

Bullock, Alan. *Hitler: A Study in Tyranny*. New York: Harper & Row, 1962.

———. *Hitler and Stalin*. London: Fontana Press, 1993.

Carlton, David. *Churchill and the Soviet Union*. Manchester, U.K.: Manchester University Press, 2000.

Cohen, Stephen F. *Bukharin and the Bolshevik Revolution*. New York: Alfred A. Knopf, 1973.

Colville, John R. *The Fringes of Power*. New York: W. W. Norton, 1985.

Deutscher, Isaac. *Stalin*. Harmondsworth, U.K.: Penguin, 1966.

Eberle, Henrik, and Matthias Uhl, eds. *The Hitler Book*. New York: PublicAffairs, 2009.

Eisenberg, Carolyn. *Drawing the Line*. New York: Cambridge University Press, 1996.

Elliott, Mark R. *Pawns of Yalta*. Urbana: University of Illinois Press, 1982.

Elsberry, Terence. *Marie of Romania*. New York: St. Martin's Press, 1972.

Erickson, John, and David Dilks, eds. *Barbarossa*. Edinburgh: Edinburgh University Press, 1994.

Feis, Herbert. *Between War and Peace.* Princeton, N.J.: Princeton University Press, 1960.

Ferrell, Robert H. *The Dying President.* Columbia: University of Missouri Press, 1998.

Gallagher, Hugh G. *FDR's Splendid Deception.* Arlington, Va.: Vandamere Press, 1994.

Gilbert, Martin. *Finest Hour.* Vol. 6 of *Winston S. Churchill.* London: Heinemann, 1983.

——. *Never Despair.* Vol. 8 of *Winston S. Churchill.* London: Heinemann, 1988.

——. *Road to Victory.* Vol. 7 of *Winston S. Churchill.* London: Heinemann, 1986.

Gimbel, John. *Science, Technology, and Reparations.* Palo Alto, Calif.: Stanford University Press, 1990.

Giovannitti, Len, and Fred Freed. *The Decision to Drop the Bomb.* New York: Coward-McCann, 1965.

Goodwin, Doris Kearns. *No Ordinary Time.* New York: Simon and Schuster, 1994.

Gunther, John. *Roosevelt in Retrospect.* New York: Harper, 1950.

Harbutt, Fraser. *Yalta 1945.* New York: Cambridge University Press, 2010.

Hasanli, Jamil. *At the Dawn of the Cold War.* Lanham, Md.: Rowman and Littlefield, 2006.

——. *SSSR—Turcija: Ot Nejtraliteta k Cholodnoj Vojne.* Moscow: Centr Propagandy, 2008.

Hasegawa, Tsuyoshi. *Racing the Enemy.* Cambridge, Mass.: Harvard University Press, 2005.

Hastings, Max. *Armageddon.* New York: Alfred A. Knopf, 2004.

——. *Nemesis.* London: HarperPerennial, 2007.

Headlam, Cuthbert. *Parliament and Politics in the Age of Churchill and Attlee.* Cambridge: Cambridge University Press, 2000.

Hersh, Burton. *The Old Boys.* New York: Scribner's, 1992.

Holloway, David. *Stalin and the Bomb.* New Haven, Conn.: Yale University Press, 1994.

Isaacson, Walter, and Evan Thomas. *The Wise Men.* New York: Simon and Schuster, 1986.

Ismay, Hastings L. *The Memoirs of General the Lord Ismay.* London: Heinemann, 1960.

King, Greg. *The Court of the Last Tsar.* Hoboken, N.J.: John Wiley, 2006.

Knight, Amy W. *Beria, Stalin's First Lieutenant.* Princeton, N.J.: Princeton University Press, 1993.

Knyshevskii, Pavel. *Dobycha: Tainy Germanskikh Reparatsii.* Moscow: Soratnik, 1994.

Kuniholm, Bruce R. *The Origins of the Cold War in the Near East.* Princeton, N.J.: Princeton University Press, 1979.

Lavery, Brian. *Churchill Goes to War.* Annapolis, Md.: Naval Institute Press, 2007.

Lee, Arthur Gould. *Crown Against Sickle.* London: Hutchinson, 1950.

Leffler, Melvyn P. *For the Soul of Mankind.* New York: Hill and Wang, 2007.

Levering, Ralph B., et al. *Debating the Origins of the Cold War.* Lanham, Md.: Rowman and Littlefield, 2002.

MacDonogh, Giles. *After the Reich*. New York: Basic Books, 2007.

MacLean, Elizabeth Kimball. *Joseph E. Davies*. Westport, Conn.: Praeger, 1992.

McCullough, David G. *Truman*. New York: Simon and Schuster, 1992.

Mee, Charles L., Jr. *Meeting at Potsdam*. New York: M. Evans, 1975.

Merridale, Catherine. *Ivan's War*. London: Faber and Faber, 2005.

Miscamble, Wilson D. *From Roosevelt to Truman*. Cambridge: Cambridge University Press, 2007.

Montefiore, Simon Sebag. *Stalin*. London: Weidenfeld and Nicolson, 2003.

Moser, Charles A. *Dimitrov of Bulgaria*. Ottawa, Ill.: Caroline House, 1979.

Naimark, Norman M. *Fires of Hatred*. Cambridge, Mass.: Harvard University Press, 2001.

———. *The Russians in Germany, 1945–1949*. Cambridge, Mass.: Belknap Press of Harvard University Press, 1995.

Overmans, Rüdiger. *Deutsche militärische Verluste im Zweiten Weltkrieg*. Munich: R. Oldenbourg, 1999.

Overy, R. J. *Russia's War*. New York: TV Books, 1997.

Perrie, Maureen. *The Cult of Ivan the Terrible in Stalin's Russia*. New York: Palgrave Macmillan, 2001.

Persico, Joseph E. *Franklin and Lucy*. New York: Random House, 2008.

Petrov, Nikita V. *Pervyj Predsedatel KGB Ivan Serov*. Moscow: Materik, 2005.

Plokhy, S. M. *Yalta: The Price of Peace*. New York: Viking, 2010.

Powers, Thomas. *Heisenberg's War*. New York: Alfred A. Knopf, 1993.

Raack, R. C. *Stalin's Drive to the West, 1938–1945*. Palo Alto, Calif.: Stanford University Press, 1995.

Radzinskii, Edvard. *Stalin*. New York: Doubleday, 1996.

Rayfield, Donald. *Stalin and His Hangmen*. New York: Viking, 2004.

Rees, Laurence. *World War II Behind Closed Doors*. New York: Pantheon, 2008.

Reston, James. *Deadline*. New York: Times Books, 1992.

Reynolds, David. *From World War to Cold War*. Oxford, U.K.: Oxford University Press, 2006.

———. *In Command of History*. New York: Random House, 2005.

Rhodes, Richard. *Dark Sun*. New York: Simon and Schuster, 1995.

———. *The Making of the Atomic Bomb*. New York: Simon and Schuster, 1986.

Richards, Denis. *The Life of Marshal of the Royal Air Force, Viscount Portal of Hungerford*. London: Heinemann, 1977.

Richie, Alexandra. *Faust's Metropolis*. New York: Carroll and Graf, 1998.

Roberts, Geoffrey. *Stalin's Wars*. New Haven, Conn.: Yale University Press, 2006.

Schlesinger, Arthur M. *The Cycles of American History*. Boston: Houghton Mifflin, 1986.

Scott, Mark, and Semyon Krasilshchik, eds. *Yanks Meet Reds*. Santa Barbara, Calif.: Capra Press, 1988.

Smith, Bradley F. *Sharing Secrets with Stalin*. Lawrence: University Press of Kansas, 1996.

Smith, Jean Edward. *FDR*. New York: Random House, 2007.

Soames, Mary. *Clementine Churchill*. Boston: Houghton Mifflin, 2003.

Speer, Albert. *Inside the Third Reich*. New York: Simon and Schuster, 1997.

Spilker, Dirk. *The East German Leadership and the Division of Germany: Patriotism and Propaganda, 1945–1953*. New York: Oxford University Press, 2006.

Tessin, Georg, and Christian Zweng. *Verbände und Truppen der deutschen Wehrmacht und Waffen-SS im Zweiten Weltkrieg, 1939–1945*. Osnabrück: Biblio Verlag, 1996.

Thomas, Evan. *The Very Best Men*. New York: Simon and Schuster, 1995.

Tissier, Tony L. *Zhukov at the Oder*. London: Praeger, 1996.

Tucker, Robert C. *Stalin as Revolutionary*. New York: W. W. Norton, 1973.

Vaksberg, Arkadii, and Jan Butler. *Stalin's Prosecutor*. New York: Grove Weidenfeld, 1991.

Volkogonov, Dmitri. *Stalin*. Rocklin, Calif.: Prima, 1992.

Webster, Charles K. *British Diplomacy, 1813–1815*. London: G. Bell, 1921.

Werth, Alexander. *Russia at War*. New York: Carroll and Graf, 1984.

Zayas, Alfred M. de. *Nemesis at Potsdam*. London: Routledge and Kegan Paul, 1977.

——. *A Terrible Revenge*. New York: St. Martin's Press, 1994.

Zhukov, Georgi K. *Marshal Zhukov's Greatest Battles*. Edited by Harrison E. Salisbury. New York: Harper and Row, 1969.

Zubkova, E. I. *Russia After the War*. Armonk, N.Y: M. E. Sharpe, 1998.

Zubok, Vladislav. *A Failed Empire*. Chapel Hill: University of North Carolina Press, 2009.

Zubok, Vladislav, and Konstantin Pleshakov. *Inside the Kremlin's Cold War*. Cambridge, Mass.: Harvard University Press, 1996.

索　引

（索引中的页码为原书页码，即本书页边码）

图书在版编目（CIP）数据

1945 年的六个月：从盟友到对抗 /（美）迈克尔·多布斯（Michael Dobbs）著；董旻杰，王小伟译. --北京：社会科学文献出版社，2021. 2

书名原文：Six Months in 1945：FDR，Stalin，Churchill，and Truman，from World War to Cold War

ISBN 978 - 7 - 5201 - 7354 - 4

Ⅰ. ①1… Ⅱ. ①迈… ②董… ③王… Ⅲ. ①第二次世界大战 - 历史 Ⅳ. ①K152

中国版本图书馆 CIP 数据核字（2020）第 195336 号

地图审图号：GS（2020）4740 号（书中地图系原文插附地图）

1945 年的六个月：从盟友到对抗

著　　者 /［美］迈克尔·多布斯（Michael Dobbs）
译　　者 / 董旻杰　王小伟

出 版 人 / 王利民
责任编辑 / 刘　娟
文稿编辑 / 李帅磊

出　　版 / 社会科学文献出版社·甲骨文工作室（分社）（010）59366527
地址：北京市北三环中路甲 29 号院华龙大厦　邮编：100029
网址：www. ssap. com. cn
发　　行 / 市场营销中心（010）59367081　59367083
印　　装 / 北京盛通印刷股份有限公司

规　　格 / 开 本：889mm × 1194mm　1/32
印 张：16. 5　插 页：0. 5　字 数：376 千字
版　　次 / 2021 年 2 月第 1 版　2021 年 2 月第 1 次印刷
书　　号 / ISBN 978 - 7 - 5201 - 7354 - 4
著作权合同登记号 / 图字 01 - 2020 - 5418 号
定　　价 / 92. 00 元